Broadway Amsterdam Columbus Canal Spring Broome Madison Bleecker Douglass Franklin
Lafayette Lexington Park Main Houston Delancey Greene Orchard Bowery Christopher
Greenwich Washington Fulton Wall Cathedral St.Nicholas Franklin D. Roosevelt Carmine Charlton
Vandam Walker Leonard Chambers Liberty Whitehall Rector Grand Hester Clinton Attorney Ridge
Columbia Rivington Prince Cornelia Jane Bank Perry Charles Barrow Morton Clarkson Moore Warren
Murray Barclay Pearl Water Wooster Mercer Riverside Claremont End Convent Montgomery Jackson
Jefferson Rutgers Essex Ludlow Mott
Mulberry Baxter Great Jones Cherry
Lewis Suffolk Norfolk Horatio Bethune
Perry York Hamilton Macombs Isham
Seaman Vermilyea Payson Overlook
Bennett Edgecombe Lenox Tiemann
Convent Thompson Beaver Monroe
Henry

ブルーガイド
わがまま歩き……⑫

ニューヨーク

魔力を秘めた
地球の首都
夢と現実が交錯する

CONTENTS

ニューヨークの歩き方プラン

見る・歩く

■ トラベルインフォメーション 【日本編】

■ トラベルインフォメーション 【ニューヨーク編】

● とっておき 情報 ●

もっとハッピーに旅を楽しむための＋αの
ミー情報です。

紹介しているみどころなどがロケ地になっ
ている映画の紹介。行く前や帰国してから
映画を観れば感動ひとしおです。

この本の使い方

●通貨記号・レート
$ はUSドル。$ 1 ≒110円、1 万円≒ $ 91（2020年1月現在）

●地図記号

H …ホテル	⊠ …学校
R …レストラン	⊞ …空港
☕ …カフェ	➕ …病院
S …ショップ	♙ …キリスト教会
N …ナイトライフ	❶ …観光案内所
☎ …郵便局	♪ …ゴルフ場
P …駐車場	㊙ …インターステート・ハイウェイ
……… 地下鉄	㊙ …U.S.ハイウェイ
	♀ …バス停

●この色の建物はホテル
●この色の建物はショッピングセンター
●この色の建物は主な見どころ

○ホテルカタログの各宿泊料金は、スタンダード・ツインルームの室料（税別）がおおむね～ $ 150＝ $ 、$ 150～300＝ $ $ 、$ 300～450＝ $ $ $ 、$ 450～＝ $ $ $ $ で掲載しています。ホテル税（室料の14.75％＋1泊1部屋につき $ 3.50）が別途かかります。
○レストランカタログの予算は、ディナーで前菜、主菜を単品でオーダーしたとき（飲み物は含まれない）の1名分の料金の目安です。レストランはコンチネンタル、イタリア、フランス、アメリカ、中国、日本など、細かな種類を記載しました。
○カタログページでは、クレジットカードの使用が不可なところには ©不可と表示しています。
○見どころや店の料金、営業時間、定休日（祝祭日は省略）、電話番号、交通機関の情報など、本書の各種データは特に記載のない限り2019年11月現在のものです。取材後に変動している場合もありますので、あらかじめご承知おきください。

※ニューヨーク市のセールスタックス（売上税）は8.875％です。

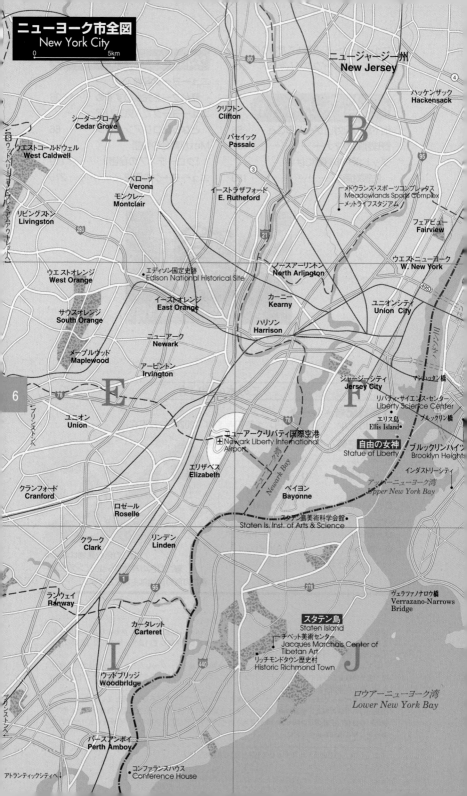

ニューヨーク市全図
New York City

0 ————— 5km

ニュージャージー州
New Jersey

ハッケンザック
Hackensack

シーダーグローブ
Cedar Grove **A**

クリフトン
Clifton

B

ウエストコールドウェル
West Caldwell

パセイック
Passaic

ベローナ
Verona

イーストラザフォード
E. Rutheford

メドウランズ・スポーツコンプレックス
Meadowlands Sports Complex

メットライフスタジアム
MetLife Stadium

モンクレア
Montclair

リビングストン
Livingston

フェアビュー
Fairview

ウエストオレンジ
West Orange

エジソン国定史跡
Edison National Historical Site

ノースアーリントン
North Arlington

ウエストニューヨーク
W. New York

イーストオレンジ
East Orange

カーニー
Kearny

ユニオンシティ
Union City

サウスオレンジ
South Orange

ハリソン
Harrison

メープルウッド
Maplewood

ニューアーク
Newark

ジャージーシティ
Jersey City

マンハッタン橋

アービントン
Irvington

リバティ・サイエンス・センター
Liberty Science Center

E

ユニオン
Union

エリス島
Ellis Island

ブルックリン橋

ニューアーク・リバティ国際空港
Newark Liberty International Airport

F

自由の女神
Statue of Liberty

ブルックリンハイツ
Brooklyn Heights

クランフォード
Cranford

エリザベス
Elizabeth

ベイヨン
Bayonne

インダストリーシティ

ロゼール
Roselle

アッパーニューヨーク湾
Upper New York Bay

クラーク
Clark

リンデン
Linden

スタテン島美術科学会館
Staten Is. Inst. of Arts & Science

ランウェイ
Ranway

ヴェラツァノナロウ橋
Verrazano-Narrows Bridge

カータレット
Carteret

スタテン島
Staten Island

I

チベット美術センター
Jacques Marchais Center of Tibetan Art

リッチモンドタウン歴史村
Historic Richmond Town

J

ウッドブリッジ
Woodbridge

ロウアーニューヨーク湾
Lower New York Bay

アトランティックシティへ

パースアンボイ
Perth Amboy

コンファレンスハウス
Conference House

6

ウエスト・ポイント、ベアー・マウンテン州立公園、キャッツキル州立公園へ

ブルウッド
lglewood

ヴァン・コートランドパーク
Van Cortland Park

ロングアイランド海峡
Long Island Sound

グレンコーブ
Glen Cove

ペラム・ベイパーク
Pelham Bay Park

ヘンプステッド港
Hempstead Harbor

ートリー
t Lee
ージシ
シントン橋

ポー・の家
Edgar Allan
Poe Cottage

ニューヨーク植物園
N.Y. Botanical Garden

ブロンクス動物園
Bronx Zoo

ブロンクス
The Bronx

マンハセット湾
Manhasset Bay

ポート・ワシントン
Port Washington

オイスター・ベイ・へ

フサイドパーク
iffside Park

ヤンキースタジアム
Yankee Stadium

D

リトルネック湾
Little Neck Bay

ジョーンズ・ビーチ・へ

East River

ンハッタン
anhattan

P.24〜25

ラガーディア空港
La Guardia Airport

セントラルパーク
Central Park

クイーンズボロ橋
Queensboro Bridge

シティフィールド
Citi Field

アレイポンドパーク
Alley Pond Park

ムービングイメージ博物館
American Museum of
the Moving Image

ナショナルテニスセンター
クイーンズ美術館
Queens Museum of Art

カニンガムパーク
Cunningham Park

ニューヨーク科学博物館
N.Y. Hall of Science

フラッシングメドウコロナパーク
Flushing Meadow Corona Park

G

クイーンズ
Queens

ベルモントパーク競馬場
Belmont Park Race Track

リアムズバーグ橋

ニューヨーク州
New York

エルモント
Elmont

7

ブルックリン
Brooklyn

バレーストリーム
Valley Stream

ブルックリン美術館
Brooklyn Museum of Art

アクエダクト競馬場
Aqueduct Race Track

リンブルック
Lynbrook

ブルックリン植物園
Brooklyn Botanic Garden

プロスペクトパーク
Prospect Park

ジョン・F・ケネディ国際空港
J.F.Kennedy
International Airport

イーストロッカウェイ
East Rockaway

ジャマイカ湾
Jamaica Bay

ウッドメア
Woodmere

ジャマイカ湾野生生物保護区
Jamaica Bay Wildlife Rufuge

シープズヘッド湾
Sheepshead Bay

アトランティックビーチ
Atlantic Beach

ロングビーチ
Long Beach

コニーアイランド
Coney Island

ロッカウェイ入江
Rockaway Inlet

ジェイコブリースパーク
Jacob Riis Park

K

L

ロッカウェイ岬
Rockaway Pt.

大西洋
Atlantic Ocean

アメリカ国旗・国歌

▶星条旗。13本のストライプは1776年の建国当時の州の数、50個の星は現在の州の数。

▶星条旗The Star-Spangled Banner

国名・首都

▶正式名称は「アメリカ合衆国」United States of America

▶ワシントンDC Washington, District of Columbiaで、全米50州のどの州にも属さない特別行政区。

政治・元首

▶大統領制、連邦制（50州）

▶ドナルド・トランプDonald John Trump大統領。2017年1月20日就任。第45代。1期の任期は4年で、憲法により三選は禁止されており、現在1期目で任期は2021年1月19日まで。

正式都市名

▶ニューヨーク州ニューヨーク市City of New York（略称NYC）。アメリカ最大の都市で経済の中心。愛称はBig Apple。

州都

▶マンハッタンの北約220kmのオルバニーAlbany。州の愛称はEmpire State。

州知事・市長

▶州知事は2011年よりアンドリュー・マーク・クオモAndrew Mark Cuomo（第56代）。市長は2014年よりビル・デブラシオBill de Blasio（第109代）。

面積

▶ニューヨーク州は12万2284km²で、日本の約1/3。ニューヨーク市は786km²で、東京都の約1/3強。マンハッタン島は長さ約21.5km、最大幅約3.7kmで、面積は東京の山の手線内とほぼ同じ広さ。国土は約962.8万haあり、日本の約25倍の広さ。

人口

▶ニューヨーク州の人口は約1979万人で全米3位。うちニューヨーク市の人口は約840万人、そのなかのマンハッタンの人口は約163万人。アメリカ合衆国の人口は約3億2720万人。

言語

▶主として英語だが法律上の定めはない。スペイン語も多く使用されている。

宗教

▶アメリカでは約77％がキリスト教徒だが、宗教の自由は憲法で保障されている。

人種構成

▶ニューヨーク州は白人系65.8％、ヒスパニック系17.6％、アフリカ系15.8％。ほか、アジア系やロシア系などさまざまな人種によって構成されている。国内で最大のアフリカ系アメリカ人がいる州で、アジア系もカリフォルニア州に次いで第2位の人口。

日本からのフライト時間

▶成田、羽田からの直行便利用でニューヨークまで約12時間30分。ニューヨークからの帰国便の飛行時間は約14時間。

時差

▶日本とニューヨークの時差は14時間。ニューヨークは日本のマイナス14時間。ただし、

Q ニューヨークに世界遺産はあるの？

サマータイム制を採用しているので3月第2日曜午前2時から11月第1日曜午前2時までは日本との時差は13時間。

通 貨

▶通貨の単位はドルdollar（$）とセントcent（¢）。$1は100¢。$1≒110円（2020年1月現在）。通常流通しているものとして、紙幣は$1、5、10、20、50および$100があり、すべて同じ大きさ。硬貨は、1¢は銅製の茶色の硬貨でペニー、5¢はニッケル、10¢はダイム、25¢はクォーターと呼ばれる。50¢硬貨や$1硬貨もあるが、あまり流通していない。

チップ

▶チップを支払う習慣がある。レストラン、タクシーなどでは合計金額の15〜20％、ホテルのベルボーイには荷物1個に$1が目安。$1紙幣を用意しておくといい。

税 金

▶州や市で異なるが、ニューヨーク市では買物や飲食すると一律8.875％のセールスタックスが課せられる。ただし食料品や医薬品、新聞などの定期刊行物は対象外。
　また、ホテルの宿泊にはルームタックス14.75％と1室1泊につき$3.75（1室$40以上の場合）のホテルタックスがかかる。

両 替

▶空港や銀行で両替できるが、日本で現金に両替した方がレートがいい。

祝祭日

1月1日	元日 New Year's Day
1月第3月曜日	マーチン・ルーサー・キングJr.バースデー Martin Luther King Jr. Birthday
2月第3月曜日	プレジデンツデー（大統領の日） President's Day
5月最終月曜日	メモリアルデー（戦没者追悼記念日） Memorial Day
7月4日	独立記念日 Independence Day"the 4th of July"
9月第1月曜日	レイバーデー（労働感謝の日） Labor Day
10月第2月曜日	コロンブスデー（コロンブス記念日） Columbus Day
11月11日	ベテランズデー（退役軍人記念日） Veterans Day
11月第4木曜日	感謝祭 Thanksgiving Day
12月25日	クリスマス Christmas Day

度量衡

▶長さ、距離、重さ、体積ともに日本と異なる。

長さ1インチ（in）	約2.54cm
1フット（ft）（feetは複数）	約30.48cm
1ヤード（yd）	約91.44cm
距離1マイル（mi）	約1.61km
重さ1オンス（oz）	約28.35g
1ポンド（lb）	約453.6g
体積1ガロン（gal）	約3.8ℓ
面積1エーカー（a.）	約4047㎡

通 貨

$100

$50

$20

$10

$5

$1

$1（ダラーコイン）

50¢（ハーフ・ダラー）

25¢（クォーター）

10¢（ダイム）

5¢（ニッケル）

1¢（ペニー）

自由の女神。加えて、フランク・ロイド・ライトの20世紀建築作品群の8ヵ所のひとつとしてグッゲンハイム美術館が2019年に登録された。

ビジネスアワー

▶業種や立地場所によって異なる。24時間営業のコンビニエンスストアやドラッグストアも多い。

銀行：月～金曜9～17時、土・日曜、祝日休み（銀行により異なる）。

郵便局：月～金曜9～18時、土曜13時まで。日曜、祝日休み。

デパートやショップ：おおむね月～金曜10～19時、土曜10～18時、日曜12～17時。日曜休みの店も多い。

レストラン：カフェなどは早朝から営業している。一日中営業しているレストランと朝、昼、ディナーと区切って営業をしているレストランがある。大体以下の通り。

朝食7～10時、**昼食**11時30分～14時、**ディナー**17時30分～22時。バーやクラブは深夜まで営業している。

電圧とプラグ

▶アメリカの電圧は120Vでプラグは2つ穴Aタイプで日本と同じ。日本の電圧が100Vなので、日本の電化製品もそのまま使用できるが、長時間使用する場合は注意が必要。

携帯電話

▶日本と同様にニューヨークでも公衆電話は減っている。現地で携帯電話を利用する場合は日本で事前に設定をしておきたい。

郵便

▶日本への航空郵便料金は、はがき＄1.15、封書（約28gまで）＄1.15。約1週間で届く。切手は郵便局のほか、ホテルやドラッグストアなどで購入できるが、郵便局以外の場所では値段が多少異なり高くなる。投函はポストのほか、ホテルのフロントでも出せる。

インターネット＆メール

▶ホテルでは有線・無線ともにLAN、Wi-Fiは有料のところもあるが、「ファシリティフィー」に含まれていることがほとんど。アパートメントホテルの場合は共有スペースにパソコンが置かれていることが多い。セントラルパーク、タイムズスクエア、ユニオンスクエア、バッテリーパークなどにあるほか、カフェやレストランも無料のWi-Fiがあるところが増えている。

トライベッカの街角

電話のかけ方

日本からニューヨークへ　◆例：212-123-4567にかける場合

アメリカの国番号は1。国際電話のかけ方は次の通り。

マイラインやマイラインプラスに登録してある場合		010	+	1	+	212	+	123-4567
上記に登録してない場合	電話会社識別番号	010	+	1	+	212	+	123-4567

ニューヨークから日本へ　◆例：03-1234-5678にかける場合

日本の国番号は81。クレジットカードが使用できる公衆電話（ホテルのロビーなどにある）の利用や、ニューススタンドで購入できるフォーンカード（コーリングカード）と呼ばれるプリペイド式のカードの使用がおすすめ。

クレジットカードか使用できる公衆電話使用の場合。クレジットカードをバー読み取り部分にスライドし、ダイヤルをどうぞ、のアナウンスが聞こえたら1を、次に右の番号をダイヤルする。	011	+	81	+	3	+	1234-5678

時差があるので現地時間を確認してから電話しよう。

Q 知っておきたい基本のマナーってなんですか

気候

▶ニューヨークは大陸性気候で四季がある。緯度は青森とほぼ同じで、気温は四季を通じて東京より下回る。春は短く、桜の開花は4月半ばから下旬。降水量は多くない。夏は6月後半からで、平均30〜35℃で結構蒸し暑い。秋はもっとも過ごしやすい季節で旅行者も多い。10月中ごろからは街路樹やセントラルパークで紅葉が見られる。冬の平均気温は0〜−10℃。1〜2月の寒さは厳しく−15℃にまで下がることもあり、年に何度かは雪も降り積もる。

4月のセントラルパーク

飲料水

▶水道水は飲めるが、飲料用にミネラルウォーターを購入するのが一般的。グロサリーやドラッグストアなどで買う。

トイレ

▶地下鉄には公共トイレはないが、ホテルやショッピングセンター、バスターミナルや鉄道駅などのトイレを利用することができる。基本的にトイレットペーパー、液体石鹸、ペーパータオルもしくは温風乾燥機が備わっている。

喫煙

▶喫煙できる年齢の人も、ほとんどの場所が禁煙と思っておくほうがいい。21歳未満は禁煙。公共の場所、レストラン、バー、さらに屋外でも灰皿が設置されていない場所は禁煙。最近は禁煙室のみのホテルが多く、たばこを吸いたい人は、喫煙できるホテルを探す必要がある。また、公園や遊歩道など公共の屋外も禁煙。屋外での歩きたばこも禁止だ。ただし、市指定のアウトドア喫煙セクションのあるレストランも若干ある。バス、地下鉄、タクシーも禁煙。なお、これらのルールは電子たばこにも適用されるので注意。

飲酒

▶21歳未満へのアルコールの販売は禁止されている。注文の際にID（身分証明書）の提示を求められることもある。地下鉄、公園、ホテルのロビーなど公共の場所での飲酒には罰金を科せられる。

サイズ表記

▶数字やアルファベットでサイズ表記されているものは下記のようになっている。同じサイズ表記がされているのに大きさが異なることがあるので、購入前には必ず試着すること。

◆レディースの衣類サイズ

USA	0	2	4	6	8	10	12	14	16	18	20	0	0
日本	3	5	7	9	11	13	15	17	19	21	23	0	0

◆レディースの衣類サイズ

USA	XS	S	M	L	XL	XXL
日本	3	5	7	9	11	13	15	17	19	21	23

◆メンズ スーツ（上着）のサイズ

USA	34	36	38	40	42	44	46	14	16	18	20
日本	S		M		L		LL	17	19	21	23

◆メンズ シャツのサイズ

USA	14	14½	15	15½	16	16½	17
日本	36	37	38	39	40	41	42

◆レディース 靴のサイズ

USA	5	5.5	6	6.5	7	7.5	8	8.5	9	9.5	10	10.5	11
日本	22	22.5	23	23.5	24	24.5	25	25.5	26	26.5	27	27.5	28

◆メンズ 靴のサイズ

USA	6	6.5	7	7.5	8	8.5	9	9.5	10	10.5	11	11.5	12
日本	24	24.5	25	25.5	26	26.5	27	27.5	28	28.5	29	29.5	30

フードフェアなどのイベントでも、公園などでの喫煙、飲酒は厳禁なので気をつけよう

Ⓐ ①トイレやレジなどで列に並ぶときはフォーク型。直接前に並ぶのはNG。②いつでもどこでもレディファースト。③ハーイ、サンキュー、エクスキューズミーなどのひとことを。

BROOKLYN DUMBO

ブルックリン・ダンボ

マンハッタンのイースト川をはさんだ東南に位置するブルックリンだが、なかでもロウワーマンハッタンの対岸すぐのところに位置するダンボは、観光客に人気の場所だ。マンハッタンの摩天楼の眺めがよく、こじゃれたレストランなども多い。(MAP p.25-K〜L)

歩き方のヒント

地下鉄ヨーク通り駅からブルックリンブリッジパーク方面へぶらぶら歩くと、途中に気になるレストランやショップが点在。昼間に行くのがおすすめだ。

行き方

Ⓜ F／York St.、A・C／High St.

ジェーンズ・カルーセル
Ⓡ リバーカフェ
チェッコニーズ・ダンボ
Ⓡ
Ⓢ ウエストエルムマーケット
Plymouth St.
Pearl St.
Ⓢ ブルックリン・フリー・ダンボ
ブルックリンアイスクリームファクトリー Ⓢ
シェイクシャック Ⓡ
ジュリアナス・ピザ
Water St.
Main St.
Front St.
Jay St.
Ⓡ ペドロス
ブルックリンブリッジパーク
Ⓢ フォラジャーズマーケット
ブルックリン・インダストリーズ
アーチウェイカフェ
Brooklyn Bridge
Manhattan Bridge Lower Roadway
Old Fulton St.
Ⓜ York St. Ⓕ
Furman St.
Columbia Heights
ブルックリンハイツ
Ⓜ High St. Ⓐ Ⓒ

食べる＆ブレイク

ランチやブレイクにぴったりのピザ屋やバーガーショップから、おしゃれなレストランやパブまでいろいろあるので、好みの店を見つけられる。

リバーカフェ The River Café
住 1 Water St. Brooklyn
☎ 1-718-522-5200
営 8:30〜11:30、17:30〜23:00、土・日曜 11:30〜14:30、17:30〜 休 無
マンハッタンのビル群やブルックリン橋の眺めが美しい1977年創業の老舗高級レストラン。ディナーだと$150以上の予算となるが、土曜のランチ$45、日曜のブランチ$67ならリーズナブルに味わえる。人気の店なので、予約がおすすめ。ディナーは男性はジャケット着用のドレスコードあり。

シェイクシャック Shake Shack
住 1 Old Fulton St. Brooklyn
☎ 1-347-435-2676
営 11:00〜23:00 休 無
ブルックリン橋のたもとという絶好のロケーションにあるファストフードにしてはリッチなハンバーガーショップ。バーガー類が$5〜9程度。オリジナルレモネードと一緒に食べたい。

ジュリアナズ・ピザ Juliana's Pizza
住 19 Old Fulton St. Brooklyn
☎ 1-718-596-6700
営 11:30〜22:00 休 無
ニューヨークスタイルのおいしいピザが食べたいならここへ。ピザは小$20、大$23から。ハウスメイドスープ$8もおすすめ。ワインリストも充実。

買う

このあたりは、有名ブランドなどはほとんどなく、ローカル色が強い。現地の住民感覚で、小さな店やブルックリン発ショップなどで、雑貨や食品などからお気に入りを見つけたい。

見る

見どころというより、マンハッタンとは風情の違う街並みを楽しむのがダンボだ。

ブルックリン・インダストリーズ
Brooklyn Industries
住 70 Front St. Brooklyn
☎ 1-718-797-4240
営 11:00~19:00、木~土曜~20:00
休 無
ブルックリン発のカジュアルブランド。メンズ、レディス、キッズ、アクセサリーなど幅広く扱う。デザインがおしゃれなグラフィックTシャツ$32~はみやげに人気だ。

フォラジャーズマーケット
Foragers Market
住 56 Adams St. Brooklyn
☎ 1-718-801-8400
営 8:00~22:00、土曜9:00~、日曜9:00~21:00 休 無
オーガニックにとことんこだわった食料品の店。抗生物質などを含まないオーガニック飼料で育てた乳製品を使ったケーキやクッキーも美味。コーヒー、ジャムなどもみやげにもいい。

ウエストエルムマーケット
West Elm Market
住 2 Main St. Brooklyn
☎ 1-718-243-0149
営 10:00~20:00、日曜~19:00 休 無
2002年にブルックリンで誕生したホーム・スタイル・ショップ。ローカルデザイナーや有名デザイナーの手によるしゃれたキッチンやリビング雑貨も多数。

ブルックリン・フリー・ダンボ
Brooklyn Flea Dumbo
住 Manhattan Bridge Archway - 80 Pearl St.
☎ なし
営 10:00~17:00（4~10月）
休 月~土曜
4~10月の日曜のみ開催されるフリーマーケット。ファッションから食品まで、約80店舗がストリートに出店。散策をしながら楽しめるので、地元の人から観光客まで集まり、いつも大賑わいだ。

ブルックリンブリッジパーク
Brooklyn Bridge Park
住 334 Furman St. Brooklyn
☎ 1-718-222-9939
対岸にロウワーマンハッタンからミッドタウンの摩天楼ビル群、ブルックリン橋がきれいに見える。夜景がきれいなので、夜も人気のスポット。

ブルックリンハイツ Brooklyn Heights
ブルックリンきっての高級住宅街で家並みが美しい。イースト川沿いは、ブルックリンハイツプロムナードとして眺めがよく、犬と散歩やジョギングする人の姿がよく見られる。ダンボからも充分歩いてこられる。

ジェーンズ・カルーセル Jane's Carousel
住 Old Dock St. Brooklyn
☎ 1-718-222-2502
営 11:00~18:00、夏期~19:00
料 $2
休 夏期 火曜 夏期以外 月~木曜
ブルックリン橋の東側、イースト川沿いにある名物の回転木馬。冬でも楽しめるように覆いが付いているがガラス張りなので景色はしっかり堪能できる。

©Jullienne Schaer

チェッコニーズ・ダンポ
Cecconi's Dumbo
住 55 Water St. Brooklyn
☎ 1-718- 650-3900
営 11:30~23:00、金曜~23:30、土曜11:00~23:30、日曜11:00~22:30
休 無
ブルックリン橋の景観も楽しめる本格的イタリアンの店。パティオでの食事が快適だ。パスタ$18~、ピザ$19~など。15~18時はハッピーアワーでワイン$7、カクテル$9などリーズナブル。

アーチウェイカフェ Archway Cafe
住 57 Pearl St. Brooklyn
☎ 1- 718-522-3455
営 8:00~22:00
休 無
マンハッタン橋近くにある地元の人に愛されている雰囲気のいいカフェ。エスプレッソ$4やカプチーノ$4.50でブレイクしたい。フレッシュサラダやサンドイッチも一緒に。朝食メニューも充実。

ペドロズ Pedro's
住 73 Jay St. Brooklyn
☎ 1-718-797-2851
営 11:00~24:00
休 無
入口からちょっとワクワクしてしまう外観のメキシカンバー&レストラン。窮屈めな店内でにぎやかにコロナやマルガリータを飲みながら、ブリトー$11~、シュリンプアルアヒージョ$19~などを。

BROOKLYN

ブルックリン・ウィリアムズバーグ

ブルックリン人気の発端となったウィリアムズバーグは、ブルックリン北西部、ウィリアムズバーグ橋の北側に広がっている。マンハッタンから地下鉄Lラインでひと駅。古い街並みに息づく最新の魅力をじっくり楽しもう！（MAP p.25-I）

ワイスホテルのレイナード

歩き方のヒント

街歩きのおもなエリアは、南北がN.11thSt.からグランド通りGrand St.東西はケント通りKent Ave.からドリッグ通りDriggs Ave.だ。なかでも、南北に伸びるワイス通りWythe Ave.と東西に伸びるN3rd St.沿いに店やカフェが多い。地下鉄駅を出ると街の中心なので分かりやすい。

行き方

Ⓜ L/Bedford Avenue

ブルックリンフリー
ウィリアムズバーグ　──Ⓢ　　Ⓝ レモンズ
Brooklyn Flea　　　　　　Ⓗ ワイス
Williamsburg
ブルックリン・ブリュワリー Ⓡ ──ブルックリンボウル
Brooklyn Beel
イーストリバー州立公園 ──Ⓡ スモーガスバーグ

Ⓒ パケリ

ブルックリン・チャーム

オッドフェローズ・
アイスクリーム　Ⓢ　Ⓢ バッグ
　　　　　　　　Ⓢ N. 4th St.
　　　　　　　　　　　Ⓒ マスト　　Bedford Av Ⓜ

Ⓒ デボシオン
アントネット・ブルックリン
グランド通り
Ⓢ ブルックリン・デニム

14

オッドフェローズ・アイスクリーム（→p.203）

N

食べる＆ブレイク

パケリ Bakeri
住 150 Wythe Ave. Brooklyn　☎ 1-718-388-8037
営 7:00〜19:00、土・日曜8:00〜　休無
2009年にオープンした小さなベーカリーカフェ。ショーケースに並ぶホームメイドの各種ペストリーとフレッシュフルーツのパイはどれも絶品。スライスは$4程度。各種サンドイッチは$7〜。店内とテラスにテーブル席がある。店内奥にはキッチンがあり、焼きたてのパンの香りが漂っている。

デボシオン Devocion
住 69 Grand St. Brooklyn
☎ 1-718-285-6180
営 7:00〜19:00、土・日曜8:00〜　休無
生産者から直接仕入れたコロンビア産の新鮮なコーヒー豆で淹れるコーヒーが評判。店内で焙煎した各種コーヒー豆の販売もしている。

100%コロンビア産
約340g $18

買　う

バッグ Baggu
住 242 Wythe Ave. Brooklyn ☎ 1-800-605-0759　営 11:00〜19:00　休無
壁一面にディスプレイされたナイロン製のエコバッグがカラフルでかわいい。リーズナブルなキャンバスやシンプルな革製品も揃う。

**アントワネット・ブルックリン
Antoinette Brooklyn**
住 119 Grand St.　☎ 1-718-387-8664
営 12:00〜19:00、日曜〜18:00
休 月曜
親日家の女性オーナーが営むヴィンテージショップ。1950〜94年代のアイテムが中心でほとんどが1点もの。

ワイスホテル Wythe Hotel
住 80 Wythe Ave. Brooklyn ☎ 1-718-460-8000 F1-718-460-8001　70室
http://wythehotel.com/
ウィリアムズバーグの新名所的存在のホテル。元は1901年に建築された紡績工場。2012年にオープンした全70室のホテルで、地元で作られた家具、床暖房設備など、設備も個性があり、マンハッタンとは一味違う体験ができる。宿泊はせずとも、ここでひと時を過ごすのもおすすめ。レモンズLemon'sは、ホテルの6階屋上にあるカクテルバーで、ニューヨークの街並みを一望できる。気候のいい時期には、テラスで暖かいカクテルを楽しみたい。

**ブルックリン・チャーム
Brooklyn Charm**
住 145Bedford Ave. Brooklyn
☎ 1-347-689-2492
営 11:00〜20:00　休無
約2000種類のチャームやチェーン、ヴィンテージチャームストーンから、好きなパーツを選ぶとオリジナルのアクセサリーを作ってもらえる。

**ブルックリン・デニム
Brooklyn Denim**
住 338 Wythe Ave. Brooklyn
☎ 1-718-782-2600　営 11:00〜19:00、日曜12:00〜18:00　休無
デニム愛好家必見のショップ。ブルックリン産のデニムが揃う。

チョコレート各種70gで$9

マスト Mast
住 111 N.3rd St. Brooklyn
☎ 1-718-388-2644
営 11:00〜19:00　休無
オリーブオイル、ヤギやヒツジのミルクを使った新感覚のチョコレートを製造販売する専門店。試食もできる工場見学ツアー（有料）あり。

週末はマーケットへ

©AlexanderThompson

●**ブルックリン・フリー・ウィリアムズ
バーグ Brooklyn Flea Williamsburg**
http://brooklynflea.com/
毎週土曜に開催される（冬期は休み）フリマ。場所 はKent Ave.とN. 6th St.あたり。
●**スモーガスバーグ
Smorgasburgs**
http://www.smorgasburg.com/
毎週土曜にイーストリバー州立公園で開催されるフードマーケット。季節により場所や時間が異なるので事前確認が必要。

ブルックリン産のビールを飲もう

ブルックリン・ブリュワリー Brooklyn Brewery
住79N.11th St. Brooklyn ☎1-718-233-6654　http://brooklyn brewery.com/　ツアーの詳細・予約はオンラインで。
ニューヨークで最大規模の地ビール醸造所。週末に催行されるブリュワリー見学ツアー（所要時間、$15）が人気だ。4種類のビールの試飲が楽しめ、ツアーが終わると試飲で使ったグラスをおみやげにもらえる。ツアー終了後、バーカウンターで好きなビールを飲む（有料）こともできる。Tシャツ$22〜や帽子、石けん$8などのオリジナルアイテムも揃っている。

HIGH LINE

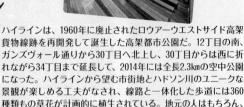

ハイラインは、1960年に廃止されたロウアーウエストサイド高架貨物線跡を再開発して誕生した高架都市公園だ。12丁目の南、ガンズヴォール通りから30丁目へ北上し、30丁目からは西に折れながら34丁目まで延長して、2014年には全長2.3kmの空中公園になった。ハイラインから望む市街地とハドソン川のユニークな景観が楽しめる工夫がなされ、線路と一体化した歩道には360種類もの草花が計画的に植生されている。地元の人はもちろん、旅行者にとっても素敵な憩いの場となっている。

(MAP p.28-A・E)

写真の手前が南端

歩き方のヒント

ガンズヴォール通りから北上してもよし、34丁目から南下してもいいだろう。途中にフードスポットがあるので、コーヒーブレイクやおやつタイムを取りながらのんびり歩きたい。ハイラインへ上がるアクセスポイントは数カ所あるが、そこまでの交通が便利なのは14丁目のアクセスポイントだ。チェルシーマーケットとほぼ直結しているので分かりやすい。

行き方

ガンズヴォール通りへ行く場合 Ⓜ A・C・E・L/14th St.
開園時間 7：00～22：00（くわしくは☎1-212-500-6035）
ハイラインへのアクセスポイント ◆Gansevoort St. and Washington St.（エレベーター有）◆14th St.（エレベーター有）◆W.16th St.（エレベーター有）◆W.20th St.◆23rd St.（エレベーター有）◆W.26th St.◆W.28th St.◆W.30th St.（エレベーター有）◆10th Ave.◆30th St. and 10th Ave.◆Crossroads Connection ◆30th St. and 11th Ave.◆34th St. and 12th Ave.（7時から日没までオープン）

チェルシーマーケットに隣接する14丁目のアクセスポイント。エレベーターもある

公園のおもなルール

線路や植物の上を歩かない。
花や植物を抜かない。
線路の上に座らない。
いかなるところにも登らない。
スケートボード、ローラースケートは禁止。
アルコールは所定の場所以外では飲まない。
禁煙である。
犬は入園不可など。

DOGS ARE NOT ALLOWED ON THE HIGH LINE.

26丁目のビューポイント。フレーム越しに街並みが覗ける

VIEW

歩く・見る

エンド・オブ・ライン。ここがガンズヴォール通りだ

ハイラインの景色は立体的で無限に広がっている。ハイラインの歩道上に生い茂る植物やアート、ハイラインから見渡すハドソン川と市街地、道路とハイラインが交差するユニークな風景、そして、通りから見上げるハイラインなど、歩いて見るだけでいろいろな楽しみや感動に巡り合える。

ハイラインをまたぐように立つスタンダードホテル

17丁目と10番街のビューポイント

17丁目と10番街のビューポイントを通り から見上げる

「Florent」
John Ahearn 作

左／「Pan」Sean Landers 作
右／「Human Statue」Frank
Benson 作

ART
探して楽しもう

ハイラインには数々のアートも展示されている。スタンダードホテルを抜ける通路は時期によってはギャラリーになり、ガンズヴォール通りの手前のガンズヴォール・プラザにはホイットニー美術館の新館がある。

BLOOM
草木に癒される

多年草が主役のハイラインの庭園は、オランダの造園家ピエト・オードルフによるもの。約360種類の草花が緻密な計画をもとに植生されている。毎月、どんな花が咲いているかを公式サイトで知ることもできる。

FOOD
ちょっとブレイク
（※ハイラインのスイーツについては p.203 も参照ください。）

ハイラインにはブレイクポイントも随所に設けられている。コーヒー、アイスクリーム、メキシカンフードなどを買い歩き疲れたらブレイクしてもいい。ただし、冬期のフード屋台はクローズになる。

コーヒーブレイクならここ
ハングリーゴーストコーヒー Hungry Ghost Coffee
場所 15th St.　22nd St.

こだわりの食材使用の職人技ジェラート
ラルテ・デル・ジェラート L'Arte del Gelato
場所 15th St.

ホームメイドのメキシカンアイス＆スイーツ
ラ・ニューヨルキナ La Newyorkina
場所 15th St.

革新的な自家製アイスクリーム・サンドイッチ
メルト・ベーカリー Melt Bakery
場所 22nd St　30th St.

線路を覆う草木も計画的に植生されている

Webでは毎月のおもな植物リストを見ることができる

ハイラインならではのユニークな景色が楽しめる

HISTORY
歴史

鉄道が走っていたころのハイライン

ハイラインの前身である高架貨物線として「ハイライン」が開業したのは1934年。工場や倉庫に接続し、建物の中に列車が入って牛乳や肉、農作物、加工品などを道路の交通を妨げることなく輸送することができた。
1950年代になるとトラック輸送が増加。貨物輸送は衰退し、1960年代にはハイラインの南端区間が廃止。1980年に全線が廃止された。
1999年に地元住民によってフレンズ・オブ・ハイラインが結成。2006年に再開発の工事が開始され2009年に開園。2014年9月21日に最終工事が完了した。

ホイットニー美術館の
テラスから見たハイライン

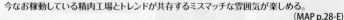

ミートパッキングディストリクト

エリア散策 🚌

マンハッタンのダウンタウンの西端、石畳と古いレンガ造りの建物が立ち並ぶ
ミートパッキングディストリクトはトレンド発信の地として注目のエリア。
かつての精肉工場跡にはセレクトショップやファッション・ブティック、
レストランやカフェが軒を連ねている。
今なお稼動している精肉工場とトレンドが共存するミスマッチな雰囲気が楽しめる。

(MAP p.28-E)

歩き方のヒント

9番街9th Ave.と西14丁目W.14th St.を中心に店や
レストラン、カフェなどが点在している。チェルシー
マーケットを起点にして、9番街から西14丁目周辺を散
策して2時間ほどで楽しめる小さなエリアだ。ハイラ
イン(p.16)とあわせて訪れるといい。

行き方

Ⓜ A・C・E・L / 14th St.

Chelsea Market

M.P.D.の中心チェルシーマーケット

レストランやカフェ、ベーカリーや雑貨店などの大小30軒ほどが立ち並ぶ屋内マーケット。レンガ作りの8階建て建物は
元オレオ・クッキーの工場で、マーケットは、9番街と10番街の1ブロックを突き抜ける1階部分だ。焼きたてのパンやと
ろける甘さのブラウニーを食べたり、ニューヨーク産のミルクを飲んだりしてのんびり楽しめる。

住 75 9th Ave.　URL www.chelseamarket.com/

バワリー・キッチン・サプライ
Bowery Kitchen Supply
☎ 1-212-376-4982
営 9:30~20:00、木・金曜
8:30~、土曜10:00~、日
曜11:00~19:00
休 無
1996年からマーケット
内で営業しているキッ
チン用品の専門店。レ
ストランのシェフ対応の
本格的なアイテムがそ
ろっている。

ロブスター・プレイス Lobster Place
☎ 1-212-255-5672
営 9:30~20:00、日曜10:00~19:00　休 無
ロブスターやオイスターをはじめとした新
鮮なシーフードが
並ぶ。イートイン
も可能。スモーク
フィッシュやキャビ
アなどの缶詰も
ある。

チェルシー・クリームライン
Chelsea Creamline
☎ 1-646-410-2040
営 8:00~21:00　休 無
地元産の食材にこだわったカジ
ュアルレストラン。フライドチキ
ンやアメリカンドッグなど昔ながらのシンプルレ
シピが味わえる。ニューヨーク近郊のロニーブル
ック農場の乳製品もある。

チェルシー・ワイン・ヴォールト
Chelsea Wine Vault
☎ 1-212-462-4244
営 10:00~20:00、日曜~19:00
休 無
ナパやソノマのワインからフランス、イタリ
アなど世界中のおいしいワインが手に入る。
1本$10前後のワインが人気。

16th St.

9th AV.

15th St.

チェルシーマーケット・バスケッツ
Chelsea Market Baskets
☎ 1-212-727-1111　営 10:00~20:30、
日曜~19:00　休 無
ギフト用のキャンディやチョコレート、
コーヒーやナッツなどから、マグネット
やカードなどNYならではのみやげ
までそろう。大小さまざまなバスケッ
トも別売りされているので、好みの
アイテムを詰め合わせてもらうこともで
きる。

ナインスストリート・エスプレッソ
Nine Street Espresso

白いエスプレッ
ソ・カップが目
印のテイク・アウ
トのみ。

エイミーズ・ブレッド Amy's Bread
☎ 1-212-462-4338
営 7:00~20:00、土曜8:00~、日曜
8:00~19:00　休 無
焼きたてのパンやデニッシュが
ウインドーに並ぶ人気店。窓
際のテーブルでイートインも
OK。朝食をここで食べてか
らMPD散策をスタートするの
もおすすめ。

エレニス
Eleni's
(クッキー)

ファット・ウィッチ・ベーカリー
Fat Witch Bakery
☎ 212-807-1335　営 9:00~21:00、日
曜~20:00　休 無
魔女のキャラクターのブラウニーが
人気の店。8種類
のブラウニーには
ベビーサイズもあ
る。

18

空中公園ハイライン（p.16エリア散策・ハイライン参照）をまたぐように立つスタンダードホテル

見る

ハイラインの南端、ガンズヴォールプラザにはホイットニー美術館Whitney Museum（p.134参照）がある。コレクション数は約2万1000以上。散策の必見ポイントだ。

地下1階、地上8階。6、7階には展望テラスがある

©Nic Lehoux

買う

ソーポロジー Soapology
住 67 8th Ave. ☎ 1-212-255-7627
営 9:00〜22:00、日曜〜18:00
休 無

ナチュラル＆オーガニックのスキンケア用品のショップ。約30種類あるナチュラルソープは1つ$8。ナチュラル・パフューム$40〜、ボディローション$25など。

10th Ave. 9th Ave. 8th Ave. 7th Ave.
17th St.
16th St.
CHELSEA MARKET.COM
チェルシーマーケット
15th St.
フォーティーストリートパーク
14th St.
ジェリー（セレクトショップ）S アップルストア（コンピュータ）S Ⓡオールドホームステッド・ステーキハウス
Ⓡガンズヴォートマーケット
スクープ（ファッション）S キールズ（コスメ）S ドスカミノス（メキシコ）Ⓜ 8th Ave. Ⓛ
シンクコーヒー（カフェ）S
ソーポロジー S
13th St.
SCOOP スターバックス・C リザーブNYロースタリー セフォラ S ガンズ ウール
スタンダードH RH ルーフトップ
Little W. 12th St.
12th St.
セントビンセントスクエア
ホイットニー美術館 The High Line
Jane St.
W. 12th St.
11th St.
ライラック・チョコレート（チョコレート） S
インターミックス（ブティック）
Hartalion St.
Bark St.
W. 11th St.
クリスチャンルブタン（靴・バッグ）
Jane St.
AW.12th St.
アビントンスクエア
W. 11th St.
Petry St.

ブリオッシュとマフィンを掛け合わせたのがブルフィン

食べる＆ブレイク

チェルシーマーケットの地下街
チェルシーローカル
Chelsea Local

チェルシーマーケットにできた地下街、チェルシーローカルには食材店が続々とオープンしている。
ニュージャージー州産のハチミツを売るザック＆ゾイ・スイートビーファームZach & Zoe Sweet Bee Farm、ブルックリン発のホットソース専門店ヒートニストHeatnist、イタリア食材店ボン・イタリアBuon Italia、チーズの専門店サクセルビー・チーズモンガーズSexelby Cheesemongersなどが並ぶ。地下街にはテーブル席スペースも設けられているので、休憩やイートインに便利。
チェルシーマーケットのほぼ真ん中の階段からアクセスできる。

ガンズヴォートマーケット
Gansevoort Market

住 353W.14th St. 営 11:00〜21:30、金〜日曜8:00〜22：30、休 無
築200年の建物を改装して営業していた以前のガンズヴォートマーケットは、周辺の再開発のため閉鎖され、新しいガンズヴォートマーケットが、チェルシーマーケットの近くにオープンし、アジア料理からハンバーガーまで幅広い料理が味わえるモダンフードホールになっている。

オールドホームステッド・ステーキハウス
Old Homestead Steakhouse

住 56 9th Ave. ☎ 1-212-242-9040 営 12:00〜22:45、金曜〜23:45、土曜13:00〜23:30、日曜13:00〜21:45 休 無
ニューヨークに古くからある老舗のステーキハウス。アメリカ20オンス・コウベ・バーガーが有名。店内もエレガントな雰囲気だ。

スターバックス・リザーブNYロースタリー
Starbucks Reserve New York Roastery

住 619 9th Ave. ☎ 1-212-691-0531
営 7:00〜23:00、土曜8:00〜24:00、日曜8:00〜22:00 休 無
新形態のスターバックス店舗で、国内では2号店。3フロアからなり、コーヒーだけでなくカクテルも味わえる。コーヒーはすべて店内で焙煎され、焙煎過程を見ることもできる。

LOWER EASTSIDE

エリア散策 🚌 ## ロウアーイーストサイド

ひと昔前は、危険地域とも言われたロウアーイーストサイドは、ここ数年で大きく様変わり。今はギャラリーや個性的なセレクトショップ、またしゃれたレストランやカフェ、夜に賑わうナイトクラブなどが多く集まるエリアとして人気となっている。（MAP p.31-C～D）

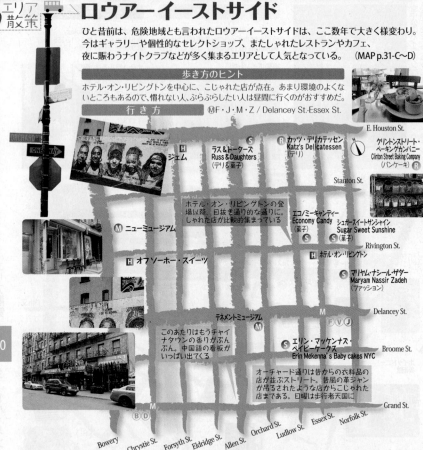

歩き方のヒント
ホテル・オン・リビングトンを中心に、こじゃれた店が点在。あまり環境のよくないところもあるので、慣れない人、ぶらぶらしたい人は昼間に行くのがおすすめだ。

行き方　Ⓜ F・J・M・Z / Delancey St.-Essex St.

（地図中ラベル）
- ジェム H
- ラス&ドーターズ Russ & Daughters（デリ&菓子）S
- カッツ・デリカテッセン Katz's Delicatessen（デリ）R
- E. Houston St.
- クリントンストリート・ベーキングカンパニー Clinton Street Baking Company（パンケーキ）R
- Stanton St.
- ニューミュージアム M
- ホテル・オン・リビングトンの登場以降、目抜き通り的な通りに。しゃれた店が比較的集まっている
- エコノミーキャンディー Economy Candy（菓子）S
- シュガースイートサンシャイン Sugar Sweet Sunshine（菓子）S
- Rivington St.
- オフソーホー・スイーツ H
- ホテル・オン・リビングトン H
- マリヤム・ナシール・ザデー Maryam Nassir Zadeh（ファッション）S
- Delancey St. M / F V J
- テネメントミュージアム M
- このあたりはもうチャイナタウンの香りがぷんぷん。中国語の看板がいっぱい出てくる
- エリン・マッケンナズ・ベイビーケークス Erin Mekenna's Baby cakes NYC S
- Broome St.
- オーチャード通りは昔からの衣料品の店が並ぶストリート。昔風の革ジャンが吊るされたような店からこじゃれた店まである。日曜は歩行者天国に
- Grand St.
- B D M
- Bowery / Chrystie St. / Forsyth St. / Eldridge St. / Allen St. / Orchard St. / Ludlow St. / Essex St. / Norfolk St.

ORCHARD / ONE WAY

食べる&ブレイク

レストランやカフェはたくさんあるので、休憩には困らない。見かけはたいしたことなくともけっこう高級な店もあるので、入る前に、入口付近に置かれた（または貼られた）メニューを見るといい。

カッツ・デリカテッセン
Katz's Delicatessen
住 205 E.Houston St.
☎ 1-212-254-2246
営 8:00～22:45、木曜～翌2:45、金・土曜24時間
休 無
1888年創業のデリの老舗で、パストラミホットサンド$22.95が名物メニュー。一番人気の自家製パストラミは30日間かけて作られるのだとか。それをたっぷりはさんだホットサンドはとにかくボリュームがある。パンの何倍も肉、肉、肉…と積み重ねられた感じ。シェアして食べても十分だ。同じく、自家製コンビーフのサンドイッチもおすすめ。メニューはほかにもサンドイッチ、ホットドッグ、スープ、フライ、ドリンクなどがあり、好きなものをチョイスしたい。注文のシステムが変わっていて、まず入口でチケットをもらって、店を出る時にそのチケットに記載されたものを精算するシステムなので、このチケットはなくさないように。

20

買　う

とくに有名ブランドなどはなく、また店も間口が小さく看板すらも控え目なところが多いので、特定の店を目指す、というより通りを歩きながらおもしろそうな店をのぞくというのがいい。一見入りにくそうな気もするが、ちょっと見るだけでもまったく問題ないので、気軽にのぞいてみよう。

エリン・マッケンナズ・ベイビーケークス NYC
Erin McKenna's Babycakes NYC
住 248 Broome St.　☎ 1-855-462-2292
営 8:00〜20:00、水・木曜〜22:00、金・土曜〜23:00　休 無

見た目もかわいいスイーツの店。ドーナツ、カップケーキなどが各種あり、シュガーフリーはもちろん、牛乳や卵を使わない商品など多彩にラインナップ。カップケーキ$5.50〜、ドーナツ$4.50〜、クッキー$1.99ほか。おみやげにも。

シュガースイートサンシャイン
Sugar Sweet Sunshine
住 126 Rivington St.　☎ 1-212-995-1960
営 8:00〜22:00、金曜10:00〜23:00、土曜10:00〜23:00、日曜10:00〜19:00　休 無

甘〜い、かわいいカップケーキの店。店内で食べることもできる。1個$2.75。

マリヤム・ナシール・ザダー
Maryam Nassir Zadeh
住 123 Norfolk St.
☎ 1-212-673-6405
営 11:00〜19:00
休 無

服やアクセなど、おしゃれな品揃えはもちろんだが、ギャラリーのようなディスプレーもすてきなブティック。

エコノミーキャンディー
Economy Candy
住 108 Rivington St.
☎ 1-212-254-1531
営 9:00〜18:00、月・土曜10:00〜
休 無

「駄菓子屋」的な、キャンディーやチョコが店内にぎっしりの店。ほとんどが量り売りで、いろいろな種類の甘いものが買える。動物などをかたどったチョコレートはみやげにいいが、壊れないように気をつけて。

クリントンストリート・ベーキングカンパニー
Clinton Street Baking Company
住 4 Clinton St.　☎ 1-646-602-6263
営 8:00〜16:00、18:00〜23:00、土曜9:00〜23:00、日曜9:00〜18:00
休 日曜の夜　C（ディナーのみ可）

ちょっとはずれにあるが、大人気のレストランで朝から夜遅くまでいつも混んでいる。基本的に予約ができないので、並ぶ覚悟を。人気のオムレツのほかパンケーキやサンドイッチが$12〜。

見　る

2つのミュージアムが注目だ。しかし、ここは見どころを訪れるというより、ぶらぶらして店やギャラリーをのぞくのが楽しい。迷ったり、不安になったらホテル・オン・リビングトンを目印に。

ニューミュージアム
New Museum
(→p.140)

テネメントミュージアム
Tenement Museum
住 103 Orchard St.
☎ 1-212-982-8420
営 10:00〜18:30、木曜〜20:30、土曜19：00（ツアー）
料 おとな$27、シニア・学生$22
休 無

1800年代後期から1900年代初頭まで、移民たちが暮らしたテネメント（アパート）がそのまま博物館に。見学はツアーのみで、ミュージアムショップで申し込む。

ホテル・オン・リビングトン
Hotel on Rivington (→p.235)

CENTRAL PARK

セントラルパーク

セントラルパークは雑然とした喧騒が渦巻くマンハッタンのオアシス。
いくつもの池を配した美しい緑の広大な公園だ。
木々の幹を見上げてみれば、リスが顔を出し、
ジョギングやサイクリングで汗を流す人々、
コーヒーを片手に犬と散歩する婦人、
せわしないニューヨーカーのやすらぎのひとときに出会う。
そんな公園をのんびり歩いてみれば、
もうひとつのニューヨークが見えてくる。

（MAP p.34〜35-B・C、F・G、J・K）

歩き方のヒント

セントラルパークは、南北の59丁目59th St.から110丁目110th St.、東西の5番街5th Ave.からセントラルパーク西通りCentral Park W.に囲まれ、341万㎡という広大な敷地を持つ。すべてを歩いて回るのは大変なので、見たいポイントの最寄りの地下鉄駅から出発するといいだろう。公園は夜中の12時まで開いているが、かなり危険なので夜間は絶対に入らないようにしよう。

行き方　MA・B・C・D・1・2/59th St-Columbus Circle

Start　グランドアーミープラザからスタート

🚶 グランドアーミープラザから約10分

1 ウルマンリンク
Wollman Rink
☎1-212-744-0882
働10:00〜14:30、水・木曜〜22:00、金・土曜〜23:00、日曜〜21:00 働4月〜10月中旬 働$12、金〜日曜$19（シューズのレンタル$9

著名な実業家ドナルド・トランプにより建設されたレクリエーション施設。冬はアイススケートリンクだが、春から秋にかけては、テニス、ミニゴルフが楽しめる。週末にはカップルや子供たちが大はしゃぎしている。アイススケートは11〜3月頃がシーズン。

映画にもよく登場するスケート場

🚶 ウルマンリンクから約10分

2 デアリー
The Dairy
働10:00〜17:00　働無

🚶 デアリーから約15分

ウルマンリンクの北にあるゴシック様式の建物で、子供たちの遊び場として1873年に建てられた。開設当時はここで飲物を無料で配ったり、建物前の広場には牛やヒツジなどの動物が放されていた。現在は公園の案内所となっていて、地図やイベントの情報がもらえるので、散策の途中にここに立ち寄って、手に入れるといいだろう。

木に囲まれたかわいらしい建物

3 シープメドウ
The Sheep Meadow

公園ができた頃、ヒツジが放牧されていたので、こう名付けられた。約8万9000㎡の広大な芝生の広場で、夏には日光浴をしたり寝そべって読書する人々などが集まる。芝生の向こうに摩天楼が見え、眺めもなかなか。ちなみに、映画『ウォール街』のラストシーンで、チャーリー・シーンがマイケル・ダグラスに殴られたのはここ。

日光浴を心おきなく楽しむ人々

自転車や馬車で回るセントラルパーク

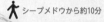

マウンテンバイクにまたがって、セントラルパークの並木道をさっそうと走り抜ける。これぞニューヨーカー！といった感じだ。レンタサイクルで、そんな気分を味わってみては。公園の中央にある湖The Lakeの畔のボートハウスの近くで自転車が借りられる。自転車の種類にもよるが、料金は2時間＄40程度で、クレジットカードかパスポートなどデポジットが必要。

また、園内の道路でよく見かける観光馬車は、公園内の6番街と7番街のところと、グランドアーミープラザから出ており、料金は4人乗りの馬車1台あたり45分で＄130。時間の延長も可能だ。ガイドは園内の見どころについて語ってくれる。おとぎ話に登場しそうなロマンチックな馬車にのんびり揺られての公園巡りも楽しい。

馬車はズラリと並んで客待ちしている

シープメドウから約10分

4 ベセスダ噴水
Bethesda Fountain

モールと呼ばれる長い並木道を歩くと、その突きあたりにあり、公園の中心となっている。聖書に登場するエルサレムのベセスダの池になぞらえて造られたもので、中央にはエマ・ステビンス作の『水の天使』の像が立っている。噴水のすぐ前には美しい彫刻が施された橋と曲線を描く階段があり、まるでスペインの宮殿の庭のよう。

ベセスダ噴水から約15分

この周りにコーヒースタンドや屋台が集まる

5 不思議の国のアリス像とアンデルセン像
Alice in Wonderland Statue & Hans Christian Andersen Statue

公園の東側、73丁目から75丁目のあたりにあるコンサーバトリー池の畔に置かれている銅像。アリスがきのこの上に座って、時計のウサギやチェシャ猫と戯れている。アリスの像は池の北、アンデルセンは池の西側にある。アンデルセンの像は足元のアヒルに『みにくいアヒルの子』の物語を読んで聞かせている姿。夏にはこの像の前で童話の朗読会が開かれることがある。

左／アンデルセン像
右／これがアリスの像

ベセスダ噴水から約15分

レノンの名は永遠に忘れられない

6 ストロベリーフィールズ
Strawberry Fields

故ジョン・レノンがダコタアパートの部屋から眺めていた公園の一角を、ヨーコ・オノが買い取り、彼が作曲した歌の名前を付けた。上から見ると涙のしずくの形をしている。ここを通る歩道の中央には、『イマジン』の文字が刻まれたモザイクの石碑がはめ込まれており、彼の死を悼みたたずむファンの姿や、花やキャンドルが絶えない。公園の西側、72丁目の近くにある。

ベセスダ噴水●『素晴らしき日One Fine Day』（1996年）、『身代金Ransom』（1996年）
不思議の国のアリス像●『マンハッタン・ラプソディThe Mirror Has Two Face』（1996年）グレゴリー（ジェフ・ブリッジス）がローズ（バーブラ・ストライサンド）にプロポーズした場所。

警官もバイクで

グリーンポイント
Greenpoint

ヴァンパーク
クーパー・パーク
Cooper Park

ブルックリン
Brooklyn

ウィリアムズ
バーグ
Williamsburg

マッカレンパーク
McCarren Park

グリーンポイント
Green Point Park

S オッペロー・イースト・グリーポール

フォートグリーン・パーク
Fort Green Park

Navy Yard
Basin

East River

イースト川

ダンボ
Dumbo

ウィリアムズバーグ橋
Williamsburg Bridge

44

42

マンハッタン橋
Manhattan Bridge

クイーンズ・ミッドタウントンネル
Queens-Midtown Tunnel

Midtown Skyport

34th St. Heliport
ピアポント・モーガン図書館
Pierpont Morgan Library

ロウアー・イーストサイド
Lower Eastside

ブルックリン橋
Brooklyn Bridge

リバーカフェ
River Cafe NYC

ブルックリン・ハイツ
Brooklyn Heights

ニューヨーク交通博物館
New York Transit Museum

18

ニューヨーク公共図書館
ニューヨーク
Central Research
Library of the New York

エンパイヤステートビル
Empire State Bldg.

グラマシー
Gramercy

グラマシーパーク
Gramercy Park

イーストヴィレッジ
East Village

リトルイタリー
Little Italy

チャイナタウン
Chinatown

シーポート・ディストリクトNYC
Seaport District NYC

11

ステイテン島行きフェリー乗場
Municipal
Ferry Terminal

25

チェルシー
Chelsea

グリニッチヴィレッジ
Greenwich Village

ワシントンスクエア
Washington Sq.

ニューヨーク大学
N.Y. Univ.

ソーホー
SoHo

シティーホール
市庁舎
City Hall

連邦準備銀行
Fed. Res. Bank

トリニティ教会
Trinity Church

マディソン・スクエア・
ガーデン
Madison Square
Garden

ペンシルヴァニア駅
Pennsylvania Stn.

6番街
アヴェニュー・オブ・ジ・アメリカス

W. Broadway

トライベッカ
Tribeca

34

32

ウールワースビル
Woolworth Bldg.

ワールドトレードセンター
World Trade Center

バッテリーパーク
Battery Park

自由の女神へ

ロウアーマンハッタン
Lower Manhattan

ハイライン　High Line

West St.

53

56

26

25

63

61

60

59

58

64

ハドソン川

ホランドトンネル
Holland Tunnel

42

40

G

J

リンカーントンネル
Lincoln Tunnel

ジェイコブ・K・ジャビッツ・コンベンション・センター
The Jacob K. Javits Convention Center

ハドソンヤード

W. 30th St. Heliport

76

78

ホーボーケン
Hoboken

Palisade Ave.

↑ランドセントラル駅へ

E. 7th St.

▲29

↑国連本部ビルへ

ラ・ママ劇場●

イーストヴィレッジ
East Village

E. 6th St.

E. 5th St.

E. 4th St.

E. 3rd St.

リリアン・ワルドハウス
Lillian Wald Houses

🅗バワリー

🅗シックスティLES

E. 2nd St.

E. 1st St.

ecker St.　Lower East Side
2nd Ave.

E. Houston St.

ハミルトン・フィッシュパーク
Hamilton Fish Park

バルチハウス
Baruch Houses

ウィリアムズバーグ橋
Williamsburg Bridge

🆂ル・ラボ

🅡カフェババナ
ニューミュージアム
New Museum

アイナ🆂

🆂レザレクション

🅡ロンバルディーズ

ing St.

Stanton St.

Rivington St.

🅗ホテル・オン・リビングトン

オフソーホー・
🅗スイーツ

ノリータ
Nolita

Broome St.

ロウアーイーストサイド
Lower East Side

Essex St.
Delancey St.

マサリクタワーズ
Masaryk Towers

ロウアーイーストサイド
Lower East Side

↑クイーンズへ

🅡ダ・ジェンナロ　🅡ニョンヤ

リトルイタリー
Little Italy

リトルイタリー Little Italy

🅡イルコルティーレ

🅡テンレンズ・ティータイム

🅡タイソン

ジョーズシャンハイ🅡

ロンバスパーク
olumbus Park

チャイナタウン
Chinatown

ニューヨーク州庁舎
New York
State Bldg

Grand St.

Grand

テネメントミュージアム

🅡ドーナツプラント

E. Broadway

セワードパーク
Seward Park

East Broadway

チャイナタウン Chinatown

ニューヨークシティ・マリッジビューロー
New York City Marriage Bureau

🅛🆂NYCシティストア

Pike St.

コーリアーズ・フックパーク
Coriears Hook Park

イースト川

East River

チャーサムスクエア
Chatham Sq.

ロウアーマンハッタン
Lower Manhattan

マンハッタン橋
Manhattan Bridge

31

道入口

歩道

ダンボ
Dumbo

ブルックリン
BROOKLYN

サウスブリッジタワーズ
Southbridge Towers

ブルックリン橋
Brooklyn Bridge

シーポートディストリクトNYC
Seaport District NYC

ジェーンズ・カルーセル　ペドロズ🅡
フォラジャーズ🆂
マーケット

ウエストエルムマーケット🆂

ブルックリン・
インダストリーズ

ダンボキッチン🅡

Water St.

York St.

John St.

🅱🅳
🅝🅺

Express Hwy.

Nassau St.

リバーカフェ🅡

ウアーマンハッタン
ower Manhattan

ピア17
Pier 17

ブルックリンブリッジ・パーク
Brooklyn Bridge Park

シェイク・シャック🅡

🅡ジュリアナズ・ピザ

High St.

ウィットマンパーク
Whitman Park

ブルックリン美術館・植物園へ

フォール街
all St.

ハノーバースクエア
anover Sq.

Pier 14

Pier 13

Pier 11

ディアハウス
dia House

ベトナム戦争退役軍人記念碑
Vietnam War Veterans Memorial

フランセス・タバーン
Fraunces Tavern
Pier 6

Pier 9

プリマス教会
Plymouth Church

ブルックリンハイツ遊歩道

Clark St.

ブルックリンハイツ
Brooklyn Heights

キッドマンプラザ
パーク
Cadman
Plaza Park

Tillary St.

Jay St.Metro Tech
②③

ボロウ・ホール

郵便局

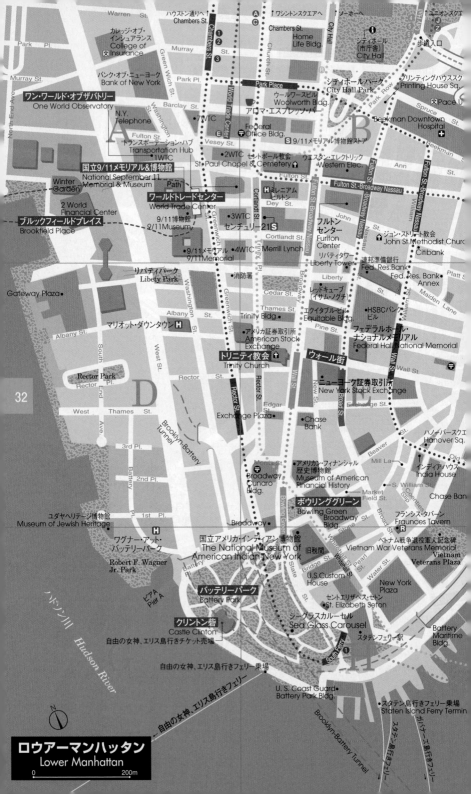

ロウアーマンハッタン
Lower Manhattan

0   200m

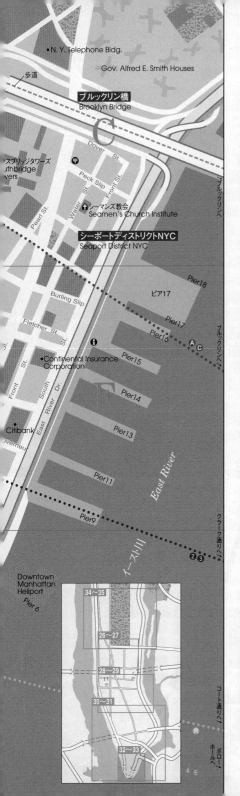

• N. Y. Telephone Bldg.

Gov. Alfred E. Smith Houses

歩道

ブルックリン橋
Brooklyn Bridge

Dover St.

Peck Slip

Front St.

スプリッジタワーズ
uthbridge
vers

Water St.

Pearl St.

シーメンズ教会
Seamen's Church Institute

シーポートディストリクトNYC
Seaport District NYC

Pier18

ビア17

Burling Slip

Fletcher St.

Pier17

Pier16

Ａ Ｃ

• Continental Insurance
Corporation

Pier15

East River Dr.

South St.

Front St.

Pier14

Citibank

Pier13

iverneu

East River

Pier11

Pier9

Downtown
Manhattan
Heliport
Pier 6

イーストリバー

ブルックリンへ

ブルックリンへ

クラーク通りへ

❷ ❸

34〜35

26〜27

28〜29

30〜31

32〜33

コート通りへ

ボロー、

ホールへ

Ｂ

スタテン島行きフェリーからマンハッタンを臨む

ハドソンヤードのシンボル的建造物、ベッセル

壁画アートが楽しめるのもニューヨークらしさ

タイムズスクエア周辺はいつも大賑わい

アッパータウン
Uppertown

0　　　　500m

W. 103rd St.
コロンビア大学へ↗
W. 104th St.　ハーレムへ↗

H ホステリング・インターナショナル・ニューヨーク

The Pool

ノースメドウ
North Meadow

W. 102nd St.
W. 101st St.
W. 100th St.
W. 99th St.
W. 98th St.
W. 97th St.
W. 96th St.
W. 95th St.
W. 94th St.
W. 93rd St.

N クレオパトラズニードル
W. 92nd St.
W. 91st St.
W. 90th St.

貯水池
Reservoir

アッパーウエストサイド
Upper West Side

A **C**　**B**
D

W. 89th St.
W. 88th St.
W. 87th St.
W. 86th St.
W. 85th St.

セントラルパーク
CENTRAL PARK

Hudson River

ベイクド・バイ・メリッサ **S**
子供博物館
Children's Museum of Manhattan

グッドイナフ・トゥイート **R**

ザ・グレートローン
The Great Lawn

W. 83rd St.
W. 82nd St.

バーンズ＆ノーブル・ブックストア **S**
エクセルシオール **H**

Delacorte Theater

ゼイバーズ **S**
W. 80th St.
W. 79th St.
W. 78th St.

サラベス **R**

Turtle Pond

アメリカ自然史博物館
American Museum of Natural History

マーシャルズ **S**
アートハウスホテル・ニューヨーク **H**
ベルクレア **H**
グリーンフリー

セントラルパーク
Central Park

ニューヨーク歴史協会
The New York Historical Society

フェアウェイマーケット **S**
ステップス(3F)

W. 75th St.
W. 74th St.
W. 73rd St.

フムスプレイス **R**

ザ・レイク
The Lake

ニューヨーク・ドッグショップ

ダコタアパート
Dakota Apartments

ベセスダ噴水
Bethesda Fountain

アッシュフォード＆シンプソンズ **N**
シュガーバー

W. 72nd St.

アリズズ・ティーカップ **R**

ストロベリーフィールズ
Strawberry Fields

ロープ・ボートハウス・セントラルパーク

ブルーミングデールズ・アウトレット **S**

カフェ・ルクセンブルグ **R**

W. 69th St.

センチュリー21 **S**

ザ・レイク
The Mall

リンカーンスクエア・ハウス
Lincoln Square house

W. 68th St.
W. 67th St.

アメリカン・フォークアート美術館
American Folk Art Museum

シープメドウ
The Sheep Meadow

アップルストア

アリスタリーホール

W. 65th St.

テアリー
The Dairy

デヴィッドゲフィンホール

W. 64th St.

ホールフーズ・マーケット **S**
デンジークラブ **N**

リンカーンセンター
Lincoln Center

The Time Warner Center

メトロポリタンオペラハウス
Metropolitan Opera House

W. 63rd St.

ウエストサイドYMCA **H**

デヴィッド・H・コーク劇場

W. 62nd St.

トランプインターナショナル・ホテル＆タワー **H**

ウルマンリンク
Wollman Rink

フォーダム大学
Fordham Univ.
W. 61st St.

ジャン・ジョルジュ **R**

ローザメキシカーノ **R**

コロンバスサークル
Columbus Circle

St. Paul the Apostle Church

▼ *26*

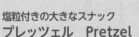

なるほどUNCHIKUコラム

ＮＹ名物・屋台フード完食のすすめ

昔ながらのホットドッグ屋台から、話題のフードトラックまで、ＮＹ散策に欠かせないのが屋台フード。場所によって値段もさまざま。軽い朝食やランチに屋台フードを体験しよう！

飲み物も一緒に売っている

一度は食べたい名物フード
ホットドッグ　Hot Dog

　ミッドタウンを中心に、人通りのある街角や美術館の前、バスターミナル周辺などには必ず出ている、ニューヨークの人気ナンバー1のヴェンダーフード。

　オーダーすると、茹でたての細長いウィンナーを甘みのある角張ったパンにはさんでくれる。シンプルにケチャップとマスタードで食べるのもいいが、炒めたオニオンやサワークリーム、ピクルスなどのトッピングを加えると、より味わいが増す。

●ホットドッグのドッグって犬？

　新聞に連載漫画を描いていた漫画家が、パンに挟まれたダックスフンドの漫画を描き、その下に「Hot Dog」と書いたのがはじまり。野球観戦をしている観客が、パンにソーセージをはさんで食べている様子を取材した記事で、実際には、「レッド・ホット・ダックスフンド・ソーセージ」という名で売られていたのだが、ダックスフンドの綴りがわからなくてHot Dogと書いたとか。

塩粒付きの大きなスナック
プレッツェル　Pretzel

　子供もおとなも大好きなニューヨーク名物のスナック。結び目のような独特の形が特長で、意外に固くて噛みごたえ＆腹持ちがいい。表面の白いつぶつぶは塩粒で、マスタードを付けて食べるのがニューヨーク流。ただし、冷めると固くなってしまうので、温かいうちに食べきること。柔らかく焼き上げた甘いソフトプレッツェルもある。

●プレッツェルの形は何なの？

　祈りをささげている修道士をかたどったという説、ドイツのパン屋の看板がはじまりだとか、3つの穴はキリスト教の三位一体を象徴しているなど、諸説ある。宇宙人の顔にも見える。

組んだ腕にも見える

まだまだあるヴェンダーフード

ヨーグルトソースが絶妙
ギロ
Gyro　　$3～

　ナンのようなパンに肉、炒めた玉ネギ、そしてフレッシュなレタスやトマトなどの野菜をたっぷり載せたギリシアスタイルのパン。酸味のあるソースがたっぷりかかっている。

街歩きのお供に気軽につまみたい
ハニーロースト・ピーナッツ
Honey Roast Peanuts　$1～

　甘い匂いが魅惑的な炒ったピーナッツ。ナッツの種類もいくつかある。ちょっと小腹がすいた時や散策途中のおやつに最適。熱々を袋にいれてくれる。

個性豊かな話題のフードトラック

　ピザやステーキ、インド料理やメキシカンといった多国籍フードから、アイスクリームやワッフルなどのスイーツまでマンハッタンにはさまざまなフードトラックが出現している。人気のB級グルメにトライしてみては。

トラックもおしゃれ！

ニューヨーク
歩き方プラン

New York Walking Plan

「ビッグアップル」を7つのエリアでCHECK!する

ニューヨーク市はマンハッタン、ブルックリン、クイーンズ、ブロンクス、スタテン島の5つの区で構成されている。南北に細長い島がマンハッタンで、東にイースト川、西にはハドソン川が流れている。このマンハッタンの通称が「ビッグアップル」だ。エリアはもっと細かく分かれているが、初めてでも分かりやすい7つのエリアで特徴を覚えよう。

1 ダウンタウン北部

ハウストン通りから24丁目あたりまでのエリア。グリニッチヴィレッジやイーストヴィレッジ、チェルシーやグラマシーが隣接してある。

見どころCHECK!

◆ミートパッキングディストリクト　→p.18
◆グリニッチヴィレッジ　→p.72
◆イーストヴィレッジ　→p.74
◆フラットアイアンビル　→p.75

フラットアイアンビル（左）とワシントンスクエア

2 ダウンタウン南部

ロウアーマンハッタンの北からハウストン通りあたりまでのエリアで、チャイナタウンやロウアーマンハッタン、リトルイタリーやソーホーが隣接するように広がる。

見どころCHECK!

◆ソーホー　→p.76
◆チャイナタウン　→p.77
◆リトルイタリー　→p.78
◆トライベッカ　→p.79
◆ロウアーイーストサイド　→p.79

まったく異なる景色のチャイナタウン（右）とリトルイタリー

CLOSE-UP

**マンハッタンの通称
「ビッグアップル」の由来**

マンハッタンはなぜビッグアップルと呼ばれているのか？　昔はニューヨークでリンゴが生産されていたとか、ジャズの歌詞が始まりだとか、諸説ある中で、競走馬の大好物リンゴから由来するというのがほぼオフィシャルに認定されている説だ。1921年のある日、ニューオリンズからニューヨークのベルモント競馬場に向かう競走馬を馬小屋の使用人たちが、「この馬達はレースに勝ってご褒美にもらえる甘いビッグアップルを目指しているのさ」と言ったことを、『ニューヨーク・モーニング・テレグラフ』に書いた新聞記者ジョン・J・フィッツジェラルドの記事が始まりとされている。

3 ロウアーマンハッタン

マンハッタンの南端エリア。最南端にはバッテリーパークが広がり、北にウォール街、西にはWTC跡地があり、ワン・ワールドトレードセンター（1 WTC）を建設中。

見どころCHECK!

◆ウォール街　→p.82
◆バッテリーパーク　→p.83

バッテリーパークにあるモニュメント「ザ・スフィア」

4 アップタウン

110丁目より北のエリア。アッパーウエストサイドの北にモーニングサイドハイツ、その北にハーレムがある。アッパーイーストサイドの北はスパニッシュハーレム。さらに北にはメット・クロイスターズのあるワシントンハイツが広がる。

見どころCHECK!

- ◆ハーレム　→p.97
- ◆コロンビア大学　→p.98
- ◆クロイスターズ　→p.136

地下鉄125丁目駅を下りる
とそこがハーレムの町

5 アッパータウン

59丁目から110丁目あたり。中央にセントラルパーク、その東側がアッパーイーストサイド、西側はリンカーンセンターのあるアッパーウエストサイドと呼ばれている。

見どころCHECK!

- ◆セントラルパーク　→p.22
- ◆リンカーンセンター　→p.94
- ◆メット・フィフスアベニュー　→p.108
- ◆グッゲンハイム美術館　→p.125
- ◆アメリカ自然史博物館　→p.128

セントラルパークの東側にある
メット・フィフスアベニュー（メット）

6 ミッドタウン

ビッグアップルの中心。ブロードウェイ、5番街、タイムズスクエアなど、ニューヨークの名所がひしめく。エンパイアステートビルやグランドセントラル駅もある。

見どころCHECK!

- ◆タイムズスクエア　→p.63
- ◆ブロードウェイ　→p.64
- ◆5番街　→p.64
- ◆エンパイアステートビル　→p.65
- ◆近代美術館（モマ）　→p.120

高層ビルが林立する
ビッグアップルの中心

7 自由の女神とエリス島

マンハッタン島の南に浮かぶリバティ島に自由の女神が立っている。また、その北側にはエリス島移民博物館があるエリス島がある。

見どころCHECK!

- ◆自由の女神　→p.88
- ◆エリス島国立移民博物館　→p.91

自由の女神とエリス島
移民博物館の外観（右）

ハッピーなニューヨークの旅攻略法

「ビッグアップル」を楽しむコツ

ここがポイント

攻略基本3原則

1. ニューヨークを楽しむ目的は何か？
美術館めぐりをしたいのか、ショッピングを楽しみたいのか、
ブロードウェイで観劇か、やりたいことの優先順位を考えておく。

2. メリハリのある滞在をする
観光名所ばかり見て歩くのも悪くないが、美術館、ショッピングやツアーなどをうまく組み合わせて毎日、朝昼晩とメリハリのあるプランを立てる。

3. 欲張りな計画は失敗につながる
毎日ぎっしりの欲張りなプランは考えもの。意外にかかる地下鉄やバスでの移動時間やカフェでのひと息なども考慮した計画を立てる。

40

5泊7日の場合、まるまる使える日にちは4日間

ニューヨークを訪れる旅行者の平均的な日程は5泊7日。到着日で1日、日本到着は時差があるので出発日の翌日となり、往復だけで2日間費やされる。となると、7日間とはいっても実質4日間がまるまる使える日にちになる。4日で勝負が決まるのだ。

1日目	日 本 出 発 ▶昼〜夜 Ｎ Ｙ 到 着 ▶昼〜夜	**1泊**
2日目	まるまる使える 4 日間	**2泊**
3日目		**3泊**
4日目		**4泊**
5日目		**5泊**
6日目	ニューヨーク出発▶午前〜昼	
7日目	日 本 到 着 ▶午後〜夕方	

（成田発着の例）

やることリストを作って目的を明確にする

一番にやりたいことは何かを見極めておくことが大切。ニューヨークの楽しみは無限に存在するので、行き当たりばったりで過ごしているとあっという間に4日間は過ぎてしまう。観光で見たいのは何か、何を買いたいか、何を食べたいか、やることリストを作ってみる。

 行きたい場所を地図に記しておくと無駄のない計画が立てられる

所要時間の配分を決めて行動する

観光名所や美術館、ショッピングなど興味にまかせて時間を使うと、貴重な旅の時間はあっという間になくなる。それだけが目的らしいが、バラエティに富んだニューヨークの魅力をいろいろ楽しむには、ある程度割り切った時間配分が必要になる。

 注意したいポイントは
①ショッピング　②メット・フィフスアベニュー（メット）
③ブルックリン散策　④自由の女神　⑤セントラルパーク散策

 豆知識 ブルックリンのウィリアムズバーグまで、タイムズスクエアから地下鉄で約30分。ブルックリンはとても広いのでエリアを絞って楽しもう。

曜日によって左右される場所を知っておく

せっかく行ったのに休みだった、なんてことがないように、曜日と営業時間も確認しておこう。たとえば、たいていの店の営業時間は、木曜が長くて、日曜は短いとか、近代美術館（モマ）は無休のうえ金曜の開館時間が長いとか、メット・フィフスアベニュー（メトロポリタン美術館／メット）も無休のうえ、金・土曜は開館時間が長いなど、曜日によって異なることが多い。

美術館は月曜が休みと思いがちだが、各館により異なるので再確認を

 注意したいポイントは
①美術館や博物館の休みは月か火曜が多い　②店やレストランの営業は日曜が要注意日

まるまる使える日を 有効に楽しむコツ

1 基本はやっぱり早起き。でも…

午前中も目一杯活用するには早起きが必須。自由の女神やサークルラインなどは朝イチで。セントラルパークで朝の散策も気持ちいい。街中のカフェは7時ごろにはオープンしている。でも、美術館や店のオープン時間は10〜11時なので朝早くの計画はNG。

自由の女神のチケット売場

5番街やソーホーに早朝から行っても意味なし

2 移動は地下鉄が便利

移動には渋滞に巻き込まれない地下鉄が一番便利で時間のムダもない。路線が単純なバスは乗りやすいが所要時間がかかる。夜はタクシーが安心で便利だ。

距離の長い移動には迷わず地下鉄を利用しよう

3 何を食べるか決めておく

ランチはチャイナタウンで飲茶、ディナーはミッドタウンの話題のレストランでなど、決めておくと安心。行き当たりばったりも悪くないが、おいしいレストランがたくさんあるニューヨークでは食べることも大きな楽しみのひとつで、プラン作りのポイントになる。

4 オプショナルツアーなどを活用する

ハーレムでのジャズやゴスペル、マンハッタンの夜景などは、ツアーに参加して回るほうが安全で効率的。ニューヨークが初めてで、特にこだわりがないなら市内観光ツアーでおもな観光名所を回るのもおすすめ。

日本で手配しておきたいこと

①ブロードウェイのチケットの予約
安売りチケットを購入するには時間もかかるうえ、英語が苦手だと不安。日本であらかじめ手配したほうが安心。
②オプショナルツアーの申し込み
現地での申し込みも可能だが、やりたいこと候補にあるなら日本で手配したほうが安心。

観光に便利でお得なパス

シティ・パスCityPass
おもな美術館と観光名所をメインに回る人にはとてもお得なパス。
①エンパイアステートビルの展望台
②メット・フィフスアベニュー（メトロポリタン美術館）
③国立9/11メモリアル＆博物館もしくはイントレピット海上航空宇宙博物館
④アメリカ自然史博物館
⑤グッゲンハイム美術館もしくはトップ・オブ・ザ・ロックへの入場
⑥サークルライン・サイトシーイングクルーズもしくは自由の女神とエリス島へのフェリーなどが付いて＄132、9日間有効だ。パスはウェブサイト上記①〜⑥で購入できる。
●http://www.citypass.com/

NEW YORK
CityPASS
ADULT

初めてNY定番観光プラン

2011年の後半から修復工事に入っている

活きのいい魚が並ぶチャイナタウンの鮮魚店

ハドソンヤードの展望スポット、ベッセル

自由の女神
→p.88

所要 2 時間

🚌 15分 ＋ 🚌 10分

世界遺産にも指定されているアメリカの象徴。バッテリーパークからフェリーに乗って自由の女神のリバティ島に。その美しくたくましい姿に感動するはず。

ココが ポイント

フェリーの時間を確認して早めにバッテリーパークのチケット売場へ。リバティ島に着いたら帰りのエリス島行きのフェリーの時間も確認。エリス島の見学所要は1時間弱。

チャイナタウン ノリータ
→p.77

所要 1 時間 ＋ ランチ40分

🚌 10分

ごった返す人、飛び交う中国語、魚や肉の生臭い匂いと八角の香り。通りを歩くだけでアメリカ最大規模のチャイナタウンのエネルギーが体感できる。

ココが ポイント

ランチの飲茶に合わせてチャイナタウンへ。大勢の人込みではスリにご用心。Tシャツや雑貨などのバラまきみやげはこのエリアで安く購入可。リトルイタリーやノリータへも近い。

ハイライン ハドソンヤード
→p.16

所要 2 時間 ＋ カフェでひと息30分

👣 2分

ミートパッキングにあるハイラインは、今のニューヨークを知るには必見の観光ポイント。南の端には、ホイットニー美術館、チェルシーマーケット、注目スポットのハドソンヤードにも立ち寄ろう。

ココが ポイント

チャイナタウンのランチをパスして、チェルシーマーケットで遅めのランチもいい。ハドソンヤードのフードホール、メルカド・リトルスペインもおすすめ。ホイットニー美術館ではミュージアムショップも要チェック。

エリス島の国立移民博物館には移民の苦難を物語る展示がされている

リトルイタリーは を経由してノリータへ行こう

ベンチに座りハイラインから街並みを眺める

コースのコンセプト

ニューヨークを代表する観光名所を網羅したモデルコースで、初めての人でも回りやすい。移動は地下鉄と徒歩。早起きして1日を目いっぱい楽しもう。

セントラルパーク

④5番街
・近代美術館(モマ)
⑥ブロードウェイ
⑤タイムズスクエア
③ハイライン
ハドソンヤード
チェルシー

グリニッチヴィレッジ

ソーホー

②チャイナタウン
ノリータ

ロウアーマンハッタン

自由の女神❶

ブランドショップや高級デパートめぐりを

観光客で賑わうタイムズスクエア

→p.64
5番街
近代美術館

所要 2.5時間

7分

5番街は有名ブランドや高級デパートなどが立ち並ぶ世界で一番有名な目抜き通りで、58丁目から34丁目あたりまで続く。通称モマ(MoMA)と呼ばれる近代美術館にも立ち寄ろう。

ココが ポイント

5番街と56丁目の角に建つ金ぴかのビル、トランプタワーのトランプカフェや49丁目のロックフェラーセンターで寄り道&休憩。

5番街はちょっとおしゃれして歩きたい

→p.63
タイムズ
スクエア

所要 30分

10分

ブロードウェイと7番街の交差点を中心とした42〜43丁目にかかる三角地帯。派手なネオンとイエローキャブ、人、バスが交じり合う、まさに「世界の十字路」。

ココが ポイント

記念撮影にはもってこいのポイント。人込みではスリにご用心。大晦日にはここでカウントダウンが行なわれる。

ホットドッグやプレッツェルを買って食べ歩きを

→p.64
ブロードウェイ

所要 3時間
+
ディナー45分

劇場街ブロードウェイはニューヨークのショービジネスそのもの。中心は42丁目から53丁目沿い。時間があったら観劇前にディナーもブロードウェイ周辺で済ませてしまおう。

ココが ポイント

優雅なディナーに適したレストランは周辺に少ないが、プレシアターメニューがある店も。ピザやファストフードで済ませるのが無難。ホテルのレストランなら少し落ち着ける。チケットは事前に予約手配を。

エキサイティングな雰囲気のブロードウェイ

🚢フェリー　🚇地下鉄　👣徒歩

エキサイティングな旅の思い出が欲しい！
ツアーだから楽しめる

感動的な New York

エンターテインメント、アート、2階建てバス、クルーズなど、ニューヨークならではのユニークなツアーに参加することで、もっと感動的な旅が楽しめる。地下鉄やバスを乗り継いで巡るだけでは、決して体験できないエキサイティングなニューヨークの魅力を満喫しよう！

エンターテインメント感覚のバスツアー
ザ・ライド *The Ride*

エンターテイナーのガイドとともに、ミッドタウンの中心部を観光しつつ、スクリーンも見ながら、ときには一緒に歌ったり踊ったりして楽しむ、というユニークなバスツアー。座席はすべて外向きのシアター的な仕様で、車窓がステージのような感覚で楽しめる。

タップダンスを披露するアーティストが登場

感動ポイント ガイドが時々外を歩いている人に愉快に声をかけたりして、そのリアクションを楽しんだりするが、要所要所にはこのツアーのための路上パフォーマンスがうまく仕込まれている。見逃さないで！

バスの進行方向左側と天井がガラス張りになっている

劇場のような車内はノリノリの雰囲気

ここに注意！ ガイドが愉快に乗客に話しかけたり、「シェイクシェイク！」などと誘ってくる。乗客もみんなだんだんテンションが高まり、盛り上がっていくので、雰囲気に乗って、声を合わせてノリノリになってみよう！

チケット購入場所 234 W. 42nd St.（マダム・タッソー蝋人形館建物内）**☎** 1-212-221-0853 **ボックスオフィス営業時間** 10:00〜20:40、日曜16:30 **休** 無 **発着場所** 42丁目の7番街と8番街の間、北側 **料金** $74（時期・時間によりディスカウント料金$59、69などあり）**発着時間** 昼〜夜まで日によって異なる 詳細はhttp://www.theridenyc.com/で **所要時間** 1時間30分〜2時間（交通事情により変動）**オンライン予約** 可

グレイライン・バスツアー
Gray Line Bus Tour

オープンエアーになっている2階建てのバスで、見どころを回る定番のバスツアー。ポイントはいろいろな停留所でバスを降りたり乗ったりが自由にできるということ。ダウンタウンを回るバス、アップタウンを回るバス、ブルックリンやブロンクスに行くバスなど、どれにも乗れるオールアラウンドタウンツアー＋無料ボートツアーがおすすめだ。
右／赤い車体がグレイライン。乗車の際は他社のバスと間違えないように気を付けよう　左／フラットアイアンビルなど観光名所を網羅

感動ポイント 2階建てだが、寒いとき、暑いときでも頑張って必ず2階に上ろう。高い位置で窓もないので、路上や、普通の車からでは味わえない景色が楽しめる。特にビルの眺めがいい。

チケット購入場所 ポートオーソリティバスターミナル（42nd St. bet 8th & 9th Ave.）、リプリーズ・ビリーブイットオアノット！ニューヨーク（234 W. 42nd St.）の2カ所のビジターセンターほか、おもなバス発着所やタイムズスクエア周辺の係員から買える。**ポートオーソリティバスターミナルビジターセンター営業時間** 7:00〜19:00 **休** 無　All-Around Town Tour + Free Boat Tour　$59
詳細、オンライン予約　https://www.newyorksightseeing.com

★ 新しいアートシーンの息吹を感じる

ブルックリン・グラフィティ＆ ストリートアートウォーキングツアー

Brooklyn Graffiti & Street Art Walking Tour

1970 年代にニューヨークで始まったストリート・グラフィティの歴史的な背景や現在のグラフィティの価値、有名作家の作品やバックグラウンドの話を聞きながら、アートエリアとして注目されているブルックリンのブッシュウィック地区のグラフィティを見て歩くツアーだ。

感動ポイント

世界で初めてステンシル・アートを表現したブレック・ルラットのグラフィティがいくつも見られる。彼のデビュー作として有名なネズミのステンシルや彼のサインもお見逃しなく。また、グラフィティだけでなく、街角に置かれたアートも発見できる。

案内してくれたガイドのジェフ

ポエムが一緒に描かれているグラフィティ。これもひとつのスタイル

ルラットの作品にはネズミが描かれている

アメリカ人アーティストによるグラフィティ

まるで壁から手が出ているように見える

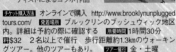
道路に書かれた文字と壁が一体化したグラフィティ

ここに注意！

英語によるガイドなので、有名アーティストの名前や基本的な専門用語は事前に知っておいた方がいい。また、ウォーキングツアーなので歩きやすい服装で参加しよう。

ブッシュウィック・コレクティブが管理している数人のアーティストによるコラボ作品

知っておきたいグラフィティ豆知識

タグス Tags：タガーの名前やニックネーム、通りの番号など、スプレー塗料で描かれた言葉のこと。タギングは公共の場所などに落書きする行為やそのものを指し、ひと昔前の落書きだらけだったニューヨークの地下鉄車両はタギングのはしり。

ブレック・ルラット Blek le Rat：1980 年代、アメリカでは破壊行為でしかなかったグラフィティだが、ヨーロッパでは新しいアートとして評価されていた。その時代に登場したのがフランス出身のグラフィティ・アーティスト、ブレック・ルラットだ。

バンクシー Banksy：英国ロンドンを中心に活動しているグラフィティ・アーティスト。覆面をして自分のプロフィールを隠しながら、風刺的な作品を世界各地でゲリラ的に描いている。

ブッシュウィック・コレクティブ The Bushwick Collective：ブッシュウィック地区のグラフィティ・アーティストやグラフィティを管理している団体。所属するアーティストの作品には The Bushwick Collective のサインがある。
https://www.facebook.com/TheBushwickCollective

[チケット購入方法] オンラインで購入 http://www.brooklynunplugged tours.com/ [発着場所] ブルックリンのブッシュウィック地区内。詳細は予約の際に確認する [所要時間] 1時間30分
[料金] $32　2名以上で催行　歩行距離約1.3kmのウォーキングツアー。他のツアーもあり。[ツアー催行] 金・土曜

サークルライン・サイトシーイングクルーズ
Circle Line Sightseeing Cruises

左 / サンセットとともにビルの明りが浮かび上がってくる　右 / 美しい夜のマンハッタン・ブリッジ

マンハッタンの風景、また自由の女神、ブルックリンなど対岸の景色や橋を川から眺める優雅なクルーズ、ボートツアーがいろいろある。もっとも知られているのがサークルライン。マンハッタンを1周するベスト・オブ・NYC（2.5 時間）ほか半周コース（1.5 時間）、自由の女神クルーズ（1 時間）などがある。

感動ポイント

オープンデッキと船内に席があるが、よほどの雨でない限り、オープンデッキを陣取ろう。航行中は自由に歩き回れるが、できれば、進行方向右側の席がおすすめ。夕方なら、座ったままでマンハッタンの暮れゆく景色が楽しめる。

[チケット購入場所] サークルラインサイトシーイングクルーズCircle LineのPier 83（W. 42nd St. & 12th Ave.）、Pier 16（89 South Street at Fulton St.）の2カ所のビジターセンター
[ビジターセンター営業時間] 9:00〜19:00 [休] 無　Best of NYC Cruise $44
詳細、オンライン予約 https://www.circleline.com

現地観光ツアーで
ニューヨークを楽しもう！

ここがツアーの利点

1 夜景もツアーなら安心
夜に出かけるのは不安だが、ツアーなら安全なうえに数カ所からマンハッタンの夜景が楽しめる。

2 はじめてのNYなら市内観光のバスツアーを
おもな観光ポイントを観光バスで見て回ると効率的で楽チン。はじめてのNY旅行ならおすすめ。

3 日本語ツアーは楽だし安心
ツアー中の案内やちょっとした質問など日本語はやっぱり楽で安心。ちょっと割高でも価値あり。

4 行きにくい場所はツアーでGO！
まだまだ治安が心配なハーレムも現地に熟知したツアー会社なら安心。昼＆夜のコースがある。

リバティヘリコプター
Liberty Helicopter

上／ダウンタウンのビル群と川のコントラストが美しい
下／ヘリからの景色

　少し料金は高いが、ニューヨークの摩天楼や自由の女神を上から眺めるという格別な体験ができるのはヘリコプターツアーだけ。地図で知っているマンハッタンの姿が3Dで味わえて爽快この上ない。ポピュラーな「ザ・ビッグアップル」は12〜15分ほどのフライト。主だった風景はこれで楽しめるが、せっかくだからもうちょっと、という人は「ニューヨーク、ニューヨーク」を選ぼう。18〜20分間のフライトとなり、足を延ばす機会の少ないマンハッタンの北部まで堪能できる。

夕景も味わい深い

ここに注意！ バスツアーのように定期的に発着しているツアーではないので、72時間前までの予約が必要。予約はEメール（reservations@libertyhelicopters.com）か電話で。予約後のキャンセルには1人 $40 のキャンセル料がかかる。

🏠6 E. River Bikeway ☎1-800-542-9933 **チケット購入場所** 事前にHPや電話で予約
営業時間 9:00〜18:30 **休**日曜 **料** New York,New York $309 The Big Apple $224
詳細、オンライン予約 https://www.libertyhelicopter.com

ツアー会社	ツアー名	所要時間
クルーズ ニューヨーク・ウォータータクシー　New York Water Taxi 🏠W. 42nd St. & 12th Ave. ☎1-212-742-1969 ●https://www.nywatertaxi.com/	①オールデーアクセスパス	各区間10〜30分
	②2デーアクセスパス	
ハーレム トミー富田のハーレムツアー （ハーレム・グローバルツアリング） Harlem Global Touring 🏠2372 Adam Clayton Powell Jr. Blvd #1 ☎1-646-410-0786 ●https://tommytomita.com/	①サンデーゴスペル	約4時間40分
	②ハーレムジャズ	約4時間
	③アポロ・アマチュアナイト	約6時間
日本語 あっとニューヨーク　At New York 🏠939 8th Ave. Suite 504 ☎1-212-489-9070 ●http://www.at-newyork.com/	①ニューヨーク3大夜景ツアー	約2.5時間
	②バトーニューヨークディナークルーズ	約5時間

※ツアーの内容や料金、時間等は変更されることがあるため、webサイトなどで再確認をしてください。

ニューヨークへのツアーは、ほとんどが現地の行動はフリータイム。自由気ままな観光も楽しいが、こんなツアーに参加してみると、気ままに歩いて回るニューヨークとは違った魅力に出会える。

アールデコ様式の
クライスラービル
はバスツアーで

こんなことに気をつけて！

❶ツアーによってはドレスコードがあるので要チェック。とくに男性はジャケットを用意しておくと便利。

❷集合場所や時間は現地で必ず再確認を。交通事情や工事などで変更になることもある。

❸夜のツアーでは解散場所やホテルまでの見送りの有無なども確認しよう。

❹ガイド付きツアーの場合は、ツアー終了後にチップをツアー料金の15％前後渡そう。

とっておき情報

現地ツアーはHP予約がお得

予定があらかじめ決まっているなら、各種ツアーはホームページから事前予約しておくのがおすすめ。チケット購入のために並んだり電話する手間や時間のロスがないだけでなく、事前予約だと料金が10〜15％ほど割引になる場合が多い。じっくりコースを選べるのも利点。発着時間や場所もチェックできる。

ビッグバス・ニューヨーク
Big Bus New York

ディスカバーNYCバイ・ナイトは1周約2時間、20〜30分ごと、19〜21時出発

2階建てバスで、主な観光ポイントをガイド付きで回り、マンハッタン内30か所余りの停車場で乗り降り自由（ホップオン・ホップオフ）の観光バスはニューヨーク観光の定番。チケットの種類も多彩。1日のホップオン・ホップオフに1時間のバイクレンタルオファー付きのクラシックチケット、2日間のホップオン・ホップオフ利用に加え、ブルックリン、ハーレム、ナイトツアー、サークルラインでの自由の女神クルーズが付きのプレミアムチケットなどが人気だ。

ここに
注意！

ダウンタウン方面を回るレッドルートとアップタウン方面を回るブルールートは15〜20分ごとに出発するので気軽に乗れるが、ブルックリン、ハーレムへのルートは便が少ないので、時間を確認して乗ろう。

レッド＆ブルールートは各
1周すると約90分

🏠234 W. 42nd St. ☎1-212-685-8687 チケット購入場所 インフォメーションセンター・アット・マダム・タッソー（234 West 42nd St.）ほか、おもなバス発着所やタイムズスクエア周辺の係員から買える。インフォメーションセンター・アット・マダム・タッソー営業時間 8:00〜17:00 休無 料Classic Ticket $55 Premium Ticket $65 詳細、オンライン予約 https://www.bigbustours.com/en/new-york/

料　金	ツアー内容	時間と場所
おとな$37 子供$31	ミッドタウン42丁目→バッテリーパーク→サウスストリートシーポート→ブルックリンのダンボ→ミッドタウン42丁目と4か所を運航している船で、バスで乗り降り自由。	▶運　航 ミッドタウン発が10:00〜17:00の間に7便 ▶乗り場 W. 42nd St. & 12th Ave. (Pier 83)、22 Battery Pl. (Slip 6)、Pier 16, 89 South St.、12 Furman St. Brooklyn (Pier 1)
おとな$42 子供$36		
おとな・子供 $90	ハーレムの教会で生のゴスペルを聞く。ランチ付き	▶催　行 ①日曜　9:20、14:00 ②月・水・金〜日曜　19:30 ③水曜　17:30 ▶集合場所 ヒルトン・ニューヨークのグループチェックインカウンター
おとな・子供 $129	ソウルフード・ディナー後、ハーレムのジャズクラブでライブを楽しむ	
おとな・子供 $120	アポロ劇場でエキサイティングなステージを堪能する。ディナー付き	
おとな$82 子供$74	対岸からの摩天楼も楽しめる夜景見物の完全版。展望台への入場料込み	▶催　行 ①毎日　20:30〜21:00、冬期18:30〜19:00 ②バトーニューヨーク運航日　17:30〜18:00 ▶集合場所 ①②宿泊先まで出迎えあり
おとな・子供 $278	豪華なディナーと夜景が楽しめるロマンチックなツアー。帰りの送迎付き	

ウォーキングの基礎知識

ストリート（丁目）とアベニュー（街）

　マンハッタンは東西約4km、南北約20kmの大きな島だ。14丁目14th St.から北は通りが東西と南北に規則正しく走っている。南北に走る通りがアベニュー（街）Avenue (Ave.)、東西に走っている通りがストリート（丁目）Street (St.)、そして南北に斜めに走っているのがブロードウェイBroadwayだ。

東西に走る通りはストリート（丁目）

　ストリート（丁目）はマンハッタンの東西の通りで、14丁目14thSt.から北端の215丁目215th St.までは平行に走っている。また、住所は5番街を境に東Eastと西Westに分かれる。エリア区分は31丁目31st St.から59丁目59th St.までがミッドタウンMidtown、59丁目から110丁目の東側がアッパーイーストサイド、西側がアッパーウエストサイドとなる。14丁目以南は少しイレギュラーになるので注意。

◆**住所の読み方**　ストリート（丁目）沿いの建物は北側が奇数、南側が偶数の番地になっている。建物の番地は5番街もしくはセントラルパークから始まり、東西へアベニューごとに100番台、200番台と増えていく。ただし、イーストサイドの5番街から3番街までのブロックは、50番きざみになっている。

南北に延びる大通りはアベニュー（街）

　イースト川から西、ハドソン川に向かって、1番街1st Ave.、2番街2nd Ave.、3番街3rd Ave.、レキシントン街Lexington Ave.、パーク街Park Ave.、マジソン街Madison Ave.、5番街5th Ave.、6番街6th Ave.（アメリカ街Ave. of the Americas）、7番街7th Ave.、ブロードウェイBroadway、8番街8th Ave.、9番街9th Ave.、10番街10th Ave.、11番街11th Ave.、といった14本の大通りが平行して延びている。5番街

ストリートのアドレス早わかり表

イーストサイド　14〜110丁目	
5番街〜マジソン街	1〜49番地
マジソン街〜パーク街	50〜99番地
パーク街〜レキシントン街	100〜149番地
レキシントン街〜3番街	150〜199番地
3番街〜2番街	200〜299番地
2番街〜1番街	300〜399番地
1番街〜ヨーク街	400〜499番地

ウエストサイド　14〜59丁目	
5番街〜6番街（アメリカ街）	1〜99番地
6番街（アメリカ街）〜7番街	100〜199番地
7番街〜8番街	200〜299番地
8番街〜9番街	300〜399番地
9番街〜10番街	400〜499番地
10番街〜11番街	500〜599番地

ウエストサイド　59〜110丁目	
セントラルパーク〜コロンバス街	1〜99番地
コロンバス街〜アムステルダム街	100〜199番地
アムステルダム街〜ウエストエンド街	200〜299番地

たとえば●249 E.50th St.は、50丁目の北側沿い、3番街と2番街の間

ここがポイント!

東西に延びる通りはストリート（丁目）Street (St.)、南北に延びる通りはアベニュー（街）Avenue (Ave.)。住所がわかれば、目的地へ迷わず行ける。

が中心でウエストサイドとイーストサイドの境界線になっている。

◆住所の読み方 アベニュー（街）沿いの建物の番地は南から北に行くにしたがって数が増えてくる。また、通りをはさんで一方が奇数、逆側が偶数の番地になっている。

1ブロックとは

アベニューとストリートに囲まれた1区画をブロックBlockと呼び、1ブロックの南北の長さはおおよそ60〜80m。

アベニューのアドレス早わかり表

たとえば●762 7th Ave. は、50丁目の西側。575 Madison Ave. は、56丁目の東側

ストリート（丁目）	11番街／ウエストエンド街	ブロードウェイ	10番街／アムステルダム街	9番街／コロンバス街	8番街／セントラルパーク・ウエスト	7番街	6番街（アメリカ街）	5番街	マジソン街	パーク街	レキシントン街	3番街	2番街	1番街	ヨーク街	ストリート（丁目）
86	545	2360	546	543	262			1050	1175	1040	1280	1538	1664	1652	1634	86
84	500	2321	498	504	241			1033	1134		1248	1493	1619	1622	1593	84
82	465	2282	460	460	225			1014	1089	962	1215	1450	1583	1578	1549	82
80	425	2240	422	418				991	1055	920	1173	1412	1538	1540	1515	80
78	390	2201	377	386		セントラルパーク		972	1011	885	1125	1374	1500	1495	1470	78
76	344	2161	343	341	170			952	975	840	1079	1329	1465	1466	1433	76
74	300	2121	301	305	145			930	937	799	1034	1291	1415	1394	1394	74
72	262	2081	263	260				909	894	760	1003	1251	1391	1345	1365	72
70	230	2040	201	220	101				854	718	963	1220	1328	1302	1320	70
68		2001	181	180	80			870	815	680	925	1175	1267	1275		68
66	165	1960	150	147	65			850	772	640	889	1130	1260	1224	1233	66
64	110	1920	111		50			833	735	600	843	1095	1223	1170	1194	64
62		1881	70	61	25			812	690	564	806	1050	1177	1130	1153	62
60	20	1841			27			795	654	521	767	1010	1143	1099	1113	60
58	854	1796	899	910		922	1425	767	625	480	722	979	1105	1066		58
56	823	1755	857	863	953	881	1381	725	575	440	678	936	1066	1024		56
54	790	1710	812	817	910	842	1345	689	532	400	641	900	1029	987		54
52	740	1675	777	783	888	800	1301	663	501	360	599	875	987	947		52
50	706	1633	734	741	830	762	1270	630	452	320	557	820	944	886		50
48	665	1595	688	701	791	723	1221	600	410	280	518	777	901	866		48
46	636	1555	663	664	737	701	1180	564	380	250	480	750	862	821		46
44	595	1514	624	623	701		1150	530	341	200	441	708	828	799		44
42	554	1481	587	584	660		1101	500	330		403	669	800			42
40	525	1435		541	620	560	1065	461	284	100	355	622	748	700		40
38	464	1400	500	506	570	525	1020	424	260	70	315	580	707	675		38
36	450	1359	475	468	520	485	989	389	218	40	283	542	665	630		36
34		1317	442	440	481	450	890	366	185	10	250	510	625	603		34
32		1260		390		401		320	152	2	200	468	585	550		32
30		1220	351	352	404	363	855	284	118	443	161	432	545	520		30
28	281	1178	315		366	322	816	250	79	404	119	396	501	485		28
26	260	1140	289	280	322	283	775	225	45	363	81	353	463	455		26
24	202	1107	242	231	282	245	753		25	323	41	330	421	400		24
22	164	945	210	198	236	221	709	175		300	18	283	384	377		22
20	126	907		164	198	170	655	135		254		244	345	345		20
18		873	130	130	161	140	625	111		222	65	205	310	313		18
16			99		126	100	575	85			35	180	284			16
14			58	48	81	64	534	69			4	127	231	239		14

ウエストサイド ／ イーストサイド

マンハッタンの乗り物利用法

移動に便利な地下鉄。日中の南北移動には欠かせない

メトロポリタン・トランジット
オーソリティ
●https://new.mta.info

バスは東西の移動に便利

マンハッタンの交通機関は、メトロポリタン・トランジット　オーソリティMetropolitan Transit Authority（MTA）が運営している地下鉄SubwayとバスBus、そしてイエローキャブと呼ばれるタクシーTaxiの3つだ。まず、知っておかなくてはならないのが移動の方向とそれに適した交通機関。地下鉄はマンハッタンの南北、バスは東西の移動に適しているということ。

　たとえば、細長いマンハッタンの中心、ミッドタウンにあるロックフェラーセンターから南のソーホーまでは、地下鉄で10〜14分だがバスなら30〜40分かかる。地下鉄は迷わず早く行けるが、バスは渋滞にはまったら最後。とくに平日の日中、72丁目から14丁目間のバスによる移動は避けたい。

　逆に東西の移動にはバスが力を発揮する。地下鉄は東西に走っていないからだ。たとえば、アメリカ自然史博物館からメトロポリタン美術館に行く場合のように、セントラルパークを横断できるのはバスだけだ。また、6番街にあるロックフェラーセンターから、1番街の国連本部への移動もバスが便利。

　ちなみに東西に延びる通りStreet（〜丁目）の1ブロックの間隔は約60〜80m、南北に延びる通りAvenue（〜街）の1ブロックの間隔は約250m。タクシーは夜間の移動には欠かせない交通手段。近年、安全になったとはいえ、22時以降の地下鉄やバスの利用は避けたほうが無難だ。タクシーはどこででも拾えるというのも大きな魅力である。

地下鉄は標識をよく見て乗車しよう

地下鉄とバスに共通。
メトロカードがとても便利！

地下鉄とバスに共通のパスがメトロカードMetroCardだ。基本的には、地下鉄の乗場や観光局などにある自販機で購入するほか、地下鉄のチケットブース（窓口）でも買える。

自販機ではクレジットカードも使える。窓口ではクレジットカードは使用不可。新しくカードを買うときには、＄1の手数料がかかる。カード自体の有効期限は券面裏に記された日まで（約1年後）で、その期限内は、チャージや再利用ができる。

プリペイド式のペイ・パー・ライド・メトロカードPay-Per-Ride MetroCardか乗り放題のアンリミテッド・ライド・メトロカードUnlimited Ride MetroCardかを選択する。メトロカードを使う通常の地下鉄・バスの料金は＄2.75。ペイ・パー・ライドは＄5.50〜80の間で好きな金額分買うことができる。＄9以上のおつりはでないので注意が必要だ。現金での購入は、＄50札は＄30以上買うときのみ、＄100札は＄70以上を買うときのみ使用可。

長期滞在者、地下鉄・バスを頻繁に利用する人は、アンリミテッド・ライド・メトロカードが便利でお得。7日間乗り放題のセブンデイ・アンリミテッド・ライド7-Day Unlimited Ride（＄33）、30日間乗り放題のサーティデイ・アンリミテッド・ライド30-Day Unlimited Ride（＄127）がある。アンリミテッド・ライドは、改札を通ってから18分間は同じ駅やバス停からの乗車に使用できない（不正防止のため）ので注意。また改札口では、カードが正しく読み取れ（通れ）ず、隣で再度試みたりすると、やはり18分間使用できなくなる。そんな時は、チケットブースの係員にその旨を申告して通れるようにしてもらわなければならない。なお、アンリミテッド・ライドの有効期限は期限の日にちの翌0時まで。

1回のみ（片道）しか地下鉄もしくはバスを使用しない、という人はシングルライドチケットSingleRide Ticketという＄3のチケットを購入することになるが、この場合は手数料は不要。このチケットは購入後2時間以内に乗車しなければならないので注意。

ペイ・パー・ライド利用の際は、地下鉄とバス間、バスとバス間の乗り継ぎが1回無料になるが、シングルライド利用の際は、地下鉄とバスの乗り継ぎは不可。

見た目はどれも同じカード。残高がなくなってもチャージができるのでカードは捨てないこと

メトロカードを
自動販売機で買う

①スタートボタンを押す。②いくつかある言語から英語を選択。③1回分乗車券SingleRideか、メトロカードかを選択。④欲しいタイプのメトロカードを選択。⑤支払いはクレジットカードか現金で。⑥領収書が必要な場合はReceiptのボタンを押す。

自動販売機は駅の改札近くにある。窓口よりも自動販売機利用が主流

地下鉄での英会話

＄10のメトロカードをください。
Ten dollars MetroCard, please.
7日間用のメトロカードをください。
Seven-day Unlimited Ride Card, please.
このメトロカードが使えません。確認して下さい。
This Metro Card dosen't work. Please check it.

シングルライドのチケット

地下鉄路線図 | 地下鉄路線図

地下鉄駅名 インデックス

地下鉄駅名	地下鉄路線名
1st Ave.	L
Lower East Side-2nd Ave.	F
3rd Ave.	L
5th Ave.	7
5th Ave.-53rd St.	E·M
6th Ave.	F
7th Ave.	B·D·E
8th St.-NYU	N·R
14th St.	A·C·E·F·M·1·2·3
14th St.-Union Sq.	L·N·Q·R·4·5·6
18th St.	1
23rd St.	C·E·F·M·N·R·1·6
28th St.	N·R·1·6
33rd St.	6
34th St.-Herald Sq.	B·C·F·M·N·Q·R
34th St.-Hucson Yards	7
34th St.-Penn Station	4·C·E·1·2·3
42nd St.-Bryant Park	B·D·F·M
42nd St.-Port Authority Bus Terminal	A·C·E
42nd St.-Grand Central	S·4·5·6·7
42nd St.-Times Sq.	N·Q·R·S·1·2·3·7
47-50th Sts. - Rockefeller Center	B·D·F·M
49th St.	N·Q·R
50th St.	C·E·1
51st St.	6
57th St.	F
57th St.-7th Ave.	N·Q·R

Map labels

East River / イースト川

Gramercy / グラマシー

Chelsea / チェルシー

Midtown / ミッドタウン

Union Square / ユニオンスクエア

59th St Columbus Circle A·B·C·D·1
コロンブス・サークル 59丁目

57th St.-7th Ave. N·Q·R 57丁目/7番街

57th St F 57丁目

7th Ave. B·D·E 7番街

50th St C·E 50丁目

49th St N·Q·R 49丁目

50th St 1 50丁目

Times Sq. 42nd St. N·Q·R·S·1·2·3·7 タイムズスクエア 42丁目

42nd St. Port Authority Bus Terminal A·C·E 42丁目 ポートオーソリティ・バスターミナル

34th St. Penn Sta. A·C·E 34丁目 ペンシルバニア駅

34th St. Penn Sta. 1·2·3 34丁目ペンシルバニア駅

34th St. Hudson Yards 7 34th St. Hudson Yards

34th St. Herald Sq. B·D·F·M N·Q·R 34丁目 ヘラルドスクエア

23rd St 23丁目

28th St N·R 28丁目

28th St 6 28丁目

23rd St C·E チェルシー 23丁目

23rd St F·M 23丁目

23rd St B·D·F·M 23丁目

23rd St N·R 23丁目

23rd St 6 23丁目

18th St. 1 18丁目

14th St A·C·E 14丁目

14th St F·M 14丁目

8th Ave. L 8番街 8th Ave.

6th Ave. L 6番街

14th St. 1 14丁目

14th St. Union Sq. L·N·Q·R·4·5·6 14丁目 ユニオンスクエア

1st Ave. L 1番街

3rd Ave. L 3番街

59th St 4·5·6 59丁目 Lexington Ave.53rd St. レキシントン街 53丁目

51st St. 6 51丁目

5th Ave. E·M 5番街 53rd St. 53丁目

Rockefeller Center B·D·F·M 47-50th Sts. 47丁目 ロックフェラー・センター

57th St F 57丁目

42nd St Grand Central S·4·5·6·7 42丁目 グランドセントラル

42nd St Bryant Park B·D·F·M 42丁目 ブライアントパーク

5th Ave. 7 5番街

33rd St 6 33丁目

Central Park S.
Fordham University
John Jay College
Passenger Ship Terminal
Madison Square Garden
Morgan Library
Museum of Modern Art
St.Patrick's Cathedral
Grand Central Terminal
Peter Cooper Village
Stuyvesant Town
Stuyvesant Square Park
Baruch College
Union Square Park
Madison Square Park
Greenwich

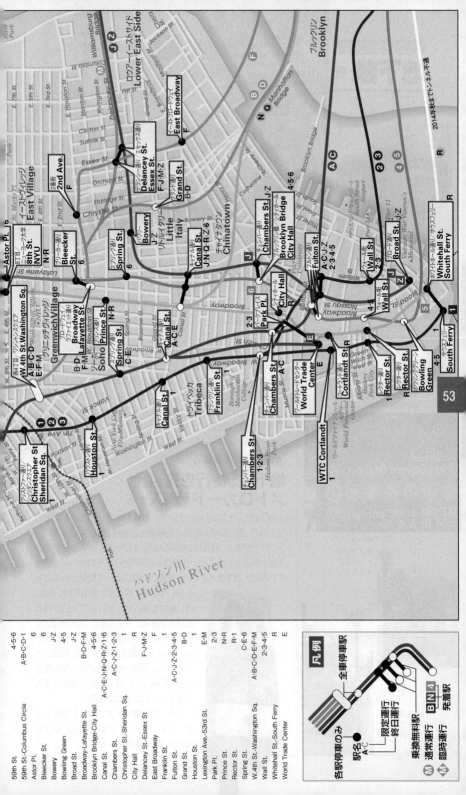

53

地下鉄 ● Subway

ユニオンスクエア駅

地下鉄の入口。エレベーターがある駅もある

ユニオンスクエア駅には9路線通っている

14 Street
Union Square Station
L N R 4 5 6 Q
Enter at NE corners W
14 St & 4 Av

赤いランプはメトロカードがないと入れない

24時間乗車可能であることを表わす緑のランプ

地下鉄路線はほとんどがマンハッタンの南北に延びている。料金は全区間均一でシングルライドチケットなら＄3、ペイ・パー・ライドのメトロカードなら＄2.75。24時間運行している。朝夕のラッシュ時はほとんどの路線が2～5分間隔で運行。深夜は20分間隔の運行になり、一部の路線はルートが変更されたり、運行されなかったりする。駅は約600m間隔であり、駅と駅の間を約2分間で走っている。各駅停車Localと急行Expressとがあるが、路線によりいずれかに決まっている。なお、メトロカードを利用すると、1回バスに乗り換えることが可能だ。

STEP1 ● 乗車する

地下鉄駅と行き先を確認。メトロカードを購入する

地下鉄の入口には丸いランプ、もしくはポール型の照明が立っており、階段の前に駅名と路線番号が表示されている。丸いランプは3色あり、緑色は24時間人がいるブースがあるか、自動券売機があるということ。赤色は出口専用か、メトロカードを持っていれば入場できるところ。黄色は時間によって閉鎖されることを示している。ポールの色も同様。また、同じ駅でも南行きと北行きで入口が異なる場合がある。その場合、北行きはアップタウンUptown、南行きはダウンタウンDowntownと表示されている入口に下りていく。間違った改札に入ってしまうと、一度外に出て、また新たに支払って入り直すことになるので注意。

まず、自販機でメトロカードを購入する。メトロカードは＄5.50以上のプリペイド式の乗車カードだ。

地下鉄のMマーク

ここがポイント!　マンハッタンの北行きはアップタウン、南行きはダウンタウンと表示される。行き先（方面）を確認してから駅へ。

路線番号を確認してから乗車する

　駅構内に入る前に、もう一度、行き先を確認してから、エントリーEntryと表示された改札口へ。メトロカードの黒い磁気部分を下にしてスライドさせると、前方に小さくGOと表示されるので、そのまま進み、ターンスティールを押して構内に入る。

　改札を入ってすぐのところには、ウエイティングエリアWaiting areaと書かれた黄色の看板が掲げられている。この看板の周辺は夜や人気の少ない時間でも、改札口に近いため、駅員の目が届く安全地帯となっているのでここで待とう。

　ホームの乗車する側の上にはそこに停車する路線の番号が表示されている。複数の路線の電車が停車することが多いので、電車の前と後、車体の横に表示されている路線番号と行き先（始発駅と終着駅）を確認してから乗車する。

　駅構内、ホーム、車内は終日禁煙だ。

出入口は同じ。出る時はバーを押すだけ

スライドは早すぎても遅すぎても反応しない

ここにメトロカードをスライドさせると残りの料金や日数が分かる

メトロカードの磁気部分を矢印のところでスライドさせる

STEP2● 乗り換え

路線のサインにしたがって、乗り換える

　地下鉄の乗り換えは改札を出なければ何回でも可能。タイムズスクエアTimes Square駅やグランドセントラルGrand Central Terminal駅などには何本もの路線が乗り入れている。目的の乗り換え駅で降車後は、路線のサインにしたがって行けば、目的路線のホームへ行くことができる。ここでも行き先の方面がアップタウンかダウンタウンかを確認すること。

タイムズスクエア駅

ニューヨークにもついに非接触型カード登場

　日本では当たり前になっているSuica、PASMOのような改札にタッチして乗車できるシステムが、ついにニューヨークにも導入中だ。OMNYというもので、将来メトロカードに代わるものとして、2019年5月より試験導入されているが、2020年後半にはマンハッタンでは全面導入となる予定だ。2020年にはOMNYアプリで携帯端末での使用が可能になり、2021年にはOMNYカードが市中の店や自動販売機で購入できるようになる予定。そして、2023年にはメトロカードが全廃になる予定だ。

新しい改札

乗り換えは標識に従って

おもな乗り換え駅

コロンバスサークル駅
A・B・C・D・1
タイムズスクエア駅
N・Q・R・S・1・2・3・7
グランドセントラル駅
S・4・5・6・7
ユニオンスクエア駅
L・N・Q・R・4・5・6

地下鉄での英会話

地下鉄の路線図をください。
Subway map, please.
これはタイムズスクエア駅に行きますか？
Does this go to Times Square?
ワシントンスクエアへの出口はどれですか？
Which exit to Washington Square?

STEP3● 下車する

車内のアナウンスにしたがって下車。出口を確認

　地下鉄車内では次の停車駅や乗り換え路線のアナウンスがあるが、聞きづらいので、目的の駅が近付いてきたら停車駅をよく確認しよう。ホームには駅名があちこちに表示されているのでチェックはしやすい。とくに急行列車はひと駅違いでとんでもない先まで行ってしまうこともあるので注意しよう。

　電車から下りたら出口Exitの表示にしたがって行くと、自動改札もしくは出口専用の扉がある。出口には最寄りの通り名などが記されている。タイムズスクエアTimes Sq. 42nd St. 駅など大きな駅では出口が複数あるので、目的の場所に近い出口から地上に出ると便利。

ホームは小ぎれい

車内もきれい

回転式の出口

● 本音でガイド ●

地下鉄の「改札」ゲートのこと

　ニューヨークの地下鉄、改札が意外にわかりにくい。42nd St.のような大きな駅だと、地下鉄のサインを見つければとりあえずどこから入っても目指すホームにたどりつけるが、小さな駅だと、地下鉄のサインを見つけて階段を下りていっても、ホームまでたどりつけないことがあるので注意が必要だ。

　基本的に赤色のポールが立っていれば出口専用なのだが、ポールがないところもまれにある。また、緑のポールなので入れる、と思っても、メトロカードを持っていないと入れない改札もけっこう多い。もともと出口専用だった改札は、スペースの問題も

あり、ほとんどが自動券売機が設置されておら〔ず〕、もちろんチケットブースもない。メトロカードを〔持〕っていない人は、とくに注意が必要だ。

　夜間などは地下鉄の階段を何度も上ったり下りするのも不安なので、なるべくシングルライド〔では〕なく、メトロカードで1回分の余裕をもってチャ〔ー〕ジしておくと、ほとんどどこからでも入れて安心。

　世界の地下鉄の主流である非接触式ICカード〔（日〕本のSUICAなど）でなく、スライド式の磁気カ〔ー〕ドのため読み取りエラーもしばしば。早すぎず、〔遅〕すぎず、ていねいにスライドしよう。なお、ニュ〔ー〕ヨークもついに2020年後半より非接触式ICカー〔ド〕が導入される。

交通ガイド
バス ● Bus

バスはマンハッタンの東西南北をくまなく走っている。料金はマンハッタン内全区間均一でシングルライドなら＄3、メトロカード払いなら＄2.75で、ほとんどの路線が早朝から深夜まで運行している。昼間は5〜10分間隔、夜間や週末は20分〜1時間間隔と本数が少なくなる。バス停は東西ならば1ブロックごと、南北の通りは2、3ブロックごとにある。

南北の移動は渋滞にはまりやすいので地下鉄の方が便利だが、東西の移動にはとても便利だ。バス停のポールにはそこに停まるバスの路線番号と走るルートが記されている。バス停には時刻表が表示されていることもあるが、2、3台続けて同じ路線のバスが来ることもあれば、30分以上待っても来ないこともあり、ほとんどあてにならない。

STEP 1 ● 乗車する

まず、バス停をさがす。

目的の場所が東西南北のどの方向にあるのかを確認してからバス停をさがそう。バス停には丸い青色のバスマークと路線番号が記されたポールが立っている。大きな通りや利用者が多いバス停には屋根付きブースが備え付けられている。ただしバス停には名前はない。注意したいのは、5番街やマジソン街、8番街などの南北の通りのほとんどが一方通行であること。そして、乗場は通りの進行方向の右側にあるということだ。

同じ通りを走るバスでも、路線によって停まる場所が数m離れていたり、ひとつのバス停に複数の路線が停まることがあるので、やって来たバスの前やドアの脇にある路線番号と行き先をよく確認しよう。

路線番号を確認したら前のドアから乗車

乗車は前のドアから。料金はメトロカードか、1¢硬貨以外の硬貨で＄3を支払う。釣りは出ない。メトロカードは料金箱

バス停のポール。1、2、3、4番がここに停車する

ここは5番の停留所。路線も確認できる

バスでの英会話

このバスはチャイナタウンに行きますか？
Is this bus going to Chinatown?
トランスファーをください。
Transfer,please.
どのくらいかかりますか？
How far is it from here?
最寄りのバス停はどこですか？
Where is the nearest bus stop?
どこで乗り換えるのですか？
Where should I change buses?

バスの運行本数は多くて便利

車体にある路線番号と行き先表示

バスは連なって来ることもある

バスはマンハッタンの東西の移動に便利。南北移動は渋滞などで不便なことが多いが、車窓からのマンハッタンの景色を楽しむことができる。

メトロカードはバスにも便利

メトロカードは差し込んで抜く

トランスファー

58

の左側にある差し込み口に差し込んで抜く。乗った時刻や路線が記録され、2時間以内なら地下鉄やバスに1回乗り換えることができる。硬貨は右側の支払い口に入れる。硬貨で支払った人は、乗り換えるならトランスファーがほしいとドライバーに告げるとメトロカード・トランスファーMetro Card Transferがもらえる。メトロカードの人はトランスファーは不要。割高になるが、メトロカードのシングルライドチケットの使用もできる。

STEP2● 降車する
乗車したら、外の景色に注意。降車リクエストは黒いベルトで

　車内の前方の左右の座席は老人や体の不自由な人用なので座らないようにしたい。車内アナウンスはあまりないので、乗車中は外の通り名標識を見て自分の降りる通りまでどのくらいかを確認する。降りる場所がよく分からない場合は、ドライバーに乗車の際に行きたい場所を告げ、降りるべき場所に着いたら教えてもらえるよう頼んでおくと安心だ。次の停留所で降りたい場合、窓枠や後ドア周辺の黒いベルトに触れると、チャイムとともに前方に「Stop Requested」の赤いランプが点き、次の停留所で停まる。下車は基本的に後のドアからで、ステップを降りたら、自分でドアを押し開けて出る。車内が込んでいる時や前の方にいた場合は前のドアから降車することも可能。

降りるときはストップボタン、もしくは黒いベルトに触れる

出口上の黒いベルト

ストップの赤いサインがつく

出口のドアは自分で押し開ける

利用価値大のバス路線

79番 セントラルパーク横断　その1

例 アメリカ自然史博物館　→　メトロポリタン美術館

66番 セントラルパーク横断　その2

例 リンカーンセンター　→　セントラルパーク動物園

42番 104番 ミッドタウン横断　その1

例 国連本部　→　ポートオーソリティ・バスターミナル

42番 ミッドタウン横断　その2

例 ミッドタウン　→　サークルライン、ワールドヨット

車内で席を譲るのは常識的マナー

バスの前方ドア周辺の席は、お年寄りや体の不自由な人のための優先席になっている。アメリカ人は優先席はもちろん、中ほどの席に座っていても、近くにお年寄りなどを見かけると、すぐに席を譲る。日本人はこのマナーを忘れがちな人、もしくは見て見ないふりをする人が多い。降りる場所がよく分からず、ドライバーに教えてくれるようにお願いして、とりあえず前の方の席についた場合も、誰か来たらすぐに譲り、ドライバーのすぐそばに立って、進行方向を見て行き先を確認していれば安心だ。また、後のドアから降車する際、自分の後から人が続いて降りる場合は、次の人がドアに来るまで、押さえてあげているのもマナー。

SBSの車体はブルー

チケット発券機

とっておき情報

快速バスSBSが早い！

ニューヨークのバスに登場したセレクトバスサービスSelect Bus Service（SBS）。同じ番号のバスと同じルートを通るが、停車停留所が少なく、一部は専用ルートを通り、交通信号優先度（TSP）の措置などにより、高速を実現した快速バスだ。

普通のバスとは乗車方法が異なり、乗る前に停留所にあるチケット販売機でチケットを購入するシステム。金額は同じ＄2.75で、メトロカードで支払える。7日間用メトロカードなど

を利用している場合、乗り換えで利用したい場合も、使っているメトロカードを販売機に差し込み、チケットを発券する。その場合は、料金はかからない。バスは車体がブルーでデザインされた専用のものなのですぐわかる。乗り降りは前でも後でも自由。運行路線は少なく、M15、23、34、34A、79、86。停留所は通常のバス停と異なるので注意。また、乗り換え、乗り継ぎのルールは通常のバスと同じ。うまく利用できれば快適だ。

タクシー ● Taxi

イエローキャブと呼ばれるタクシーはマンハッタンのトレードマークのひとつ。通りを走っている車の半数以上がタクシーなのではと思わせるほど。ミッドタウン内の移動ならば＄10〜15程度。数人での移動や、大荷物のときは便利。

Uberが大人気

タクシーを凌駕する勢いのUber（ウーバー）はニューヨークでも人気だ。あらかじめ、日本でUberアプリを登録して準備をしておこう。すると、現地では、乗車地、目的地を入力、車のタイプを選び、運転手さんを選ぶと顔写真とナンバープレート、車種が知らされるので、その車を見つけて乗車。言葉で行き先を告げないので、英語が苦手でも安心だ。また運賃はあらかじめアプリ上で確定しており、支払いもアプリを通じて行われる。現場で降りる際に現金の受け渡しや、いくらになるのか、といった不安がなく、それも便利な理由の一つだ。類似サービスのLyftも人気だ。

グリーンキャブもある！

マンハッタンのウエスト110丁目、イースト96丁目より北のエリアおよびブルックリン、クイーンズ、ブロンクス、スタテン島ではボロータクシー、通称グリーンキャブが走っている。イエローキャブと仕組みや料金は同じだ。

タクシーでの英会話

マジソン街の23丁目までお願いします。
Madison Avenue and twenty-third street, please.
右側に降りたいです。
On the right, please.
この住所に行ってください。
Take me to this address, please.
どのくらい時間がかかりますか？
How long does it take ?

STEP1● 乗車する

手を挙げて、タクシーを止める

マンハッタンの南北の通りにはタクシーがたくさん走っている。屋根上のランプが点灯しているのが空車、Off Dutyのランプが点いているのは回送車。歩道の際に立ち、タクシーに向かってはっきりと手を挙げると停まってくれる（手を振るとタクシーは停まるどころか走り去ってしまう）。ただし、ラッシュアワーや雨の日にはつかまりにくい。どうしてもつかまらない場合は近くのホテルに行けば確実だ。マンハッタンの道は一方通行が多いので、目的の場所の方向と、通りの進行方向を確認してからタクシーを停めること。逆行の場所で乗ると方向変換するまでにかなり走るはめになる。

走り出したらメーターが動いているかも確認しよう

STEP2● 降車するまで

乗車したら、行き先を通り名で告げる

タクシーが停まったら、後のドアを自分で開けて乗り込む。1台のタクシーの乗客定員は4人。乗車したら自分でドアを閉め、目的地の通り名と番地をはっきり告げる。有名ホテルや観光名所以外は分からない場合が多いので、通り名は乗車前に確認しておきたい。また、場所が分かっていれば数字の番地よりも、○○St.&××Ave.というように言うと確実だ。目的の場所が一方通行の通り沿いにあり、そこが右側か左側かが分かる場合は、事前にドライバーに言っておけば停まってくれる。ニューヨークではタクシードライバーの75％が移民で、英語が下手だったり、場所をよく知らなかったりすることが多い。

料金システムと支払い方法

料金は基本料金＄2.50。その後は⅕マイル（約320m）ごとに50¢加算される。停車している間は60秒ごとに40¢、月〜金曜の16〜20時まで＄1、毎日20時〜翌6時は50¢割り増しされる。また、ニューヨーク州税が一乗車あたり＄0.50かかる。ほとんどのタクシーはクレジットカード支払いが可能。

目的地に到着したら、メーターに表示された金額とその約15〜20％のチップを渡す。降車する際も、自分でドアを開け閉めする。

見る・歩く

Watch & Walk

ミッドタウン

Midtown

エリア区分図

ミッドタウン

タイムズスクエア周辺は
昼夜を問わず人の波が行
き交う

タイムズスクエアに常駐
しているパトカー

ミッドタウンの治安

1日中人込みで賑やかなタイムズスクエア周辺や5番街では、観光客を狙うスリや置き引きの被害に遭いやすい。人込みの中ではバッグを抱えて持ち、一瞬でも手から離して置いたりしないこと。また、ぼんやりしていたり、キョロキョロと不安気にしていると、狙われやすいので、背筋を伸ばし少し早めの歩調でキビキビ行動しよう。

🗽 エリアのしくみ

　ミッドタウンの中心は、ブロードウェイBroadwayと7番街7th Ave.が交差するところ周辺のタイムズスクエアTimes Squareだ。エリアは、北端がセントラルパーク南通りCentral Park S.、南端がマジソンスクエアガーデンMadison Square Gardenのある31丁目あたりまでとしている。

　ただし、実際にミッドタウンで動き回るのは8番街8th Ave.とマジソン街Madison Ave.の間で、充分に歩いて回ることができる広さだ。地下鉄は、タイムズスクエアをはじめ、ロックフェラーセンターRockefeller Center、マジソンスクエアガーデン（ペンシルヴェニア駅）などおもな観光ポイント間を走っているうえ、地下鉄で移動できないところへはバスの路線が複数走っている。

　また、おもなホテルはミッドタウンに集中している。

楽しみ方プラン

　ブロードウェイのミュージカル、5番街5th Ave.でのショッピング、高層ビルからの眺望など、ミッドタウンにはニューヨークの魅力、人気スポットが集中している。なかでも、ブロードウェイ、エンパイアステートビルEmpire State Building、5番街、新名所のハドソンヤードはぜひ訪れたい。

　早朝、エンパイアステートビルの展望階に上って澄んだ空気のマンハッタンを見渡す。北に広がる緑はセントラルパーク、東西に流れる川を見ればマンハッタンが島であることを実感できるだろう。昼間は5番街をぶらぶらしながらショッピング。そして夜はブロードウェイでミュージカル。ミッドタウンには各国のレストランがそろい、それも楽しみのひとつになる。ミッドタウン内の移動は徒歩でも充分だが、南北移動には地下鉄、東西移動にはバスが便利だ。

トップ・オブ・ザ・ロックの展望台からマンハッタンを眺める

歩き方のヒント

楽しみ
観光	★★★★
ショッピング	★★★★
食べ歩き	★★★

交通手段の便利さ
地下鉄	★★★★
バス	★★★
タクシー	★★

歩けるエリアの広さ

　南北の1ブロックは徒歩約2分、東西の1ブロックは徒歩3〜5分が目安。5番街はセントラルパーク南端から42丁目42nd St.まで徒歩15〜25分。5番街を走るバスは渋滞にはまるので、日中の長距離移動は利用しないほうがいい。バスは東西の移動、地下鉄は南北の移動に利用する。

見どころ

タイムズスクエア
Times Square

MAP p.26-F

　ブロードウェイと7番街の交差点を中心とした、42〜47丁目にかかる三角地帯。ワンタイムズスクエアOne Times Squareと呼ばれているビルが、昔はニューヨークタイムズの本社だったために、タイムズスクエアと名付けられた。周辺には劇場や映画館、ホテルやレストラン、ギフトショップなどが集中しており、派手なネオンサインと交差する人波、タクシーのクラクションと、ニューヨークの雑踏そのもの。「世界の十字路Crossroads of the World」とも呼ばれている。一時は治安が悪化して活気を失っていたが近年は、再開発が進み、ツーリスト、歩行者に優しい施設もどんどん増えてきれいに、安全になってきている。夜遅くなっても、このあたりならさほど心配ない。

Ⓜ N・Q・R・S・1・2・3・7/Times Sq.-42nd St.

大晦日のカウントダウン

　大晦日のタイムズスクエア周辺は、新年を迎えるカウントダウンのための人で埋めつくされる。新年の幕開けとともに、ワンタイムズスクエアから落下する巨大な電光式のリンゴはニューヨークの愛称であるビッグアップルにちなんだもの。「ハッピーニューイヤー！」の歓声とともにキスをしたり、シャンパンの栓が抜かれたりの大騒ぎとなる。このイベントの始まりは、1908年の大晦日に催されたニューヨークタイムズの新社屋完成の大パーティ。今では伝統行事のように催され、たくさんの人でごった返す。ただし、人込みにはひったくりなどの犯罪者が潜んでいるので細心の注意が必要。

北側の三角地帯、ダッフィスクエアにあるTKTS周辺にはいつも人があふれている

タイムズスクエア周辺には大道芸人の姿も多い

ブロードウェイにはシアターがずらりと並ぶ

ブロードウェイ
Broadway

MAP p.26〜27-B、E、F、I、J

マンハッタンの南端から北端までを斜めに縦断する長い長い通り。ニューヨークの劇場街、さらには、ショービジネスそのものがそのままブロードウェイと呼ばれている。しかし、実際に劇場が並んでいるのは西42丁目W.42nd St.から西53丁目W.53rd St.の間で、そのエリアは劇場地区Theater Districtと名付けられている。夕暮とともにイルミネーションがきらめき始め、劇場へ向かう人々で賑わう。

Ⓜ N・Q・R・S・1・2・3・7/Times Sq.-42nd St.

5番街
5th Avenue

MAP p.27-C、G、K

ティファニーやブルガリなど有名ブランドブティックやバーグドーフグッドマンなどの高級デパート、ランドマークの高層ビルや教会などが並ぶ目抜き通り。中心は58丁目58thSt.からエンパイアステートビルの立つ34丁目34thSt.まで。もともと高級感漂う印象が強かったが、近年はファストファッションブランドなどカジュアルなブティックの進出も多く、明るくラフな雰囲気に変わってきていた。しかし、再び高級ブランドの旗艦店が続々とオープンするなど、年代を問わず楽しめるストリートになっている。また、5番街はマンハッタンの東西の境界線で、住所はここを起点として分かれている。

Ⓜ N・Q・R/5th Ave.-59th St.

新旧入り混じったストリートだ

セントパトリック大聖堂
St.Patrick's Cathedral

MAP p.27-G

1906年に建てられたゴシック・リバイバル様式のカトリック教会で全米で最大規模を誇る。5番街に面した3つの扉はブロンズ製で、美しい彫刻が施されている。尖塔の高さは約100m、7000本以上のパイプを持つパイプオルガンや優美なステンドグラスなどマンハッタンの自慢の建築物のひとつだ。聖堂の一番奥に位置する聖母礼拝堂のステンドグラスはとくに美しい。また、パイプオルガンの上には直径8mのバラ窓が輝いている。セントパトリックとはアイルランド系移民の守護神のこと。1879年5月25日に正式に開かれ、

聖母マリア礼拝堂での初めてのミサは、1906年のクリスマスに行なわれた。日本語のパンフレットもあり、日によっては、ウォークイン・ツアーがある。

荘厳な姿にふと足が止まる

🏠460 Madison Ave.　☎1-212-753-2261
🕐6時30分〜20時30分　🚫無
Ⓜ B・D・F・M/47-50th Sts.-Rockefeller Center

ダイヤモンドロウ
Diamond Row

MAP p.27-G

47丁目の5番街と6番街の間にはダイヤモンドや貴金属を扱う問屋がずらり並んでいる。この200mほどの通りが通称ダイヤモンドロウだ。ここで全米のダイヤモンドの80%ほどが取引されている。店主はほとんどユダヤ人。流浪の民といわれるユダヤ人が財産を宝石に換え、持ち運んだことが宝石商の始まりとされる。ほとんどの店は個人へ小売りもするので、安く手に入れられる。ここの鑑定は信頼度が高く安心だ。

Ⓜ B・D・F・M/47-50th Sts.-Rockefeller Center

🎬シネマSPOT　タイムズスクエア● 『バニラスカイVanilla Sky』（2001年）トム・クルーズが誰もいないタイムズスクエアを走るシーンで登場する。他に『スパイダーマンSpider-Man』（2002年）など。

エンパイアステートビル
Empire State Building

MAP p.27-K

　ニューヨークといえばエンパイアステートビルというほど、シンボルとして、観光客はもちろん、ニューヨーカーにも愛されている。1972年までは世界一高いビルだった。その後、近代の高層ビルラッシュで抜かれてしまい、現在ニューヨークで一番高いビルはワールドトレードセンターだが、エンパイアステートビルの魅力は高さだけではない。その建築の美しさやイベント毎に変えられる照明などから、摩天楼の王者の風格は健在だ。

　地上443m、102階建て。約6万トンの鋼鉄が骨組みになっており、外壁には1000万個のレンガを使っている。1929年に着工し、1931年に完成という猛烈なスピードで建てられたが、不況からテナントが入らず"エンプティ（空っぽ）ビル"とも呼ばれていた。5番街に面した大理石でできたロビーにはこのビル自身の姿が彫刻されていて、観光客でごった返している。

　展望台へのチケット売場は2階にある。86階にメイン望台があり、視界が良ければ約130km四方が見渡せる。別途料金＄20が必要だが、102階にも展望スペースがある。昼に来てここからニューヨークの摩天楼の大パノラマを堪能するのもいいし、夜訪れて美しいマンハッタンの夜景を見るのもいいが、外側からビルを眺めるのもおすすめだ。日や季節、イベントによって変わるビルの照明には感激するだろう。

1階ホール。見学で一番空いているのは午前8時と午後3時ごろだ

チケット購入の行列に並ばずにすむ、公式サイトからの事前予約もおすすめ

⊕350 5th Ave.　☎1-212-736-3100　⊕8〜翌2時（最終上りエレベーターは翌1時15分）
⊛無　⊛おとな＄38（＄58）、シニア（62歳以上）＄36（＄56）、子供（6〜12歳）＄32（＄52）※（　）内は102階の展望スペース付の料金　VIPエクスプレスパス＄73（6歳以上）もあり。
Ⓜ B・D・F・M・N・Q・R/34th St.-Herald Sq.
●http://www.esbnyc.com

1赤・白・青：独立記念日　**2**赤・緑：クリスマス　**3**名前の由来は、ニューヨーク州のニックネーム「エンパイアステート」。これがそのままビルの名前になった。タワーの照明は毎日午前2時に消える

🎬シネマSPOT　エンパイアステートビル●『キングコングKing Kong』（1933年、2005年）、『めぐり逢えたらSleepless in Seattle』（1993年）、『スパイダーマンSpider-Man』（2002年）など。

ゴージャスな外観が5番街らしい

トランプタワー
Trump Tower

MAP p.27-C

周辺のビル群を映しながら輝く金色の側面が目立つこのビルは、1983年に大富豪ドナルド・トランプによって建てられた。第45代大統領となったトランプ氏は今もここに住居がある。金色の扉を開き中に入ると、そこは吹き抜けの室内庭園になっており、壁には滝が流れている。6階までは高級ショッピングモールになっており、おしゃれなレストラン、カフェ、バー、トランプストア、グッチの旗艦店などがあるほか、地下にはセルフサービスのカフェなどがある。上層階は超高級アパートになっている。

🏠725 5th Ave. ☎店により異なる
🕐8～22時（パブリックスペース）㊡無
Ⓜ N・Q・R/5th Ave.-59th St.

ニューヨーク公共図書館
New York Public Library

MAP p.27-G

1911年建造の白い大理石でできた建物。シンボルにもなっている2頭のライオンなど建築自体にも注目してほしい。館内には3800万冊を超える蔵書がぎっしりつまっている。自慢の書物検索システムで、必要な1冊を見つけるための時間は15分。このスピードは世界一だ。また定期的に、ジェファーソンの独立宣言の自筆原稿など希少なコレクションを公開する。オリジナルアイテムがそろうライブラリーショップもある。

館内をのぞいてみよう

🏠476 5th Ave. at 42nd St. ☎1-212-340-0863
🕐8～20時、火・水曜～21時、金曜～18時、土曜10～18時、日曜10～17時 ㊡無
●https://www.nypl.org Ⓜ7/5th Ave.

なるほどUnCHIKUコラム
ニューヨークで人気エリアとなったコリアンタウン

ニューヨークに住むアジア人のうち、中国人、インド人に次いで多いのが韓国人で、その数は約9万人に及ぶ。日本人が約2万人ということを考えるとその多さがわかる。当然、形成された「コリアンタウン」がマンハッタンにもある。

マンハッタンの32丁目、ブロードウェイと5番街の間の通りはニューヨーカーはもちろん旅行者にも人気のコリアンタウンの中心地だ。ここにはストリート名のところに「コリア・ウェイ」と併記されており、銀行をはじめ韓国語の看板がズラリ並ぶ。よく見ると、路面店だけでなく、ビルの上階も別のレストランやカラオケ店などが入っている。韓国的なスタイルといえるかもしれない。

ファストフード店内

「コリア・ウェイ」の標識がある

また、以前から韓国レストランは多かったが、最近は、韓国系ながらモダンなスイーツの店や、ファストフード的な店もでき、コリアンブームの広がりを感じさせる。

デパートのメイシーズのすぐそば、またエンパイアステートビルからもすぐなので、食事やブレイクに立ち寄ってみたい。レストランは本国のスタイルに準じており、メインを注文すると、キムチやナムルなど数皿のおかずが無料でつく。

なお、居住区としてのコリアンタウンは、70年代～80年代に移民が急増し形成されていったクイーンズのフラッシング地区が最も大きい。

MAP p.29-C Ⓜ34th St.-Herald Sq.

韓国語の看板がずらり、韓国ブランドの看板がずらり

シネマSPOT

ニューヨーク公共図書館●『スパイダーマンSpider-Man』（2002年）
セントパトリック大聖堂●『ゴッドファーザーThe Godfather』（1972年）

5番街に面しているセントトマス教会

セントトマス教会
St.Thomas Church

MAP p.27-C

1905年の火事で以前の建物は消失してしまったが、1913年にゴシック様式の優雅な教会に建て直された。華やかな5番街に面した入口正面には3人の弟子とともに聖トマスの像が彫られている。内部に入ると祭壇のうしろに、スポットライトに照らされた高さ25mのレリーフがある。キリストやマリア像、十二使徒が荘厳な雰囲気を漂わせている。またステンドグラスや彫刻入りのオルガンケースなどの細工は一見の価値あり。9月から5月中旬の日曜にオルガンコンサートが行なわれるので時期が合えばぜひ訪れたい。

⊕1 W.53rd St. ☎1-212-757-7013
ⓂE・M/5th Ave.-53rd St. ⓗ7時30分〜18時30分、土曜5〜15時、日曜12時30分〜13時15分

カーネギーホール
Carnegie Hall

MAP p.26-B

1891年に建てられて以来、世界中の演奏家がこの舞台に立つことを夢見ている。音響の素晴らしさで世界に知られているが、建物の老朽化が進み1986年に大改装を行なったことで、優雅な雰囲気はそのままで客席など

はより心地良くなった。過去にはビートルズのニューヨークの初公演やウィンス

（コンサート会場として活躍）

トン・チャーチルの講演などが行なわれた。現在はクラシック中心のリサイタルホールになっており、ホール内の見学ツアーがある。

⊕57th St. and 7th Ave. ☎1-212-247-7800 ツアー☎1-212-903-9765 ⓗ11〜18時、日曜12時〜 ⑱無 ⑲ガイド付きツアー（9〜7月）おとな$19、学生・シニア$16 ⓂN・Q・R/57th St. -7th Ave.

ブライアントパーク
Bryant Park

MAP p.27-G

ニューヨーク公共図書館（→p.66）の裏手に広がる公園。並木に沿ってベンチが置かれ、コンサートやアイススケートリンクなど無料

（ランチタイムの公園）

のイベントが催されることも多い市民の憩いの場。

⊕5th & 6th Aves. と40th & 42nd Sts.
ⓗ7〜22時（季節により異なる） ⑱無
ⓂB・D・F・M・7/42nd St.-Bryant Park

街角ギャラリーを楽しみたい

ニューヨークの街角には、歴史を物語る彫像からユニークな形の現代アートまで数多くの芸術作品が置かれている。

たとえば、だれもが5番街を歩いていると目にするのが、ロックフェラーセンターの一角、インターナショナルビルの正面にあるブロンズ像、アトラスAtlas。同じくロックフェラーセンターのチャネルガーデンの奥、ロウアープラザには金色のブロンズ像、プロメテウスPrometheusがある。地下鉄6番のアスタープレイス駅AstorPlaceの出口にある黒い巨大な立方体像アラモAlamoは押すと回転するユニークな現代アートだ。33丁目とブロードウェイの交差点にあるグリーリースクエアGreeleySquareに立っているのは『ニューヨークトリビューン』の創立者H・グリーリーの像。55丁目と6番街の角には赤いラブLOVEがある。街角に立つ芸術品を見て歩こう!

（道を歩くのも楽しくなる）

APPLE 豆知識 パブリック・アートとそこまでの距離を示す看板が登場。街角ギャラリーめぐりには便利なツールだ。

ロックフェラーセンター
Rockefeller Center

MAP p.27-G

　東西は5番街と7番街、南北は西51丁目と西48丁目の広いエリアに林立するビル群がロックフェラーセンターだ。19の高層ビル群が建ち、その中で働く人は6万5000人以上、訪れる人は17万人以上。数え切れないほどの店舗が建ち並び、約100点に及ぶ壁画や彫刻がセンター内にある。

　5番街沿い、49丁目と50丁目の間で北側のイギリスビル、南側のフランスビルにはさまれている遊歩道はチャネルガーデンChannel Gardens。その先、階段を下りたところはロウアープラザLower Plazaと呼ばれている。クリスマスには世界中に放映される豪華なクリスマスツリーが立ち、夏には野外カフェがオープン、冬にはスケートリンクとなる有名な広場だ。中心にはニューヨークでいちばん有名な彫刻、金色のプロメテウスPrometheusの像も立っている。プラザの周りにはためいているのは、国連加盟国の国旗だ。

　ロックフェラーセンターのなかで一番高く、ロウアープラザを見下ろすようにそびえるのは70階建てのゼネラル・エレクトリックビルGE Buildingだ。ロビーにある200年のアメリカ史を描いた巨大な壁画が必見。また、GEビルの数階はNBCテレビの本拠地で、NBCスタジオNBC Studioの見学ツアーが人気。15分毎に出発する約1時間の見学ツアーだ。65階には夜景がすばらしいレストラン、レインボールームRainbow Roomがある。

NBC Studio 　⊕30 Rockefeller Plaza
☎1-212-664-3700 　働8時20分〜14時20分、金曜〜17時、土・日曜〜18時 ㉁無 ㉄おとな$33、シニア・子供（6〜12歳）$29
Ⓜ B・D・F・M/47-50th Sts.-Rockefeller Center
●http://www.rockefellercenter.com

夏はカフェ、冬はアイススケートリンクになるロウアープラザ

南側にはエンパイアステートビルがきれいに見える

トップ・オブ・ザ・ロック展望台
Top of the Rock Observation Deck

MAP p.27-G

　マンハッタンの眺望が素晴らしい、ロックフェラーセンターに立つGEビルの67・69・70階にある展望台。展望台への入口は50丁目側。そこから地下1階へ行く。サミットシャトルと呼ばれる高速エレベーターで、一気に67階へ。エレベーター内では、ロックフェラーセンターの建築過程を知ることができる趣向だ。ガラス張りの屋外展望台からの眺めは最高だ。webで事前予約できる。

⊕30 Rockefeller Plaza ☎1-212-698-2000 働8〜24時（上りエレベーター〜23時）㉁無 ㉄おとな$38、シニア（62歳以上）$36、子供（6〜12歳）$32
Ⓜ B・D・F・M/47-50th Sts.-Rockefeller Center
●http://www.topoftherocknyc.com

北側にはセントラルパークが広がる

ラジオシティミュージックホール
Radio City Music Hall

MAP p.27-G

　赤いネオンサインがトレードマークのビルはラジオシティミュージックホールRadio City Music Hall。アールデコ様式の劇場で、収容人数は6000人。世界最大級のシャンデリアなど豪華絢爛の造り。とくに夏とクリスマスに公演があるラインダンスチームのロケッツThe Rockettesは有名だ。また、舞台裏や映写室、ときにはリハーサル風景が観られ

68

シネマSPOT ロックフェラーセンター●『恋におちてFalling Love』（1984年）、『ホームアローン2Home Alone 2：Lost in New York』（1992年）、『素晴らしき日One Fine Day』（1996年）

るステージドア・ツアーがある。所要時間は約75分。

🏛1260 6th Ave.
☎1-212-465-6225
🕐9時30分～17時
🈺無
💰おとな31、学生・シニア$27
Ⓜ B・D・F・M／47-50th Sts.-Rockefeller Center
●https://www.msg.com/radiocity-music-hall/
一度は見たいロケッツ

マジソンスクエアガーデン
Madison Square Garden

MAP p.26-J

約2万人収容可能なスポーツアリーナ。通称ガーデンと呼ばれ、ペンシルヴェニア駅の上に立つ円形の建物だ。近代設備の導入で会場の模様替えが容易にできるため、バスケットボール、アイススケート、ホッケー、ボクシングといったスポーツの試合のほか、コンサートなどにもよく利用される。

最初に建築されたガーデンは西23丁目から26丁目の間、マジソン街と5番街にかけてあるマジソンスクエア公園Madison Square Parkの一角に立っていた。初代ガーデンでは野球の試合やサーカス団の興行などが行なわれ、1万人近い人々を集め、とても賑わっていたが、生命保険会社のビル建築のために移転。さらに1968年、現在の場所に移転したが2023年までに再移転予定だ。

NBAのNYニックス、NFLのNYレンジャーズがここをホームベースにしている。

🏛4 Pennsylvania Plaza　☎1-212-465-6225
🕐イベントにより異なる　🈺イベントにより異なる
Ⓜ1・2・3／34th St.-Penn Station

円筒型のユニークな形

ペンシルヴェニア駅
Pennsylvania Station

MAP p.26-J

通称"ペン駅Penn Station"。この駅には一日に750本もの列車が発着する。ニュージャージーやボストンなどの国内各都市やカナダなどを結ぶ鉄道アムトラックAmtrak、ニューヨーク郊外に向かうロングアイランド鉄道LIRR、ニュージャージーとを結ぶパスPathの3路線が集まる長距離列車のターミナル駅となっている。駅は地下で、地上階は、マジソンスクエアガーデンとなっている。

🏛7th & 8th Ave.、31st & 33rd St.
Ⓜ1・2・3／34th St.-Penn Station

24時間人が絶えない

グランドセントラル駅
Grand Central Terminal

MAP p.27-G

堂々たる外観

12宮図の星座が描かれた天井

全米各地からこの駅に向かってレールがひかれており、まさにマンハッタンのシンボル。ボザール様式の建築物で1903年に建てられた。中央ホールの丸天井には12宮図の星座が描かれており、正面には、合衆国のシンボル、

シネマSPOT　グランドセントラル駅●『メン・イン・ブラック2Men in Black 2』（2002年）、『恋におちてFalling Love』（1984年）、『カリートへの道Carlito's Way』（1993年）

ワシの上にスピードの神様マーキュリーの彫刻が。駅内には60以上の店舗があるのでそこで行き交う人を眺めるのもいい。また2種類のガイドツアーが水曜と金曜に行なわれている。1つは駅を中心に周囲のビルを見学する。もう1つは、駅の建築デザインの説明をしている。どちらも無料だが、活動支援のためにも$10前後の寄付をしたい。2013年には東京駅と姉妹駅になった。

☺87 E. 42nd St.
Ⓜ S・4・5・6・7/42nd St.-Grand Central

クライスラービル
Chrysler Building
MAP p.27-H

アールデコ様式の優雅なビル。独創的な尖塔はラジエーターグリルを模してあり、すべてステンレススチールでできているため、サビが付かないので尖塔部分の美しさが失せることはない。またすべての材料を自社の自動

車工場から調達するという凝りに凝った建築だ。一般客はロビーまでしか入ることはできないが、大理石や御影石を使用した装飾、ビルの姿が描かれている天井、寄せ木細工のエレベーターなど、その豪華さは充分に堪能できる。

美しいクライスラービル

☺405 Lexington Ave.
Ⓜ S・4・5・6・7/42nd St.-Grand Central

国連本部
United Nations Headquarters
MAP p.27-H

イースト川沿い、東42丁目から東47丁目にかけて立つビル群。1945年、51カ国間で結ばれた国際連合は、現在193カ国の加盟国を持つ。世界平和の維持と世界各国の経済的、社会的な自立を助けることを目的としている。
約7万3000㎡におよぶ敷地内には治外法権が認められている。ちなみにニューヨークが国

ルクセンブルクが寄贈した平和をテーマにした作品

国旗がはためく本部正面

連本部の本拠地として選ばれたのは、ジョン・D・ロックフェラー2世がこの地の購入費用を寄付したためだ。

4棟のビルで構成
国連は4棟のビルと庭園で構成されており、ビルの中や合間に現代彫刻が置かれている。設計はアメリカのウォレス・K・ハリソンを含む世界各国を代表する建築家らの合作だ。
4棟のビルは、39階建てのガラス張りの事務局ビルSecretariat Building。対照的に低層ビルで円い屋根を持つ国連総会ビルGeneral Assembly Building。これらの間にあるのが会議場ビルConference Buildingだ。事務局ビルの南にはダグ・ハマーショルド図書館Dag Hammarskjöld Libraryがあり、38万冊の書物と、8万枚の地図が保管されている。

総会ビルと安全保障理事会室のガイドツアー
1時間のガイドツアーに参加すれば本部内の見学ができる。一般に公開されているのは総会ビルと会議場ビル。総会ビルでは毎年9月から3カ月間開催される国連総会が見られることも。内部には、シャガールのステンドグラスやノーマン・ロックウェルのモザイク画、地球の自転を証明するフーコーの振り子などが飾られている。会議場ビルには、安全保障理事会室などがある。国際間の平和と安全の維持を目的とし、この組織の中でもっとも重要な機関である。会議場ビルの前の庭園には日本の寄贈物である「平和の鐘Peace Bell」が吊されている。また、地下には国連グッズや各国の民芸品、国連切手などが手に入るショップもある。日本語のガイドツアーは事前に確認を。

☺1st Ave. & 46th St. ☎1-212-963-8687 🕘9時〜16時45分 🈡無 🉐おとな$22、シニア（60歳以上）・学生$15、子供（5〜12歳）$12 ●https://visit.un.org
Ⓜ S・4・5・6・7/42nd St.-Grand Central

ハドソンヤード
Hudson Yards

MAP p.28-A

大規模再開発プロジェクトで総工費250億ドルという巨費を投じて2018年にオープンしたハドソンヤード。完成エリアは全体の半分ほどだが30丁目〜34丁目の10番街〜11番街の間という広大なエリアだ。高級ショッピングモールのほか、ホテル、劇場、文化施設、公園、展望台などがそろい、マンションなどの居住地区もある。全体が完成するのは2025年の予定だ。

公園の中央にある蜂の巣のような個性的な建築物は英国デザイナー、トーマス・ヘザウィックが手がけた「ベッセルVessel」。合計で2500段の階段がある。10〜21時オープンだが、のぼって上から、内側から眺めるためには事前にオンラインでの予約が必要だ。料金は無料なので、のぼってみたい。

7階建てのショッピングセンター「ザ・ショップス&レストランズ・アット・ハドソンヤードThe Shops & Restaurants at Hudson Yards」には、ショップが約100店。キーテナントは高級デパートのニーマン・マーカスNeiman Marcus。ルイ・ヴィトン、カルティエなど高級ブランドから、ザラ、ユニクロなどのカジュアルブランドまである。

ショップのほか、レストランも25店入っている。スターシェフのトーマス・ケラーの「TAKルームTAK Room」ほか、デイビッド・チャン、マイケル・ロモナコらの新レストランがお目見え。地中海料理の「エスチアトリオ・ミロスEstiatorio Milos」、巨大なフードホール、「メルカド・リトル・スペイン・Mercado Little Spain」などが訪れたいレストランだ。

また、カルチャーセンター「ザ・シェッドThe Shed」はパフォーミングアーツ、ビジュアルアーツ等を発信する文化施設として早くも話題に。2020年完成予定の「エッジEdge」は100階、約300mの高さに位置する展望台で、西半球で最も高い展望台になる。レストランもオープンする予定だ。

🏠The Shops & Restaurants at Hudson Yards ☎1-646-954-3100
🕐10:00〜21:00、日曜11:00〜19:00 休無
Ⓜ7/34th St-Hudson Yards

中心となるベッセルは要予約。料金はかからない

ベッセルからの眺め

ニーマン・マーカスはニューヨークに初出店のフラッグシップ店

●ベッセルの予約サイト
https://www.hudsonyards
newyork.com/discover/vessel

右/ショッピングセンターから眺めるベッセルもおもしろい
下/ホテルはラグジュアリーなエクイノックスホテルEquinox Hotel

地下鉄駅を出るとすぐ広場。ベッセルが目立つので迷うことはない

グリニッチヴィレッジ

イーストヴィレッジ／チェルシー／グラマシー／ユニオンスクエア

Greenwich Village

グリニッチヴィレッジの中心、ワシントンスクエア

エリアのしくみと楽しみ方プラン

グリニッチヴィレッジはグリニッチ通りGreenwich St.から
ブロードウェイ、西ハウストン通りW. Houston St.から西14
丁目W. 14th St.にわたる。

通りが不規則に斜めに走っているうえ、細かく交差している
ため、道に迷いやすいが、3時間あれば充分に回れる。ブロー
ドウェイを境にグリニッチヴィレッジの東隣に広がっているの
はイーストヴィレッジEast Village。その北、14丁目と4番街
の交差点がユニオンスクエアUnion Squareで、5ブロック北
にはグラマシーGramercyの中心、グラマシーパークGramercy
Parkがある。さらにグリニッチヴィレッジの北、西14丁目と西
34丁目の間、7～9番街に囲まれてチェルシーChelseaがある。
どのエリアもこれといった観光ポイントがあるわけではないが、
おしゃれなレストランやカフェ、デザイナーのブティックなど
が点在しており、散策に最適。グリニッチヴィレッジには有名

なジャズクラブな
どが多く、ナイト
ライフも楽しめ
る。また、ホテル
も増えている。

アーティストの溜り場
だったチェルシーホテ
ル

エリア区分図

グリニッチヴィレッジ
チェルシー
イーストヴィレッジ
グラマシー
ユニオンスクエア

歩き方のヒント

楽しみ

観 光	★
ショッピング	★★★
食べ歩き	★★

交通手段の便利さ

地下鉄	★★
バ ス	★

歩けるエリアの広さ

それぞれのエリアが小さく、
隣り合っているので充分に歩い
て回ることができる。ただし、
気をつけたいのが治安。とくに
夕方、イーストヴィレッジのA
街から東側、グリニッチヴィレ
ッジのハドソン通りより西側は
治安が悪いので行かないこと。
また、イーストヴィレッジの細
い路地は昼間でもむやみに歩か
ないこと。

見どころ

グリニッチヴィレッジ
Greenwich Village

MAP p.28-J〜p.29-K

西14丁目と西ハウストン通り、ブロードウェイとグリニッチ通りに囲まれたエリア。中心にはワシントンスクエアWashington Squareがある。17世紀には深い緑に囲まれていたこの地域を、イギリス人入植者がロンドン近郊の町、グリニッチにちなんで名付けた。

1950年〜60年代をピークにアーティストや作家が多く住みはじめ、ニューヨークの情報発信地となった。

1955年にはニューヨークを代表する情報紙『ヴィレッジヴォイス』もここで誕生した。その後、地価の高騰により芸術家達はグリニッチヴィレッジを離れ、現在は歴史的な建物や雰囲気の残る高級住宅地になっている。

入り組んだ通りとレンガ造りの家並はほかのエリアにはなく、どこか懐かしい雰囲気を醸し出している。ほっと落ち着けるカフェや小さなレストランが点在し、夜はヴィレッジバンガードなどのジャズクラブ目当ての客で賑わいをみせる。

Ⓜ A・B・C・D・E・F・M/W. 4th St.-Washington Sq.

レンガ造りの建物が連なる

ワシントンスクエア
Washington Square

MAP p.28-J

グリニッチヴィレッジの中心にある広場。ジョージ・ワシントンの大統領就任100年を記念して作られた大理石の門があり、この門

から5番街が始まっている。以前は初期入植者の無縁墓地になっていたらしく、再開発工事の際に1000体ほどの遺骨が発掘されたという生々しい歴史を持つ。現在は、ニューヨーク大学New York Universityがすぐ近くにあり、まるでキャンパスの一部のような雰囲気。親子連れやパフォーマーなどが見られる憩いの場所になっている。

Ⓜ A・B・C・D・E・F・M/W. 4th St.-Washington Sq.

ワシントンスクエアはニューヨーカーの憩いの場

広場の中央には大きな噴水がある

ニューヨーク大学
New York University

MAP p.29-K

1831年、ジェファーソン大統領のもとで財務長官をしていたアルバート・ギャラティンAlbert Gallatinによって設立されたアメリカ最大の私立大学。リベラルな校風が特徴で、モールスの電信機やコルトの連発銃などが発明された。またスパイク・リーやオリバー・ストーンなどの個性的な有名人を輩出している。1895年に改築された本館は、ワシントンスクエアイースト通りに面し、ギリシア風の円柱をもつ重厚なネオクラシック様式。ここの地階にあるグレイ画廊Grey Art Galleryで行なわれる絵画などの企画展は一見の価値がある。

Ⓜ N・R/8th St.-NYU

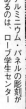

アルミニウム・パネルの彫刻があるのは、ローブ学生センター

イーストヴィレッジ
East Village

MAP p.29-L

19世紀末、上流階級層がミッドタウンに移り住んだあとに、移民が住み始め、現在のリトルインディアやリトルウクライナなどの移民街を形成した。1960年代からは、反戦・反体制的な文化の中心地としてヒッピーやパンクなどで町は活気に満ちていた。現在でもアンダーグラウンド的な雰囲気は健在で、アート、演劇やクラブなどの関係者らが多く集まっている。

また、ロシア、チベット、ウクライナ、イスラエルなど安いエスニック料理のレストランが多く、なかでも東6丁目はリトルインディアと呼ばれ、インド料理のレストランが並んでいる。セントマークス歴史地区St. Mark's Historic Districtには、連邦形式の住居や1799年再建のマンハッタンで2番目に古いセントマークス・イン・ザ・バワリー教会St. Mark's in the Bowery Churchなど歴史ある建物も保存されている。

Ⓜ4・6/Astor Pl.

アスタープレイス
Astor Place

MAP p.29-K

巨大アートはアスタープレイスのシンボル

1904年築のアスタープレイス駅の出入口。駅前の広場には不安定な形の高さ4.5mほどの彫刻『アラモAlamo』がある。作者はバーナード・ローゼンタール。鋼鉄製でいかにも重そうと思うが、押すと回転する。周囲には歴史的建物や富豪の大邸宅街が残り、洗練されたレストランやブティックなどもあって散策にぴったりだ。

Ⓜ4・6/Astor Pl.

チェルシー
Chelsea

MAP p.28-A〜F

ペンシルヴェニア駅の南に広がる静かな一帯がチェルシー歴史地区。20世紀初め、映画産業が盛えたことで、多くの芸術家がこの地に引き付けられた。チェルシーホテルChelsea Hotelは、ディラン・トマスやマーク・トウェインなどのボヘミアン的な芸術家が定宿としていた。

チェルシーホテル

西20丁目のカッシュマンロウCushman Rowにある7軒の家は、ブラウンストーンと玄関前の階段という当時の建築の特徴を残している。ゼネラル神学校General Theological Seminaryは1817年創立でニューヨークでもっとも古いゴシック様式のビル。付属の図書館にはラテン語の聖書の収集やグーテンベルク聖書など貴重な所蔵がある。

ⓂA・C・E/23rd St.

ハイライン
High Line

MAP p.28-A〜E

ミートパッキング（→p.18エリア散策・ミートパッキング）から北、34丁目までを南北につなぐ高架鉄道跡を空中公園として整備したのがハイラインだ。2014年に34丁目までの全体が完成。路上の車や信号に妨げられることなく、左手にハドソン川、また眼下にストリートを眺めたり散策を楽しめる（→p.16エリア散策・ハイライン）。

☎1-212-500-6035 ⓗ7:00〜19:00、4〜5月、10〜11月〜20:00、6〜9月〜22:00 ⓗ無
ⓂA・C・E/14th St.

趣のあるデザインも魅力

シネマSPOT チェルシーホテル●『レオンLeon The Professional』（1994年）

フラットアイアンビル
Flatiron Building

MAP p.28-F

23丁目、ブロードウェイ、5番街が交差する位置に立つユニークな形のビル。1902年シカゴの建築家ダニエル・H・バーナムDaniel H. Burnhamによる建築だ。ニューヨークの最初の摩天楼のひとつとして名高い。マジソンスクエアパーク側から見ると幅が2m。まさにアイロンといった形から、フラットアイアンと呼ばれ、そのまま正式名称になった。強いビル風が起こる独特の建築構造から建物自体が崩れるだろうと、ニューヨーカーに不評だった。またこの建物のビル風で女性のスカートがめくれるため、多くの男性が詰め掛け、警官が鎮圧にでる騒ぎにまでなった。使いにくそうな尖った部分の賃料が一番高いそう。

Ⓜ N・R/23rd St.

何度見ても奇妙な形

ユニオンスクエア
Union Square

MAP p.29-G

1839年に造られた当時は、ニューヨーク市の最北に位置していた。世界恐慌の際には、3万5000人の失業者のデモやベトナム戦争反戦集会が行なわれるなど、生々しい歴史の舞台となった。現在の公園は、水曜と土曜に行なわれる青空市場Green Marketで有名。

青空市場に並ぶ草花、野菜やフルーツなどが並ぶ

新鮮な生花、野菜などを買いに多くのニューヨーカーが訪れる憩いの場になっている。また、北側にリンカーン像、南側にワシントンの騎馬像、東側にラファイエット像がある。

Ⓜ L・N・Q・R・4・5・6/14th St. -Union Sq.

ユニオンスクエアにはリンカーンの像などがある

グラマシー
Gramercy

MAP p.29-C～G

"湾曲した沼地"という意味のとおり、沼地だったグラマシーを、1831年サミュエル・B・ラグルズSamuel B. Rugglesが開発した地区。繁華なミッドタウン近くに思いもかけず、閑静な住宅地が広がっている。この中心にあるのが、グラマシーパークGramercy Park。この公園は鍵を持ったグラマシーの住人しか入れない、ニューヨークで唯一の私有公園だ。公園の南には俳優の集まるプレイヤーズクラブThe Players Clubやニューヨーク知事だったサミュエル・ティルデンSamuel Tilden宅があり、著名人や知識階級が多く住んでいた。東19丁目、その名もブロックビューティフルBrock Beautifulと呼ばれる通りには当時の建築と手入れされた並木のすばらしい調和が見られる。東20丁目には、国定史跡のセオドア・ルーズベルトの生家Theodore Roosevelt Birthplace（圃9～17時 函月・火曜 圉無料）があり、当時のままの内装や記念品の展示が見られる。

Ⓜ 6/23rd St.

セオドア・ルーズベルトの生家。見学は10・11・13・14・16時のハウスツアーでのみ可能

グラマシーパークの門はいつも閉ざされている

ソーホー／チャイナタウン

リトルイタリー／シビックセンター／トライベッカ／ノリータ

Soho/Chinatown

独特な雰囲気で心地いいソーホーの街並み

エリア区分図

シビックセンター
リトルイタリー
ノリータ
ソーホー

トライベッカ
チャイナタウン

エリアのしくみ

　グリニッチヴィレッジに接して南にあるエリアがソーホー。ブランドショップ、カフェやブティックやギフトショップが密集した、ニューヨーカーはもちろん、旅行者にも人気のホットなエリアだ。イーストヴィレッジの南、ソーホーの東にあるのが、リトルイタリーで、チャイナタウンはキャナル通り Canal St. を境にして、リトルイタリーの南に広がっている。チャイナタウンの東はロウアーイーストサイドと呼ばれるエリア。また、市庁舎や裁判所の集まるシビックセンターはチャイナタウンの南にある。マンハッタンの行政の中心となっている場所だ。対岸のブルックリンとは、ここから伸びるブルックリン橋で結ばれている。

上／ブランドショップが集まるソーホー
左／本場の味が楽しめるチャイナタウン

歩き方のヒント

楽しみ

観　光	★★
ショッピング	★★★
食べ歩き	★★★★

交通手段の便利さ

地下鉄	★★★
バ　ス	★★
タクシー	★★

歩けるエリアの広さ

　ソーホーのエリア内は歩ける範囲。北端のハウストン通りから南端のキャナル通りまで徒歩約15分。

　チャイナタウンとリトルイタリーは隣合っており、両方とも歩いて回れる。チャイナタウンの南端からリトルイタリーの北端まで徒歩約10分。

🗽 楽しみ方プラン

ソーホーの中心となっているのはスプリング通りSpring St.で、そこから東西南北3〜4ブロックにわたって、ショップやレストランが軒を連ねている。プラダの大型店をはじめシャネルやフェラガモといった高級ブランドやコーチなどの人気アメリカンブランドの店が立ち並ぶ。以前のようなギャラリーは激減したが、小さなカフェやショップはたくさんあり、おしゃれで洗練された空気が漂っている。ショッピング好きなら丸一日過ごせる。また、チャイナタウンの西、ソーホーの南西あたりには、トライベッカと呼ばれる倉庫街がある。一見何もないような淋しいエリアだが、話題のレストランが点在しており、地元の人の間では有名なグルメエリアだ。

安くておいしいものにありつきたければ活気あふれるチャイナタウンへ。リトルイタリーはその名のとおりのイタリア人街で、イタリア料理のレストランや食材店が並んでいる。チャイナタウンと合わせて、食べ歩きに専念したい。

シビックセンターはとくにおもしろい見どころがあるわけではないが、シティホールやセントポール教会は一見の価値あり。

リトルイタリーでは本場の味が楽しめる

🗽 見どころ

ソーホー
Soho

MAP p.30-B

ソーホーとはサウス・オブ・ハウストンSouth of Houston（ハウストン通りHouston St.の南）を略して名付けられたエリア。北はハウストン通り、南はキャナル通りまでで、ウエストブロードウェイを中心として広がっている。以前はギャラリーや個性派ブティックが並ぶ芸術家達のエリアだったが、近年はプラダやシャネルなどのブランド店が急増し、トレンドエリアとして注目されている。

Ⓜ N・R/Prince St.

チャイナタウン
Chinatown

MAP p.31-G

ニューヨークのチャイナタウンの人口は10万人を超え、アメリカ最大規模となっている。地下鉄のキャナル通り駅を出ると、そこは漢字の洪水。マクドナルドの看板でさえ漢字で書かれている。キャナル通りの歩道には、食材を売る露店やニューヨーク名物の屋台が並んでいる。もちろんここでの屋台は中国料理で、焼きそばやチキンの唐揚げ、野菜炒めなどが＄2〜3という安さで食べられる。本場の味だからうまいのはいうまでもない。また、メインストリートとなっているモット通りMott St.には、中国料理のレストランが軒を連ね、中国らしいみやげもの店や雑貨店が並んで賑やかだ。

Ⓜ J・N・Q・R・Z・6/ Canal St.

高級デパート、ブルーミングデールズのソーホー店

地下鉄キャナル通り駅と活気あふれるチャイナタウンの街角

リトルイタリー
Little Italy

MAP p.31-G

キャナル通りをはさんで、チャイナタウンの北側にある。このエリアには、19世紀後半からイタリア人移民が住み始め、1930年代にはその人口が15万人にもふくれ上がった。当時はマフィアがはびこり、物騒な事件も多かったが、今ではイタリア人の数が減り、中国人パワーに押され気味で、リトルイタリーのなかにまで、中国系の店が増えてきている。メインストリートとなっているのは、マルベリー通りMulberry St.。赤、緑、白の3色で塗られた建物や看板が多く目立ち、家庭的なイタリア料理のレストランやデリ、デザートがおいしいイタリアンカフェなどが並ぶ。もちろん、店内ではイタリア語が飛び交う。マルベリー通りとプリンス通りの角には1815年に建てられたNYで最初のカトリック教会、オールドセントパトリック教会Old St. Patrick Churchがある。6月にはパドゥアの聖アンソニー祭り、9月には聖ジェナーロ祭りが開かれ、町全体が持ち前の明るいイタリア人気質で盛り上がる。

Ⓜ J・N・Q・R・Z・6/Canal St.

リトルイタリーを舞台にした映画も多い

シビックセンター
Civic Center

MAP p.30-F

チャイナタウンの南、シティホールを中心として、連邦庁舎、ニューヨーク州最高裁判所、地方裁判所や刑事裁判所などの建物が点在する一帯をシビックセンターと呼ぶ。シティホールCity Hallは1803年から10年かけて建てられたフレンチルネサンス様式の美しい建物で、現在の建物は3代目。内部はジョージ王朝様式の内装が施されており、ワシントン像の立つメインロビーやらせん階段が豪華で美しい。2階にはかつての知事の部屋を改装して作った博物館があり、ジョージ・ワシントンが愛用していたマホガニーの机や肖像画、創設初期の資料などが展示されている（ツアーは木曜10時〜。料金は無料）。

シティホールの斜め前、ブロードウェイに面して立っているのはセントポール教会St. Paul's Chapel。1766年に創建されたマンハッタン最古の教会で、かつてワシントン大統領もたびたび礼拝に訪れていたという。毎週月曜にはコンサートが開かれる。

Ⓜ R/City Hall

シビックセンターのプリンティングハウススクエアに立っているB・フランクリンの像

オーチャード通り
Orchard Street

MAP p.31-C

バーゲンディストリクトと呼ばれているロウアーイーストサイドの中心地。おしゃれな有名ブランドの専門店はないが、いろいろなブランドの商品を集めたこじゃれたセレクトショップやカフェも増えている。（→p.20エリア散策・ロウアーイーストサイド）

Ⓜ F・J・M・Z/Delancey St.-Essex St.

アメ横を思わせる通り

ロウアーイーストサイド
Lower East Side

MAP p.31-C～D

バワリー通りBoweryの東に広がるエリア
で、チャイナタウン、リトルイタリーをはじ
め19世紀に渡ってきたさまざまな国からの移
民たちの文化や雰囲気が今も息づくエスニッ
クエリア。バワリー通りから東側のデランシ
ー通りDelancey St.は大きな街道だった
が、今はこのあたりの繁華街となっている。
ここに農場を持っていたデランシー氏にちな
んでつけられた通りで、ブルックリンとマン
ハッタンを結ぶウィリアムズバーグ橋
Williamsburg Bridgeへと延びている。(→
p.20エリア散策・ロウアーイーストサイド)

Ⓜ F・J・M・Z/ Delancey St.-Essex St.

小さなショップが点在する

ノリータ
Nolita

MAP p.31-C

リトルイタリーの北側(North of Little
Italy)、イーストハウストン通りとスプリン
グ通り、バワリー通りとラファイエット通り
に囲まれたエリア。若手クリエーターのブテ
ィックやクラフト作家のアトリエなど小さな
店がずらりと並ぶ。人気のセレクトショップ
やカフェ、レストランが多いのはエリザベス
通りElizabeth St.沿いとモット通りMott
St.沿い。

Ⓜ 6/Spring St.

最近はほとんどソーホーと一体化している

トライベッカ
Tribeca

MAP p.30-F

ソーホーの南西、キャナル通りの南側に三
角形に広がるエリア。倉庫が並ぶこのエリア
を一躍注目のエリアへと変貌させるきっかけ
となったのはロバート・デ・ニーロが経営す
るレストラン、トライベッカ・グリル。その
後は、点在する倉庫の中に続々とレストラン
やカフェ、ショップがオープンしている。ト
ライベッカはトライ
アングル・ビロー・
キャナルTriangle
below Canal St.を
略した名称だ。

Ⓜ 1/Franklin St.

トライベッカグリル。上
階にはトライベッカ・フ
ィルムセンターがある

大人が楽しめる雰囲気の店やレストランが多い

とっておき情報

トライベッカ・フィルム・フェスティバル
Tribeca Film Festival

映画制作会社トライベッカプロを率いる
ロバート・デ・ニーロとジェーン・ローゼ
ンタールが主催する映画祭。2019年は4月
24日から5月5日にかけて開催された。9.11
以後、ダウンタウンの復興を願い2002年か
らスタートしたもので、ニューヨークで大
きな支持を得ている。映画はもちろん、コン
サートやファミリーイベントなどが催され
る。詳しくはhttps://www.tribecafilm.
com

ロバート・デ・
ニーロ(左)
とジェーン・
ローゼンター
ル

見る・歩く

79

ソーホー/チャイナタウン

ロウアーマンハッタン

Lower Manhattan

ロウアーマンハッタンを空から見たらこんな風に見える

💡 歩き方の ヒント

楽しみ

観 光	★★
ショッピング	★
食べ歩き	★

交通手段の便利さ

地下鉄	★★
バ ス	★

歩けるエリアの広さ

　ロウアーマンハッタン内は歩いて充分に回れる。ウォール街の端から端まで約400m、バッテリーパークからワールドトレードセンター跡地まで約600m。ウォール街周辺から歩き始めるならば、地下鉄2・3・4・5のウォール街Wall St. 駅、J・Zのブロード通りBroad St. 駅などが便利だ。

🗽 エリアのしくみ

　マンハッタンの南端に位置するロウアーマンハッタンは、超高層ビルと植民地時代の古い建物が混在するビジネスエリアだ。東側はイースト川East Riverに、西側はハドソン川Hudson Riverに面している。南北にはブロードウェイが延びており、その東側には世界の金融ビジネスの中心であるウォール街Wall Streetがある。ブロードウェイの西側には2001年9月11日のテロにより崩壊してしまったワールドトレードセンター跡地に新しく再建されたワン・ワールドトレードセンターOne World Trade Centerをはじめ建築が進行中だ。ハドソン川に面したマンハッタン最南端の公園はバッテリーパークBattery Parkで、自由の女神Statue of Libertyが立つリバティ島へのフェリーが出航している。

ワン・ワールドトレードセンターの展望台ワン・ワールド・オブザバトリーは必見

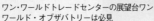

楽しみ方プラン

ロウアーマンハッタンはビジネス街だが観光的要素はワン・ワールド・オブザバトリーOne World Observatoryや、国立9/11メモリアル＆ミュージアム、再開発でよりきれいに、楽しくなったシーポートディストリクトNYCなどがある。コンパクトなエリアなので、半日でおもなポイントを回ることができる。世界の金融界の中心ウォール街へ行きたいなら平日に限る。ブルーの制服を着た証券取引所の職員やスーツ姿のビジネスマンが通りを行き交うなか、ニューヨーク証券取引所New York Stock Exchange、トリニティ教会Trinity Church、フェデラルホール・ナショナルメモリアル Federal Hall National Memorialなどを見て歩くとよい。昼食はビジネスマンでにぎわうウォール街のレストランがおすすめ。軽く済ませたければ、カフェなどもある。また、食後はセンチュリー21（→p.178）でショッピングも楽しめる。食後に自由の女神へ行くならば、フェリーはバッテリーパークから出ている。

ロウアーマンハッタン

クリントン砦の入口に立っている門番

●とっておき情報●

フランシス・タバーンに行ってみよう

外観（左）と博物館の展示（右）

ロウアーマンハッタンに興味深い歴史的建造物「フランシス・タバーン」がある。マンハッタンの歴史がにじむフランシス・タバーンの建物は、1762年にサミュエル・フランシスが購入し、タバーンで開業。アメリカ独立戦争時代にジョージ・ワシントンが本営とし、イギリス軍との和平交渉会議場、また連邦政府のオフィスなどがあった建物だ。マンハッタン最古の建物といわれ、1965年に歴史建造物に指定され、現在は、食事やお酒が楽しめるタバーンと博物館になっている。

博物館では、ジョージ・ワシントンの肖像画や、革命が終わったとき仲間と最後の別れをした部屋などワシントン関連画や、初代知事のジョージ・クリントンの部屋などのほか、企画展もある。

タバーンのほうでは、7つの部屋でブランチ、ランチ、ディナーと楽しめる。200種類以上ものウイスキーメニューが$10〜、アイルランドのビール醸造所ポーターイングカンパニーによる130種類のビールが$8〜と酒好きにはたまらない。食事は、ランチならリブアイステーキサンド$18、タバーンバーガー$19などが人気。ディナ

ーだともう少し高くなるが、雰囲気はぐっとよくなる。ハッピーアワー（月〜金曜16〜19時）ならドリンクがぐっとリーズナブルになるので、ねらい目だ。また、金・土曜の夜にはライブDJが、土曜の午後にはライブジャズブランチなど、いろいろな音楽イベントもある。詳細スケジュールはHPでチェック。タバーンは非常に人気が高いので要予約だが、HPから簡単にできる。

Map p.32-E ⊕54 Pearl St.
Ⓜ4・5／Bowling Green
●Fraunces Tavern® Museum
☎1-212-425-1778 ⑱12:00〜17:00、土・日曜11:00〜 ㉺無 ⑭おとな$7、シニア・学生$4、子供（5歳以下）無料
https://www.frauncestavernmuseum.org
●Fraunces Tavern®
☎1-212-968-1776 ⑱11:00〜翌1:00、木曜〜翌2:00、金・土曜〜翌3:00、日曜〜24:00
https://frauncestavern.com/restaurant/

見どころ

ウォール街
Wall Street

MAP p.32-E

世界の金融界の中心地。バッテリーパークを中心に建設された初のオランダ人入植地ニューアムステルダムに、インディアンが侵入するのを防ぐために張り巡らせた丸太の壁（Wall）が、ウォール街という名前の由来である。1699年、イギリス軍によってこの壁は撤去され、名はニューヨークと改められた。そして1792年、最初のニューヨーク証券取引所ができると、金融業がこの一帯を占めるようになった。ヴァンダービルト、モーガンなどの実業家による株への投機が莫大な利益をもたらし、ウォール街が世界金融のリーダーとなる礎を作った。

この一帯は政治の中心にもなっている

Ⓜ2・3・4・5/Wall St.

ニューヨーク証券取引所
New York Stock Exchange (NYSE)

MAP p.32-E

アメリカ最大の証券取引所であり、世界金融市場の牽引役である。スタートは1792年、現在の建物は1903年に建てられた17階建てのビルで、入口はギリシア風の円柱が並ぶ重厚な雰囲気だ。

🏠11 Wall St.
Ⓜ2・3・4・5/Wall St.

通称「ビッグボード」、NYSEはナイスと読む

正面にはジョージ・ワシントンの像が立っている

フェデラルホール・ナショナルメモリアル
Federal Hall National Memorial

MAP p.32-E

1699年に建てられたニューヨーク市庁舎を改築し、1789年に連邦政府（フェデラルホール）となった。この年にはジョージ・ワシントンが初代大統領の就任宣誓式をここのバルコニーで行なっている。1842年には税関として建て直され、1955年に国定記念物の指定を受けて現在に至る。つまり、その時々にアメリカ建国のキーポイントとしての役割を果たしてきた建造物ということになる。大理石の円柱が立ち並ぶ大ホールなど建築の美しさも必見。ワシントン大統領の記念品や合衆国憲法の資料がある。

🏠26 Wall St. ☎1-212-825-6990 開9〜17時
休土・日曜 Ⓜ2・3・4・5/Wall St.

トリニティ教会
Trinity Church

MAP p.32-E

1697年英国国教会として設立。2度の建て替えを経て、現在の建物は1846年に建てられた。1976年、国定歴史建造物に指定。創建当時はニューヨークで一番の高さだった。尖塔に見える大きな鐘は全部で12個あり、3個は1797年製のものである。中には博物館があり、オランダ植民地時代から現在までの教会の歩みが分かる。また隣接するトリニティ墓地Trinity Cemeteryには、アメリカの黄金期をつくった著名人らが眠っている。

ゴシック建築の教会だ

🏠74 Trinity Place
☎1-212-602-0800
開8〜18時、土曜7〜16時
休無
ⓂR・1/Rector St.

🎬シネマSPOT フェデラルホール・ナショナルメモリアル●『ゴースト ニューヨークの幻Ghost』(1990年)、ニューヨーク証券取引所●『ウォール街Wall Street』(1987年)

雄牛のブロンズ像は3トン以上もある

シーグラスカルーセル
Sea Glass Carousel

MAP p.32-H

　幻想的に光る魚たちが上下しながら回転するメリーゴーランド。かつてバッテリーパークにあった水族館と公園の歴史を偲んで作られた。水中をイメージした音楽も素敵だ。

左：大人も楽しめる
上：貝殻をモチーフにした外観

ボウリンググリーン
Bowling Green

MAP p.32-E

　バッテリーパークの北にある鉄製フェンスで囲まれた小さな公園がボウリンググリーン。植民地時代に紳士たちがボウリングを楽しんだ広場であったことが、この名の由来。現在は大きな雄牛のブロンズ像がある。一時はここで牛の競りが行なわれていたためである。

Ⓜ4・5/Bowling Green

⊕バッテリーパーク内（State St.& Water St.の入口が近い）⊕10:00～22:00
⊛＄5　Ⓜ1/South Ferry

クリントン砦
Castle Clinton

MAP p.32-G

　ニューヨーク港の防衛のために1812年に築かれた砦。当時、バッテリーパークはまだなく、沖合に浮かぶ人工の小島だった。ウエストバッテリーと呼ばれていた砦は、一度も実戦に使われることなく、1824年にニューヨーク市に譲渡。キャッスルガーデンCastle Gardenと改名され、オペラ座として利用されていた。その後、1892年にエリス島に入国管理局が置かれるまでは移民局となり、700万人の移民がここから入国した。その後は1942年までニューヨーク水族館となったが、水族館はコニーアイランドに移転。1950年に国定記念物の指定を受け、砦だった頃の円形の建物を復元した。現在の名前は1817～21年のニューヨーク州知事、デ・ウィット・クリントンにちなんでつけられた。

Ⓜ4・5/Bowling Green

バッテリーパーク
Battery Park

MAP p.32-G～H

　高層ビルの谷間を歩いて、ハドソン川へ向かうと出現する広大な緑の敷地が、バッテリーパークだ。1812年の米英戦争の際、イギリス側が防衛の砦として沖合に築いたウエストバッテリーWest Battery（現在のクリントン砦）とマンハッタンの間を埋め立ててできたのがこの公園だ。園内にあるプロムナードから見る自由の女神とニューヨーク湾の眺めは格別。リバティ島とエリス島へのフェリーはここが発着地になる。

Ⓜ4・5/Bowling Green

いつ行っても観光客が絶えない

1971年から2001年9月11日まで、WTCプラザに建っていた世界平和のモニュメント。テロに耐え、2002年3月にバッテリーパーク内に移転した ©Marley White

砦内には自由の女神とエリス島へのフェリーの切符売場と案内所、小さなギフトショップがある

🎬シネマSPOT バッテリーパーク●『誰かがあなたを愛してるAn Autumn's Tale』（1987年）、『メン・イン・ブラックMen in Black』（1997年）

ブルックフィールドプレイス
Brookfield Place

MAP p.32-A

ロウアーマンハッタンの再開発計画"バッテリーパークシティ都市開発計画"のひとつとして建てられた4つのビルからなるエリア。ガラスとスチールで造られた優雅なアトリウムが際立って目立つウインターガーデンは、映画などの撮影によく利用され、ハドソン川へ通じる遊歩道もある。2001年9月11日の米国同時多発テロにより一部被害を被ったが、2002年に再オープン。さらに2013年から2014にかけて大々的な改装を行い、ワールドファイナンシャルセンターから、ブルックフィールドプレイスと名称を変え、大型商業施設としてオープンンした。ショップのエリアには、エルメス、グッチ、J・クルー、ポール・スミスなどの有名・人気ブランドが出店。2階にはハドソンイーツと呼ばれるおしゃれなフードコートがある。

Ⓐ230 Vessey St.
☎1-212-978-1698
Ⓗショップエリア：10〜20時、日曜12〜18時、ハドソンイーツ 8〜21時、日曜12〜19時、ウィンターガーデン
Ⓜ4・5/Fulton St.

左/中央がウインターガーデン
上/内部の様子

ワールドトレードセンター
World Trade Center WTC.

MAP p.32-A

ニューヨークのランドマークとして世界中に知られていたワールドトレードセンターのツインタワーが、2001年9月11日の米国同時多発テロによって崩壊した事件は、未だに人々の目と心に焼き付いている。ツインタワーの1WTCと2WTCの崩壊に伴い、隣接していた3〜7のWTCもほぼ全壊した。

新しいワールドトレードセンターは、近代的で安全、持続可能な商業空間と交通の利便性、そして文化の中心であるというビジョンを掲げている。具体的な構想には5つの項目があげられており、①5つの新しいスカイスケープ（1、2、3、4、7WTC）、②国立9/11メモリアルプラザと9/11メモリアル博物館、③ワールドトレードセンター交通拠点 The World Trade Center Transportation Hub、④5万1000㎡の商業スペース、⑤パフォーミングアートセンターである。

ワールドトレードセンター内のオフィスタワーは、ワン・ワールド・トレードセンター（1WTC）、2WTC、3WTC、4WTC、7WTCの4つ。なかでも、1WTCはワールドトレードセンター再建プロジェクトのシンボル的な存在だ。高さはアメリカ独立宣言が公布された1776

オフィスビルになっている4WTC

年にちなんだ1,776フィート（約541m）で、アメリカで最も高いビルとなった。88階建ての2WTCは1WTCに次いでアメリカで2番目に高い。また、4WTC（150 Greenwich St.）は日本人建築家、槇文彦率いるマキ・アンド・アソシエイトMaki and AssociATEsが設計デザインしたビルで、2013年11月13日にオープンしている。

新しいワールドトレードセンター内のビルの名称は旧ワールドトレードセンターと同じだが、立地は異なり、ビルの形状も異なる。

9/11トリビュートセンター
9/11 Tribute Center
Ⓐ120 Liberty St.
☎1-866-737-1184
Ⓗ10〜18時、日曜〜17時
Ⓚ無
Ⓟギャラリーのみ入場おとな$15、シニア・学生$10、8〜12歳$5 無料
Ⓜ4・5/Fulton St.

ワールドトレードセンターのシンボルである1WTC

新1WTCは世界一の高さになるはずだったが、完成前にアラブ首長国連邦・ドバイのブルジュ・ハリファに抜かれた。ちなみにこのビルは驚異の高さ828m、軒高636mの168階建てだ。

ワン・ワールド・オブザバトリー
One World Observatory

MAP p.32-A

　ワン・ワールド・オブザバトリーは、2015年5月にオープンしたワン・ワールド・トレードセンター（1WTC）の100〜102階の3フロアからなる展望台だ。高さは全米No.1の約541m。フィートにすると1776フィートで、この数字はアメリカがイギリスから独立宣言をした1776年に由来している。

　地上約400mにある102階の展望台までは、世界最速クラスのエレベーター、スカイポッドで約60秒。その間、エレベーター内のスクリーンには、1500年代から現在までのニューヨークのスカイラインが発展していく様子が映し出される。

　102階の展望スペースに到着したら、さらにエスカレーターで100階の展望メインフロアへ移動しよう。ディスカバリーレベルと呼ばれている100階が展望メインフロアだ。マンハッタンのスカイライン、自由の女神、ブルックリンの街並みなど、全方向360度の見事な景色が楽しめる。ここでぜひ体験してほしいのは、直径約4.3mの円形ステージ、スカイポータルSky Portalだ。ステージの上に立つと、真下の街並みがリアルタイムに映し出され、本当に地上の街並みを足元から見下ろしているような気分が味わえる。また、10枚の映像パネルが円形に並ぶシティパルスCity Pulseでは、ニューヨークの観光ポイントや名物などをスタッフが解説してくれる。

　101階には、景色を眺めながら軽食ができる「ワンカフェ One Café」とお酒が楽しめるバーレストラン、「ワンミックス One Mix」がある。100階にはギフトショップもあり、100階から102階はエスカレーターで自由に行き来できるようになっている。地上階へは100階からエレベーターで降りる。

㊟One World Trade Center 285 Fulton St.　☎1-844-6961776
㊟10〜18時（最終入場指定時刻は19時15分）㊟無　チケット窓口は8時30分〜　㊟＄46、シニア（65歳以上）＄40、子供（6〜12歳）＄36、5歳以下は無料

ワン・ワールド・トレード・センターのスカイライン

円形ステージ、スカイポータル

映像パネルが円形に並ぶシティパルス

●チケット購入方法
オンライン、もしくは窓口で事前購入するか、当日、窓口で購入する方法がある。入場は15分毎の時間指定になっている。当日券は空きがないと購入できないこともある。

マンハッタンの街並み

100階の展望フロアからは360度のパノラマが楽しめる

WTCの外部鉄鋼構造を作っていた
鉄柱、トライデント

最初のハイジャック機がノースタワ
ーに突入する数分前に撮られた写真

9/11メモリアル博物館の外観

WTCの外部鉄鋼構造を作っていた
柱の名残。内部が空洞で四角いため
ボックスコラムと呼ばれていた

中央に立つのは2002年5月に切り出
された最後の柱。柱のてっぺんに書
かれた37という数字は事件の当日、
現場に駆けつけて命を失った港湾局
の警官の人数だ

国立9/11メモリアル＆博物館
National September 11 Memorial & Museum

MAP p.32-A

　アメリカ同時多発テロ事件から10年となる2011年に開業した国営の公式追悼施設で、メモリアルプラザと呼ばれる広大な緑の敷地に2つのリフレクティングプールズReflecting Poolsからなる9/11メモリアルと9/11メモリアル博物館が立っている。ワールドトレードセンター（WTC）のツインタワーが立っていた跡に作られたリフレクティングプールズには、北米最大規模の人口滝が設けられており、四方から絶え間なく水が流れ落ちている。プールを囲むブロンズパネルの側面には2977人の犠牲者の名前が刻まれている。

　2014年5月にオープンした9/11メモリアル博物館は、9/11同時多発テロ、および1993年にWTCにおける爆弾テロ事件で命を失った人々を追悼している。メモリアルプラザに面した入口から1階エントランスホールに入ると、2本の巨大な鉄柱、トライデントが目に飛び込んでくる。これは破壊されたWTCの鉄の柱の一部で、フォークのような形の先端を吹き抜けの天井に向けて直立している。地下3階に広がる展示フロアは、WTCの基盤となっていた場所で、WTCの鉄柱や鋼鉄の塊、多くの人々の命を救った生還の階段、押しつぶされたはしご車などが展示されている。

9/11メモリアル：営7:30〜21:00　料無料　休無
9/11メモリアル博物館　住180Greenwich St.
営9:00〜20:00（最終入場は18:00）、金・土曜〜21:00（最終入場は19:00）
休無　料$26、学生・65歳以上$20、7〜17歳$15、6歳以下は無料　火曜の17:00〜20:00（最終入場は18:00）は無料　60分のミュージアムツアー付きは+$20、45分のメモリアルツアー付きは+$15
●https://www.911memorial.org/

尊い命を失った被害者
の名前が刻まれている

NY市消防局の第3はし
ご隊のはしご車。落ちて
きた瓦礫により正面は潰
れている

9/11メモリアルはメモリアルプールズともよばれる

スマートフォンの無料アプリ9/11MuseumAudioGuideをダウンロードすれば日本語で詳しい解説を聞くことができる。英語はロバート・デニーロが担当。字幕もある。

アメリカで最古のつり橋のひとつ

ブルックリン橋
Brooklyn Bridge
MAP p.31-G

　マンハッタンとブルックリンを結ぶ橋。イ
ースト川East Riverの上に架かっている全長
1053mのつり橋で、ブルックリンタワーと呼
ばれる高さ84mのゴシック様式のアーチなど、
その美しさはマンハッタンの代表的な風景の
ひとつとして多くの芸術家たちの作品のモチ
ーフにもなっている。橋は徒歩で渡ることも
でき、歩道は木製。歩道の下が車道だ。

　設計はジョン・A・ロープリングJohn A
Roebling、完成させたのは彼の息子のワシン
トンだ。建設に費やされた歳月は1869年か
ら1883年の15年。総工費2500万ドルが投じ
られ、石と鉄の芸術作品といわれるこのつり
橋を作るために、工事に携わった600人のう
ち20人以上が亡くなったとされる。1869年、
ジョン自身も着工の前に事故死している。

　1964年にアメリカ合衆国国定歴史建造物
に登録されている。

Ⓜ4・5・6/Brooklyn Bridge-City Hall

歩いて渡ると約30分。パークロウが入口

©Julienne Schaer / NYC & Company

シーポートディストリクトNYC
Seaport District NYC
MAP p.33-C、F

　見る、食べる、買うが楽しめるうえに、美
しいブルックリン橋の絶景ポイントとしても
人気のスポット。2012年10月にニューヨー
クを襲ったハリケーン・サンディによって大
きな被害を受けた旧ピア17をはじめとするサ
ウスストリートシーポートは、再開発のため
に長い間ほぼ閉鎖されていたが、2018年、シ
ーポートディストリクトNYCとして新たに誕
生した。

　17埠頭にできた新しい建物には眺めが魅力
のルーフトップバーやレストランなどが揃い、
広いイベントスペースでは、さまざまな催し
が開催されている。また、建物の東と北に設
けられたオープンスペースには、観覧席スタ
イルの広々としたベンチや、川面に向かって
並ぶ椅子が設けられ、ブルックリン橋の全景
を眺めながらくつろげる憩いの場、もしくは
ロマンチックな撮影ポイントとして人気を集
めている。古くからあるフルトンマーケット
ビルには、イタリア・ミラノ発のショッピン
グ＆ダイニングの複合施設10コルソ・コモ
NY10 Corso Como New Yorkがオープン。
その斜め向かいには特製カクテルやビール、
ワインを屋外で飲めるガーデンバーもある。

　夕暮れときのブルックリン橋の絶景は美し
く格別だ。

Ⓜ A・C・J・Z・2・3・4・5/Fulton St.
https://www.seaportdistrict.nyc/
©Julienne Schaer / NYC & Company

STATUE OF LIBERTY

自由の女神はこう攻める！

アメリカの象徴として崇められる自由の女神。左手には独立宣言書を抱え、右手には世界を照らすようにトーチをかかげている。自由と平和を世界中の人々に呼びかけるその気高く優美な姿をいろいろな角度から眺め、そのすべてを知り尽くそう。女神が自分の目の前に立つ時、ニューヨークを実感できる。

〈チケットの種類〉

① クラウンチケット

② ペデスタルチケット

③ リバティ島へのアクセスのみ

エリス島へのアクセスは全てチケットに含まれる

88

バッテリーパーク発のフェリーに乗る

　自由の女神が立つリバティ島へは、バッテリーパークからフェリーに乗る。フェリーはバッテリーパーク→リバティ島→エリス島→バッテリーパークというルートだ。また、対岸のニュージャージーのリバティ州立公園からのフェリーもあり、これはエリス島→リバティ島の順に巡る。料金は同じ。共に8時30分から15時40分まで1時間ごとに出発する（季節により変更あり）。

　当日券や予約チケットをピックアップするチケット売場は乗船場の近くにある。

自由の女神のチケット

　リバティ島とエリス島へのフェリーの料金はおとな$18.50、子供（4〜12歳）$9、シニア（62歳以上）$14、4歳未満は無料になっている。王冠と台座へは別途$3と事前の予約が必要だ。料金と予約については https://www.nps.gov/stli 参照。

　オンラインで予約する場合、王冠まで行ける①クラウンチケット、台座まで行ける②ペデスタルチケット、リバティ島へのアクセスだけの③リザーブチケットの3種類がある。リバティ島とエリス島へのアクセス（バッテリーパークからのフェリー）とオーディオツアーはすべてのチケットに含まれている。クラウンチケットとペデスタルチケットは人気があるので、とくに夏期や年末などのハイシーズンに行く場合は4カ月前の予約が望ましい。オンライン予約　https://www.statuecruises.com/

フェリーから遠くに女神が見えてくると、デッキに人が集まってくる

自由の女神の歴史

　自由の女神が完成したのは1886年。アメリカ、フランス両国間の友好と、アメリカの独立100周年を記念して、フランスから寄贈されたものだ。女神の産みの親は、フランスの彫刻家フレデリック・オーギュスト・バルトルディ。エッフェル塔を造った建築技師ギュスターヴ・エッフェルをプロジェクトに招き入れ、バルトルディのインスピレーションを具体化させた。建設費用は45万ドル。1874年から12年の歳月をかけて完成した女神像は、自由と正義の証、アメリカのシンボルとして、世界を見続けている。

近くで見るとパワーを感じる女神

APPLE
豆知識　安全のためフェリーに乗り込む前に、すべての乗客に荷物などのX線検査がある。また、基本的にバックパック、大きめの荷物、クーラー、小包などは持ち込み禁止。

リバティ島への所要時間は約15分。フェリーが岸を離れたら、まずはマンハッタン島の方を振り返ってみよう。いつもとは違う角度から見るマンハッタンの町並みは美しく感動的だ。リバティ島に近づくにつれ、女神が、どんどんはっきりと大きくなってくる。あわてて写真を撮る必要はない。フェリーは女神の真正面を通るので、その時がシャッター・チャンス。その後、女神の左側へ回り、フェリー乗場に着く。

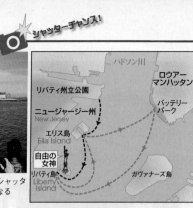

思わず何度もシャッターを押したくなる

自由の女神の身体測定

頭部の長さ（王冠含む）**5.26**m

顔の幅 **3.05**m

目の幅 **76**cm

鼻の長さ**1.48**m

口の幅 **91**cm

トーチを含む右腕の長さ**12.8**m

人差し指の長さ **2.44**m

手の平の長さ**5**m

第二関節の太さ **1.07**m

爪の大きさ **32.5**cm ×**25**cm

独立宣言書の長さ **7.19**m

独立宣言書の幅 **4.14**m

独立宣言書の厚さ **61**cm

胴の厚さ**10.67**m

台座の高さ**19.81**m

台座からトーチまでの高さ**46.50**m

身長
33.86
m

体重
225
t

ギザギザの星型になっている一番下の台はウッド砦と呼ばれている

さあ、リバティ島に上陸だ

フェリーを降りたら桟橋を渡り自由の女神が立つ場所に向かおう。巨大な女神を見上げながら正面へ。美しくたくましい姿の自由の女神との対面だ。台座内に入れるチケットを持っている人の入場口は女神の背の方、裏側にある。

1 桟橋を渡るとリバティ島だ
2 フェリーからリバティ島を眺める人々
3 女神の凛々しい顔を見上げる
4 オーディオ・ガイドはここで借りる
5 ショップやカフェテリアがある建物

女神の台座、王冠へ

台座まではエレベーターで行ける。台座内にはリバティ島博物館Liberty Island Museumがあり、銅像の構造や建築過程、島自体の歴史などが写真やイラストによって展示されている。ちなみに、この台座部分の建築資金は、建築当時のアメリカ国民の寄付によってまかなわれた。

台座展望台よりさらに上の王冠部分へは354段の階段で上る。女神像のボディ部分を急ならせん階段で登っていくと、自由の女神の複雑な骨組みと鉄板を組み合わせ作られている様子がよく分かる。王冠部分の展望台は、10人入れるかどうかの狭いスペースで、普通に立つのも困難なほど天井が低い。王冠の間はガラス窓になっており、いくつかの窓は開くので外へ手も出せる。女神が左手で持つ独立宣言書もすぐ近くに見え、眼下には、ニューヨーク港や女神の足元を歩く人の姿が見渡せる。台座や王冠への入場には、事前に予約が必要。とても人気があるので、旅程が決まったらなるべく早く予約すること（p.88自由の女神のチケットを参照）。

残りの階段数を示す看板

1 目が回りそうになる急ならせん階段
2 台座までのチケットはここでチェック
3 王冠部分の展望台
4 王冠の隙間からトーチを掲げた腕の下に見える景色はこんなふうだった

自由の女神はこう攻める！

いろいろな角度から眺めてみよう

島をぐるりと歩いて、いろいろな角度から女神を眺めてみよう。正面から、横から、後ろから。また、リバティ島から眺めるロウアーマンハッタンの摩天楼も格別だ。また、台座部分の内部には、自由の女神像博物館がある。

1 後ろ姿もまた麗しい。トーチと王冠部分は夕方になると明かりがともる
2 足は自由を奪っていた足かせを踏みつけている
3 台座から見上げると迫力！
4 左に抱えているのは、アメリカの独立宣言書で、1776年7月4日の日付が刻まれている

自由の女神博物館で歴史を知る

2019年5月にオープンした新しい博物館には、自由の女神の豊かな歴史や物語がデジタル技術を駆使した展示方法で紹介されている。インスピレーション・ギャラリーには、1876年の自由の女神が掲げていたトーチのオリジナルも展示されている。博物館からは、自由の女神像、ニューヨークのスカイライン、ニューヨーク港などのパノラの景色を望むこともできる。この新しい博物館の建設は、30年以上前に自由の女神像が復元されて以来、リバティ島で実施された最も重要なプロジェクトだ。自由の女神博物館へは、リバティ島を訪れるすべての人が無料でアクセスできる。

エリス島には何がある？

リバティ島とマンハッタン島の中間にあるエリス島は1892年から1954年まで移民入国管理所が設置されていた場所。その後、しばらくはその存在は忘れられていたが、1990年より旧移民局内にエリス島移民博物館がオープンした。博物館には押収された移民の所持品や写真の展示、移民の苦悩と希望に対する表情をリアルに描いた映画が見られるシアターなどがあり、「人種のるつぼ」と呼ばれるニューヨークの背景を垣間見られる。

エリス島移民博物館
Ellis Island National Museum of Immigration
☎1-212-561-4588
㋐9〜17時、フェリーの時間により変更あり
㋡無　㋓無料
https://libertyellisfoundation.org

スタテン島行きフェリーでもう一度

バッテリーパークから出るスタテン島行きのフェリーは、島に住む人々の通勤通学の足として利用されているが、このフェリーからも自由の女神が眺められる。しかもフェリーは無料。24時間、平日の朝夕は15〜20分おき、それ以外は30分〜1時間おき、深夜・週末は30分〜1時間おきに出ており、島までの所要時間は約30分。
スタテンアイランドフェリー
Staten Island Ferry
https://www.nyc.gov/html/dot/html/ferrybus/statfery.shtml

1 エリス島移民博物館のホール
2 2階には歴史を語る写真がたくさん展示されている

アッパーイーストサイド

Upper East Side

©Christopher Postlewaite/NYC & Company

エリア区分図

アッパー
イーストサイド

エリアのしくみと楽しみ方プラン

　アッパーイーストサイドとは、南の59丁目59th St.から北の96丁目96th St.、西のセントラルパーク沿いの5番街5th Ave.からマンハッタン島の東端までのエリアのことをいう。

　5番街には、83丁目のメット・フィフスアベニューMet Fifth Avenue（メトロポリタン美術館／メット）Metropolitan Museum of Art（Met）から始まり、グッゲンハイム美術館 Solomon R. Guggenheim Museum、ユダヤ博物館The Jewish Museumなど、たくさんの美術館や博物館が並び、通称ミュージアムマイルと呼ばれている。芸術に関心のある人なら絶対に見逃せないエリアだ。

　マジソン街には57丁目から北へ、延々約20ブロックにわたって、高級ブランドのブティックが軒を連ねており、ミッドタウンの5番街に次ぐブランドショッピングのメッカとなっている。また、3番街より東はおもに高級住宅街。96丁目より北は治安のよくないイーストハーレムで、不用意に歩くのは危険。95丁目より北は昼間でもできるだけ歩かないようにしたほうがよい。

上／メットの階段から眺める5番街
左／世界遺産のグッゲンハイム美術館

歩き方のヒント

楽しみ	
観光	★★★★
ショッピング	★★★★★
食べ歩き	★★★

交通手段の便利さ	
地下鉄	★★★★
バス	★★
タクシー	★★

歩けるエリアの広さ

　東西はセントラルパークの東端から3番街までで、徒歩約10分。南北は、歩くとすれば店が多いマジソン街の59丁目から68丁目くらいまでで、徒歩約15分。それ以上は地下鉄を利用して移動したほうが便利。

アッパーウエストサイド

Upper West Side

アッパー
ウエストサイド

エリアのしくみと楽しみ方プラン

アッパーウエストサイドは南の59丁目59th St.から北の110丁目110th St.まで、セントラルパークの西端からマンハッタン島の西端までのエリア。

観光名所といえば、リンカーンセンターLincoln CenterとダコタアパートDakota Apartments、アメリカ自然史博物館American Museum of Natural Historyの3つ。アッパーウエストサイドは高級住宅街で、アパートメントが立ち並ぶエリア。とくにセントラルパーク沿いの通りには、有名スターが住む超高級アパートが多い。コロンバス街やアムステルダム街は、地元の人が集まる繁華街で、レストランやバーが連なる。高級レストランというよりは、カジュアルでこぢんまりとした店が多い。地元で評判のおいしい店もあるので、行ってみたい。スーパーマーケットや小さなギフトショップなどもあり、のぞいてみるとおもしろい。ハドソン川沿いにはリバーサイドパークがあり、散歩におすすめ。ただし夜は危険なので絶対に行かないこと。

上／ジョン・レノンが住んでいたことで有名なダコタアパート
左／リンカーンセンターのメトロポリタンオペラハウス

歩き方のヒント

楽しみ

観光	★★
ショッピング	★
食べ歩き	★★

交通手段の便利さ

地下鉄	★★★★
バス	★★
タクシー	★★

歩けるエリアの広さ

南北は59丁目のコロンバスサークルから66丁目のリンカーンセンターのあたりまでで徒歩15分。それ以外は地下鉄を利用したほうが便利。東西はアムステルダム街からセントラルパークの西端までで、徒歩約10分。

リンカーンセンターの正面

見どころ

リンカーンセンター
Lincoln Center

MAP p.34-J

　5つの劇場とコンサートホール、図書館、野外劇場からなる芸術のための複合施設。1950年代、さびれていたこの一帯を改革しようと、施設の建設案が持ち上がり、1959年から着工。それから10年以上をかけて完成した。映画『ウエストサイド物語』はリンカーンセンター建設前のこのあたりが舞台となっている。コロンバス街にある正面入口には大きな噴水があり夏にはこの周りにオープンカフェが設置される。その前に構える白い建物がメトロポリタンオペラハウスだ。大理石でできた10階建ての建物で、3788人の観客を収容する。クリスタルのシャンデリアが輝き、赤いじゅうたんの敷かれたらせん階段が、荘厳な雰囲気を醸し出すロビーは必見。壁には『音楽の泉』と『音楽の勝利』と題されたシャガールの絵画が2点飾られている。

　入口の右手には、ニューヨーク交響楽団の本拠地であるデヴィッドゲフィンホール、左手にはデヴィッド・H・コッチ劇場がある。こちらはニューヨークシティバレエの本拠地だ。デヴィッドゲフィンホール内にはレストランがあり、ランチやディナーが楽しめる。

　そのほか、舞台芸術に関する書物を多く集めたニューヨーク公共図書館分館、リンカーンセンター劇団の専用劇場であるリンカーンセンター劇場、音楽家や俳優の養成で有名なジュリアードスクール、リンカーンセンター室内楽団の演奏会場として利用されているアリスタリーホール、そして夏になると無料のコンサートが開かれる野外音楽堂がダムロッシュパークにある。

　メトロポリタンオペラハウス、ヴィヴィアンボーモント劇場、デヴィッド・H・コッチ劇場、デヴィッドゲフィンホールなどの施設を見学できる1時間のツアーがある。歴史や建物についての説明が聞け、公演のある日にはオーケストラやバレエのリハーサル風景が見られることもある。

94

地図
アット65カフェ
ジュリアードスクール
The Juilliard School
アリスタリーホール
Alice Tully Hall
Lincoln Sq.
ウォルターリード劇場
Walter Reade Theater
W. 65th St.
リンカーンセンター劇場
Lincoln Centre Theater
エリノールブーニンマンロー・フィルムセンター
Elinor Bunin Munroe Film Center
デヴィッドゲフィンホール
David Geffen Hall
バークレイズキャピタルグローブ
Barclays Capital Grove
ニューヨーク公共図書館分館
The New York Public Library for the Performing Arts
メトロポリタンオペラハウス
Metropolitan Opera House
噴水
デヴィッド・H・コーク劇場
David H.Koch Theater
野外音楽堂
ダムロッシュパーク
Damrosch Park
ブロードウェイ Broadway
コロンバス街 Columbus Ave.
リンカーンセンター

シネマSPOT　リンカーンセンター●『メラニーは行くSweet Home Alabama』（2002年）、『愛と喝采の日々The Turning Point』（1977年）、『月の輝く夜にMoonstruck』（1987年）

老舗スーパーのゼイバーズ

(住)Broadway at 65th St. ☎212-875-5456 ツアー10:30〜16:30 (料)おとな＄25、学生（30歳以下）＄20
Ⓜ1/66th St.-Lincoln Center

コロンバス街とアムステルダム街
Columbus Ave.& Amsterdam Ave.

MAP p.34-A〜J

こぢんまりとしたカフェやレストラン、ブティックなどが軒を連ねる通りで、とくに86丁目より南に店が多い。以前は地元の人が利用する地味な商店街だったが、1970年代初めごろから若者が多く住むようになり、おしゃれなレストランやショップが増えた。ニューヨーカー気分でストリート散策したい。

Ⓜ1/79th St.

観光客はあまりいない

ブロードウェイ
Broadway

MAP p.34-A〜J

アッパーウエストサイドのブロードウェイはコロンバス街やアムステルダム街と並ぶ繁華街。劇場が立ち並び、人でごった返すミッドタウンのブロードウェイとはまったく異なる雰囲気だ。72丁目でアムステルダム街と交差するが、このあたりは19世紀前半はハーゼンヴィルHerzenvilという小さな村だった。その後、20世紀になってから豪華なアパートが立ちヤッピーたちが住むエリアとなった。しゃれた店も少なくない。

Ⓜ1/79th St.

シックな雰囲気のブロードウェイ

●とっておき情報●

高級コンプレックスモール、タイムワーナーセンター

ミッドタウンの北、コロンバスサークルに立つタイムワーナーセンターThe Time Warner Centerは、ショップやレストラン、ホテル・マンダリンオリエンタル（→p.232）が入っている高級コンプレックスモールだ。

1階には、コーチやコール・ハーンといったブランドをはじめ、ウィリアムズ・ソノマやセフォラの大型店舗やJ.クルー、フェイスといった小さな店が入っている。地下1階のニューヨーク最大のスーパー、ホールフーズ・マーケットには、世界各地のワインやチーズなどの食材からデリまでそろう。サラ

ダバーなどで買ったものが食べられるイートインコーナーもある。

(住)10 Columbus Circle ☎1-212-823-6300
(営)店により異なる (休)店により異なる
ⒶA・B・C・D・1/59th St.-Columbus Circle
MAP p.34-J

自然派の商品が人気のホールフーズ・マーケット

左／76階建てのツインタワーが目印
右／地下1階だけでも行く価値大！

銀色の地球儀はコロンバスサークルの目印

コロンバスサークル
Columbus Circle

MAP p.34-J

　セントラルパークの南西の角、ブロードウェイとセントラルパーク西街、セントラルパーク南通りの3つの道路が交わる円形の広場。交差点の中央に立っているのは、かの有名なクリストファー・コロンブスの像だ。像の台座となっている円柱には3つの船首がある。これらはコロンブスの航海船、ニーニャ号、ピンタ号、サンタマリア号のものだ。セントラルパークの入口には1898年にキューバのハバナ港で沈没した戦艦メイン号の乗組員を称えるメイン慰霊碑がある。

Ⓜ A・B・C・D・1/59th St.-Columbus Circle

ダコタアパート
Dakota Apartments

MAP p.34-J

　セントラルパークのストロベリーフィールズを見下ろすようにして建つアパートメント。ジョン・レノンが最愛の妻ヨーコ・オノとともに暮らした場所だ。1980年、ジョンは熱狂的ファンによって、このアパートの入口の前で射殺された。現在でもヨーコ・オノはここに部屋を持っている。ニューヨークでも指折りの高級アパートで、1884年に建てられたロマネスク様式の黄色いレンガ造りの建物。女優のジュディ・ガーランドやローレン・バコールなど、数々の有名人がここで暮らしていたことがあり、映画『ローズマリーの赤ちゃん』が撮影された場所としても知られてい

る。"ダコタ"という名前はダコタ州のことで、アパートの建築が始められたころ、周辺は空き地ばかりの何もないところで、当時のシンガーミシンの社長エドワード・クラークが、「まるでダコタ州のようだ」と言ったことから、この名が付けられた。

Ⓜ B・C/72nd St.

ジョン・レノンが暮らしていたダコタアパート

とっておき情報

建物を見ながらの散策を楽しもう

　ジョン・レノンのダコタアパートは有名ですが、ほかにもいわく付きのビルがこのエリアにはいくつかあります。68丁目19番地のアパートにはジェームズ・ディーンが住んでいたし、セントラルパークウエスト55番地55は映画『ゴーストバスターズ』に登場したビルです。その3ブロック南の25番地のセンチュリーアパートと、115番地のマジェスティック、300番地のエルドラド、145番地サンレモの4軒はどれもツインタワーで、大恐慌の直前に建てられた豪華な高層アパートです。ダスティン・ホフマンが住んでいたり、マドンナがほかの居住者から入居拒否をされたりしたところ。
　また、94丁目とウエストエンド街の交差する辺りはボマンダーウォークと呼ばれ、小さなタウンハウスが立ち並んでいます。豪華な高層アパートとは異なる可愛らしい雰囲気です。

（中田譲　アーティスト）

96

地下鉄72丁目駅● 『ダイハード3 Die Hard with a Vengeance』(1995年)、『エンド・オブ・デイズEnd of Days』(1999年)

アップタウン
ハーレム／モーニングサイドハイツ

Uptown

アップタウン

ハーレム
・モーニングサイド
ハイツ

エリアのしくみ

　セントラルパークより北のマンハッタンをアップタウンという。そのなかでも、アッパーウエストサイドのすぐ北側のハドソン川に沿って広がるエリアがモーニングサイドハイツと呼ばれるエリア。名門コロンビア大学Columbia Universityやその北にはリバーサイド教会Riverside Churchなどがあり、観光客もよく訪れる場所だ。

　モーニングサイド街Morningside Ave.から東はブラックハーレム。ブラックハーレムはニューヨーク最大の黒人居住区で、125丁目を中心に広がっている。アポロ劇場やライブハウスなど黒人音楽のメッカとして訪れる人も多いが、裏通りなどに入ると治安が良くないところも多いので、特に夜間はふらふら足を踏み入れないように。夜間に出かけるなら、ツアー参加がおすすめだ。イースト川に近い東側はスパニッシュハーレムと呼ばれる中南米系の移民が多い地域で、さらに治安が悪いといわれる。見どころも特にないので、近づかないほうがいい。

上／末完の教会、セントジョン・ザ・ディヴァイン大聖堂
左／ハーレムの街なかにはこんなアートも

歩き方のヒント

楽しみ	
観光	★★
ショッピング	なし
食べ歩き	なし

交通手段の便利さ	
地下鉄	★★
バス	★★

歩けるエリアの広さ

　南北は110丁目から120丁目で徒歩10分、東はコロンバス街まで。ハーレムは基本的には125丁目以外の道は歩かないほうがいい。横道や公園などは特に立ち入らないのが無難。

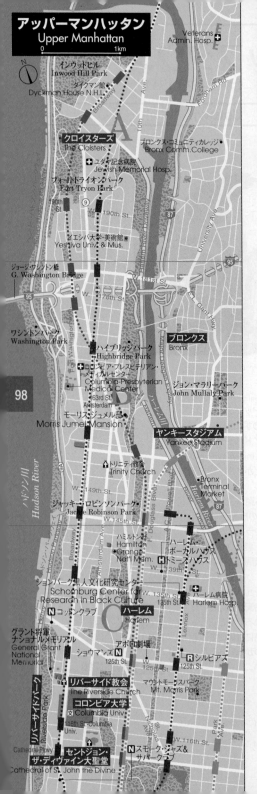

アッパーマンハッタン
Upper Manhattan

0　　　　　1km

- インウッドヒル
  Inwood Hill Park
- ダイクマン館
  Dyckman House N.H.L.
- Veterans
  Admin. Hosp.
- クロイスターズ
  The Cloisters
- ブロンクス・コミュニティカレッジ
  Bronx Comm.College
- ユダヤ記念病院
  Jewish Memorial Hosp.
- フォートトライオンパーク
  Fort Tryon Park
- 190th St.
- イエシバ大学・美術館
  Yeshiva Univ. & Mus.
- ジョージ・ワシントン橋
  G. Washington Bridge
- W.178th St.
- ハイブリッジパーク
  Highbridge Park
- ブロンクス
  Bronx
- ワシントンパーク
  Washington Park
- コロンビア・プレスビテリアン・メディカルセンター
  Columbia-Presbyterian Medical Center
- 63rd St.
  Amsterdam
- ジョン・マラリーパーク
  John Mullaly Park
- モーリス・ジュメル邸
  Morris Jumel Mansion
- ヤンキースタジアム
  Yankee Stadium
- ハドソン川
  Hudson River
- トリニティ教会
  Trinity Church
- Bronx Terminal Market
- W.149th St.
- ジャッキー・ロビンソンパーク
  Jackie Robinson Park
- W.145th St.
- ハミルトン
  Hamilton Grange Nat'l Mem.
- ハーレム・ボーカルハウス
  ドーズハウス
- W.139th St.
- ショーンバーグ黒人文化研究センター
  Schomburg Center for Research in Black Culture
- W.135th St.
  135th St.
- ハーレム病院
  Harlem Hosp.
- コットンクラブ
- ハーレム
  Harlem
- グラント将軍ナショナルメモリアル
  General Grant National Memorial
- アポロ劇場
- ショウマンズ
- 125th St.
- シルビアズ
- リバーサイド教会
  The Riverside Church
- マウントモーリスパーク
  Mt. Morris Park
- コロンビア大学
  Columbia Univ.
- 116th St.Columbia Univ.
- セントジョン・ザ・ディヴァイン大聖堂
  Cathedral of St. John the Divine
- W.116th St.
- スモーク・ジャズ&
  サパークラブ
- Cathedral Pkwy

コロンビア大学のロウ記念図書館

見どころ

コロンビア大学
Columbia University

MAP p.98-C

　ハーバード大学やプリンストン大学と並ぶアイビーリーグに属する名門私立大学。1754年にトリニティ教会付属のキングスカレッジとして発足。独立戦争後に現在のコロンビア大学に名を改め、1897年に現在の場所に移った。セオドア・ルーズベルトTheodore Rooseveltやフランクリン・ルーズベルトFranklin D. Rooseveltといった大統領も出身者だ。

　キャンパス中央にはパルテノン神殿を模して建てられたロウ記念図書館Low Memorial Libraryがある。ただし、現在は図書館ではなく大学の管理事務所が置かれており、蔵書は中庭をはさんだ向かい側のバトラー図書館Butler Libraryに移されている。そのロウ記念図書館近くにインフォメーションがある。大学内の案内図などがもらえ、大学の歴史を辿りながらキャンパスを回るツアーもあり（10人以上のグループは要予約）、エリート学生の大学生活を見ることができる。

🏛2960 Broadway　☎1-212-854-4900
Ⓜ1/116th St.-Columbia University

グラント将軍ナショナルメモリアル
General Grant National Memorial

MAP p.98-C

　南北戦争での北軍の指導者であり、のちに18代大統領になったユリシーズ・S・グラントUlyses Simpson Grantの墓。大きくりっぱな墓だが9万人の国民からの寄付でまかなわれ1897年に完成した。歴史上のヒーローとして、アメリカ国民にいかに愛されているかがうかがえる。内装はパリのナポレオンの墓を参考にしている。南北戦争の壁画や展示室がある。

グラント将軍は8年間大統領を勤めた

⊕W.122nd St. at Riverside Dr. ☎1-212-666-1640
㉖9〜17時
Ⓜ1/116th St.-Columbia University

リバーサイド教会
The Riverside Church

MAP p.98-C

　コロンビア大学の北、周囲を緑に囲まれたこの美しい教会は宗教、国籍、人種を問わずカルチャークラブまであり、コミュニティーセンターのように利用され、親しまれている。キング牧師の反戦説教が行なわれた場所としても有名。塔の最上部には展望台があり、ロウアーマンハッタンまでも見渡すことができる眺めの良さ。塔の中には世界最大のカリヨン、ローラスペルマン・ロックフェラー・カリヨンが納められている。重さ大きさともに世界一で、日曜の10時30分、12時30分、15時（変更の場合あり）には、カリヨンの専門奏者の奏でる鐘の音色を聴くことができる。またニューヨークで最も美しいとされているこの教会のステンドグラスは必見。日曜12時15分から無料のツアーがある。

⊕490 Riverside Dr.
☎1-212-870-6700
㉖7〜22時
㉘無　㉖無料
Ⓜ1/116th St.-Columbia University

外観も中も感動的な美しさ

大聖堂の正面。隣は公園になっている

セントジョン・ザ・ディヴァイン大聖堂
Cathedral of St. John the Divine

MAP p.98-C

　ホラティオ・ポッター司祭がニューヨーク州議会から聖堂を入手し、正式にセントジョン・ザ・ディヴァイン大聖堂建立に着手したのは1873年。まだ未完成ながらゴシック様式の壮大な教会には思わず感嘆してしまう。入口の青銅のドアの上に刻まれている像がセントジョン・ザ・ディヴァイン。内部の7つのチャペルは7民族を象徴しており、スカンジナビア、アングロサクソンなどそれぞれの民族の歴史が描かれている。偉人の彫像や天地創造のステンドグラスの美しさは感動的。やわらかい光が足元にこぼれ、崇高な気持ちにさせてくれる。正面に彫られたマンハッタンの摩天楼、聖堂にかかる17世紀のゴブラン織のタペストリーなど、見るべきものは多い。
　聖堂内ではコンサートや特別のパフォーマンスがときどき開かれる。

⊕1047 Amsterdam Ave. at W.112th St.
☎1-212-316-7540　㉖7時30分〜18時
㉘無　Ⓜ1/Cathedral Parkway

●とっておき情報●

ワシントンハイツのモーリス・ジュメル邸

　マンハッタン島最古の建築物、モーリス・ジュメル邸Morris Jumel Mansionは、高台に立つNY有数の景勝地だ。1765年に英軍将校ロジャー・モリスの別荘として建造され、1776年9月にはアメリカ軍総司令部が設置され、初代大統領ジョージ・ワシントンが1カ月間居を定めた。ワシントン大統領の参謀本部であった八角形の居間、食堂、2階の書斎も現存している。当時の家具はすでに散失しているが、1903年ニューヨーク市が館を買い取り、現在ワシントン記念協会の管理の下に一般公開され、このあたりは今もなお"ワシントンハイツ"と呼ばれている。

⊕65 Jumel Terrace ☎1-212-923-8008　㉖10〜16時　㉘月曜（予約のみ開館）
㉖おとな$10、学生・シニア$8、12歳以下無料
ⓂC/163rd St.-Amsterdam Ave.　MAP p.98-B

ひと味違うマンハッタンに出合える

アポロ劇場
Apollo Theater

MAP p.98-C

　1934年にオープンしたソウル・ミュージックの殿堂、アポロ劇場は、まさに観光客の人気ナイトスポットだ。水曜のアマチュアナイトは1934年の劇場創立からスタートした歴史を誇る。ダイアナ・ロス、ジェームス・ブラウン、マイケル・ジャクソン、スティービー・ワンダーなど、数々のスター達が誕生したステージは、スターへの登竜門として広く世界に知られている。歌、ダンス、パントマイム、詩の朗読などなど、演目は何でも自由。観客が審査員で、気に入らないとブーイング、30秒続くとピエロが出てきてマイクを取り上げられる。ステージを追われてしまうと以後6カ月出られない。舞台もさることながら、観客との一体感や興奮度も楽しめるのも大きな魅力。

🏠253 W.125th St.
☎1-212-531-5300
🕐アマチュアナイトは水曜19時30分〜、ボックスオフィスは月〜金曜10〜18時、土曜12〜17時
🚫日曜
💲$10〜45（イベントにより異なる）
Ⓜ A・B・C・D/125th St.

歴史ある劇場内部の様子

Kate Glicksberg/NYC & Company

©Kate Glicksberg/NYC & Company

ドレスアップして出かけたい夜のアポロシアター

ショーンバーグ黒人文化研究センター
Schomburg Center for Research in Black Culture

MAP p.98-C

　世界で一番、黒人の歴史・文化の資料が保管されている研究センター。センターには書籍、写真、原稿、映画、美術工芸品など500万点以上の資料が保管されており、貸し出しもしている。館内のミュージアムには、アフリカ系アメリカ人の苦難の歴史を物語る写真が展示されている。外壁には政治家、俳優、詩人、ジャズ・ミュージシャンなど、有名アフリカン・アメリカンの写真が展示してある。

🏠515 Malcom X Blvd.
☎1-917-275-6975
🕐10〜18時（展示会場）　🚫日曜　🈵無
Ⓜ 2・3/135th St.

とっておき情報

ハーレムのお祭り、ハーレムウィーク

　年に一度のハーレムのお祭りがハーレムウィークだ。2019年には45周年を迎え、ハーレムの歴史と輝きを100以上のイベントで祝った。2019年のハイライトは、ハーレムジャズ＆ミュージックフェスティバル、メンフィスからハーレムへ：魂の新世紀を祝う、ハーレムレストランウィークが7月28日から8月31日に開催された。会場は135丁目沿いの5番街からセントニコラス街St.Nicholas Ave.間で、ソウルフードやフライドチキン、南部料理の屋台、アフリカ系の洋服や雑貨店などが並び大賑わい。特設スタジオではコンサートやショーが開催された。2020年以降の内容やスケジュールについてはホームページで確認しよう。
ハーレムウィークHarlem Week
https://harlemweek.com/

©Michelle Rick/NYC & Company

家族連れで楽しめるお祭りだ

今、元気な
ハーレムに♥
遊びに行こう!

新しいブラック・カルチャーと、歴史が交錯

白人の高級住宅地から、全米最大の黒人街になって約100年。
一時は「危険」「行ってはいけない街」といわれたハーレムが、
最近では再開発の波に乗り、「新しく、楽しい街」
に変貌しつつある。
昼間、ハーレムの中心地「125丁目」を散策して、
新旧の黒人文化を体験してみよう!(MAP p.98-C)
(人通りの少ないところや夜道は、
個人で歩くのは注意が必要)

NEW 125 ST AFRICAN SQ

z

125 St. 125丁目

買う

ハーレムアンダーグラウンド
1998年創業。お洒落なTシャツ
がいっぱい。

atmos

アトモス 地元の若者に人気の
ストリートファッション

変身する

Hair Center

上/アフリカンブレイズ(編み込
み)の店もいっぱい
下/ハーレムのあちこちにある
アポロヘアセンターApollo
Hair Centerの店で、豊富なウ
ィッグやチープコスメを買うの
もよい

Madison Ave.

S ハーレムアンダーグラウンド
Harlem Underground
(Tシャツ)

5th Ave.

**レッド
ルースター
Red Rooster** (アメリカ)

**シルビアズ
Sylvia's** **R**
(ソウルフード)

M
①② **S** ホールフーズ・マーケット

Lenox Ave.

H&M (ファッション) **S**

ハーレムスタジオ美術館
M 新施設建築中のため 2021年
まで閉鎖

アフリカンスクエア
African Square

S アポロヘアセンター
ApolloHair Center
(ウィッグ・コスメ)

Adam Clayton Powell Jr. Blvd.
(7th Ave.)

S **M·A·C** (コスメ)

アトモス Atmos **S**
(ファッション)

アポロ劇場

Fredrick Douglas Blvd.
(8th Ave.)

マナズ Manna's
(ソウルフード)

**ハーレム
USA**

St.Nicholas Ave.

A **B** **C** **D**
M

食べる

Soul Food & Salad Bar

マナズ 地元で人気で、好きな
ものだけ取る気軽な量り売り
システム

シルビアズ 黒人の家庭料
理で、ソウルフードの老舗

RED ROOSTER

レッドルースター
ちょっとお洒
落に食べたい
人はここへ

見る

左/アフリカの店で、アフリ
カン・アメリカンのルーツを
体験 中/完成度の高い壁画
も、ビル再開発でどんどん失
われている 右/ハーレム
の中心「アフリカンス
クエア」では、夏は無料コンサート、冬にはツリ
ー点灯式も行なわれる

左/老舗ジャズク
ラブがひしめく「ハ
ーレムジャズ」も
NYのマストスポット
右/日曜は、ハーレ
ムの黒人教会でソ
ウルフルなゴスペ
ルを体験しよう

**ハーレムアンダーグラウンド
Harlem Underground**
住 20 E. 125th St. bet. 5th &
Madison Aves.
☎ 1-212-987-9385
営 10:00～19:00、金・土曜～20:00、
日曜12:00～18:00 休 無

シルビアズ Sylvia's
住 328 Lenox Ave. bet.
126 & 127 Sts.
☎ 1-212-996-0660
営 11:00～22:30、
日曜11:00～20:00
休 無

レッドルースター Red Rooster
住 310 Lenox Ave. ☎ 1-212-792-9001
営 月曜17:00～22:30、金曜16:30～
23:00、 土 曜10:00～15:00、16:30～
23:00、日曜10:00～15:00、16:30～22:00
～22:00
休 無

※125丁目以外のハーレムにも、実は多くの新旧名所が点在している。貴重なNY滞在時間を効率よく使うには、近年人気の
「ハーレムウォーキングツアー」でピンポイント散策するのもいい。 https://tommytomita.com/

マンハッタンだけが ニューヨークじゃない

対岸からのマンハッタンの眺め

ニューヨーク市はマンハッタン、ブルックリン、クイーンズ、ブロンクス、スタテン島の5つの区で構成されている。ヤンキースタジアムがあるブロンクスやシティフィールドのあるクイーンズ、ブルックリンはショップやレストランでも注目されている。MAP：p.7-G

ブロンクス The Bronx
マンハッタン Manhattan
クイーンズ Queens
ブルックリン Brooklyn
スタテン島 Staten Island

数々の史跡としゃれたスポットが共存する

ブルックリン
Brooklyn　MAP p.7-G・K、p.25-I

マンハッタンからイースト川を渡ったところにあるブルックリン。ブルックリン橋、ウィリアムズバーグ橋、マンハッタン橋の計3つの橋でマンハッタンと結ばれている。

おもな見どころ >>> BEST 5

>>> ブルックリンハイツと話題のダンボ

NO.1　　ブルックリンのイースト川付近に広がる高台は、ブルックリンハイツBrooklyn Heightsと呼ばれ、19世紀半ばから続く閑静な住宅街。通り沿いに続く木立の間からは、ロマネスクやネオゴシック様式の建築物、またブラウンストーンを使った昔ながらの家々を目にすることができ、ぶらりと散策を楽しむのに最適だ。

　住宅街の西側、イースト川沿いには、ブルックリンハイツ遊歩道Brooklyn Heights Esplanadeと呼ばれる約500mほどの散歩道が延びている。ここから見るブルックリン橋のアーチとマンハッタンの摩天楼は、絵葉書や写真でもおなじみの風景で、夕暮どきの眺めは格別だ。また、マンハッタン橋のたもとはダンボDumboと呼ばれ、アートの街として注目されている。
Ⓜ A・C/High St.
ブルックリン橋を徒歩で渡ると約30分

19世紀に建てられたレンガ造りの街並み

ブルックリン橋 Brooklyn Bridge
マンハッタン橋 Manhattan Bridge
ブルックリン・ダンボ ブリッジ・パーク Dumbo
Water St.
York St.
遊歩道
プリマス巡礼者教会 Plymouth Church of the Pilgrims
Sands St.
Brooklyn-Queens Expwy
Pineapple
High St.
Nassau St.
旧セントジョージホテル
Clark St.
Clark St.
Cadman Plaza W.
Jay St.
Flatbush Ave. Ext.
イースト川 East River
Pierrepont
Hicks St.
Tillary St.
Ⓗ アロフト・ ニューヨーク・ ブルックリン
中央郵便局
Johnson St.
Adams St.
Myrtle Ave.
ロングアイランド・ ユニバーシティ
Jeralemon
Court St.
Jay St.- Metro Tech
Jay St.- Metro Tech
Borough Hall
Willoughby St.
セントフランシス大学 St Francis College
区役所
フルトン・ストリート・モール Fulton St. Mall
DeKalb Ave.
マンハッタン クイーンズ
ニューヨーク交通博物館 New York Transit Museum
タベルナクル 教会
Fulton St.
Nevins St.
ブルックリン
Hoyt St.
ブルックリンハイツ Brooklyn Heights
0　　500m
Ⓗ ガーデン グリーン B&B.
ホテル・ル・へ
Ⓗ ブルーへ

下から見上げたマンハッタン橋と公園。サイクリング＆ジョギング・ロードもある

NO. 2

マンハッタンを眺めながら特別なひとときを
ブルックリンブリッジ・パーク

　ブルックリン橋の北側に架かるマンハッタン橋の北からイースト川に沿って南北約2kmに延びる公園がブルックリンブリッジ・パークだ。川に突き出たピア1から6までが含まれ、それぞれがマンハッタンのブライアントパーク（→p.67）に相当する広さがある。川沿いには芝生の広場や各種レクリエーション施設、ビーチや入江も造成され、手入れの行き届いた美しいエリアとなっている。

NO. 3

若者文化の拠点
ウィリアムズバーグ

　ウィリアムズバーグ橋の北側に広がるウィリアムズバーグのベッドフォード街Bedford Ave.（→p.14）にはしゃれたカフェやショップがあり、地元の若者に人気のスポットになっている。のんびり散策しながら素敵なスポットを楽しもう。　Ⓜ L/Bedford Ave.

雰囲気のあるカフェでひと休みを

NO. 4

美術館と植物園のある
プロスペクトパーク周辺

　ブルックリンのほぼ中央にある広大な公園が、プロスペクトパークProspect Park。設計はセントラルパークも手掛けたフレデリック・ロウ・オムステッドとカルバート・ボックスで、小川や小道など本来の自然を生かした造園スタイルが特徴だ。園内にはブルックリン美術館やブルックリン植物園Brooklyn Botanic Gardenがある。プロスペクト公園の北側、パークスロープの5番街は買物スポットとして人気だ。

荘厳な雰囲気のブルックリン美術館

コニーアイランドのビーチ
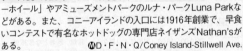

NO. 5

遊園地ルナ・パークもある
コニーアイランド

　ブルックリンの南端にあるコニーアイランドConey Islandは遊園地のあるビーチリゾートだ。1920年からある観覧車「ワンダーホイール」やアミューズメントパークのルナ・パークLuna Parkなどがある。また、コニーアイランドの入口には1916年創業で、早食いコンテストで有名なホットドッグの専門店ネイザンズNathan'sがある。　Ⓜ D・F・N・Q/Coney Island-Stillwell Ave.

ルナ・パークにはアトラクションがいっぱい

●とっておき情報●

ブルックリンの新しいフード＆リテールスポット
インダストリーシティに注目！

　ブルックリンの南西、サンセットパークに位置するインダストリーシティIndustrycityは、ウォーターフロントに立ち並ぶ8棟のビルからなる複合商業施設だ。古い倉庫や工場が建っていた未開のエリアが、ニューヨークのクリエイティブ産業の成長をめざして再開発され、オフィススペース、小売店が集まったリテールスペース、フードホール、スタジオ、工場で構成されている。なかでも人気なのは、広さ約371㎡のフードホールで、ブルックリン発のバーガージョイント、オーガニック・アイスクリームのブルーマーブルアイスクリーム、ヘルシーなアボカデリアなど、約30店が出店している。日本グルメが集まったジャパンビレッジでは、ラーメン、そば、うどん、たこ焼きやたい焼きなども味わえる。ブルックリン・クラではニューヨークで醸造された日本酒のテイスティングも楽しめる。ビルの巨大な壁には壁画が描かれ、ビルとビルの間のコートヤードにはオブジェやグラフィティが置かれ、憩いの空間になっている。

Ⓜ R/36th St.下車徒歩8分。　⊕220 36th St.Suite #2-A Brooklyn, NY 11232　MAP p.6-F
☎7:00～21：00　（店舗により多少異なる）　https://industrycity.com/

マンハッタンのベッドタウン
スタテン島
Staten Island MAP p.6-J

ニューヨーク市で5番目に誕生した区。マンハッタンの南、自由の女神やエリス島よりずっと南に浮かぶ島だ。マンハッタンからはバッテリーパークから出るスタテン島行きフェリーで約25分。

▷▷ マンハッタンの眺めは格別

　フェリーからは自由の女神と高層ビル群が眺められる。フェリーが着くセントジョージSt. Georgeは島の中心で、雰囲気のある町並みが続く。ここから見どころへはバスで移動できる。

　スタテン島のおもな見どころは2つ。ひとつはチベット、中国などの希少な美術作品を展示しているジャック・マルシェ・ミュージアム・オブ・チベタンセンター（チベット美術センター）Jacques Marchais Center of Tibetan Art。1945年に設立されたミュージアムで、建物は小さな山岳寺院を模して作られている。もうひとつは17〜19世紀、島最古の入植地を再現したリッチモンドタウン歴史村Historic Richmond Townだ。また、島の南東岸には白い砂浜が続いており、海水浴場になっている。

マンハッタンと行き来するスタテン島フェリー

治安は今ひとつだが憩いの場もある
ブロンクス
The Bronx MAP p.7-C

マンハッタンの北にあるブロンクス区は犯罪が多い地域として有名だ。しかし、ヤンキースタジアムやアメリカ最大の動物園があるなど、地元の人には憩いの場でもある。

▷▷ アメリカ最大規模の動物園
ブロンクス動物園

　野生動物保護協会Wildlife Conservation Societyに属しているブロンクス動物園Bronx Zooはイギリスのロンドン動物園に次いで世界で2番目、アメリカでは最大規模の動物保護公園だ。広大な園内には、約650種類、6000匹以上もの動物がいる。週末は家族連れで賑わう公園となっている。

左／ブロンクス動物園の大きな正面門。園内はとてものどかだ
右／休日には地元の家族連れで大賑わいとなる
MAP p.7-C　⊕2300 Southern Blvd., Bronx　☎1-718-220-5100
⊕10:00〜16:30（季節により異なる）　㊡無　㊙おとな＄28.95、シニア＄26.95、子供＄20.95（水曜は任意）　Ⓜ2・5/West Farms Sq.-East Tremont Ave.　料金はオンライン購入だと10%オフになる

メッツの本拠地シティフィールドがある
クイーンズ
Queens MAP p.7-G

マンハッタンの東、ニューヨーク市で最大面積を誇る区。JFK国際空港とラガーディア空港の2つの空港がある。シティフィールドもあるが、ほとんどは市民が暮らす住宅街だ。

▷▷ スポーツや文化施設が充実のフラッシング

　クイーンズのほぼ中央、ラガーディア空港の東のエリアがフラッシングFlushing。ここに大リーグのニューヨークメッツの本拠地、シティフィールドCiti Field（→p.158）や、1964年に万国博覧会の会場となったフラッシングメドウコロナパークFlushing Meadow Corona Parkがある。パーク内にはクイーンズ美術館Queens Museum of Artなどがある。

クイーンズ美術館

ミュージアム

Museum

ミュージアムを楽しむコツ museum

ここがポイント
攻略法基本4原則

1. 開館日が何曜日かしっかり把握する
ミュージアムには必ず定休日がある。月曜休館が一般的だが、そうとは限らないので要注意。開館と閉館については下記の表で再確認を。

2. 1日2カ所が基本
メット・フィフスアベニュー、近代美術館、グッゲンハイム美術館など、ニューヨークには見逃せないミュージアムが数多くあるが、どこも規模が大きく、展示物の数も膨大だ。1日に訪れるミュージアムは1日2カ所までが現実的だ。

3. 入場料の割引日を要チェック
ミュージアムの入場料はおおむね$25前後と結構な出費になる。そこでチェックしておきたいのが入場料金が無料の時間帯や任意の日。季節によっては並ぶことになるが、リーズナブルに楽しむコツのひとつだ。

4. ミュージアムショップはみやげの宝庫
どこの美術館や博物館でもミュージアムショップがある。各ミュージアムのオリジナル・アイテムも豊富にそろっており、ニューヨークならではの思い出のみやげを買うには最適。

知っておきたい 閉館日とお得な割引日 早見表

各ミュージアムの開館時間、入館料は掲載ページ参照

ミュージアム名	掲載ページ	休館日	知っておきたい㊙情報
メット・フィフスアベニュー（Met）	p.108	無休	金・土曜は〜21時
近代美術館（MoMA）	p.120	無休	金曜は〜20時で、16時から無料
グッゲンハイム美術館	p.125	無休	火・土曜は〜20時で、17時20から入館料任意
アメリカ自然史博物館	p.128	無休	ガイドツアー無料
ホイットニー美術館	p.134	火曜	金曜は〜22時
メット・クロイスターズ	p.136	無休	Metの入場が同日ならば無料
フリックコレクション	p.139	月曜	水曜14〜18時は入館料任意
国立アメリカ・インディアン博物館	p.140	無休	料金は無料。木曜は〜20時
ノイエギャラリー	p.140	火・水曜	
ニューミュージアム	p.140	月曜	木曜は〜21時で、19時から任意
パレイセンター・フォー・メディア	p.141	月・火曜	木曜は〜20時
ニューヨーク市消防博物館	p.141	無休	
アーツ＆デザイン美術館	p.141	月曜	木・金曜は〜21時で、木曜18時から入館料任意
アメリカン・フォークアート美術館	p.142	月曜	料金はいつでも無料
ニューヨーク市博物館	p.142	無休	
イントレピッド海上航空宇宙博物館	p.142	無休	土・日曜は〜18時
ユダヤ博物館	p.143	水曜	木曜は〜20時で、土曜は無料
クーパーヒューイット国立デザイン博物館	p.143	月曜	土曜は〜21時
ニューヨーク歴史協会	p.143	月曜	
ノグチ美術館	p.144	月・火曜	第1金曜は入館料任意
モマ PS1	p.144	火・水曜	MoMAの有効チケットがあれば入館無料

行く前にさらに ひとことアドバイス

1 常設作品はいつもあるとは限らない

紹介している常設作品が必ずしも展示されているとは限らず、場合によっては他のミュージアムなどに貸出中のこともある。どうしても見たい作品がある場合は、事前にミュージアムの案内で確認するといい。

2 展示室の工事などでギャラリーが閉鎖されることもある

メット・フィフスアベニュー（メトロポリタン美術館）では火〜木曜は特定のギャラリーが午前、もしくは午後閉鎖される。他の美術館や博物館でも展示室の工事などが行なわれていることがあるので、見たい作品や展示物がある場合は入館料を支払う前に、確認しよう。

3 写真撮影はフラッシュの使用禁止

写真撮影が許可されているミュージアムでも、基本的にフラッシュの使用は禁止されている。また、展示室によって撮影が禁止されていることもあるので、館内の係員に確認しよう。

4 ミュージアム・カフェでひと息つくのも大変

各ミュージアムにはおしゃれなミュージアム・カフェがあり、鑑賞に疲れたときにひと息つくには最適だ。ただし、ランチタイムの前後や雨天で入館者が多い日は1日中込んでいて、カフェの外まで長蛇の列ができていることもある。

ミュージアムの もうひとつの お楽しみ

ミュージアムショップ利用術

美術館や博物館に行ったら絶対に訪れたいのがミュージアムショップ。オリジナル・アイテムが充実しているので、みやげに最適。

1 ここがHappy 入館料を払わなくてもいい

ミュージアムショップでの買物だけなら、ミュージアムへの入館料は払わなくても入店できる。近代美術館などのように、ショップが別の場所にあることも。

2 ここがHappy ミュージアムのオリジナルがみやげに最適

近代美術館やホイットニー美術館などはニューヨークの観光名所のひとつ。ロゴ入りのアイテムはまさにニューヨークならではのみやげ。$5前後の小物もそろっているので、バラマキみやげにもなる。

3 ここがHappy いつもセール品がある

アイテムの種類が豊富なミュージアムショップではいつでもセール品コーナーが設けられている。すでに終了した特別展がらみの掘り出し物を見つけることもできるかも。

4 ここがHappy メット・フィフスアベニューならウィリアムかバッグが定番

世界の4大美術館のひとつ、Metの定番みやげは青いカバのウィリアム・アイテム。ぬいぐるみからマグネット、Tシャツまで種類も豊富。

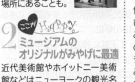
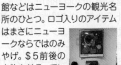

❶Metのバッグ ❷ポストイット ❸大きなウィリアム型のダイカットカード、❹裏表2つでひとつのマグネット

5 ここがHappy Tシャツはキッズサイズ14を買えばリーズナブル

ミュージアム・グッズは結構高いのが難。そんなときはキッズコーナーへ。女性Sサイズの人なら、キッズ用Tシャツ14号でOK。絵柄もかわいいうえ、安く買える。

❶ニューヨーク市警察博物館のキッズTシャツ ❷MetのTシャツ ❸グッゲンハイム美術館のTシャツ

6 ここがHappy 小物はおしゃれなMoMAやニューミュージアムで

$10以内の小物はMoMAやニューミュージアムのショップに豊富にそろっている。子供向けなら、アメリカ自然史博物館のショップがおすすめ。恐竜グッズは必見。

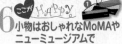

❶MoMAのネームタグ。1つ ❷ニューミュージアムマグカップ ❸MoMAハイライトガイド（日本語版）

＊料金・商品は随時変わります

メット・フィフスアベニュー（メトロポリタン美術館）

MAP p.35-G
⊕1000 5th Ave. at 82nd St.
☎1-212-535-7710
⊗10:00〜17:30、金・土曜〜21:00
⊗無　⊗おとな＄25、シニア（65歳以上）＄17、学生＄12（いずれも任意）11歳以下無料
Ⓜ4・5・6/86th St.
●https://www.metmuseum.org

無料ガイドツアー

無料の館内ガイドツアーが1日に数回行なわれている。日によっては、日本語のガイドツアーもある。スケジュールについては案内所で確認のこと。料金は無料。

オーディオガイド

1日＄7でオーディオガイドプレイヤーを借りられる。英語のものが多いが、一部日本語もある。

世界の4大美術館のひとつでアメリカ最大の美術館

メットの愛称で親しまれているメトロポリタン美術館はメット・フィフスアベニューと名称を新たにした。その所蔵品は、全部で330万点を超える膨大なもの。先史時代から現在に至るまでの幅広い地域とジャンルの美術品・工芸品の中の約4分の1が広い館内に展示されている。

メトロポリタン美術館の誕生から現在まで

その歴史は、1866年、パリでアメリカ独立記念日を祝うアメリカ人のジョン・ジェイが「国民美術研究所と美術館」の創設を呼び掛けたことに始まる。1870年に、ニューヨークのユニオンリーグクラブの会員によって正式に設立、1872年に5番街681番地のドッドワースビル内に開館した。

場所を移転し、現在の場所に落ち着いたのは1880年。ニューヨーク市が土地を提供し、セントラルパークの緑地設計でも知られるカルヴァート・ヴォーラが設計した。ゴシック様式の赤レンガの建物で、現在も建物西側にあるロバート・リーマン・コレクションから建物の一部のファサードが望める。1912年には、現存する5番街に面した大きなボザール様式のファサードが完成し、その後も何度か増改築がなされ、現在に至っている。

コレクションは、元キプロス領事のディ・チェズノラ将軍から譲り受けた6000点の古美術コレクションを中心にスタート、1877年のキャサリン・L・

休憩にぴったりの中庭

The Met Fifth Avenue (The Metropolitan Museum of Art)

ウルフがオランダ・フランドル絵画143点を寄贈するなどその後数々の寄贈を受け、所蔵品の充実がはかられていった。現在の所蔵品は330万点を超え、その数でも世界屈指。世界に名立たる有名絵画などの美術工芸品のほか、歴史的遺物など多岐にわたる品々があり、博物館の要素も合わせ持つ豪華さだけでも必見だ。

大ホールの案内所

館内のしくみと回り方

　5番街の82丁目にある正面玄関を入ると、そこは大ホール。インフォメーションやチケット売場がある。料金を支払うと、チケット代わりにバッジをくれるので、胸につける。それがあればその日は1日中、美術館への出入りは自由だ。

　展示は地階（地下1階）、1階、2階の3フロアに、20のセクションに分かれて配されている。順路などはない。従って、あらかじめ自分の興味のあるセクションや目当ての作品がどのセクションにあるか、それらがどのあたりにあるかをフロアプラン（館内見取り図）で確認してから見学を始めよう。

　館内は、広大で入り組んでおり、見学には予想をはるかに上回る時間を要する。とくに美術愛好者でなくとも、すべてをひと通り回るには、まる1日はかかってしまう。あらかじめ時間を決めて、計画的に回ろう。一般的に人気のある19世紀ヨーロッパ絵画を中心にコンパクトに早回りしても、最低3時間は必要だ。

屋上庭園にあるガストン・ラシェーズGaston Lachaiseの『立つ婦人Standing Woman』

撮影・スケッチ

常設展示室に関しては、私用については、フラッシュ・三脚を使用しなければ撮影してもかまわない。ただしビデオは不可。

チケットは3日間有効

メトロポリタン美術館の分館で、中世美術を集めたクロイスターズやメット・ブロイヤーを含めて、チケットは3日間有効。その間無料で入館できるので、合わせて訪れたい。

セクション（50音順）	鑑賞に理想的な時間の目安	3時間プランの時間の目安
アジア美術（2階）	3時間	
アメリカン・ウィング（1、2階）	4時間30分	30分
アフリカ・オセアニア・南北アメリカ美術(1階)	1時間30分	
アラブ美術（2階）	1時間	
エジプト美術（1階）	3時間30分	30分
楽器（2階）	1時間	
ギリシア・ローマ美術（1、2階）	2時間	
近代美術（1、2階）	1時間30分	15分
古代中近東美術（2階）	30分	
19世紀ヨーロッパ絵画・彫刻（2階）	2時間30分	45分
中世美術（1階）	1時間30分	
武器・甲冑（1階）	1時間	
ヨーロッパ絵画（2階）	4時間	1時間
ヨーロッパ彫刻・装飾美術（1階）	3時間	
ロバート・リーマン・コレクション(1階)	1時間	

アングル『ル
ブラン夫人
の肖像』

クールベ『女とオウム』

19世紀ヨーロッパ絵画・彫刻（2階）

数多くの世界有数のコレクションを誇るメトロポリタン美術館がもっとも力を入れているセクションのひとつ。

19世紀初期の古代ギリシア・ローマ美術の影響を受けた新古典主義。その時代の代表的な画家、J・A・D・アングルIngresの『ルブラン夫人の肖像Madame Jacques-Louis Leblanc』などが見られる。『レベッカの掠奪The Abduction of Rebecca』のウジェーヌ・ドラクロワEugène Delacroixは新古典主義の反動で起こったロマン主義の代表。これらに対し、田園風景など社会を直視し、庶民の姿を描いたのがギュスターヴ・クールベGustave Courbetらの写実主義。『女とオウムWoman with a Parrot』は、これまでの慣習の神話に基づくものではない裸婦像であったことから論争を巻きおこした。

バルビゾン派は、1830年代、パリのフォンテーヌブローの森近くのバルビゾン村に集まった自然のままの風景を描く画家たちの手法で、ジャン・フランソワ・ミレーJean-François Milletやテオドール・ルソーThéodore Rousseauなどが有名だ。

彫刻ギャラリーの目玉は、オーギュスト・ロダンAuguste Rodinの『神の手The Hand of God』『アダムAdam』と『イヴEve』ほか大理石やブロンズの作品群。ミケランジェロの影響を受けたとされるロダンの表現力、構成力が光る。

ロダン『神の手』

ロダン『アダム』

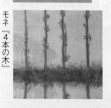

モネ『4本の木』

ロダン『イヴ』

印象派の創始者といわれるエドゥアール・マネÉdouard Manet。1861年のデビュー作のひとつである『スペイン人の歌手The Spanish Singer』や、のちの印象派への軌跡となる『ボート遊びBoating』などが展示されている。

印象派という呼称が使われたのは、クロード・モネClaude Monetの『印象：日の出Impression：Soleil Levant』（パリ・マルモッタン美術館蔵）といわれている。自然や日常の移りゆく日の光による瞬時の色彩をとらえる手法で、描いた作品は多数収められているが、『サンタドレスのテラスGarden at Sainte-Adresse』、ルノワールと2人並んで描いた『ラ・グルヌイエールLa Grenouillère』は必見。7分しか続かない光の効果のため、キャンバスを多数ならべて描かれた連作のなかの1枚『4本の木The Four Trees』もある。ピエール・オーギュスト・ルノワールPierre-Auguste Renoirは印象派でもとくに人気の画家で、風景よりも、人物画が多い。『キャトル・メンデスの娘たちThe Daughters of Catulle Mendès』など、優しい彼らしい作品が見られる。

ルノワール『キャトル・メンデスの娘たち』

後期印象派の中核をなすヴィンセント・ヴァン・ゴッホVincent Van Goghの作品も多数展示されている。強い自己表現が特徴の『ひまわりSunflowers』『糸杉Cypresses』では、渦巻く描線と激しい筆に強い感情が表れている。そのほか、『アイリスIrises』『自画像Self-Portrait』なども見もの。

バレエダンサーを描いた作品の数々で知られるエドガー・ドガEdgar Degasの作品群も、このセクションの目玉。『バーで練習する踊り子たちDancers Practicing at the Barre』など絵画、ブロンズの『14歳の小さな踊り子Little Fourteen-year-old Dancer』など彫刻、デッサンも多数展示されている。

また、後期印象派の代表的な画家、ポール・セザンヌPaul Cézanneの『サントヴィクトワール山Mont Sainte-Victoire』『レスタックから見たマルセイユ湾The Gulf of Marseilles Seen from L'Estaque』などでは、建物の幾何学的なフォルムで、構図も練られており、キュービズムの兆候が見られる。また妻のホルテンス・フィケをモデルにした27点の肖像画のうちの1点『赤いドレスを着たセザンヌ夫人Madame Cézanne in a Red Dress』ほか、人物画でも構図を重視した独特の雰囲気が感じられる。そのほか、タヒチに魅せられたポール・ゴーギャンPaul Gauguinの『イア・オラナ・マリアIa Orana Maria (Hali Mary)』、点描画のジョージ・スーラGeorge Seuratの『サーカスの客寄せCircus Sideshow』などが必見だ。

ヴィンセント・ヴァン・ゴッホ『アイリス』

ドガ『バーで練習する踊り子たち』

スーラ『サーカスの客寄せ』

糸杉 Cypresses
ヴィンセント・ヴァン・ゴッホ

渦巻く描線と激しい筆に強い感情が表われている本作は、1889年、ゴッホが病院での1年の監禁生活のなかで描かれたもの。エジプトのオベリスクのようにその線、バランスが秀逸として精力的にとりくみ、難しかった題材といわれる。『ひまわり』も同列の作品で、強い自己表現が特徴だ。

ボート遊び Boating
エドゥアール・マネ

高い視点から人物を中心に大きく描き、舟をほとんど入れないという個性的な構図の1874年の作品。はじめは男の右手には、ロープが握られていた。

14歳の小さな踊り子 Little Fourteen-Year-Old Dancer
エドガー・ドガ

数々の踊り子の絵画や彫刻作品で知られるドガのブロンズの作品で1922年のもの。スカートやリボンを付けることによって、独自性とリアリズムを出している。少女の表情は、同姿勢をとることの苦痛を表現している。

イア・オラナ・マリア Ia Orana Maria

ポール・ゴーギャン

1891〜1893年にタヒチで暮らしたゴーギャン
が、キリスト教をテーマに、南太平洋の土地に
根ざした作品の代表作。題名は、現地の言葉で、
受胎告知の聖母マリアへの天使ガブリエルの挨
拶を意味している。

ラ・グルヌイエール
La Grenouillère

クロード・モネ

モネがルノワールと
サン・ミシェルで近
所に暮らしていた
1869年の作品。よ
く一緒に水遊び場の
グルヌイエールで、
ボート遊びを楽しん
だという。ここでふ
たりは各3作品ずつ
を描いた。

スペイン人の歌手
The Spanish Singer

エドゥアール・マネ

1860年の作品。当時パリでスペイ
ンの芸術がはやっていたが、マネは
わざとスペイン人としてはおかしな
服装をさせ、無理な姿勢で、左手で
ギターをひいている、というように
意図的に不自然に描いている。

サンタドレスのテラス Garden at Sainte-Adresse

クロード・モネ

自然や日常の移りゆく日の光に
よる瞬時の色彩をとらえる手法
で知られる印象派の巨匠、モネ
の1867年の作品。フランスの
避暑地に同年に15日間滞在し
た時に描かれたもので、前に座
っているのが父のアドルフ、立
っている女性はいとこのジャン
・マルグリット・ルカドル、
座っている女性は叔母。空、海、
陸の3つの微妙なバランスは、
旗を描くことにより視点が上に
向き、絶妙な構図となっている。

ヨーロッパ絵画 (2階)

　約2200点の12〜18世紀のヨーロッパ絵画が32の部屋にぎっしり並んでいる。以前はほぼ国別になっており、わかりやすかったが、現在はポートレート、風景画などのテーマごとに展示されている。

●イタリア絵画

　14世紀のゴシック期からルネサンス前派、15世紀の作品で、板絵の宗教画が中心。14世紀前半のゴシック期の代表的な画家・彫刻家であるジオット（ジョット）・ディ・ボンドーネGiotto di Bondoneの『キリストの顕現The Adoration of the Magi』、サセッタSassettaの『東方三博士の旅The Journey of the Magi』が有名。世俗画では、フラ・フィリッポ・リッピFra Filippo Lippiの『窓辺の男女Portrait of a woman with a man at a Casement』は見逃せない。初期ルネサンスの巨匠として知られるフィレンツェ派のボッティチェリBotticelliの作品も『聖ジェローム（聖ヒエロニムス）の最後の晩餐Last Communion of Saint Jerome』ほかいろいろある。

　16世紀、ルネサンスの時代。芸術が大きく花開いたこの時代の代表的画家ティツィアーノTiziano、ティントレットTintoretto、ラファエロRaphaéloらの作品が見られる。

　ほかに、カラヴァッジオCaravaggioら17世紀絵画、ジョバンニ・バティスタ・ティエポロGiovanni Battista Tiepoloなどの18世紀絵画などがある。

●オランダ絵画

　オランダ絵画の黄金時代である17世紀のものが中心。もっとも知られた画家であるレンブラントRembrandtの作品は、彼の全時代を網羅して33点を所蔵している。光の明暗をうまく使い、深層心理までも描き込む作風が特徴だ。ほとんどすべてが展示されているが、なかでも最高傑作とされる『ホメロスの胸像を眺めるアリストテレスAristotle with a Bust of Homer』はよく知られている。

　作品を多数残したレンブラントと対照的に、生涯の作品数が35点ほどといわれる寡作のオランダ画家ヨハネス・フェルメールJohannes Vermeer。メトロポリタン美術館では『水差しをもつ若い女Young Woman with a Water Pitcher』『若い女の肖像Study of a Young Woman』ほか5点を所蔵。『水差しをもつ若い女』は1660年代の初めに制作されたもので、フェルメールの円熟期の初期の作品といわれる。

フラ・フィリッポ・リッピ『窓辺の男女』

サセッタ『東方三博士の旅』

レンブラント『ホメロスの胸像を眺めるアリストテレス』

ジオット『キリストの顕現』

フェルメール『若い女の肖像』

フェルメール『水差しをもつ若い女』

ボッティチェリ『聖ジェローム（聖ヒエロニムス）の最後の晩餐』

楽士たち The Musicians
カラヴァッジオ

1595年頃、後援者である枢機卿フランチェスコ・デル・モンテのために描かれたもの。いつも音楽のグループのなかにいる天使が左に描かれ、持っているブドウは、音楽がワインのように幸せをもたらすもの、ということを表現している。

リュートを弾く女
Woman with a Lute
ヨハネス・フェルメール

1660年代前半の作。白テンの襟のジャケットを身に着けた若い女性がリュートを弾きながら、熱心に窓の外を見ている。床の上のビオラ・ダ・ガンバとテーブルの歌集は、彼女が男性の訪問者を待っている様子を表しているようだ。

聖者と玉座の聖母子
Madonna and Child Enthroned with Saints
ラファエロ

ラファエロがペルージャの小さなフランシスコ会の修道院で1504年に描き始めたもの。祭壇背後の飾りはオリジナルではない。

メズタン Mezzetin
アントワーヌ・ヴァトー

「姑息な手段」を意味するメズタンはイタリアのコメディ・キャラのひとつ。メズタンの表現、演奏の情熱的なこの瞬間は、感動を与える。後ろにたたずむ女性は、見えない観客の反応を表している。絹の服装や庭の背景などはトマス・ゲインズボロに多大な影響を与えた。

●フランス絵画

17世紀のフランス画家ジョルジュ・ド・ラ・トゥールGeorges de La Tourの代表作『懺悔したマグダラのマリアThe Penitent Magdalen』が必見。簡潔でありながら、心に強く訴えかける作品だ。またローマで活躍したニコラ・プッサンNicolas Poussin、クロード・ロランClaude Lorrainの作品も見逃せない。

18世紀は、ルイ15世が好んだ田園など戸外で男女が遊興する様を描いた絵画が多く描かれた。アントワーヌ・ヴァトーAntoine Watteauの『メズタンMezzetin』、フランソワ・ブーシェFrançois Boucherらの作品でその様子が見られる。また、18世紀後半に活躍したジャン・オノレ・フラゴナールJean Honoré Fragonard、ジャック・ルイ・ダヴィッドJacques-Louis Davidらの作品がある。

●イギリス絵画

18世紀後半になると、肖像画などでイギリスの絵画も注目されるようになった。トマス・ゲインズボロThomas Gainsborough、ジョシュア・レイノルズ卿Sir Joshua Reynoldsらの作品が見られる。

ソクラテスの死
The Death of Socrates
ジャック・ルイ・ダヴィッド

古代ギリシア・ローマ美術の影響を受けた新古典主義のダヴィッドの最高傑作といわれる1787年の作品。神を否定し、アテネ政府からその信条を捨てるか、死を選ぶかの選択を迫られ苦悩するソクラテスと弟子たちの姿を、数々の論文や文献を検証したうえで描いたもの。

トレド風景
View of Toledo
エル・グレコ

トレドに40年近く住んでいたエル・グレコが、トレドを唯一の孤立した風景として描いた。その姿は架空のもので、本当はここにはない大聖堂を、アル・カザール宮殿の左に配置した。1597年の作。

マヌエル・オソーリオ・マンリケ・デスニガ
Manuel Osorio Manrique de Zuniga
フランシスコ・ゴヤ

ゴヤが王の画家に任命されたのち、1790年代に描かれたもの。ドン・マヌエルは豪華な赤い服でペットのカササギと遊ぶ。その背後には目を大きく見開いた猫が。クリスチャン芸術では、鳥は精神を象徴して、バロックアートでは籠の鳥に無実を象徴しているといわれる。

●フランドル・ドイツ絵画

　15、16世紀の宗教画、肖像画が充実している。フランドル絵画の創始者とされるヤン・ファン・エイクJan Van Eyckのもっとも初期の作品『キリストの磔刑；最後の審判The Crucifixion；The Last Judgment』がある。25室のブリューゲル（父）Bruegel the Elderの『穀物の収穫The Harvesters』の板絵は、月暦として6枚か12枚に描かれたうち、現存する5枚のうちの1枚で、7、8月か8月の暦絵とみられる。17世紀のフランドルの代表画家、ピーテル・パウル・ルーベンスPeter Paul Rubensの作品も多数展示されている。

●スペイン絵画

　フランシスコ・ゴヤFrancisco Goya、ディエゴ・ヴェラスケスDiego Velázquez、エル・グレコEl Grecoらスペインの代表的な画家たちは、それぞれ時代や手法は異なるが、その情熱的な気質の表われた作品を残している。エル・グレコ唯一の風景画『トレド風景View of Toledo』は有名。ゴヤの『マヌエル・オソーリオ・マンリケ・デ・スニガManuel Osorio Manrique de Zuniga』も見ておきたい。

ヴィーナスとアドニス
Venus and Adonis
ティツィアーノ

ヴィーナスは狩りに出かけようとする恋人のアドニスを止めようとしている。遊び好きの雰囲気は、猪によって殺されるアドニスの運命を皮肉にも隠している。1570年に描かれたものとされる。ギリシャ神話から題材をとったこの作品は、同名のものをルーベンスも描いている。

アメリカン・ウィングにはアメリカの作品が多数。エマニュエル・ゴットリーブ・ロイツェEmanuel Gottlieb Leutze『デラウエア川を渡るワシントンWashington Crossing the Delaware』

トマス・エイキンズThomas Eakins『競漕用ボートに乗るマックス・シュミットまたはボート競漕の勝者Max Schmitt in a Single Scull, or the Champion Single Sculls』

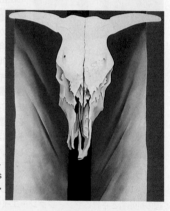

ジョージア・オキーフ『赤、白、青Cow's Skull Red, White, and Blue』

その他のおもな作品

●絵画と彫刻

ギルバート・スチュワート Gilbert Stuart『ジョージ・ワシントンGeorge Washington』

ジョージ・ケイレブ・ビンガム George Caleb Bingham『ミズーリ川を下る毛皮商人Fur Traders Descending the Missouri』

ジョン・シンガー・サージェント John Singer Sargent『マダムX（ピエール・ゴートロー夫人）Madame X (Madame Pierre Gautreau)』

メアリー・カサットMary Cassatt『お茶のテーブルにつく婦人Lady at the Tea Table』

ウィンスロー・ホーマーWinslow Homer『入江Inside the Bar』

アメリカン・ウィング（1～3階）

　アメリカン・ウィングは1階から3階にわたっており、植民地時代から20世紀前半までのアメリカの著名作家、作品が集められている。1階のガラス張りの大きな中庭には、ティファニーのステンドグラス窓、フランク・ロイド・ライトFrank Lloyd Wrightの三つ折りの窓ほか彫刻、彫像などが置かれている。

　中2階にはピューターなどのデザインものの展示、ティファニーのガラス工芸品などが展示されている。2階には、後期植民地時代の家具など18～19世紀のインテリア、ウィンスロー・ホーマーWinslow Homerら18～20世紀の絵画、彫刻などがある。そして3階は小さなスペースで、初期植民地時代（17～18世紀初め）の部屋や家具が置かれている。

近代美術（1、2階）

　アメリカ作家の作品としては、ジョージア・オキーフGeorgia O'Keeffe、ジャクスン・ポロックJackson Pollock、

ウィレム・デ・クーニングWillem de Kooningら20世紀前半の代表的画家からロイ・リキテンシュタインRoy Lichtensteinら現代のものまで、多彩にそろっている。

ヨーロッパものでは、パブロ・ピカソPablo Picassoの作品がよくそろっているほか、アンリ・マチスHenri Matisse、テオドール・ルソーThéodore Rousseauら人気作家の作品が見られる。

エジプト美術（1階）

前王朝時代（紀元前3100年）からコプト時代（600年代）まで古代エジプトの全時代にわたる遺物、石棺、美術工芸品など、その総数は3万6000点にものぼり、美術館というより博物館のようでサックラーウィングを中心に展示。

展示はギャラリー1から年代を追って配されているため、見学しやすい。しかし、とにかく点数が多いので、とくに有名な第5王朝（BC2381〜2323）のペルネブの墓Mastaba Tomb of Perneb、中王国・新王国時代のメクトラ（装身具）、第18王朝のハトシェプスト女王の像Seated Statue of Hatshepsut、ローマ時代のデンドゥール神殿The Temple of Dendurなどを中心に、ミイラや棺ものぞきながら回るといい。

その他のおもな作品

ネブヘペトラ・メンチュヘテプの浮彫Relief of Nebhepetra Mentuhotep
（第11王朝・BC2040〜2010年頃）
ウォーのスカラベScarab of Wah
（第12王朝・BC1990〜1985年頃）
ハトシェプスト女王の頭部Head of Hatshepsut
（第18王朝・BC1473〜1458年頃）
アメンヘテプ3世のスフィンクスSphinx of Amenhotep Ⅲ
（第18王朝・BC1390〜1352年頃）
聖猫の棺Coffinfor a Sacred Cat
（プトレマイオス朝時代・BC305〜330年頃）
トエリス神Taweret
（プトレマイオス朝時代・BC330年頃）

サックラーウィングThe Sackler Wingの目玉はデンドゥール神殿The Temple of Dendur

ペルネブの墓

ハトシェプスト王女の像

アメンヘテプ3世のスフィンクス

ギリシア・ローマ美術、古代中近東美術（1、2階）

ギリシア・ローマのセクションでは、キプロスなどで出土された初期の文明のものからローマ時代の後期のものまでが展示されている。古代オリエントのセクションでは、エジプトより古い紀元前6000年ごろの遺物から626年のアラブ征服時代まで多岐に及んでいる。古代メソポタミア、イランなど日ごろなじみのない文明にも触れてみたい。

セントラルパークの眺めがいいサックラーウィング

メトロポリタン美術館のデンドゥール神殿●『恋人たちの予感When Harry Met Sally』（1989年）、『ダイヤルMA Perfect Murder』（1998年）

韓幹Han Gan『照夜白図巻 Night-Shining White』

清朝時代のつぼ

アジア美術 （2階）

中国美術のコレクションはとくに充実しており、絵画や書は、中国本土にあるもの以外ではもっとも優れたものとされている。アジア美術ではインド、ネパールなどの仏像、カンボジアの立像などが興味深い。そして日本美術は、それほど多くはないが尾形光琳のかきつばたを描いた屏風図『八橋図』が必見だ。

武器・甲冑 （1階）

ヨーロッパ、そして日本のものまで、銃剣、鎧兜の類が約1万4000点も所蔵されていて、なかなか楽しいセクションとなっている。というのも、実戦用というよりむしろ装飾用とされたデザインの美しいものが数多く展示されているからだ。

楽器 （2階）

世界中のあらゆる時代の楽器が4000点以上集められている。現存する最古のピアノが見られるが、これはルネサンス期のもので、現在も演奏が可能な状態にある。ヴァイオリンの最高傑作といわれる1691年にクレモナで制作されたストラディバリStradivariもある。

ロバート・リーマン・コレクション （1階）

ロバート・リーマン・コレクションは、リーマン親子の個人コレクションで、ボッティチェリBotticelliの『受胎告知The Annunciation』、レンブラントの『最後の晩餐The Last Supper』など14、15世紀のイタリア絵画をはじめ約3000点が収められている。エル・グレコの『十字架を背負うキリストChrist Carrying the Cross』、ルノワールの『水浴する娘Young Girl Bathing』も見ておきたい。

ルノワール『水浴する娘』

ボッティチェリ『受胎告知』

レンブラント『最後の晩餐』

ミュージアムショップ

　1階大ホールの右手奥に大きなミュージアムショップ、ザ・メットストアThe Met Storeがあり、2階へもつながっている。ショップは美術館に入館しなくても入れるので、おみやげや記念に買物を楽しむだけでもOKだ。1階は、絵はがきやカード、ロゴ商品、ギフト用品などが中心。2階には、ポスターやスライドが売られている。

　地階にもショップがあり、ここではディスカウント商品をおもに扱っている。

🕐10:00〜15:00、金・土曜〜20:45

オリジナル・ロゴグッズもいろいろある

レストラン&カフェ

　カジュアルからエレガントまで、メトロポリタン美術館にはバラエティに富んだレストラン、カフェやバーがいろいろある。絵画鑑賞の合間に一息つくことができるのはもちろん、事前に予約をして美術館での特別なひとときを過ごすこともできる。その他にメトロポリタン美術館メンバー専用のバルコニーラウンジThe Balcony Loungeや、1階にブックストアカフェThe Bookstore Caféなどもある。

レストランはゴージャス

●カフェテリア　The Cafeteria

　地階にあるフードコートのようなセルフサービスのカフェテリア。キッズメニューがあるので家族連れにはおすすめ。

🕐11:30〜16:00、金・土曜〜18:00　㊡火・水曜

●ペトリコート・カフェ　The Petrie Court Café

　ヨーロピアンスタイルのフルサービスのレストラン。朝食はセルフサービスのコンチネンタル・ブレックファスト、日曜にはブランチ、14時30分から16時30分まではアフタヌーンティーも楽しめる。非常に人気があるので、予約が望ましい（☎1-212-570-3964）。

🕐11:30〜16:00、金・土曜〜22:30　㊡無

●アメリカン・ウィング・カフェ　The American Wing Café

　1階のアメリカン・ウィング内、チャールズ・エンゲルハート・コートにあるアメリカンスタイルのカフェ。スープやサンドイッチ、デザートなどの軽食がそろっている。

🕐10:00〜16:30、金・土曜〜20:15　㊡無

●グレートホール・バルコニー・バー　Great Hall Balcony Bar

　2階のグレートホールのバルコニーにある。メトロポリタン・マティーニなどのシグニチャードリンクがおすすめ。

🕐金・土曜16:00〜20:30（ラストコール20:00）　㊡日〜木曜

●カンター・ルーフトップ・ガーデン・バーCantor Rooftop Garden Bar

　屋上庭園にあるカジュアルな雰囲気のセルフサービスのカクテルバー。5月から10月ごろまでオープンする。

🕐11:00〜16:30、金・土曜〜20:15　㊡11〜4月

なるほどUnChiku コラム

Metが舞台の物語『クローディアの秘密』
E.L.カニングバーグ作（岩波少年文庫）

　主人公の女の子、クローディアが弟のジェイミーと2人で家出した行き先はメトロポリタン美術館。児童書なので読みやすくて楽しい物語。メットに行くなら読んで行くと楽しい！

左は英語版

近代美術館 (モマ)

ロックフェラービル棟側

MAP p.27-C
⊕11W. 53rd. St.
☎1-212-708-9400
⊕10:30～17:30、金曜～20:00
⊕無　⊕おとな＄25、シニア（65歳以上）＄18、学生＄14、16歳以下無料（金曜16:00～は無料）
Ⓜ B・D・F・M/47-50th Sts.-Rockefeller Center
●https://www.moma.org

テラスから見渡した彫刻庭園

新しいミュージアムストアには通りからの自然光が差し込む

53丁目に面した入口前。開館前から長い列ができている

近代芸術を世界に広め、そして成長させる美術館

　近代美術館（通称モマMoMA）は1929年、リリー・P・ブリス、メアリー・クイン・サリバン、アビー・オルドリッチ・ロックフェラーという3人の女性と4人の理事によって設立された。近代芸術の歴史をアメリカに広めることを目的にしたキャンペーンをわずか8枚の版画と1枚の素描でスタートし、その後、有力者の協力でコレクション84点で美術館としてオープンした。

　今やコレクションの数は約20万点におよび、1880年代のヨーロッパの革新的なアートの時代から今日に至るあらゆる時代の視覚文化を代表する作品が収められている。

　2014年にスタートした拡張リノベーション工事を終え、2019年10月21日に新生MOMAが再オープンした。総面積は以前よりも16％増え、メトロポリタン美術館の約3分の1に相当し、ギャラリースペースも大幅に追加された。

館内のしくみと回り方

　館内は地上6階、地下2階からなり、作品を通じて近代、現代の芸術の概観を知ることができる。

　1階にある彫刻庭園では現代彫刻の傑作や四季を彩る木々や植物、人工池なども楽しめる。常設展は2階、4階、5階にあるが、効率よく楽しみたいなら、おもな絵画と彫刻が展示されている4、5階のみを見るだけでも充分に見ごたえがある。3、6階のレイアウトは以前と同じだが、パフォーミングアートの要素も含めた特別展が開催されている。地下1、2階はシアターギャラリーになっており、フィルムが上映される。

　モマオーディオは日本語ガイドもある無料の音声ガイド。キュレーターや批評家などが独自の見解を紹介している。

4・5階

目を見張るような近代芸術の傑作の数々

印象派からキュビズム、表現主義、シュールレアリズムなど、1840年代から1940年代にかけて、変貌した近代アートの中核となる作家の作品が展示されている。セザンヌ、ピカソ、ゴッホ、ゴーギャン、シャガールなど、世界的に有名な作家の代表作品を鑑賞することができるので、時間がない人はこのフロアだけを見るだけでも充分だ。

眠るジプシー女 The Sleeping Gypsy
アンリ・ルソー

明るい月夜に女性の縦模様の服が鮮やかに浮かび上がる美しい作品。ライオンには恐怖感は誰も感じることがない。このひとつひとつ入念に仕上げられた色彩のもつ抑揚と空想力の中にアンリ・ルソーHenri Rousseauの無垢の心情と創造性がある。じっと立ち止まり、彼の空想の世界を感じ取るといい。

水浴する人物 The Bather
ポール・セザンヌ

現代絵画の父と呼ばれるポール・セザンヌPaul Cézanneが1885年に描いた作品。背景との間をぼかすことによって描かれた奥行きのない人物。実物に似せようとしなければ絵画は自由という後期印象派の幕開けとなる。

星月夜 The Starry Night
ヴィンセント・ヴァン・ゴッホ

1889年、ヴィンセント・ヴァン・ゴッホVincent van Goghが37歳でピストル自殺をする1年前に精神病院で描いた作品。浮世絵を知って日本に憧れたゴッホは強い色や東洋的な華やかさを好んでいた。夜空のうねりには当時の不安定な精神状態が描かれている。

豆知識 見たい作品が見つからない場合は、各フロアにある案内デスクで確認を。他の美術館に貸し出されていることもある。

アヴィニョンの娘たち
Les Demoiselles d'Avignon

パブロ・ピカソ

バルセロナのアヴィニョン通りの娼婦を描いた作品。1907年に描かれたこの作品からパブロ・ピカソPablo Picassoはキュビスムに転換していく。目や鼻がばらばらに解体され、画面上に新たな結合関係を生み出している。右上と右下の女性の顔からはアフリカの原始彫刻の影響がうかがわれ、独特な力強さが感じられる。

キュビズムってなに？

ピカソとブラックが創始した美術運動。対象となる事物を抽象的で幾何学的な要素にまで切り詰めていったもの。画面で固体が透明になったり、突出した面がくぼんだ面に変ったりする手法でアフリカ彫刻とセザンヌ後期の作品が基本になっている。

ダンス Dance

アンリ・マチス

近代絵画の傑作。デザイン化された大胆な構図、色数も少なく、シンプルな構成であるにも関わらず、画面からはみ出さんばかりの人物の動きに巨大なエネルギーが感じられる。
近代美術館に所蔵されているマチスの作品は100点以上にのぼり、展示フロアも4階と5階にまたがっている。

水浴 Bather

アンリ・マチス

印象派からキュビズムの影響を受けながら、独自の作風を生み出していったアンリ・マチスHenri Matisseの変貌を感じられる作品。上のダンスと比べながらその経緯を楽しみたい。

ギャラリーの壁一面に展示されたクロード・モネの『睡蓮』。このスケールと壮麗さに釘付けにされた人々が作品を見つめている様子は、モネが望んだとおり「平和な瞑想の避難所」をこの作品が作り出している証だ。

私と村 I and the Village
マルク・シャガール

夢と想像の世界を再現した作品。農夫と牛の眼をつなぐ線は両者の協力関係を、いくつかの円は太陽や月を表わし、故郷ロシアの小さな村への郷愁が描かれている。

記憶の固執
The Persistence of Memory
サルヴァドール・ダリ

スペインを代表する芸術家サルヴァドール・ダリSalvador Dali。ここに描かれた時計は硬いはずであるのに垂れ下がり、やわらかく溶け出している。手前に横たわるピンク色の物体はダリ自身で、溶ける時計はあらゆる類の匂いがするカマンベールチーズから思いついたものといわれている。非現実的な空間と時間、日常の無意識と意識化の世界を探索することによって精神の開放を目指すシュールレアリズムの代表作。

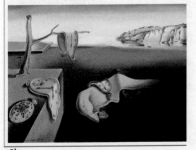

誕生日 Birthday
マルク・シャガール

キュビズムの空間の構成とフォービズムの色彩の影響を受けたといわれるマルク・シャガールMarc Chagall。『誕生日』は1915年7月25日、マルクがベラと結婚した年に描かれた作品だ。部屋中に広げられた肩掛け、赤や青や白がほとばしり、窓からは青い大気と愛、そして花々が彼女と一緒に入ってきて、彼女に引き上げられるように天井まで浮かび上がる。重力さえも超えた満ち足りた世界にある2人の結びつきが描かれている。

アラウンド・ザ・フィッシュ
Around the Fish
パウル・クレー

20世紀前半の美術界で革命的なできごとのひとつが抽象絵画の登場だ。何が描かれてるのかわからない絵画。これに最初に踏み切ったのがワシリー・カンディンスキーで、彼と活動を共にしていたのがパウル・クレーPaul Klee。この作品では色彩の変化が生み出す神秘的な魅力を楽しみたい。

APPle
豆知識

見たい作品が見つからない場合は、各フロアにある案内デスクで確認を。他の美術館に貸し出されていることもある。

通り The Street

バルテュス（バルタザール・クロソウスキー）

20世紀を代表する人物画家のひとり。バルテュスBalthusの描く女性は、昼寝をしていたり、よつんばいになっていたり、眠っていたりすることが多く、どれもぎこちない姿勢にエロティシズムを秘めているのが特長。『通り』は彼が25歳の時に描いた作品。

ボールをもった少女 Girl with Ball

ロイ・リキテンシュタイン

ウォーホルと並び、アメリカのポップアートを代表するロイ・リキテンシュタインRoy Lichtenstein。マンガのコマを拡大して印刷のドット（網点）が描かれているこの作品の色面は、シンプルでぺったりと均等に塗られている。一見、ぺらぺら安っぽさとニュアンスのないものに感じられるが、独特のインパクトは、こうした通俗性や安っぽさを逆手に取ったところであり、この作品の魅力となっている。

女性 1 Women1

デ・クーニング

1953年に発表されたウィレム・デ・クーニングWillem de Kooningの作品で、ニューヨークの娼婦が攻撃的なタッチで描かれている。独特な造形、巧みに構成された空間は具象、抽象両方の側からセンセーションを呼んだ。

S ●ショップ&レストラン
Shop & Restaurant

●**ミュージアムストア Museum Store**
　1階にはモマ・デザイン・アンド・ブックストアがある。モマオリジナルのグッズから2000冊以上に上る芸術関連の本やポスターなどがそろっくいる。美術館に入場しなくても入店できる。
営9:30〜18:30、金曜〜21:00　休無

●**ザ・モダン The Modern**
　1階にあるフレンチアメリカンのレストランで美術館に入場しなくても入店できる。
営バールーム　11:30〜22:30、金・土曜〜23:00、日曜〜21:30　休無

ダイニングルーム　12:00〜14:00、17:30〜22:30、金・土曜〜23:30　休土曜のランチ、日曜

●**カフェ・ツー Café 2**
　2階にあるカフェテリア式のイタリアンカフェ。
営11:00〜17:00、金曜〜19:30　休無

●**テラス・ファイブ Terrace 5**
　彫刻庭園とミッドタウンを見渡せるカフェ。5階にある。
営11:00〜17:00、金曜〜19:30　休火曜

美術館併設以外のミュージアムストアは、美術館の向い側にあるモマ・デザインストアMoMA Design Store (44 W. 53 St.)と、2階建ての大型のソーホー店MoMA Design Store Soho (81 Spring St.)。

ロビーから見上げた館内

グッゲンハイム美術館　Solomon R. Guggenheim Museum

近代から現代への芸術の流れが見えてくる

世界遺産

　アッパーイーストサイドの5番街、セントラルパークに向かって立つ巨大な白い巻貝を思わせる建物がグッゲンハイム美術館だ。

　創設者は19世紀の大富豪グッゲンハイム家の四男であるソロモン・R・グッゲンハイムSolomon R. Guggenheim。彼は長年にわたり、16〜18世紀のヨーロッパ絵画の作品収集、保護に努めていた。しかし、芸術アドバイザーのヒラ・リベイと知り合い、彼女にカンディンスキーを紹介されたのをきっかけに、カンディンスキーやモンドリアンなど、抽象画の収集を始めた。

　1937年にはソロモン・R・グッゲンハイム財団を設立、1939年には54丁目に抽象絵画美術館をオープンした。そして、1943年、増え続けるコレクションを常設する新しい美術館の設計をアメリカ建築の改革者といわれたフランク・ロイド・ライトに依頼。15年後の1959年に真っ白なら旋状の建物が誕生した。

　1990年から2年間はギャラリーの改修、拡張工事のため閉鎖し、1992年6月に再オープンした。

　現在、コレクションは印象派から現代までの絵画、彫刻などを合わせて6000点を超える。なかでも、カンディンスキーの作品は195点にも及び、アメリカでは最多のコレクションだ。

　そのほか、パウル・クレー、シャガール、モンドリアン、レジェなどの作品も多数保持している。

　常設展示はタンハウザー・コレクションのみで、その他のギャラリーでは常に特別展を行なっている。

館内のしくみと回り方

　美術館は、ロタンダRotundaと呼ばれるら旋状の展示場と10階建てのタワービルTower Building、その隣の小型ロタンダ（モニタービルMonitor Building）からなる。

　5番街に面した入口を入るとすぐにロタンダフロアRotunda Floorがある。見上げると吹き抜けの高い天井に向かって、緩やかに傾斜するら旋状

パウル・クレーPaul Klee
『ニューハーモニーNew Harmony』

MAP p.35-G
⊕1071 5th Ave. at 89th St.
☎1-212-423-3500
⊕10:00〜17:45、火・土曜〜20:00
⊛無休　⊛おとな＄25、学生・シニア（65歳以上）＄18、12歳以下無料（土曜17:00〜は任意）
Ⓜ4・5・6/86th St.
●https://www.guggenheim.org

フランク・ロイド・ライト

2019年7月7日、フランク・ロイド・ライトの主要な作品の8つがユネスコの世界遺産リストに登録された。そのひとつがグッゲンハイム美術館だ。アメリカ近代建築の父と呼ばれる改革派の建築家、フランク・ロイド・ライトFrank Lloyd Wright（1867〜1959）。グッゲンハイム美術館は彼の代表的な建築物だ。西欧中世建築と日本建築を学び、周囲の環境にとけこむプレイリースタイルを創始。1943年、グッゲンハイム美術館の建築の委託を受け、1959年、彼の死後、まもなく建物が完成した。

ミュージアム

125

グッゲンハイム美術館

シネマSPOT　グッゲンハイム美術館●『メン・イン・ブラックMen in Black』（1997年）、『ハムレットHamlet』（2000年）

の展示場を見渡すことができる。

　このロタンダフロアでチケットを購入。バックパック程度の大きさの荷物はクロークに預け、いよいよ展示室へ。

　このロタンダの展示物を鑑賞しつつ、建物の面白さを見ながら傾斜を上がり、途中、タワービルとモニタービルを行き来しつつ展示品を見ることができる。タワービルには常設コレクションや大型の現代作品が、モニタービルには印象派や後期印象派を中心にしたタンハウザー・コレクションが展示されている。ロタンダはおもに特別展に利用されている。

　エレベーターで6階まで行き、ロタンダの傾斜を下りながらタワービルやモニタービルの展示を見てもいいだろう。

ニューヨークで唯一のフランク・ロイド・ライトの作品。ユニークななかにもやさしい温かみを感じる外観

頂上部はこうなっている

常設ギャラリーの名作

　タンハウザー・コレクションは現代美術の収集家ジャスティン・タンハウザーの遺贈品と彼の妻ヒルデの贈与からなる常設ギャラリーで、印象派からキュビズムやシュールレアリズム初期までの作品が展示されている。

窓から見たパリ Paris through the Window
マルク・シャガール

ファンタジックな幻想絵画の代表といえばマルク・シャガールMarc Chagallだ。ロシアからパリに移ったシャガールが描く『窓から見たパリ』は、鮮やかな色彩に満ちあふれているが、そこがパリである証はエッフェル塔らしいタワーのみで、そこに実在しない、遠い故郷の景色が描かれている。

腕を組む男性
Man with Crossed Arms
ポール・セザンヌ

ポール・セザンヌPaul Cezanneの作品は『腕を組む男性Man with Crossed Arms』をはじめ、『静物：フラスコとグラスとジャグFlask, Glass and Jug』『バイベムスBibemus』など作品数が多い。斜めに構えた男性の微妙な姿勢と目線の『腕を組む男性』では誰もが足を止めて見つめてしまう。

APPle 豆知識 ピカソ・コレクションはアメリカ最大。『ガラス瓶と水差しと果物皿Carafe, Jug, and Fruit Bowl』『アコーディオン奏者Accordionist』『セレからの眺めLandscape at Ceret』『浜辺にてOn the Beach』なども必見。

ブルーマウンテン Blue Mountain

ワシリー・カンディンスキー

ワシリー・カンディンスキーWassily Kandinsky
は、1866年モスクワに生まれ、1896年、ミュン
ヘンに移住して絵を学んだ。まず、抽象画への変
動期に描かれたのが1909年の作品『ブルーマウン
テンBlue Mountain』。『即興28番Improvisation
28 (Second Version)』は1912年の作品だ。

黒いマントのフェルナンド
Fernande with a Black Mantilla

パブロ・ピカソ

「青の時代」の代表作
『アイロンをかける女
Woman Ironing』後
の作品。『黄色い髪の
女性Woman with
Yellow Hair』や『マ
ンドリンとギター
Mandolin and Guitar』
も必見。

エッフェル塔 Eiffel Tower

ロバート・ドローネー

ロバート・ドローネー
Robert Delaunayにとって
『エッフェル塔』はキュビズ
ムへの接近のきっかけとな
った。

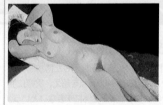

ヌード Nude (Nu)

アメデオ・モディリアーニ

モデルとなっている首の長い女性は
ジャンヌ・エビュテルヌ。家族の反
対を押し切って同棲し、女児をもう
けた最愛の女性だ。

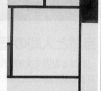

タブロー2
Tableau 2

ピエト・モンドリアン

プリズムで表現され
た街の風景。抽象絵
画の代表でもある。

まだある必見の名作

ルノワールRenoir『女とオウム
Woman with Parrot』など、印
象派の作品に注目しよう。『女と
オウム』はマネやクールベも同じ
タイトルで描いている。

●ショップ&レストラン
Shop & Restaurant

●**グッゲンハイム・ストア** Guggenheim Store
　1階、ロタンダフロアの89丁目側にある。アート
の複製品やポスターに加え、美しいプリントの傘や
Tシャツなど、個性的なデザインの小物がいろいろ
そろっている。
　9:30～18:00、火・土曜～20:30　無

●**ザ・ライト** The Wright

　1階、ロタンダフロアの88丁目側にある、フルサ
ービスのレストラン。
　11:30～15:30、土・日曜11:00～（ブランチ&バー）
　無
●**カフェ3** Cafe 3
　3階の常設カンディンスキー・ギャラリーとつな
がっている軽食をとれるカフェ。
　10:30～17:00、火・土曜～19:30　無

ゴッホの作品も見逃せない。病院の窓から見た風景を描いた『セント・レミィの山並みMountains at Saint
Remy』をはじめ、『ゾウアブThe Zouave』『ランドスケープ・雪Landscape with Snow』など。

アメリカ自然史博物館

MAP p.34-F
⊕Central Park W. at 79th St.
☎1-212-769-5100
⊕10:00〜17:45（ローズセンターのみ毎月第一金曜〜20:45）⊕無 ⊕おとな＄23、シニア・学生＄18、子供（2〜12歳）＄13 スペースショー、特別展付きはおとな＄33、シニア・学生＄27、子供（2〜12歳）＄20
Ⓜ B・C/81st St. -Museum of Natural History
●https://www.amnh.org

無料ガイドツアー

約1時間の無料ガイド付きツアーが10:15〜15:15の1時間毎に2階の入口付近から出ている。

40以上の展示室がある巨大な博物館

ローズセンター・フォー・アース＆スペースの外観。夜にはライトアップされて神秘的に

セオドア・ルーズベルト円形ホールのバロザウルス

自然と人間の歴史を語る博物館

　自然と世界の文明に関する数々の資料を展示した博物館。所有する展示品のコレクション総数は3400万点を超え、実際に展示されているものは、そのうちのわずか2％にすぎないという。恐竜や動物の骨や化石、はく製、いん石、鉱物の標本、世界の民族の伝統工芸品や衣装など、内容別に分かりやすく展示している。とくに化石のコレクションは世界最大級といわれ、シーズンごとの特別展も、なかなかお目にかかれないような貴重な品々を集め話題となっている。

　さらにウエスト81丁目側にはローズセンター・フォー・アース＆スペースRose Center for Earth and Spaceが増設された。7階建てに相当する高さの巨大なガラス張りのキューブと、その中央に浮かぶように設置された真っ白な球体からなり、宇宙の誕生と神秘を驚きと感動をもって探ることができる新しいスタイルの宇宙科学展示館だ。球体の内部は、宇宙の誕生を再現したビッグバン・シアターBig Bang Theaterと、スペースショーが楽しめるヘイデン・プラネタリウム・スペースシアターHayden Planetarium Space Theaterになっている。

　場所はセントラルパークの西側に面し、地下鉄にも直結、4ブロックにもおよぶ巨大な建物。丸一日かけても、すべてを見尽くせないほどの広さだ。

巨大な球体が浮かぶ1階展示フロア

館内のしくみと回り方

　博物館にはセントラルパーク・ウエストに面した2階入口と、ウエスト81丁目に面した1階入口がある。どちらにもチケットカウンターがあり、入場料を支払うと、館内地図とプラスチックのチケットがもらえる。日本語の館内地図もあるので申し出よう。そのなかで自分の興味のある展示コーナーを見つけ、さらに有名で貴重な展示物も見逃さないように要点を絞って回るのがベスト。全部を見ていると1日では見れない。

　セントラルパーク・ウエストに面した階段を上がって、館内に入ると、そこは2階のセオドア・ルーズベルト円形ホール。天井の高いこのホールでは、高さ15mにもおよぶ恐竜バロザウルスの巨大な骨が出迎えてくれる。足元にいるのは子供で、天敵のアロザウルスからわが子を守ろうと、後足で立ちあがり、大きな体で威嚇しながら果敢に立ち向う姿を再現している。

　とくに目的の展示がない場合は1階や2階の展示から見て回るより、いちばん人気の恐竜コーナーがある4階へエレベーターで直接行くと楽しい。その後、階下へ降りてくるといいだろう。また、スペースシアターのショーを見るつもりなら、上演時間を確認してから回る予定を立てよう。

ローズセンター・フォー・アース＆スペース

地下1階、地上3階の4つのフロアで構成されている。1階は惑星・地球についての展示で、火山や地震など地球上で起きる自然現象が巨大スクリーンに映し出されている。また、太陽光線がまったく届かない深海に生きる生物なども紹介している。2階のテーマは宇宙の大きさ。巨大な白い球体の中にあるシアター、ビッグバンで宇宙の誕生の瞬間を見ることができる。このショーは入場料に含まれている。そして3階はスペースショーが楽しめるスペースシアター。上映時間は全部で約40分。料金は別途必要だ。地下1階には、プラネタリウムショップやチケットカウンターなどがある。これらすべての展示、スペースシアターとビッグバンを見て、所要約2時間。

実際に触ったり近付いたりできる展示の数々

4階の恐竜コーナーにあるトリケラトプス

ミュージアム

129

アメリカ自然史博物館

4階はもっとも人気の高い恐竜の
コーナー。ガラス張りの天井から
光の差し込む明るいフロアに、巨
大な恐竜の骨がずらりと並んでい
る。竜盤類、鳥盤類、ほ乳類、せ
きつい動物などのコーナーに分け
られており、なかでも必見はティ
ラノザウルスの骨だ。

世界最大級の恐竜が出迎えてくれる

　2014年、南米のパタゴニアで発見された世界最大級の新種の
恐竜骨格模型が、2016年1月15日から展示されている。白亜紀
に生息していたテシラノサウルスの仲間で正式な名前はまだな
い。全長37.2m、高さ6mの巨大な骨格は、展示ホールに納まら
ず、頭が入口から出ている。肉食恐竜ティラノザウルスは竜盤
類のコーナーに展示されている。1908年にモンタナ州の山中で
発見されたもので、高さ約4.5m、体長12mもある巨大な骨格が
再現され、口を開けて今にも襲いかかりそうな姿で立っている。

映画『ジュラシックパーク』で主
役（?）となったティラノザウルス

3Dプリンターで製作したパーツで組
み立てられている　©AMNH/Finnin

象の進化が一目でわかるマストドンの骨

　今から1万年以上前に生息していたといわれている象の祖先、
マストドンの骨はほ乳類のコーナーにある。1845年にニューヨ
ーク州のオレンジ郡にある泥沼の中から発見されたもの。重い
体が泥沼にはまって抜けられず、そのまま死んだものらしい。
同じ象の仲間のマンモスやガムフォシリウムとを比較してみよ
う。

海の生物の化石を集めたコーナーも
ある

こんな大きな動
物が存在してい
たなんて…

ほ乳類の進化

　ほ乳類は恐竜が絶滅したあとの新生代、今から約6500万年前頃の時代に地球上に現われた。ここでは、初期のほ乳類の化石から進化した順に並べ、その過程を分かりやすく展示している。今の動物との骨格の違いや、いろいろな動物がもとをたどれば同じ種類の動物だったことなどが、ひと目で分かる展示となっている。

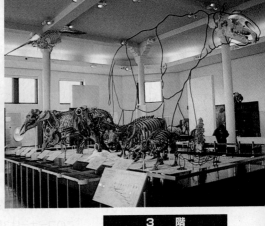

現存する動物にとてもよく似ている

迫力満点！コモドドラゴン

　コモドドラゴンは、は虫類と両生類のコーナーにある、インドネシアのオオトカゲ。トカゲの仲間では世界でもっとも大きく、体長が3m、体重が90kg。シカ、ブタ、バッファロー（！）まで襲って食べてしまうというから驚きだ。

　展示は2匹のコモドドラゴンがイノシシを捕えて食べている様子をジオラマで再現している。後ろの一匹は長い舌で空気の臭いを嗅ぎ、獲物を探している。

まるで生きているようにリアルなジオラマ

3　階

　3階は展示品の数は多いが、とくに有名なものがあるわけではないので、時間のない人はパスしてもいいかも。は虫類と両生類、アフリカのほ乳類、ニューヨーク州の鳥類、ニューヨーク州のほ乳類、北アメリカの鳥類、東部森林と平原のインディアン、太平洋地域の人々というコーナーから成る。太平洋地域の人々のコーナーにある展示は、この博物館に研究員として勤めていた著名な人類学者マーガレット・ミードが集めた、太平洋の島々に住む先住民族に関する資料。特別展のコーナーがあるのもこの階だ。

特別展付きチケットが必要

　は虫類と両生類のコーナーの先は、特別展の展示室となっていて、入館料を支払う際、特別展の追加料金を支払う。そのチケットでないと入れないので注意。

● ショップ＆レストラン
Shop & Restaurant

● ミュージアムショップ
　館内数カ所に大小さまざまな店があるが、一番大きく、品揃えが充実しているのは1階のショップ。4階のショップには恐竜グッズ、2階のショップには宇宙グッズが多く、各フロアの展示内容に関するグッズが各種置かれている。

● レストラン
　地下1階のミュージアムフードコート、1階のカフェ・オン・ワン、スターライト・カフェなど。なかでもミュージアムフードコートは450人収容可能の広さで、サンドイッチ、ピザ、サラダバーなどがある。

ランチタイムはとても込む

カフェ・オン・ワン Café on One
☎11:00〜16:45　休無

スターライト・カフェ Starlight Café
☎11:00〜16:45　休月〜金曜

ミュージアムフードコート Museum Food Court
☎11:00〜16:45　休無

シネマSPOT　アメリカ自然史博物館 ●『光の旅人K-PAX』（2001年）、『素晴らしき日One Fine Day』（1996年）、『スプラッシュSplash』（1984年）

入口を入ったところが２階なので、ここを最初に見るのもいいだろう。まずはアフリカのほ乳類。そしてアフリカの人々、世界の鳥類、メキシコと中央アメリカ、南アメリカの人々、アジアの人々、アジアのほ乳類のコーナーがある。アフリカの人々のコーナーでは、アフリカに住む人々が、砂漠やジャングルなど厳しい自然環境のなかでどのような暮らしをし、いかにして社会を作り上げたのかを、古代から順を追って紹介している。アジアの人々のコーナーでは、日本、中国、韓国など、それぞれの国の民族衣装や伝統行事の様子などを紹介。日本のコーナーには雛人形が飾られている。

動物たちがどのような環境で暮らしていたのかがひと目で分かる

アフリカのほ乳類ではアフリカ象の群れが見もの

このコーナーは３階まで吹き抜けになっていて、中央には、今にもいっせいに走りだしそうなほどリアルなアフリカ象の群れが再現されている。そしてそれを囲むように、熱帯雨林、山岳地帯、草原、砂漠など、それぞれの地帯に住む動物たちをジオラマにした展示が並ぶ。

不思議なナイジェリアのマリコト

ナイジェリアで発見された"マリコト"と呼ばれるダンサーの衣装。上半身を無数のカタツムリの殻で覆ったなんとも不思議な衣装で、先祖の霊がカタツムリとなってこの世に現れたことを意味しているという。アフリカの人々のコーナーにある。

謎の古代遺跡が語るもの

メキシコと中央アメリカ、南アメリカの人々のコーナーにはアステカ文明、オルメカ文明、マヤ文明の遺跡で発掘された石像や儀式用具などが数多く展示されている。壁にかけられた巨大な丸い石盤はアステカの"太陽石"。アステカの人々が厚く信仰していた太陽の神を奉るもので、一年を表す記号が刻まれている。また、高さが３ｍ近い、人の頭の形をした石像はオルメカ文明のもの。どの文明も謎に包まれているだけに、想像力をかきたてられる。

132

カタツムリの殻でできた踊りの衣装

学生たちが古代文明の課外授業に来ている

これが太陽石。刻み込まれた模様ひとつひとつに意味がある

世界最大のサファイア"インドの星"を見る

　1階の一番奥の鉱物と宝石のコーナーに展示されている世界最大、563カラット（約113g）のスターサファイア。300年前にスリランカで発見され、"インドの星"と名付けられている。光の向きによって、中央に白い星のような模様が浮かび上がって見えるのが特徴。このホールの中央には青く光る巨大な銅の鉱石をはじめ、数多くの石が展示されている。照明が消えると、暗やみのなかでぼんやり光る不思議な石も必見。

世界最大のいん石もある

　いん石のコーナーには、重さ34トンの世界最大のいん石が置かれ、実際に触ることもできる。約1万年前にグリーンランド東部に落下したもので、発見されたのは1894年のこと。このいん石は鉄とニッケルを多く含み、地球の核と似ている。発見される前は、イヌイットがナイフや武器を作るのに利用していた。

シロナガスクジラが泳ぐ部屋

　海洋生物と魚類の生態のコーナーに入ったとたん、思わず声をあげてしまう。広々としたフロアの天井に長さ28.6mにもなる巨大なシロナガスクジラが浮かんでいるのだ。実際、大きなものでは35m以上にもなるというシロナガスクジラは地球上でもっとも大きな動物だ。

　1階には、右の本文で紹介している展示のほか、巨大なトーテムポールが並ぶ北西海岸のインディアンのコーナーや人間の生物学と進化のコーナーも人気。また、館内で一番大きなミュージアムショップもあるので、チェックしてみよう。

これが世界最大のいん石。流れ星のように輝きながら落ちてきたとか

北西海岸のインディアンのコーナーには数えきれないほどたくさんのトーテムポールや民芸品が展示されている

天井に飾られた巨大な
シロナガスクジラ

ハイダ族のカヌー

　1階の西77丁目側にあるホールに置かれたカヌーは、100年前にアメリカの太平洋北西沿岸に住んでいた先住民族、ハイダ族が作ったもの。1本の杉の木をくりぬいて作ったもので、独特の彫刻とペイントが施されている。

ハイダ族は一族全員でこのカヌーに乗って川を渡り、キャンプをしながら新しい地を探し求めていたという

ホイットニー美術館

MAP p.28-E
⊕99 Gansevoort St.
☎1-212-570-3600
⊕10:30〜18:00、金曜〜22:00
㊡火曜
㊙おとな＄25、19〜25歳・学生・シニア（65歳以上）＄18、18歳以下無料
Ⓜ A・C・E・L/14th St. & 8th Ave.
●https://www.whitney.org

アートと景色が楽しめるアウトドアギャラリー

現代美術の芸術家を支援する美術館

　ハイラインの南端、ハドソン川に面して建つユニークな建物がホイットニー美術館だ。アッパーイーストサイドにあった旧ホイットニー美術館が、2015年に移転、リニューアルオープンした美術館で、地上8階建ての巨大な建物には旧美術館の約2倍の展示スペースがある。設計はパリのポンピドーセンターや関西国際空港の設計で知られるイタリア人建築家レンゾ・ピアノだ。コレクション数は2万1000点以上。常設展示は2フロアにわたり、ジョージア・オキーフやエドワード・ホッパーなど数多くの現代美術作品を鑑賞することができる。彫刻などを展示するテラススタイルのアウトドアギャラリーでは、ハドソン川やハイライン、ミートパッキングの街並みをバッグに、アートを楽しむことができる。毎週金曜は22時までオープンしており、アウトドアギャラリーのテラスからは素晴らしい夜景が一望できる。

常設展示のギャラリー

巨大な花のシリーズで有名な
ジョージア・オキーフ

館内を案内してくれるボランティア・ガイド

　ジョージア・オキーフGeorgia O'Keeffeが題材にしたのは風景、花、外国。なかでも花のシリーズは有名で花という一見具象的なモチーフを、見る者が花弁に入り込んだような錯覚を覚えるほど拡大し、単純化することで、抽象的な要素を表現している。

ロバート・ヘンリーRobert Henriが描いたホイットニー美術館の創設者ガートルード・ヴァンダービルト・ホイットニー

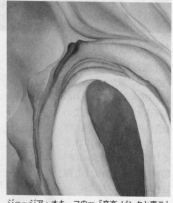
ジョージア・オキーフのm『音楽-ピンクと青Ⅱ』

134

ゆったりとしたスペースのギャラリー内

エドワード・ホッパー『パリの橋』

ミュージアム

現代アメリカの空虚感を描く
エドワード・ホッパー

　1930年を中心に活動したエドワード・ホッパーEdward Hopperは、都会をテーマにした作品を多く描いた。一見、光に満ちた都会の奥底にある真実を、彼独特の描き方で表現している。当時の急激な産業の発展、人口の増加、それに伴う都市の荒廃。このような時代背景が、多くの画家に都市をテーマとした絵を描かせた。そのなかでもホッパーの絵には、ほかの画家からは感じない孤独や空虚感を感じる。

チャールズ・デムスCharles Demuthの『マイ・エジプトMy Egypt』

135

60年代ニューヨークの1シーンを築いた
アンディー・ウォーホル

　ポップアートは、アメリカンアートが世界に影響力を持った初めての分野だ。
　アンディー・ウォーホルAndy Warholの活躍した60年代といえば、大衆文化の発達や大量生産をもたらした物質文明の真っ只中にあり、人々の価値観が大きく変わってきた時代である。1962年の作品『グリーン・コカコーラ・ボトルズGreen Coca-Cola Bottles』では、身近にあるコカコーラの瓶をモチーフにしてアートを融合。大衆文化と芸術の垣根を低くする意味を持っていた。

『グリーン・コカコーラ・ボトルズ』

レジナルド・マーシュReginald Marshの『20セントムービーTwenty Cent Movie』

●ショップ&レストラン
Shop & Restaurant

●ミュージアムショップ Museum Shop
　1階ロビーの脇にある。オリジナルアイテムから、特別展示作品に関連した本や雑貨などが揃っている。ショップに入館せずに入れる。
⏰ 開館時間と同じ

●アンタイトルド Untitled
　ダニー・マイヤー氏が率いるユニオンスクエア・ホスピタリティが展開するレストラン（スチューディオカフェも同様）。美術館にせずに入れる。
⏰12:00〜15:00、17:00〜21:00　日曜のディナー

〜22:00　㊡無
●スチューディオカフェ
　8階にある軽食中心のカフェ。アート鑑賞の合間にひと息つくには最適。眺めのいいテラス席もある。
⏰10:30〜17:30金・土曜〜21:30　㊡火曜

見晴らしのいいおしゃれなスチューディオカフェ

APPLE豆知識　他の美術館に貸し出されるなどして、見たい作品が展示されていない場合がある。

メット・クロイスターズ The Met Cloisters

小高い丘の上に立つ寺院のような美術館

マンハッタンの北端、ハドソン川やジョージ・ワシントン橋を望むフォートトライオンパークFort Tryon Parkの小高い丘を登ったところにメット・クロイスターズはある。

アメリカの彫刻家、ジョージ・グレイ・バーナードGeorge Grey Barnardがフランスで集めた中世僧院の廃材などのコレクションをもとに、1914年、ニューヨークでこれらの中世美術を展示した小さな美術館をオープン。1925年には、ジョン・D・ロックフェラー2世John D. Rockefeller Jr.が、これらの美術品を買い取り、自らが所蔵している中世美術、さらに自分の土地（現在のフォートトライオンパーク）をニューヨーク市に寄贈。1938年、公園内にメトロポリタン美術館分館として、クロイスターズをオープンさせた。

美術館には、礼拝堂や教会の回廊や収蔵品などが再現されており、のんびりと散策気分で回りながら中世美術と宗教の関わりが分かる展示となっている。

木々の配置がすばらしい

MAP p.98A
⚑99 Margaret Corbin Dr., Fort Tryon Park ☎1-212-923-3700 🕐10:00〜17:15（11〜2月は〜16:45）🈺無 🈹おとな＄25、シニア（65歳以上）＄17、学生＄12、11歳以下無料 同日であればメトロポリタン美術館は無料 Ⓜ️A/190th St.
●https://www.metmuseum.org

地下鉄駅からの行き方

地下鉄駅を出るとすぐ前がバス乗場になっている。歩いて行くこともできるが、上り坂がきついのでバスに乗ったほうが楽。歩いて景色を楽しみたければ、下り坂になる帰りに。

地下鉄駅構内からエレベーターで外に出る

館内のしくみと回り方

正面入口からロビーまでは細長い通路が続いている。途中にクロークがあるので、大きい荷物を持っている場合はここで預けるとよい。ロビーの片隅にある小さなカウンターで入場料を支払い館内へ。

館内は中央のキュクサの回廊を囲むように展示の間が配置されている。まずはホールの正面にあるロマネスクホールへ。ここには12世紀のスペインのフレスコ画や12、13世紀のフランスとイタリアの木の彫刻が展示されている。ロマネスクホールの奥にはラングン礼拝堂がある。この礼拝堂への扉口はブルゴーニュのムティエ・サン・ジャン修道院にあったもの。戸口の上の半円形部分にはキリストと聖母マリアと天使たちが彫られているので見逃さないように。

ホール左手には初期、後期ゴシックホール、一角獣のタペストリーの間などがある。キュクサの回廊で一息入れながらじっくりと見て回りたい。地階へはゴシック様式の礼拝堂とボッパルトの間から。グラスギャラリーや宝物庫を見たら、ぜひ回廊に出て、そこに咲く草花とパークの眺めを楽しんでほしい。

一角獣のタペストリー

一角獣のタペストリーと
9人の英雄のタペストリー

　入口ホールからキュクサの回廊に沿って左手に進むと一角獣のタペストリーの間Unicorn Tapestries Roomがある。タペストリーとは当時の貴族の館の壁を覆う織物で、多くは物語や歴史を題材にしている。『一角獣のタペストリーThe Unicorn Tapestries』は、16世紀初めにブリュッセルで織られた。一角獣が狩人に追い詰められ、生け捕られるまでを織物ならではの迫力で表現。その細かさ、色彩の美しさから最高傑作とされる。7枚が1つの部屋の壁を飾っている。

　隣には9人の英雄のタペストリーの間Nine Heroes Tapestries Roomがある。『9人の英雄のタペストリーThe Nine Heroes Tapestries』は14世紀に織られたもので、現在あるタペストリーでは最古のものだ。異教徒、キリスト教徒、ユダヤ教徒の英雄をモチーフにしているが、9人のタペストリーの一部は破損してしまい、現在はダヴィデ、アレキサンダー大王、ヨシュア、シーザー、アーサー王の5人しか残っていない。

ブルゴス・タペストリーホールから
カンピンの間へ

　大型のタペストリーがいくつも掛かっているブルゴス・タペストリーホールBurgos Tapestry Hallの奥に、カンピンの間Campin Roomがある。ここでは、15世紀フランドル絵画を代表するロベルト・カンピンRobert Campinの『受胎告知Annunciation Triptych』が必見。3つに連なるパネルに描かれた祭壇画で、1425年頃の作品だ。大天使ガブリエルが聖処女マリアに受胎を告知する場面を中心に、右のパネルにはマリアの配偶者であるヨセフ、左には寄進者の男女が描かれている。告知が教会内ではなく、中産階級の邸宅の室内でされている点が珍しい。また、この展示室内には当時の調度品や現存する最古の鉄製の鳥かごなども展示されている。

キュクサの回廊

The Cuxa Cloister
木々の配置がすばらしい中庭とロマネスク様式の7つのアーチ、柱頭を持つ回廊。南フランスにあったサン・ミシェル・ド・キュクサ St.-Michel-de-Cuxa僧院の回廊を再現したもの。冬には庭面にガラスを張り、植物が並べられる。

壁面には数々のタペストリーが

『受胎告知』

ランゴン礼拝堂

Langon Chapel
ボルドー近郊の町、ランゴン Langonにあった12世紀の教会の聖堂を移築した。荘厳な雰囲気をもつロマネスク様式の天蓋に覆われるように、樺の木製の「玉座の聖母子像」がある。聖母の青い目は片方が失われ、キリストの頭もなくなってはいるが、それでも感動的。ぜひ見てほしい作品だ。

季節の花やハーブが香るテラス

ミュージアム

137

メット・クロイスターズ

差し込む光りがやわらかいラングン礼拝堂

地 階

小型美術品が展示されている宝物庫

地階の奥まったところにある宝物庫Treasuryではバリー・セント・エドマンドの十字架Bury St. Edmund's Crossが必見。100体以上の小さな人物像と60ほどのラテン語とギリシア語の銘文が刻まれている。

おごそかな十字架

● ショップ＆レストラン
Shop & Restaurant

138

　1階ロビーの右手にギフトショップがある。コレクションにあるタペストリーの柄を模したクッションやしおり、カードなどが売られている。また、書籍類も豊富だ。4～10月はカフェが営業している。

ゴシック様式の礼拝堂から
ボンヌフォン回廊へ

　初期ゴシックホールから石の階段を下りていくと突き当たりにゴシック様式の礼拝堂Gothic Chapelがある。南フランスの礼拝堂を模して造られ、ステンドグラスから差し込む柔らかい光と横になった墓石像や石棺が印象的だ。礼拝堂の中央の3つの窓にはめられたステンドグラスは、14世紀のオーストリアの聖堂の窓にあったもので、キリストと聖母マリアの生涯の場面と聖人たちの立像が表されている。

　この部屋を抜けると13～14世紀のシトー派修道院から集められた石材で造られたボンヌフォン回廊Bonnefont Cloisterに出る。大理石の柱に囲まれた、回廊の一角にあるテラスからはハドソン川やフォートトライオンパークが望め、中庭には中世のころ、実際に薬草として用いられていた250種を超すハーブが植えられている。

ハドソン川を臨むフォートトライオンパーク

メット・クロイスターズがあるフォートトライオンパークは小高い丘に広がっている。深い緑と静けさに包まれており、ニューヨークの喧騒が嘘のようだ。クロイスターズの南には、トライオン砦Fort Tryonの跡地に作られた展望台がある。ハドソン川の水面からの高さは76m。マンハッタン島ではいちばんの高地にあたり、ハドソン川はもちろん、東のイースト川まで見渡すことができる。

天蓋に守られる聖母マリア

フリックコレクション The Frick Collection

フリック氏の私邸でゴージャスなコレクションを

ペンシルヴェニア州出身の鉄鋼王ヘンリー・クレイ・フリックHenry Clay Frick（1849～1919）が40年かけて収集したコレクションで、吟味された絵画など130点を展示している。初期ルネサンス以降の西欧作品がおもで、その時代を代表する巨匠の傑作が並ぶ。フリック氏はこれらのプライベートコレクションのために、ニューヨーク公共図書館も手がけたトマス・ヘイスティングスに設計を依頼。部屋数40もの豪華な邸宅を18世紀のヨーロッパ建築様式で建てさせ、自分の死後、その邸宅を美術館にするという条件で国にそのすべてを寄贈した。

MAP p.35-K
⊕1 E. 70th St.
☎1-212-288-0700
⊕10:00～18:00、 日曜11:00～
17:00 ㊡月曜
㊟おとな＄22、学生＄12、シニア（65歳以上）＄17、16歳以下要大人同伴、9歳以下は入場不可（水曜14:00～18:00は任意）2～8月、10～12月の第1金曜8～21時は無料
Ⓜ6/68th St.-Hunter College
●https://www.frick.org

南ホールでフェルメールに会う

ルイ16世様式のマリー・アントワネットの机やルイ16世時代のカレンダー時計がなにげなく置かれている南ホールSouth Hallには、フェルメールVermeerの代表作のさらにルノワールRenoirの『母と子供たちLa Promenade』、フランソワ・ブーシェFrançois Boucherの『ブーシェ夫人A Lady on Her Day Bed』も見られる。

その先にあるフラゴナールの間Fragonard Roomにはこの美術館必見のひとつ。『恋の成り行きThe Progress of Love』と名付けられた連作が壁一面に飾られている。

西ギャラリーから東ギャラリーへ

西ギャラリーWest Galleryには、数あるコレクションのなかでも有名な作品が集められている。16世紀のイタリア家具やペルシア絨毯で飾られた壮麗な部屋そのものも見ものだ。J・M・WターナーTurnerの代表作『ディエップの港The Harbor of Dieppe』を含め、レンブラントRembrandtの『自画像Self Portrait』などや、フェルメールの『女主人とメイドMistress and Maid』など秀作が多数並ぶ。

東ギャラリーEast Galleryに行く途中のオーバルルームOval Roomにあるアメリカ人画家ジェイムス・マクニール・ホイッスラーJames McNeill Whistlerの『レイランド夫人Portrait of Mrs. Frances Leyland』は見返り美人を思わせる東洋的作品。ほかにもドガDegasやミレーMilletなどいろいろな時代の作家の作品が展示されている。ひと回りしたら、ぜひ中庭でこれらのすばらしい作品の余韻に浸ってほしい。一連の作品に共通した故人の洗練された感覚が、この庭からもうかがえる。ミュージアムショップ（閉館時間の30分前に閉店）では気に入った作品の絵はがきを手に入れたい。

ジェイムス・マクニール・ホイッスラー『レイランド夫人』

ヨハネス・フェルメール『女主人とメイド』

ブーシェは、ロココ絵画を代表する宮廷画家。ブーシェの間BoucherRoomには、ルイ15世の愛妾ポンパドゥール夫人の依頼で描かれた『芸術と科学The Arts and Sciences』の連作8枚がある。

国立アメリカ・インディアン博物館

The National Museum of the American Indian-New York
🏛Alexander Hamilton U.S. Custom House,One Bowling Green
☎1-212-514-3700
🕙10:00～17:00、木曜～20:00
🈲無 💴無料
Ⓜ4・5/Bowling Green
●https://americanindian.si.edu/

サンダー・ハミルトン・U.S.カスタムハウス内にある
1907年に建てられたアレキ

アメリカのルーツを感じられる博物館

　ヘイ財団の創設者ジョージ・グスタフ・ヘイが1922年に開館した私設の博物館が前身。彼が1900年代前半に半世紀にわたり自らアメリカ・インディアンの歴史や芸術、生活関連物を集めたコレクションは80万点を超える。1990年にスミソニアン協会にすべてを寄贈し、現在はワシントンD.C.にある国立アメリカ・インディアン博物館の一部として運営されている。

ペルーのナスカの壺は300～600年ごろの作品

ノイエギャラリー

Neue Galerie
🏛1048 5th Ave. at 86th St.
☎1-212-994-9493　🕙11:00～18:00　🈲火・水曜　💴おとな$25、シニア$16、学生$12（12～16歳は大人が同伴）、11歳以下入場不可　Ⓜ4・5・6/86th St.
●https://www.neuegalerie.org

「ノイエ」とはドイツ語で新しいという意味

オーストリアとドイツの芸術品を展示

　2001年、化粧品のエスティ・ローダー創設者の息子で美術コレクターのロナルド・S・ローダー氏によって創設された美術館。グスタフ・クリムト、エゴン・シーレ、オスカー・ココシュカ、カンディンスキー、パウル・クレーなど、20世紀初頭のオーストリアとドイツの芸術作品が展示されている。2006年に1億3500万ドルで購入したクリムトの代表作「アデーレ・ブロッホ＝バウアー」は必見。金粉を多用した甘美な肖像画だ。建物はニューヨーク図書館の建築家、カレル・ヘースティングが1914年に建てたもの。

「アデーレ・ブロッホ＝バウアー」

ニューミュージアム

New Museum
🏛235 Bowery
☎1-212-219-1222
🕙11:00～18:00、木曜21:00
🈲月曜
💴おとな$18、シニア$15、学生$12（14歳以下は大人が同伴）、17歳以下無料（木曜19:00～は$2以上任意）
Ⓜ6/Spring St.
●https://www.newmuseum.org

新しい芸術とアイディアを

　現代美術を紹介する美術館。箱を積み重ねたようなユニークな建物は、金沢21世紀美術館の設計などでも有名な日本人建築家ユニットSANAAによるもの。「新しい芸術とアイディアを」をコンセプトにグラフィック、写真などを中心に世界中のアーティストの展示を行なっている。美術館ガイドが館内を案内してくれる無料ツアー（毎日催行）のほか、無料オーディオツアーもあるので利用したい。

ロビーにはカフェとミュージアムショップがある

©Dean Kaufman

パレイセンター・フォー・メディア

テレビやラジオの番組が視聴できる

1975年、CBSの会長ウイリアム・パレイ氏によって設立されたテレビとラジオに関する博物館。ニュース、ドラマ、ドキュメント、スポーツなど、10万点以上にのぼるテレビ、ラジオ番組を収蔵している。館内は地下1階を含め、6つのフロアに分かれており、各種展示物のあるギャラリー、テレビの収録スタジオ、収蔵されている番組を視聴できる視聴覚室などがある。地下1階にはショップもある。

The Paley Center for Media
🏠25 W. 52nd St.
☎1-212-621-6600
🕐12:00～18:00、木曜～20:00
🏖月・火曜
💲おとな＄10、学生・シニア＄8、13歳以下＄5
Ⓜ E・M/5th Ave.-53rd St.
●https://www.paleycenter.org

レンズ・オン・ザ・ワールド

テレビ＆ラジオの歴史を知ろう

ニューヨーク市消防博物館

ニューヨーカーの誇り、消防の歴史を展示

1903～1954年まで実際に消防署として使われていた建物を利用した博物館。1790年頃に使用されていた手動ポンプ車、馬車で引いたポンプ車や20世紀の蒸気式のポンプ車など、貴重なコレクションが並ぶ。また、壁に展示されている3人の消防士は、消防服30年の歴史についてのもの。木の把手棒を持った消防士の人形は、1970年代のユニホームを身につけている。

New York City Fire Museum
🏠278 Spring St.
☎1-212-691-1303
🕐10:00～17:00
🏖無
💲おとな＄10、シニア＄8、子供＄5
Ⓜ C・E/Spring St.
●https://www.nycfiremuseum.org

消防士が身に付けている服や道具の展示

アーツ＆デザイン美術館

アーティストの感性豊かな工芸品を

1956年、アメリカ工芸評議会が設立した美術館。アメリカの伝統工芸品を所蔵するほか、アーティストたちによるガラス、金属、毛糸など様々な素材から生み出されたファッション、インテリアやアートなどの工芸品を紹介している。6階のオープン・スタジオでは、アーティストの作業風景を見られたり（詳細な時間は現地で確認を）、アーティストから直に作品の説明を受けることもできる。

Museum of Arts & Design
🏠2 Columbus Circle
☎1-212-299-7777
🕐10:00～18:00、木・金曜～21:00
🏖月曜
💲おとな＄16、シニア＄14、学生＄12、18歳以下無料（木曜18:00～任意）
Ⓜ A・B・C・D・1/59th St.-Columbus Circle
●https://www.madmuseum.org

©Hélène Binet

2008年9月、ミッドタウンからコロンバス・サークルに移転した。最上階にはレストランがある

アメリカン・フォークアート美術館 MAP p.34-J

American Folk Art Museum
⊕2 Lincoln Square Columbus Ave. at 66th St.
☎1-212-595-9533
⊕11:30〜19:00、金曜12:00〜19:30、日曜12:00〜18:00
㉻月曜 ⊛無料
Ⓜ1/66th St.
●https://www.folkartmuseum.org

伝統工芸品のほか、近代美術も収蔵

　1961年創立。キルトなどアメリカの伝統的な民俗美術から国内外のアーティストの絵画や彫刻などの近代美術を紹介、保護する美術館。狭いながらも充実した見応えのある作品が収蔵されている。金曜日にはアーティストによるライブが行なわれ、木曜日には「Make it Thursday」と題したワークショップ（有料）が開かれるなど、美術を鑑賞するだけでなく、体感できるイベントが催されている。

毎週水曜日にはギターの生演奏イベントが開かれる

ニューヨーク市博物館 MAP p.35-C

Museum of the City of New York
⊕1220 5th Ave. at 103rd St.
☎1-212-534-1672
⊕10:00〜18:00 ㉻無
⊛おとな＄14、学生・シニア＄10、11歳以下無料
Ⓜ6/103rd St.
●https://www.mcny.org

ジョージア様式の建物の美しさでも名高い

　ニューヨークが、オランダ人との交易の拠点だった頃から現在の国際都市になるまでを、時代、テーマ別に分かりやすく展示。大まかな歴史の流れをつかめるビデオは必見。トイギャラリーのドールハウスは当時の家庭の様子がわかっておもしろい。ロックフェラールームは彼の自宅を再現したもの。

1817年から州知事を務めたデ・ウィット・クリントンの像

ジョージア様式を代表する建築

イントレピッド海上航空宇宙博物館 MAP p.24-D

Intrepid Sea Air & Space Museum
⊕Pier 86, W.46th & 12th Ave.
☎1-212-245-0072
⊕10:00〜17:00、4〜10月土・日曜〜18:00
㉻無
⊛おとな＄33、シニア（62歳以上）・学生＄31、5〜12歳＄24、4歳以下無料
ⓂA・C・E/42nd St.-Port Authority Bus Terminal
●https://www.intrepidmuseum.org

航空母艦自体が博物館

　第二次世界大戦に参戦した航空母艦、U.S.S.イントレピッドを余すところなく紹介するユニークな博物館。アメリカの歴史とは切り離せない、この航空母艦そのものはもちろん、軍機の展示、その活動の足跡などを展示している。艦内の機関室やその他の施設も見学することができる。スペースシャトルの試験機、エンタープライズも展示されており、人気となっている。

堂々たる姿は健在

スペースシャトルの1号機、エンタープライズ

ユダヤ博物館

ユダヤに関する物だけを収集した博物館

　ユダヤ人社会のリーダー、F. M. ウォーカーズの邸宅に建てられ、ユダヤに関するコレクションとしてはアメリカ最大規模を誇る。時代は古代イスラエルから現代までにおよび、約4000年のユダヤの歴史を物語る2万7000点以上の作品がある。1・2階はユダヤ人アーティストによる作品やユダヤに関する作品を展示。1階奥にはホロコーストがテーマの部屋がある。3・4階は、"ユダヤ人の旅"と題して世界各国へ散らばったユダヤ人ならではの幅広い種類の品々が展示されている。

The Jewish Museum
住1109 5th Ave. at 92nd St.
☎1-212-423-3200
開11:00〜17:45、木曜〜20:00、金曜〜16:00
休水曜、ユダヤの祝・祭日
料おとな＄18、シニア（65歳以上）＄12、学生＄8、18歳以下無料（土曜は無料）
M4・5・6/86th St.
●https://www.thejewishmuseum.org

華やかなルネサンス様式の建物

クーパーヒューイット国立デザイン博物館

最新技術でデザインが楽しめる

　1897年に創設され、1967年以降はスミソニアンのブランチとして運営されている博物館で、アメリカの鉄鋼王、アンドリュー・カーネギーがかつて暮らしていたジョージアン様式の豪邸を改装して使用している。食器、装飾品、家具など約21万点のコレクションを所蔵する。入場の際に渡される特殊なハイテクペンによって、展示物の情報を収集し、オンラインで楽しむことができる。

Cooper-Hewitt National Design Museum
住2 E.91St.
☎212-849-8400
開10:00〜18:00、土曜〜21:00
休無
料おとな＄18、シニア＄10、学生＄9、18歳以下無料
M4・5・6/86th St.
●https://www.cooperhewitt.org/

アメリカで唯一の国立デザイン博物館だ

左／これがハイテクペン
右／ショップも必見

ニューヨーク歴史協会

ニューヨークの成り立ちに興味を持ったら

　1804年に創立された、ニューヨーク初の博物館であり、全米で最古の教育研究所だ。古い町並みを見て、ニューヨークの歴史に興味を持ったらぜひ訪れて欲しい。新たな知識が旅をより深めてくれるだろう。アンティークの骨董品や有名なティファニーのガラス工芸、図鑑画家であるオーデュボンのアメリカ鳥類の原画433点など、アメリカを代表するアーティストのコレクションを収集する。2階の図書館で、町の古い写真や新聞、65万冊もの書籍などを見ることができる。

New-York Historical Society
住170 Central Park W.
☎1-212-873-3400
開10:00〜18:00、金曜〜20:00、日曜11:00〜17:00
休月曜
料おとな＄22、シニア（65歳以上）＄17、学生＄13、5〜13歳＄6、4歳以下無料（金曜18:00〜は任意）
MB・C/81st St.-Museum of Natural History
●https://www.nyhistory.org

ニューヨークで一番古い博物館

ミュージアム

143

その他の美術館・博物館

ノグチ美術館

The Noguchi Museum
🏠9-01 33rd Rd. at Vernon Blvd.,
Long Island City, Queens
☎1-718-204-7088
🕐10:00〜17:00、土・日曜11:00
〜18:00 休月・火曜
💰おとな$10、学生・シニア$5、
11歳以下無料（第1金曜は任意）
Ⓜ F/Queensbridge/21St.（Queens）
●https://www.noguchi.org

石の彫刻家、イサム・ノグチのミュージアム

モニュメント、庭や公園などの環境設計、インテリア、舞台美術まで幅広い活動を行なった芸術家イサム・ノグチのミュージアム。1904年、英文学者で詩人の野口米次郎と作家レオニー・ギルモアとの間に生まれた彼は、渡米後、彫刻家を目指した。その後、アメリカ国内外で活動を続け、「地球を彫刻した男」と呼ばれるアーティストとなった。

赤レンガの目立つ外観

外からの陽光まで計算されたかのような屋内の展示

モマPS1

MoMA PS1
🏠22-25 Jackson Ave.,Long
Island City,Queens
☎1-718-784-2084
🕐12:00〜18:00 休火・水曜
💰おとな$10、シニア・学生$5
（近代美術館入館から14日以内の
チケットがあれば、無料）
Ⓜ E・M/Court Sq.-23rd St.
●https://www.moma.org/ps1

外観はとてもシック

毎年50以上もの企画展を実施

クイーンズにある、使われなくなった公立小学校を利用してオープンした、近代美術を扱う美術館兼ギャラリー。コレクション収集よりもアメリカ全土、世界中のアーティストの作品や音楽、演劇などを紹介することに精力的に取り組んでいる。2010年に、2000年より提携関係にあったミッドタウンの近代美術館（モマ）と合併した。写真集、美術アートブックなどの品揃えが充実した本屋も館内にある。

©Estate of Mike Kelley photo by Joshua White

とっておき情報

まだあるおすすめミュージアム

ニューヨーク交通博物館
New York Transit Museum

ニューヨーク市内の公共交通機関を司るMTAが運営する交通博物館。地下鉄の歴史や技術を紹介しており、都市圏の交通について特化した博物館としては国内最大規模を誇る。グランドセントラル駅構内にもギャラリーとショップがある。

MAP p.25-L 🏠Boerum Pl. & Schermenhorn St.
Brooklyn Heighs, Brooklyn ☎1-718-694-1600
🕐10:00〜16:00、土・日曜11:00〜17:00 休月曜
💰おとな$10、シニア（62歳以上）・子供（2〜17歳）
$5 Ⓜ2・3・4・5/Borough Hall
●https://www.nytransitmuseum.org

子供博物館
Children's Museum of Manhattan

体験しながら楽しむ子供向けの博物館。おもちゃ屋さんのようなミュージアムショップは要チェック。

MAP p.34-E 🏠212 W. 83rd St. ☎1-212-721-1223
🕐10:00〜17:00、土曜〜19:00 第1金曜〜20:00
休月曜 💰おとな・子供$15、シニア$12、1歳未満無料、第1金曜17:00〜20:00は無料
Ⓜ1/79th St.
●https://www.cmom.org/

ブロードウェイとアムステルダム街の間に立つ

エンターテインメント
&スポーツ観戦

Entertainment

日本での情報収集

演目やスケジュールなどをインターネットで見て確認できる。その他の情報源としては、NYCオフィシャルガイドNYC The Official Guideニューヨーク市観光局公式ガイド、ブロードウェイ・コレクション、プレイビル、ブロードウェイリーグなどがある。

● https://www.nycgo.com/broadway/
● https://www.broadwaycollection.com/ja/
● https://www.playbill.com/
● https://www.broadwayleague.com/
● https://www.theatermania.com/

チケット予約サイト

● チケットマスターTicket Master
https://www.ticketmaster.com
● テレチャージTelecharge
https://www.telecharge.com

マンハッタンのチケッツTKTSは3か所

● TKTSタイムズスクエア ㊤ W.47th St. bet. Broadway & 7th Ave. ☎15:00〜20:00、火曜14:00〜、マチネ：水・土曜10:00〜14:00、日曜11:00〜15:00 ㊡無
● TKTSサウスストリートシーポート ㊤Corner of Front St. and John St. ☎11:00〜18:00、日曜〜16:00 マチネは前日に販売される ㊡無
● リンカーンセンター ㊤61 W. 62nd St. David Rubenstein Atrium ☎12:00〜19:00、日曜1〜17:00 マチネは前日に販売される ㊡無

現地情報源のフリーペーパー

● タイムアウト・ニューヨーク Time Out New York 毎週水曜日発行。情報誌のなかではもっとも幅広い範囲の情報を掲載。https://www.timeout.com/newyork

◆ 情報の集め方

エンターテインメントの最新情報の収集にはインターネットを活用しよう。観たい演目が決まっているなら、それぞれのオフィシャルサイトからスケジュールの確認や劇場へのアクセス、チケットの購入も可能だ。演目やスケジュールの変更などもあるので、常に最新情報を入手しておこう。

◆ チケットを入手するには

● チケットマスター、テレチャージで買う

「チケットマスターTicket Master」、「テレチャージTelecharge」は日本でいう「チケットぴあ」のようなもの。電話やWebでの予約で、ミュージカル、クラシック、オペラ、コンサートのチケットが手に入る。演目によって、どちらの会社が取り扱うか、決まっている。なお予約にあたっては、マイアカウントの登録、クレジットカードの登録が必要になる。また、購入時にはサービス料がかかるが、演目によって異なるので、予約画面で確認のこと。チケットはe-mailで受取りプリントアウトした用紙を持っていくか、現地の劇場ボックスオフィスで受け取る。ボックスオフィスでの受け取りには確認書、予約時に使用したクレジットカード、パスポートが必要になる。希望の演目があらかじめ決まっているなら、早めに日本で購入しておくとよい。サイトは英語だが、手順に従ってゆっくり進めば難しくはない。座席もじっくり選べるので最もおすすめの買い方だ。

● 劇場のボックスオフィスで買う

各劇場の入口にあるボックスオフィスに出向き、希望の時間、席を指定して買う。通常、20時にオープンする公演のボックスオフィスは月〜土曜10〜20時、日曜12〜18時の間開いているが、チケット購入や受取りは遅くとも19時45分までに済ませておくようにする。手数料もかからず、もっとも確実。

● チケッツTKTSで割引チケットを買う

タイムズスクエア近くのダッフィスクエアにある「チケッツTKTS」では、ブロードウェイ、オフ・ブロードウェイなどの売れ残った当日券を20〜50%引きで売っている。電光掲示板に残っているチケットの演目と料金が表示されているので、それを確認して窓口でチケットを買う（＄4の手数料がかかる）。いつも行列ができており2〜3時間待つこともある。

『ウィキッド』の舞台

タイムズスクエアのチケッツTKTSでチケットを購入する人々

Broadway ブロードウェイ

ブロードウェイとは

ゴージャスで楽しいミュージカルは必見

"ブロードウェイ"と"ミュージカル"。このふたつの単語は切っても切り離せない。タイムズスクエアを中心に約40の劇場が集まり、世界的に有名なミュージカルを数々上演し、1日になんと2万人以上もの観客を集める劇場街のことを、その界隈のメインストリート名からブロードウェイと呼ぶようになった。

ブロードウェイに最初に劇場が建てられたのは1892年のこと。その人気は1920年代に最盛期を迎え、『サウンド・オブ・ミュージック』や『マイフェアレディ』などの名作を生み出した。現在もその勢いは衰えず、ロングラン公演を続ける『オペラ座の怪人』をはじめ、大規模でレベルの高いミュージカルはまさに"本物"。ここでしか見られない究極のエンターテイメントを満喫し、感動の時を過ごそう。

トニー賞

ブロードウェイで1年間に新しく上演された作品のなかから選ばれる権威ある賞。授賞式は6月第1日曜に発表され、その模様はCBSテレビで生中継される。賞の受賞は作品のロングランに大きく影響を与える。

ブロードウェイの楽しみ方

ミュージカルはもちろんすべて英語だが、言葉がわからなくても、舞台の迫力は充分感じられる。しかしストーリーをある程度知っておけば、そのおもしろさは倍増するはず。各作品のあらすじを紹介した日本語のサイトや情報誌もあるので、事前に勉強しておくとよい。

©Getty Images
舞台俳優の夢、トニー賞

何を見るかは人それぞれだが、初心者は『ライオンキング』や『オペラ座の怪人』など、有名で話の筋がわかりやすいものを選んでみては。

『アラジン』は子供でもわかりやすい

とっておき情報

『オペラ座の怪人』

『シカゴ』

TKTSより人気？ ディスカウントチケットならTODAY TIX

ミュージカルのほか、オペラなどの演目まで安く見たいならここ。TKTSだと当日（もしくは前日）にならないとチケットを買えないし、何より並ばなければならないが、ここでは1〜3ヵ月前から25〜50％程度ディスカウントでチケットを買うことができる。サイト（https://www.todaytix.com/x/nyc）またはアプリでチケット購入手続きをし、チケットは当日、劇場前でTODAY TIXの服を着たスタッフから受け取るか、劇場の窓口で受け取るシステム。英語のみとなるが、通常のチケット購入システムと手順はほぼ同じで難しくはない。支払いはクレジットカードとなる。チケット受取方法は演目によって異なるので、よく注意事項を読んでおこう。

ブロードウェイのおもなロングラン作品

オペラ座の怪人
The Phantom of The Opera

1988年初演でトニー賞を多数受賞した人気のミュージカル。見事な舞台装置は必見。パリのオペラ座の地下に住むファントム（怪人）は、ソプラノ歌手のクリスティンに心を寄せる。ファントムの仮面を取ろうとした彼女を地下に閉じ込めるが、自分への愛が生まれることを望み、地上へと帰る。しかし、彼女の恋人との仲に嫉妬したファントムは、オペラに主演しているクリスティンの足元にシャンデリアを落として…。ファントムと彼女の運命は？

ステージの豪華さはブロードウェイでも際立つ

原作はガストン・ルルーの小説　プログラムやCDも販売している

	月	火	水	木	金	土	日
マチネ	—	—	—	—	—	14時	—
夜	20時	19時	20時	20時	20時	20時	—

劇場：マジェスティック劇場　Majestic Theatre
MAP p.26-E　上演時間：2時間30分

セリフの多さ	★★★★	衣装	★★★
音楽	★★★★	舞台	★★★★★
ダンス	★★		

アラジン
Aladdin

あの『ライオンキング』のプロデューサーによる新作。日本でも劇団四季が公演を行っているのでおなじみだ。『美女と野獣』『リトルマーメイド』『アラジン』などの楽曲でアカデミー歌曲賞・作曲賞受賞のアラン・メンケンが舞台版でも音楽を担当。ディズニーの名作アニメ『アラジン』の世界が見事に展開されている。

魔法のランプの精ジーニーが愉快！

	月	火	水	木	金	土	日
マチネ	—	—	—	—	—	14時	13時
夜	19時	—	19時	19時	20時	20時	18時30分

劇場：ニューアムステルダム劇場　New Amsterdam Theatre
MAP p.26-J　上演時間：2時間30分

セリフの多さ	★★★	衣装	★★★★★
音楽	★★★★★	舞台	★★★★★
ダンス	★★★★★		

シカゴ
Chicago

禁酒法時代のシカゴを舞台に、スキャンダルを利用してスターの座を勝ち取ろうとする芸人たちの物語。裏切り、殺人、賄賂、欲望など、人間の悪の部分が描かれる。1975年初演のオリジナルはシカゴの生みの親ともいわれる故ボブ・フォッシーが脚本、演出、振り付けを担当した。1997年リバイバル作品部門で、トニー賞の6部門を受賞。

	月	火	水	木	金	土	日
マチネ	—	—	—	—	—	14時30分	14時30分
夜	20時	20時	—	20時	20時	20時	19時

劇場：アンバサダー劇場　Ambassador Theatre
MAP p.26-F　上演時間：2時間30分

セリフの多さ	★★★★★	衣装	★★★★
音楽	★★★	舞台	★★★
ダンス	★★★★★		

ウィキッド
Wicked

『オズの魔法使い』のお話以前の知られざるストーリー。エルファバは頭の良いエメラルド・グリーンの肌の持ち主。グレンダは美しく勇敢で人気者。同じ学校のクラスメイトだった2人の魔女が、どうして良い魔女と悪い魔女になっていったのか、その謎が解き明かされる。

	月	火	水	木	金	土	日
マチネ	—	—	—	—	—	14時	14時
夜	—	19時	19時	19時	20時	20時	19時

劇場：ガーシュイン劇場　Gershwin Theatre
MAP p.26-F　上演時間：2時間45分

セリフの多さ	★★★	衣装	★★★★
音楽	★★★★	舞台	★★★★
ダンス	★★★		

スティーブン・シュワルツの作詞・作曲

『アナ雪』のミュージカルでは子役パートも見どころ

アナと雪の女王
Frozen

　同名の大ヒット映画『アナと雪の女王』がミュージカル化。映画でお馴染みのナンバーがたっぷり楽しめるのはもちろん、ミュージカルのために書き下ろされた曲も加わった。豪華な衣装やセット、それらをよりリアルに輝かせる特殊効果も見逃せない。映画を知っていてもいなくても、新たな『アナ雪』の世界が楽しめる。

	月	火	水	木	金	土	日
マチネ	—	—	—	—	—	14時	13時
夜	—	19時	19時	19時	20時	20時	18時30分

劇場：セント・ジェイムズ劇場　St. James Theatre
MAP p.26-F　上演時間：2時間30分

セリフの多さ	★★★	衣装	★★★★
音楽	★★★★★	舞台	★★★★
ダンス	★★★		

ブック・オブ・モルモン
The Book of Mormon

　2011年の初演以来、変わらぬ人気を誇るミュージカル作品。北ウガンダのとある村に布教のために派遣された2人のモルモン教信者。しかし、戦争や飢饉などで宗教どころではない住民と2人が巻き起こすさまざまな出来事がユーモアや風刺たっぷりに描かれ、とにかく愉快だ。

	月	火	水	木	金	土	日
マチネ	—	—	—	—	—	14時	14時
夜	—	19時	19時	19時	20時	20時	19時

劇場：ユージーン・オニール劇場　Eugene O'Neill Theatre
MAP p.26-F　上演時間：2時間30分

セリフの多さ	★★★★	衣装	★★★
音楽	★★	舞台	★★★
ダンス	★★★		

言葉がよくわからなくても笑えてしまう

※シーズンにより公演時間や休演日は変わります。

ハリー・ポッターと呪いの子
Harry Potter and the Cursed Child

　書籍や映画で絶大な人気を誇る『ハリー・ポッター』の世界がブロードウェイに登場。舞台は『ハリー・ポッターと死の秘宝』の続編として描かれ、パート1と2の2部構成で、5時間を超える超大作。そのため、水・土・日曜はマチネがパート1、夜がパート2、木曜がパート1、金曜がパート2といった変則スケジュールになっている。

　75億円の製作費を費やし、魔法の世界を凝った舞台装置、演出のため劇場の改装も行ったという。大ヒットし、トニー賞も受賞。

	月	火	水	木	金	土	日
マチネ	—	—	14時	—	—	14時	13時
夜	19時30分	19時30分	19時30分	19時30分	19時30分	19時30分	18時30分

劇場：リリック劇場　Lyric Theatre
MAP p.26-F　上演時間：パート1　2時間40分
パート2　2時間35分

セリフの多さ	★★★	衣装	★★★
音楽	★★★	舞台	★★★★★
ダンス	★★★		

舞台を超えた映画レベルと評判

ライオンキング
The Lion King

　ディズニーのブロードウェイ作品第二弾で、ディズニーの自社運営劇場で上演。エルトン・ジョンの音楽、ジュリー・テイモアの斬新な衣装、セットと演出で完成度の高い作品に仕上がっている。アフリカのサバンナが舞台。野生の王国に住むライオン、シンバの成長とほかの動物たちとの友情を描いた物語で、愛と友情がテーマ。1998年にトニー賞、最優秀作品賞を受賞している。

アフリカを舞台とした愛と友情の物語

	月	火	水	木	金	土	日
マチネ	—	—	—	—	—	14時	13時
夜	—	19時	19時	20時	20時	20時	18時30分

劇場：ミンスコフ劇場　Minskoff Theatre
MAP p.26-F　上演時間：2時間30分

セリフの多さ	★★★	衣装	★★★★★
音楽	★★★★★	舞台	★★★★★
ダンス	★★★		

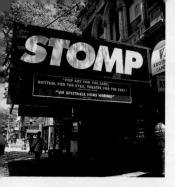

オフ・ブロードウェイ
Off-Broadway

膨大な製作費をかけた豪華なブロードウェイ作品とは異なり、知名度が低く、小さな劇場（ブロードウェイが1000席以上であるのに対し、オフは500席以下）で、派手な衣装も舞台装置もない小規模な作品を見せているのがオフ・ブロードウェイだ。劇場がある"場所"は関係ない。

小規模とはいえブロードウェイに勝るとも劣らない芸術性、音楽、テーマのおもしろさを持った作品も多い。また、小さな劇場だからこそ魅力あるものとなる作品も見られる。ブロードウェイとの"レベルの差"というよりも、"質の違い"を見比べるつもりで見るとおもしろい。

『レント』や『シカゴ』のように、オフからブロードウェイに昇格した作品もあれば、オフで短期間公演しただけで消えてゆく作品もある。厳しい実力の世界で生き残りをかける熱意が感じられるのもオフの魅力だ。

オフオフ・ブロードウェイ

オフ・ブロードウェイよりも規模が小さく、アマチュアとも呼べる俳優の卵たちが、自由な発想で作るおもしろい作品を上演している。ジャンルの幅が広く、ミュージカルはもちろん、パントマイムや前衛的なダンスや音楽を中心とするものなど、実験的で新しい作品の数々が見られる。また、劇場は100席以下のこぢんまりとしたところが多く、演技する人と観客が一体となれるような雰囲気が感じられる。チケットは＄20〜40程度というのもうれしい。

オフオフは公演期間が短く、日程や内容は変更されやすい。フリーペーパーやサイトなどで観たい作品を見つけたら、上映スケジュールをよく確認したほうがよい。

ブルーマングループ：チューブ
劇場：アスタープレイス劇場
Astor Place Theatre
434 Lafayette St.
☎1-212-254-4371

ストンプ
劇場：オーフィアム劇場
OrpheumTheatre
126 2nd Ave.
☎1-877-677-4386

アヴェニューQ
劇場：ニューワールドステージズ
New World Stages
340 W. 50th St.
☎1-646-871-1730

ブロードウェイでも人気を博した『アヴェニューQ』

おもなオフ・ブロードウェイ作品

鮮やかな色と音、そしてユーモラスな演出がなんとも楽しい

ブルーマングループ：チューブ
● Blue Man Group:Tubes

頭と手を真っ青にペイントした3人の男性が繰り広げる奇妙な動きと奇想天外な音楽。ニューヨークで大人気のブルーマンショーは音楽、コメディ、マルチメディアを巧みに取りいれたユニークなエンターテイメントで、日本公演でも人気を博している。1階前方席はビニールの雨ガッパを着用。ストーリー性のない展開でセリフはまったくないので英語が苦手でもOK。クライマックスでは観客全員参加の最高潮の盛り上がりとなる。

ストンプ ● Stomp

8人のパフォーマーたちがデッキブラシやごみ箱を楽器にして、リズミカルな音楽とダンスを見せる。特にストーリーはなく、英語がまったくダメでも楽しめる。日本でもテレビCMに登場した。

軽快な音楽とダンスが楽しい

アヴェニューQ ● Avenue Q

セサミストリートのようなパペットを使ったミュージカルだが、大人向けの人気作。おもしろおかしいなかに、人種差別や同性愛といった刺激的かつ重い内容が含まれている。

150

Opera オペラ

日本ではまだあまりなじみのないオペラだが、ニューヨークでなら、席によっては日本の半額以下で楽しめる。イタリア語やドイツ語だったり、内容が分かりにくいということもあるが、舞台そのものの迫力もさることながら、正装した観客が埋め尽くすオペラハウスの華麗な雰囲気はそこにいるすべての人々を魅了する。とくにニューヨークのメトロポリタンオペラは、歌、オーケストラ、演出、舞台装置など、すべてにおいて最高のレベルに達しており、世界的にも高い評価を受けている。

©Matthew Murphy

ゴージャスなステージには圧倒されるメトロポリタンオペラ

メトロポリタンオペラ
● Metropolitan Opera

1883年に創設されたメトロポリタンオペラハウス（通称メトMET）は、パリのオペラ座、ウィーンの国立歌劇場、イタリアのスカラ座と並んで、世界4大歌劇場のひとつに数えられている。『カルメン』、『蝶々夫人』、『魔笛』などの有名な作品を年間200回以上公演。オペラ界の大御所、故パヴァロッティやドミンゴもこの舞台に立った。シーズンは9〜5月。

メトにはメトタイトルズという同時字幕システムが導入されているが、日本語はない。劇場内のグランドティアー・レストランは当日券がある人のみ、開演2時間前からと休憩時に食事が可能だ。休憩時間に利用できるドリンクコーナーは、ファウンダーズホールとオーケストラ、パーテール、グランドティアー、ファミリーサークルの各階にある。

©Ken Howard
ファミリーサークルなら気軽に行ける

©Joe Buglewicz
夜、ライティングされるとまた風情の違うメトロポリタンオペラハウス

服装はばっちり決めて

オペラハウスに来る人々は、かなりドレスアップしている。1階席の人はタキシードやイブニングドレスを着用しているほど。立ち見席にはジーンズの人も見かけられるが、インターミッション（休憩時間）にはどの席の人もホールに集まるので、服装に気を配ろう。

インターミッションの様子。屋外で喫煙できる

メトロポリタンオペラハウス
Metropolitan Opera House
⊕30 Lincoln Center Plaza
☎1-212-362-6000　3800席
（営）ボックスオフィス10:00〜20:00（夏期〜18:00）、日曜12:00〜18:00
（休）無　前売り券は月〜金曜の分は前週の土曜から買える。土曜は当日のみ
Ⓜ1/66th St.-Lincoln Center
MAP p.34-J
●メトロポリタンオペラ
https://www.metopera.org

チケット料金は高くない!?

オペラのチケット料金は高いというイメージがあるが、座席によってピンキリ。一番安いのは最上階の「ファミリーサークル」。$25〜30程度で見ることができる。一番多い「オーケストラ」席は、$100〜380程度。（演目により異なる）

エンターテインメント

151

オフ・ブロードウェイ／オフオフ・ブロードウェイ

Ballet バレエ

ニューヨークには、メトロポリタンオペラハウスほかで見られるアメリカンバレエシアター（ABT）と、デヴィッド・H・コーク劇場で見られるニューヨークシティバレエのふたつの大きなバレエ団がある。

アメリカンバレエシアター
● American Ballet Theatre (ABT)

1940年に設立されたアメリカを代表するバレエ団。荘厳なオペラハウスを舞台とする華やかな演出が見ものだ。『眠れる森の美女』や『コッペリア』など、よく知られた古典的な作品から現代的な作品まで、内容は幅広い。シーズンは春季と秋季。

ニューヨークシティバレエ ● New York City Ballet

ジェローム・ロビンス、ジョージ・バランシンの2人の振り付け師の遺志を継いだダンサーたちが踊り、衣装、ストーリーともにモダンなものを取り入れて披露している。シーズンは春季、秋季、冬季。

Classic クラシック音楽

クラシックには興味がないという人でも、ニューヨークの歴史あるコンサートホールで、重厚な演奏をじっくり聴いてみるのもたまにはいいのでは。なにしろ、クラシックファンにとってはこのうえない贅沢なシチュエーションで"本物"の演奏が日本よりも安い料金で鑑賞できるのだ。ニューヨーク交響楽団をはじめ、世界各地から訪れる著名な音楽家のコンサートがたびたび開かれている。

ニューヨークフィルハーモニック ● New York Philharmonic

150年以上もの長い歴史を誇る交響楽団。リンカーンセンターにあるデビッドゲフィンホールを本拠地として、毎年定期公演を行なっている。シーズンは9〜6月。基本的に期間中の火曜の19時30分か20時、木曜の20時、金曜の14時と20時、土曜の20時の回がある。それ以外の日程でもスペシャルな催しもあるので、サイトのカレンダーを確認しよう。

チェンバーミュージックソサエティ
● The Chamber Music Society

アリスタリーホールを本拠地とするニューヨークのもうひとつの楽団。小規模だが、ゲストを迎えて心温まるコンサートを開いている。チケットは比較的安いので、ファンのみならず、家族や友人と気軽に行ってみたい。

アメリカンバレエシアターの『白鳥の湖』

デヴィッド・H・コーク劇場
David H. Koch Theater
㊟20 Lincoln Center Plaza
☎1-212-870-5570
Ⓜ1/66th St.-Lincoln Center
MAP p.34-J
●アメリカンバレエシアター
https://www.abt.org
●ニューヨークシティバレエ
https://www.nycballet.com

ニューヨークフィルハーモニックのオープンリハーサル

9時45分から行なわれる、ニューヨークフィルハーモニックのリハーサルを見学できる（ただし、毎週ではないので要確認）。料金は＄22。予約はオンライン、電話(1-212-875-5656)、デビッドゲフィンホールボックスオフィスで。

ニューヨークフィルハーモニックの学生割引

ニューヨークフィルハーモニックの学生割引料金（スチューデント・ラッシュStudent Rush）は＄18（国際学生証が必要）。10日前までに購入。ボックスオフィスでは当日空きがあれば買える。枚数に限りがある。

デヴィッドゲフィンホール
David Geffen Hall
㊟10 Lincoln Center Plaza
☎1-212-721-6500
Ⓜ1/66th St.-Lincoln Center
MAP p.34-I
●ニューヨークフィルハーモニック
https://www.nyphil.org

アリスタリーホール
Alice Tully Hall
㊟1941 Broadway
☎1-212-721-6500
Ⓜ1/66th St.-Lincoln Center
MAP p.34-I
●チェンバーミュージックソサエティ
http://www.chambermusicsociety.org

旅行者でもカンタン体験できる
ダンス＆ボイスレッスン

エンターテイメントのメッカ、ニューヨーク。一流の芸術を見るのは素敵だが、自身で体験してみるのもニューヨークならではの楽しみ。スクールは数多いが、ここでは1クラスから参加できる厳選のスクールを紹介。

みんな真剣そのもの

ペリダンス・カペジオセンター
Peridance Capezio Center

クラシック、モダンバレエからタップ、サルサ、ヨガ、ジャズ、ヒップホップ、マーシャルアーツ系までさまざまなジャンルのクラスがあり、1クラス$21から。5回券$87.50、10回券$180。

フレンドリーなスタッフ、インストラクターばかりで、ツーリストでも気軽に立ち寄って体験できるのがうれしい。本格的に、長期にレッスンを受けたい場合はプログラムを組んでくれる。

アーティスティック・ディレクターの
イガール・ペリ氏

MAP p.29-G 　⊕126 E. 13th St.
☎1-212-505-0886（日本語可）
●http://www.peridance.com

ブロードウェイ・ダンスセンター
Broadway Dance Center

毎週350以上のさまざまなクラスがあり、レベルも初級から上級まであるので、自分に合ったクラスをスケジュールの中から見つけられ、気軽にレッスンを受けることができるのがブロードウェイ・ダンスセンター（BDC）。ブロードウェイ劇場街の中心に位置することもあり、雰囲気も気分も上々に。ブロードウェイでも知られる振付師やダンサーの指導を受けることができる。シングルクラス$22、5クラス$95など。本格的に学びたい人には3カ月、6カ月、1年の留学ビザプログラムもある。

いろんな国の人が集う

ピラティス、ヨガなどのクラスもある

MAP p.26-F
⊕322 W.45th St. 3rd Fl.
☎1-212-582-9304
●https://www.broadway
dancecenter.com/

ショップもあり、ウエアやシューズも調達できる

ステップス
Steps on Broadway

アッパーウエストサイドにあるポピュラーなオープンスタジオ。実際にアーティストとして活動しているプロが指導。プロからビギナーまで生徒層が厚く、バレエやジャズ、ヨガ、ヒップホップなどクラスの種類も豊富だ。1回のみのシングルクラスチケット$21、10回の10クラスシリーズ$185（60日有効）。

スーパーのフェアウェイのビルの3階

MAP p.34-E 　⊕2121 Broadway, 74th St. 3rd Fl.
☎1-212-874-2410
●https://www.stepsnyc.com

ハーレム・ボーカルハウス
Harlem Vocal House

ジャズ、R&B、ゴスペル、ポップスを中心に、ボイスレッスンと実践をミックスさせたオリジナル・カリキュラムが組めるのが好評のボーカルハウス。1週間の短期から長期までOK。プライベート1回（60分）$150〜、4〜6回1回$120〜、長期割引、会員割引あり。通訳、スタジオ代など含む。

厳しくも楽しいレッスン

MAP p.98-C 　⊕2372 Adam Clayton Powell Blvd.
(bet. 138 &139th Sts.) 　☎1-646-410-0786（日本語可）
●http://harlemtour.fc2web.com/vocal.htm

スパ、エステで
きれい＆リラックス・タイム

NYスタイルのエステってどんなの？知りたい
旅の疲れ、空気の違いでお肌が…
そんな人は、ぜひマンハッタンで美しさに磨きを
日本とはちょっと違う経験に、体も心もすっきりきれいになる。

シンプルで清潔なエステルーム

Moonflower Spa
M ムーンフラワー・スパ

　最新のマシンによる確実な効果を重視したリザルト・オリエンテッド・フェイシャルや、リラクセーションを目的としたアロマテラピー・フェイシャルとで、ハイストレスな日々のなかで必要とされる上質のトリートメントを、手頃な価格で提供。シワやくすみ、ニキビ跡などを改善してくれる"ダーマブレーション"（マシンによる角質除法　60分、$130）や"ディープ・ポア・クレンジング・フェイシャル"（アメリカ式究極の毛穴ケア90分、$115）などがおすすめ。男性のためにはメンズフェイシャル（75分、$105）、乾燥肌の人にはアンチ・ドライネス・フェイシャル（75分、$145）も人気。月〜金曜の11時から14時30分にはスペシャルメニューもあるので要チェックだ。すべて日本語OKで安心。

リラックスできるトリートメントルーム

MAP p.27-K
🏠8 E. 41st St.　☎1-212-683-8729　🕐11:00〜21:00、土・日曜〜20:00　㊡火曜
Ⓜ S・4・5・6・7/Grand Central-42nd St.
●https://moonflowerspa.com

左／トリートメントには英国発のアロマセラピー・アソシエイツを使用
右／シンプルなレセプション

Metamorphosis Day Spa
M メタモルフォシス・デイスパ

　ミッドタウンにあるアットホームなスパ。5階までのぼり、扉を開けたとたんレモングラスなどハーブのいい香りが漂い、こぢんまりした空間だからこそのフレンドリーなサービスが心地いい。コースはフェイシャル、ボディ、ネイル共に各種そろうが、おすすめはフェイシャル、ボディ両方を堪能できる"ボディスパパッケージ"2時間、$250。週末は込みあうので、平日の午前中が狙い日。要事前予約。

男性用エステもいろいろそろっています！

MAP p.27-C
🏠127 E. 56th St.　☎1-212-751-6051　🕐12:00〜20:00、金曜11:00〜20:00、土曜〜18:00　㊡日曜
Ⓜ4・5・6/59th St.
●https://www.metspa.com

天然成分のみを使用した新しいメタモルフォシス・シグニチャー・オーガニックフェイシャル$210もおすすめ。

ドイツなどヨーロッパブランドも含め5〜6種類のコスメ使用

Tracie Martyn
トレーシーマーティン

女優やモデル、セレブリティ御用達、米国マスコミも大絶賛のスパ。一番人気は世界一との呼び名も高いフェイスリフティング。マイルドな電流で筋肉を刺激し、憧れの小顔を作ると評判。トップクラスのメイクアップアーティストとして長年活躍し、アンチエイジングのスペシャリストと呼ばれてきたトレーシー自身が生み出した植物性ビューティープロダクツを使ったフェイシャルとボディトリートメント60分が定番。常連客にはマドンナ、リブ・タイラーからケイト・ウィンスレットまで数多くのビッグネームが名を連ねる。商品はバーニーズやバーグドーフグッドマンでも購入できる。

左／ピュリファイングクレンザーやエンザイムエクスフォリアンなどプロダクトはどれも人気だ　右／サロン内もいい雰囲気

MAP p.29-G
🏠101 5th Ave. (bet. 17th & 18th Sts.) ☎1-212-206-9333（要予約）🕐8:30〜20:00　土曜9:00〜18:00、日曜〜18:30　㊡無
Ⓜ L・N・Q・R・4・5・6/14th St.-Union Sq
●https://www.traciemartyn.com

Aire Ancient Baths
エイルエンシェント・バス

古代ローマの健康法をテーマにしたユニークなバススパ。冷水、高温水、塩水など、さまざまなプールに順番に浸かり、サウナや岩盤浴でリラックスするというユニークなスパ。レンタルもあるが水着を持参した方がいい。

MAP p.30-F
🏠88 Franklin St.　☎1-646-503-1910
🕐9:00〜23:00
㊡無
Ⓜ M1/Franklin St.
●https://beaire.com/

上／洞窟のようなスペースにたくさんのプールが
下／トライベッカにある穴場スパ

Oasis Day Spa
オアシス・デイスパ

マッサージに定評のあるスパ。"シグネチャーフェイシャル" 60分が＄140、90分が＄175。時間のない人は"オアシスエクスプレスフェイシャル" 30分、＄85もある。また、ネイルサービスも人気。高級感ただようゆったりしたロビーは朝から予約客でいっぱいだ。

ホテル、アフィニアデュモン内にある

MAP p.27-L
🏠1 Park Ave　☎1-212-254-7722
🕐9:00〜21:15　㊡無
Ⓜ6/33rd St.
●https://www.oasisdayspanyc.com

ちょっと一言　ニューヨークのエステサロンのほとんどが英語によるもの。エステを始める前にまず肌の状態や健康状態などについてのアンケートに答える。

©AlexLopez/NYC & Company　ニューヨーカーの憩いの公園ワシントンスクエア

各チームの問い合わせ先

●野球
ヤンキース ☎1-718-293-6000
https://www.mlb.com/yankees
メッツ ☎1-718-507-8499
https://www.mlb.com/mets
●フットボール
ジャイアンツ ☎1-201-935-8111
https://www.giants.com
ジェッツ ☎1-800-469-5387
https://www.newyorkjets.com
●バスケットボール
ニックス ☎1-212-465-5867
https://www.nba.com/knicks
ネッツ ☎1-718-933-3000
https://www.nba.com/nets
●アイスホッケー
レンジャーズ ☎1-212-465-4459
https://www.nhl.com/rangers
アイランダーズ ☎1-516-501-6700
https://www.nhl.com/islanders

公式ホームページ

●野球（MLB）
https://www.mlb.com
●バスケットボール（NBA）
https://www.nba.com
https://www.nba.com/japan（日本語）
●フットボール（NFL）
https://nfl.com
https://www.nfljapan.com（日本語）
●アイスホッケー（NHL）
https://www.nhl.com

メッツの球場、シティフィールド

ゲーム前のヤンキースタジアム

◆ 情報の集め方

ゲームのプログラムを販売するスタッフ

　日本でスケジュールをチェックしたり、予約する場合は、インターネットを活用するのが便利。各チームのオフィシャルホームページ（左記参照）では、試合スケジュールはもちろん、結果や選手の情報ほかチケットの詳しい情報も手に入る。ただし、フットボールは野球に比べると試合数も少ないので、観戦チケットは正規の方法では入手が困難だ。

　現地での確実なスポーツ情報の入手法は、日本と同様、インターネット環境があれば、一番簡単でわかりやすい。直接各チームのインフォメーションや、チケットを販売しているチケットマスターやチケットエージェントの窓口や電話でチェックする。

　ホテルのコンシェルジュなどでもすぐ調べられるが、『スポーティングニュースThe Sporting News』というスポーツのサイト（http://www.sportingnews.com）も便利だ。ニューヨークタイムズのスポーツ欄、または各チームの公式ホームページ（左記参照）にもスケジュールが載っている。

　フットボール以外の各スポーツの観戦チケットは、席にこだわらなければ、当日、チケット窓口で買える場合もある。しかし、人気のある試合やよいシートのチケットを手に入れるのは困難。バスケットボールの1階席やコートサイドの席は、当日入手するのはほぼ不可能だ。また、人気のヤンキースvsボストン・レッドソックス戦や、サブウェイシリーズ（ヤンキースvsメッツ）の試合も入手が難しい。予定が決まったらなるべく早く、インターネットや電話、代理店などで入手したい。日本で事前に予定が組める人は、あらかじめ日本でオンライン予約するのがもっとも簡単で安くすむ。

◆ 日本でチケットを予約・購入する

●オンラインで予約購入する

　日本からでもインターネットを使えば、簡単にチケットを購入することができる。さらに、チケットの購入だけではなく、試合の結果や、チームの試合スケジュール、選手についての情報なども入手可能。使いこなせばとても便利だ。チケットをオンラインで購入する時、必要となるのがクレジットカード。ビザ、マスターカード、アメックスのいずれかがあれば大丈夫だ。ただし、1枚につき＄5〜20の手数料がかかる。

　オンライン予約の注意点としては、当日球場に行けなかったとしても、チケット代と手数料は引き落とされるので、購入は慎重にしよう。チケットは当日、球場のウィルコールWill Call窓口で引き替える。事前にバーコード付きチケットをプリントアウトできるものもある。

豆知識 ウィルコールでチケットを受け取る際、予約の確認番号、写真付きの身分証明書、予約に使ったクレジットカードが必要になる。

野 球 ////////////////////// *Baseball*

国民的娯楽といわれるほどアメリカ人にとって生活の一部となっているスポーツ。1995年の野茂英雄の渡米をきっかけに日本でも本場メジャーリーグの試合を実際に自分の目で見たいという人が増えた。全員起立でアメリカ国歌を大合唱。拍手の嵐のなかでプレイボール。野球に興味のある人もない人も、観客とプレーヤーが一体となってわき起こす熱い空気に感動するはず。ニューヨークを本拠地とするチームは、2009年ワールドシリーズで優勝したヤンキースと熱狂的な地元ファンの多いメッツ。ヤンキースの本拠地、ヤンキースタジアムはブロンクスに、メッツの本拠地シティフィールドはクイーンズにあり、どちらもマンハッタンから地下鉄で行くことができて便利。

ヤンキースタジアムのチケット売場

メジャーリーグ（MLB）とは

アメリカのメジャーリーグが創立されたのは1869年。これまでに、伝説のヒーローと呼ばれる数多くのプレーヤーがメジャーリーグで誕生し、その歴史に名を残している。

メジャーリーグはアメリカとカナダの都市を本拠地とする全30チームから成り、日本同様、2つのリーグ（メッツのいるナショナルリーグとヤンキースのいるアメリカンリーグ）に分かれている。さらに、リーグのなかで東、中、西部の地区に分かれている。メジャーリーグのシーズンは4〜9月で、年間で162試合の公式戦が行なわれ、各地区の優勝チームによるプレーオフののち、10月にワールドシリーズが開催され、全米一のチームが決定する。ニューヨーカーに人気なのは1997年から始まったインターリーグと呼ばれるアメリカンリーグとナショナルリーグの交流試合があること。ニューヨークでは、どちらの球場も地下鉄で行くことから、サブウェイシリーズとして大人気のヤンキース対メッツ戦が見られる。

ヤンキースの人気は高い

ヤンキースタジアムの入口ホール

スポーツ観戦

157

野球

本音でガイド

野球観戦のマナー

お国が違えば野球場での決まりやマナーも違います。多くの日本人選手の活躍で、はるばる日本から応援しに来る日本人の観客も多く見られるようになりましたが、日本の球場と同じような応援の仕方では、ほかの観客に迷惑がかかる場合もあるんです。

たとえば、日本の球場の観戦席では選手の名前を書いた大きな看板をかかげて応援しているのをよく見ますが、アメリカでは禁止されています。また、ラッパや太鼓、音の出る風船などの使用も禁止です。わざわざ日本から用意していっても、使えませんので注意してください。

また、どんなに興奮しても、エラーに憤慨しても、グランドに物を投げ入れるのは禁止です。場合によっては逮捕されることもあります。アメリカの球場

で逮捕なんて、シャレになりませんね。

野球観戦といえばビール。スタジアム内での飲酒は許されていますが、アルコールはもちろん、中身に関わらずビンや缶の持ち込みは禁止です。ビール販売員がスタンドを回っていますが、買えるのはひとり1回につき2杯まで。また、外野席ではビールの販売はありません。

喫煙は屋外のスタンドでも全席禁煙です。決められた喫煙所がありますので、そちらでどうぞ。

ファウルボールを取った人は持ち帰ってOKです。なお、ボールを取る際には、最前列からグランドに身を乗り出してはいけないので、欲しい気持ちは分かりますが、注意しましょう。

（中田 譲 アーティスト）

ヤンキースタジアム

Yankee Stadium
MAP p.98-B
⊕161st St. & River Ave., Bronx
☎1-718-293-4300
チケット窓口／⊗9:00～17:00
㉠土・日曜　㉟＄15～245

行き方
ⓂB・D・4/161st St.-Yankee Stadiumで下車すると、目の前がヤンキースタジアム。マンハッタンから、所要約20分

スタジアム名物のホットドッグ

シティフィールド

Citi Field
MAP p.7-G
⊕120-01 Roosevelt Ave., Flushing
☎1-718-507-6387
チケット窓口／⊗9:30～17:30
㉠土・日曜
㉟＄15～455

行き方
Ⓜ7/Mets-Willets Pt.で下車すると、目の前がスタジアム。マンハッタンからは所要約22分

テレビでは味わえない臨場感を体験

◆ ニューヨークヤンキース
New York Yankees

　メジャーリーグの人気選手が集結しているチーム。ブロンクスにあるヤンキースタジアムを本拠地とし、ワールドシリーズ制覇27回、リーグ優勝40回という輝かしい記録を持つ名門チーム。古くはベーブ・ルースに始まり、1995年のデビューから2014年の引退までヤンキースでプレーしたデレク・ジーターなど、常にメジャーリーグを代表するスター選手を排出してきた。観戦する際は、熱狂的ファンの多くが陣取るライト側の外野席がおすすめのひとつ。少々過激だがアメリカらしい観戦が体験できる。また、試合の合間にはいろいろなイベントがあり、楽しませてくれる。特に、6回終了時の合間のYMCAの音楽とともに見られるグランド整備のパフォーマンスは見もの。

国歌斉唱は起立して

ヤンキースタジアム

◆ ニューヨークメッツ
New York Mets

　1962年に発足した比較的若いチームで、デイビッド・ライトなど人気選手が在籍。本拠地はクイーンズのフラッシングメドウコロナパークにあるシティフィールド。今までに3回、ワールドシリーズに出場し、1969年に初優勝。この優勝は長く低迷が続いた後の栄誉だったため"ミラクルメッツ"という異名で称えられた。2015年には15年ぶりのワールドシリーズ進出を決めたが、1勝4敗で敗退した。オレンジとブルーのユニフォームは、かつてニューヨークを本拠地としていたジャイアンツとドジャースのチームカラーから取ったもの。両チームの心意気をファンに残す意味がこめられている。ヤンキースとの対戦は、シティフィールズとヤンキースタジアムが地下鉄で結ばれていることから、サブウェイシリーズと呼ばれている。

メッツの本拠地シティフィールド

フットボール　///////////////////////////　*Football*

激しいぶつかり合いとスピード感が迫力のフットボールは、アメリカでは野球やバスケットボールよりも人気の高い国民的スポーツとなっている。NFL（ナショナルフットボールリーグ）を構成する32チームが、NFC（ナショナルフットボールコンファレンス）とAFC（アメリカンフットボールコンファレンス）に分かれ、9～12月のシーズン中、毎週末に公式戦を行なう。そして1月下旬または2月初めの日曜には「スーパーボウル」が開催され、チャンピオンが決定する。スーパーボウルは毎年恒例の大イベントで、日本でもテレビで放映され話題を呼ぶ。ニューヨークのチームは、ニューヨークジャイアンツとニューヨークジェッツ。また、大学対抗試合も人気だ。

◆ ニューヨークジャイアンツ
New York Giants

ニュージャージー州にあるメットライフスタジアムが本拠地。1925年に大学フットボールからスタートし、現在のNFLチームの中で4番目に長い歴史を誇っている。1986年と1990年にはスーパーボウルで優勝。以後低迷し続けたが、2000年には再びスーパーボウル出場を果たし、2007、2011年優勝。NFCの東部地区に所属し、ライバルにはワシントンやダラスなどの強豪がそろっている。ヘッドコーチは2018年以降、パット・シューマーが務めている。

熱戦を見たい！

◆ ニューヨークジェッツ
New York Jets

本拠地はジャイアンツと同じメットライフスタジアム。1960年に誕生したNYタイタンズがその前身で、1963年にソニー・ワープソンが新オーナーに就任した際、ジェッツに改名された。AFCの東部地区に所属しており、対戦相手にはニューイングランド、バッファロー、マイアミなどの強豪チームが名を連ねる。2016年から3年連続して地区最下位に。2018年にはマダム・ゲイズがヘッドコーチに就任した。

シーズンが短いのでチケット入手は難しい

メットライフスタジアム
Met Life Stadium
MAP p.6-B
⊕ E. Rutherford, NJ
☎ 1-201-935-8111

行き方
ポートオーソリティ・バスターミナルからメドウランズ・エクスプレスバスMeadowlands Express Busが出ている。往復＄14。

● ニューヨークジャイアンツ
https://www.giants.com
● ニューヨークジェッツ
https://www.newyorkjets.com

フットボールのチケットは取りにくい

フットボールの観戦チケットは席によって異なるが、料金は高い。しかも、野球と比べて試合数が少ないため、チケットは手に入れにくい。チケットマスターやチケットエージェントで事前に手配したほうが確実だ。

◆本音でガイド◆
フットボール観戦には防寒対策を

野球のシーズンは夏だけど、フットボールのシーズンは秋から冬にかけて。スタジアムは周りにさえぎるものがなく、冷たい風が吹きつけ、さらに試合が夕方から夜にかけてとなれば、当然のことながら寒い！　スタジアムではみんなモコモコの厚着で、毛布にくるまって観戦しています。とにかく寒さはハンパじゃないので、防寒対策は万全にしていったほうがいいですよ。
（マシュー・ハンプトン　ビジネスマン）

バスケットボール //////////// *Basketball*

マジソンスクエアガーデン

Madison Square Garden
MAP p.26-J
🏛7th Ave., 32nd & 33rd Sts.
☎1-212-465-6741

行き方
ⓂA・C・E・
1・2・3/34
th St-Penn
Sta.で下車
すると目の
前

迫力が違う！

バークレイズセンター

Barclays Center
🏛620 Atlantic Ave.,Brooklyn
☎1-917-618-6700
https://www.barclayscenter.com

行き方
ⓂB・Q・2・3・4・5/Atlantic
Ave.-Barclays Ctr.下車

●ニューヨークニックス
https://www.nba.com/knicks
●ブルックリンネッツ
https://www.nba.com/nets

NBA（ナショナルバスケットボールアソシエーション）は、人気の高さゆえにチケット入手は難しい。しかし身長2m級の選手が、ボールをいとも簡単に操り、つぎつぎとシュートを決める華麗なプレーは、ぜひ一度、間近で見てみたい。NBAは全30チームによって構成されている。シーズンは11〜4月で、全部で82試合が行なわれ、6月中旬には、首位2チームによる7試合制4試合先勝で、優勝チームを決定するファイナルゲームでシーズンの幕を閉じる。ニューヨークを本拠地とするチームは、愛称ニックスで親しまれている、ニューヨークニックスとニュージャージーから戻ってきたブルックリンネッツ。

◆ ニューヨークニックス
New York Knicks

安定したチーム力で活躍しているニックス。1946年の創設で、優勝が2回、14シーズン連続でプレイオフ進出も決めた。ホームコートは2万人を収容するマジソンスクエアガーデン。NBA創立時からあるチームで、60〜70年代に黄金時代を迎えた。2015年は17勝65敗というチームワーストの成績で終えた。

◆ ブルックリンネッツ
Brooklyn Nets

イースタンカンファレンス、アトランティックディビジョン所属。1977年、ニュージャージーに移転したネッツが2012年、ニューヨークに戻ってきた。ドジャース以来のブルックリン拠点のメジャー球団に地元が沸いている。チームカラーは白×黒。

アイスホッケー //////////// *Ice Hockey*

●ニューヨークレンジャーズ
https://www.nhl.com/rangers
●ニューヨークーアイランダーズ
https://www.nhl.com/islanders

「氷の格闘技」と呼ばれるアイスホッケーは、長野の冬季オリンピック以来、日本人のファンもかなり増えた。NHL（ナショナルホッケーリーグ）は、アメリカとカナダの30チームから成る。10〜3月のリーグ戦ののち、5月のスタンレーカップで上位2チームが対戦し、優勝チームを決定する。ニューヨークのチームはアイランダーズとレンジャーズ。どちらも上位まで勝ち進む有望チームだ。

◆ ニューヨークレンジャーズ
New York Rangers

マジソンスクエアガーデンを本拠地とするチームで、1926年に創立された。スタンレーカップで過去4回優勝。

◆ ニューヨークアイランダーズ
New York Islanders

1980年からスタンレーカップで連続4回の優勝という快挙を成し遂げたチーム。本拠地は2015〜2016シリーズより、ブルックリンにあるバークレイズセンターとなった。

ナイトスポット事情

クラブやバー、ジャズやロックのライブハウスなど、ナイトスポットのジャンルの広さとレベルの高さはニューヨークならでは。夜のニューヨークを一度は体験したいものだ。ただし、気になるのが治安とマナー。行きと帰りの交通手段、店内での注意点を把握して楽しく安全な夜を過ごしたい。

フーターズのスタッフと記念撮影

ナイトスポットの情報収集はウェブサイトで

ナイトスポットの最新情報は『ヴィレッジヴォイスThe village Voice』や『タイムアウトTime Out』『ニューヨークタイムズ　New　York　Times』などのウェブサイトを利用するといい。もともと、『ヴィレッジヴォイス』は1955年創刊のタウン誌で、街角の専用ポストから自由に取り出して手に入れることができる。『タイムアウト』は約20年にわたり、ニューヨークの魅力を伝え続けた情報誌で、2015年4月15日から無料になった。共に毎週水曜に発行されるフリーマガジンで、カフェやレストラン、ホテルなどで手に入れることが可能だ。

●ヴィレッジヴォイス
https://www.villagevoice.com/
●タイムアウト
https://www.timeout.com/newyork
●ニューヨークタイムズ
https://nytimes.com/

ニューヨーク州で飲酒が認められているのは21歳以上

日本人は若く見られがちなので必ずID（身分証明書）を持参して行こう。パスポートや国外運転免許証など、写真と署名入りの証明書でなくてはいけない。ライブハウスなどでは21歳未満でも入場はできるが、アルコール類は注文できない。

自分で行くならタクシー不安ならばツアーに参加する

ナイトスポットへの交通は基本的にはタクシーが安全で便利。ヴィレッジのジャズスポットなど、人通りの多いにぎやかなエリアにある店ならば、行きのみ地下鉄を利用する手もあるが、地下鉄の利用は21時台までに。22時以降の移動には必ずタクシーを利用しよう。ニューヨークが初めてだったり、英語がまったく分からない人はナイトツアーに参加したほうが無難。

クラブもバーも禁煙

ニューヨークでは、クラブやバーも全面禁煙となっている。

ナイトスポットのジャンルと特長

●クラブ、バー、バー・レストラン

ダンスができる、バンドが入っていてライブが楽しめる、週末だけオープンしているところなど、クラブの形態はいろいろ。共通しているのはオープン時間が遅く、夜中、翌0時近くになると人も増えて盛り上がってくること。特定のエリアに集中しておらず、比較的不便で治安のよくない場所にある。服装の規定は店によって異なる。

●ライブハウス

ジャズ、ロック、ブルース、カントリー、ラップから、フォーク、民族音楽までニューヨークにない音楽はない。ライブハウスが密集しているのはグリニッチヴィレッジやイーストヴィレッジだ。入口でアドミッション（入場料）を払うスタイルか、帰りにカバーチャージと飲食代を払うスタイルが一般的。チップは飲食代だけ払えばOK。ただし、ドリンクを2杯以上注文することが義務付けられていたり、テーブル席では食事を注文しなければならないシステムのライブハウスも多い。

バーカウンターでの注文方法はさまざま。分からなければスタッフに聞こう

ナイトスポットでの英会話

何時に始まりますか？
What time will it start?
今晩、21時に4人分の予約をしたいんですが。
I'd like a table for four at nine tonight.
注文お願いします。
Will you take our order?
支払いをお願いします。
Check, please.

トライベッカグランドのバー

ホテル内なら夜も安心。「ジャズ・アット・キタノ」ではジャズライブが楽しめる

162

ソーホーグランドのバー

ライブハウスのシステムとマナー

情報紙などでお目当てのライブハウスを見つけたら電話で予約を入れる。とくに金・土曜や有名プレイヤーが演奏する日は込むので予約をしたほうが無難。ただ、予約なしでも席が空いていれば入れてくれるし、長時間待つ覚悟があるなら予約は不要。

店によって多少異なるが、演奏時間は21時と23時の2セットと1時が加わる3セットが一般的。たいてい演奏開始時間は20〜30分遅れる。予約を入れてもギリギリの時間に行くとキャンセルされていることがあるので、演奏開始時間の30分前には店に入っていること。

テーブル席に着くと、ミュージックチャージもしくはカバーチャージとミニマムチャージ（最低の飲食料金）を支払う。店によっては入場時に払うこともある。たとえばミニマムチャージが$10で、ワンドリンク$5ならば、3杯目から別に支払えばよい。なお、最近はミュージックチャージはコンサートのようなチケット制のところも増えてきている。

支払いはレジではなく、その場でチップを加算した金額を支払う。テーブルごとに担当のスタッフ（ウエイトレスなど）が決まっているので、注文や支払いはいつもその人に頼む。

演奏中の撮影はフラッシュなしでならよいことが多い。ただし、ブルーノートなどでは演者の撮影は一切禁止されている。

● とっておき情報 ●

ルーフトップバーで夜を満喫

ニューヨークの美しい夜景とお酒をゆったりと安心して楽しみたいなら、ホテルのルーフトップバーがおすすめ。ホテル内なので治安の心配はないし、心配な帰りのアクセスもホテル前からタクシーに乗れるので安心だ。宿泊してなくても利用できる。

エンパイアステートビルが目の前に見えるおすすめのルーフトップバー

◆**230 フィフス・ルーフトップバー** 230 Fifth Roof Top Bar
Ⓜ N R／28th St.
MAP p.28-B ◆230 5th Ave. ☎1-212-725-4300
֎16:00〜翌4:00、土・日曜10:00〜 ⊛無

◆**トップ・オブ・ザ・ストランド** Top of the Strand
Ⓜ B・D・F・M・N・Q・R／34th St.
MAP p.27-K ◆33W. 37th St.
☎1-646-368-6426 ֎17:00〜翌1:00、日・月曜〜24:00 ⊛無

◆**リファイナリー・ルーフトップ** Refinery Roof Top
地下鉄▶B・D・F・M／42nd St.-Brant-Park
MAP p.27-K ◆63 W. 38th St.
☎1-646-3664-0372 ֎11:30〜翌1:00、金曜〜翌3:00、土曜11:00〜翌3:00、日曜11:00〜 ⊛無

230フィフス・ルーフトップバーからの夜景

ハートランド・ブルワリー・アンド・ロティスリー
Heartland Brewery and Rotisserie

本物のビールが飲める人気店

　1995年、初のアメリカン・スタイルのブルワリーパブとしてユニオンスクエアにオープンしたのがはじまり。ワシントン州やオレゴン州産のモルツやホップを使用し、醸造1〜2週間以内のフレッシュな「本物のビール」が飲める店として人気だ。エンパイアステートビルの1階にあるここでは、エンパイアと名付けられたプレミアムビールハーフパイント$7を試してみては。ハートランド・バーガー$17.50、クラシックシーザーサラダ$18.95など、料理もそろっている。

バー・レストラン
エリア▶ミッドタウンイースト
地下鉄▶ⓂB・D・F・M・N・Q・R/34 th St.-Herald Sq.
🏠350 5th Ave. at 34th St.
☎1-212-563-3433　🕐11:00〜22:00、水・木曜〜22:30、金曜〜23:00、土曜8:00〜23:00、日曜8:00〜　㊡無

ジャズ・アット・キタノ
Jazz at Kitano

ＮＹ唯一の日系ホテルでジャズを

　パーク街に立つラグジュアリーホテル、キタノにあるジャズクラブ。水〜土曜はライブジャズ、月曜はジャムセッション、火曜の夜はソロピアニスト・シリーズなどが楽しめる。こぢんまりとしたクラブだが、日系ホテルらしい安心感と品の良さ、アットホームな雰囲気も魅力で、コンテンポラリーアメリカンにアジアンテイストを取り入れた料理も堪能できる。火〜日曜の18〜21時45分までは寿司も。毎週日曜にはジャズライブを聞きながらランチが味わえるジャズブランチも楽しめる。おいしい料理が並ぶバフェとブラッディマリーかミモザ、アペロール・スプリッツのカクテル付き$45。11時からと13時からの席がある。カバーチャージ$15〜、ミニマムチャージ$20〜（出演者による異なる）。20時と22時の2セット。

ジャズクラブ
エリア▶ミッドタウンイースト
地下鉄▶ⓂS・4・5・6・7/42 nd St.-Grand Central
🏠66 Park Ave.E.38th St.
☎1-212-885-7122（ジャズ予約）　🕐17:00〜23:00、日曜12:00〜14:00（ジャズブランチ）
㊡日曜（夜のライブ）

上／38丁目に面した入口
下左右／すぐ目の前で演奏が聴ける

ジャズスタンダード
Jazz Standard

地下にあるジャズクラブ

　落ち着いた店内、広いステージは、ゆっくりジャズを聴くには良い雰囲気。スタンダードジャズを中心にしたプログラムはジャズ通向き。カサンドラ・ウィルソン、マリーナ・ショウ等の大物の他、若手のジャズメンも多く起用。ショーは19時30分と21時30分。

ジャズクラブ
エリア▶ダウンタウン
地下鉄▶Ⓜ6/28 th St.
🏠116 E. 27th St. bet. Park & Lexington Aves.
☎1-212-576-2232
🕐11:30〜23:00、金・土曜〜翌1:00、月曜〜22:00
㊡無

🖥 日本語が通じる　　📧 日本語のメニューがある
🍴 服装に注意　　　　🔔 予約が必要

住所のbet.はbetweenの略で間であることを表す。315 W. 44th St. bet. 8th & 9th Aves.は44丁目沿い、8番街と9番街の間を表す。atは交わるところを表す。E. 76th St. at Madison Ave.は76丁目とマジソン街の交差するところを表す。

ほとんどの店でクレジットカードが使えるがバーやライブハウスによっては現金のみの店もある。Ⓒ不可はクレジットカードが使えない店。

ハドソンテラス
Hudson Terrace

ハドソン川を臨む2階建てのクラブ

豪華なインテリアとハドソン川の最高のビューを持つセレブ・フレンドリーな店。広いスペースを生かし、様々なイベントが行なわれているニューヨーカー御用達のクラブだ。プライベートパーティーなどの開催が多く、通常オープンは週末のみなので注意。

クラブ
エリア▶ミッドタウンウエスト
地下鉄▶ⒶA・C・E / 42nd St-Port Authority Bus Terminal
🏠621 W. 46th St.
☎1-212-315-9400
🕐22:00〜翌4:00　🈳日〜木曜

ビューティーバー
Beauty Bar

MAP p.29-G

美容院がユニークなバーになった！

名前の通り美容院がテーマで、昔懐かしいパーマのおかまが付いたビニール張りのソファや、昔の美容院そのままの外観もユニークだ。好きなカクテルが飲めて、さらにマニキュアをしてもらえる「マティーニ＆マニキュア＄10」が人気。チャージドリンク＄5〜。

バー
エリア▶イーストヴィレッジ
地下鉄▶ⒶL/3rd Ave.
🏠231 E. 14th St.
☎1-212-539-1389
🕐17:00〜翌4:00、土・日曜14:00〜
🈳無

マクソリーズ・オールドエールハウス
McSorley's Old Ale House

MAP p.29-K

NYで最も古いアイリッシュパブ

1854年からの伝統をもち、かつてケネディやルーズヴェルトも訪れた人気パブ。店内には有名人の写真がびっしり。ニューヨーク大学の学生たちに人気の店。アルコール度の高い自家製ブランドビールMcSorlrey'sもあり、要チェックだ。

パブ
エリア▶イーストヴィレッジ
地下鉄▶Ⓜ6/Astor Place
🏠15 E. 7th St. bet. 2nd & 3rd Aves.
☎1-212-473-9148
🕐11:00〜翌1:00、日曜13:00〜
🈳無
Ⓒ不可

セロン・カクテルバー＆ラウンジ
Cèlon Cocktail Bar & Lounge

MAP p.27-K

エキゾチックな雰囲気が人気

モロッコ、地中海をテーマにしたインテリアが派手で特徴的なバー・ラウンジ。ブライアントパークホテル内にあり、高級レストランのような雰囲気もいい。店内で流れるハウス・ミュージックも適度な大きさで話もしやすい。17時からオープンしており、仕事終わりに1杯という人、友人とのおしゃべりの集い、という人などで賑わう。一転、22時以降はホットなナイトクラブになる。金・土曜にはDJイベントもあり、入場の列ができるほど大盛り上がりになり、翌朝4時まで宴は続く。なお、ナイトクラブ、DJイベントはクローズの場合もあるのでスケジュールを確認のこと。

バー
エリア▶ミッドタウンウエスト
地下鉄▶ⒶB・D・F・M/42nd St.-Bryant Park
🏠40 W. 40th St. bet. 5th & 6th Aves.
☎1-212-642-2257
🕐17:00〜翌1:30、月曜〜24:00、木・金曜〜翌4:00、土曜22:00〜翌4:00
🈳日曜

左／DJタイムも楽しみたい
右／内装がとてもエキゾチック
上／ナイトクラブはエキサイティング

カフェワッ？
Cafe Wha ?

ミネッタレーンの角の派手な壁画が目印

　毎夜若者が集まって、ロック・ファンク系の音楽を楽しんでいる。メジャーな曲をカバーするバンドが多く大変な盛り上がりで、ノリは抜群。演奏時間は通常21時、23時30分。カバーチャージは＄10〜15、ミニマムチャージは＄15。チケットの事前予約可。

ライブハウス
エリア▶グリニッチヴィレッジ
地下鉄▶Ⓜ A・B・C・D・E・F・M/W. 4th St.-Washington Sq.
🏠115 MacDougal St. bet. W. 3rd & Bleecker Sts.
☎1-212-254-3706　🕐20:00〜翌3:00
🏖無

ジンクバー
Zinc Bar

ステージと客席が近い！

　一流の出演者による質の高い演奏が評判の穴場的ライブハウス。演奏時間は19時から翌1時過ぎまで1日にたっぷり4セットあるので、スケジュールを確認しよう。カバーチャージ＄20〜、ミニマムチャージドリンク2杯（内容により異なる）。

ライブハウス
エリア▶グリニッチヴィレッジ
地下鉄▶Ⓜ A・B・C・D・E・F・M/W. 4th St.-Washington Sq.
🏠82 W.3rd St.bet. Thompson & Sullivan Sts.
☎1-212-505-9462
🕐18:00〜翌2:30、土・日曜〜翌3:00　🏖無

ビターエンド
The Bitter End

ロックやカントリー中心の演奏

　レストランやライブハウスが立ち並ぶブリーカー通りにある。だれでも気軽に楽しめるカジュアルな雰囲気で、こころゆくまでライブを楽しめる。観光客も多く新参者にはうれしい。カバーチャージ＄10〜15、ミニマムチャージドリンクテーブル席で2杯。

ライブハウス
エリア▶グリニッチヴィレッジ
地下鉄▶Ⓜ A・B・C・D・E・F・M/W. 4th St.-Washington Sq.
🏠147 Bleecker St. bet. La Guardia Pl. & Thompson St.　☎1-212-673-7030
🕐19:00〜翌4:00（日によって異なる）　🏖無

シェイド
Shade

ワインを片手に旅を振り返る

　カウンターとシートを合わせても20人位でいっぱいになってしまうようなこぢんまりとしたワインバー。ドアや窓が開いているので入りやすい雰囲気なのがうれしい。ポルトガル、イタリアなどのワインが常時20種類ほどそろっている。

クラブ・バー
エリア▶グリニッチヴィレッジ
地下鉄▶Ⓜ A・B・C・D・E・F・M/W. 4th St.-Washington Sq.
🏠241 Sullivan St. at W. 3rd St.　☎1-212-982-6275
🕐12:00〜翌4:00、金・土曜〜翌4:00　🏖無

ヴィレッジヴァンガード
Village Vanguard

半世紀以上の歴史をもつ名門ジャズクラブ

　狭い階段を降りると質素なテーブルと椅子があり、壁一面に大物ジャズメンの写真が貼られているあまりにも有名なジャズクラブ。演奏時間は毎日20時30分と22時30分。チケット料金は＄25〜。加えて1ドリンクがミニマム。HPからの事前予約がおすすめ。

ライブハウス
エリア▶グリニッチヴィレッジ
地下鉄▶Ⓜ 1・2・3/14th St.
🏠178 7th Ave. S. bet. 11th & Perry Sts.
☎1-212-255-4037
🕐19:30〜24:30
🏖無

グルーヴ
Groove

MAP p.28-J

R&Bを聴きながら大人の時間を

　毎晩ハウスバンドによるR&Bのライブが行なわれる。基本的に19時30分と21時30分の2回。すぐ近くのブルーノートに出演しているバンドも演奏することがあるらしいので要チェックだ。ハッピーアワー内はメニューがすべて＄4。チケットは＄5〜でHP予約可。

ライブハウス
エリア▶グリニッチヴィレッジ
地下鉄▶ⓂA・B・C・D・E・F・M/W. 4th St-Washing ton Sq.
⑭125 MacDougal St. at W. 3rd St.
☎1-212-254-9393
⑱16:30〜翌2:00、木曜〜翌3:00、金・土曜16:00〜翌4:00　⑭無

テラブルース
Terra Blues

MAP p.28-J

気軽にライブが楽しめる店

　「Terra（地球）」のイメージを表したブルーが目印。選曲はブルースからダンスミュージックまで幅広い。演奏時間は、アコースティックが19時〜21時30分、バンドは22時〜。カバーチャージは＄10〜、ミニマムチャージドリンク2杯（演目により異なる）。

ライブハウス
エリア▶グリニッチヴィレッジ
地下鉄▶ⓂA・B・C・D・E・F・M/W. 4th St.-Washing ton Sq.
⑭149 Bleecker St. bet. La Guardia Pl. & Thompson St.
☎1-212-777-7776　⑱18:30〜翌2:30、金曜〜翌3:30、土曜18:00〜翌3:30　⑭無

ソブス
SOB's

MAP p.28-J

エネルギッシュなライブ演奏がある

　店名は"Sound of Brazil"の略。その名のとおり明るいラテン系、アフリカンなどの演奏が多い。ステージ前はホールになっていて、サルサのリズムに客も踊りだす明るいライブ。本格的な中南米料理も評判。チャージ金額は＄15〜。レストランメニューも充実。

ライブハウス
エリア▶グリニッチヴィレッジ
地下鉄▶Ⓜ1/Houston St.
⑭204 Varick St.
☎1-212-243-4940
⑱19:00〜23:00（日によって異なる）レストランは、11:00〜18:00、月曜〜24:00、金曜17:00〜、土曜18:30〜22:00、日曜〜22:00　⑭無

ブルーノート
Blue Note

MAP p.28-J

超有名ジャズクラブ

　世界中からファンが訪れる1981年から続くジャズクラブ。一流ミュージシャンをアットホームな雰囲気の中で間近に見られるライブハウス。ライブは20時と22時30分。金・土曜は翌0:30にライブがある。サンデージャズブランチ＄39.50は11時30分と13時30分。

ライブハウス
エリア▶グリニッチヴィレッジ
地下鉄▶ⓂA・B・C・D・E・F・M/W.4th St-Washington Sq.
⑭131 W. 3rd St. at 6th Ave.　☎1-212-475-8592
⑱18:00〜24:00、金・土曜〜翌2:00、日曜11:30〜　⑭無

フィフティファイブバー
55 Bar

MAP p.28 J

古き良きジャズを楽しむなら…

　1919年から営業しているNYで最も古いジャズクラブ。大物から無名の新人まであらゆるミュージシャンのライブが楽しめる。かつてバー上階のアパートには有名ギタリストのマイク・スターンも住んでいたとか。ライブは基本的に毎晩2回。

ライブハウス
エリア▶グリニッチヴィレッジ
地下鉄▶Ⓜ1/Christopher St.-Sheridan Sq.
⑭55 Christopher St. (bet 6th & 7th Aves.)
☎1-212-929-9883
⑱14:00〜翌4:00
⑭無

40/40クラブ
40/40 Club

MAP p.28-B

豪華版アメリカンスポーツバー＆ラウンジ
　凝った造りのファッショナブルなスポーツバーは有名人も利用する話題の店。おしゃれな店なのでドレスコードがあり、スニーカー、ジャージ、野球帽などでは入店できない。しかし、食事などはアペタイザーなら＄14程度と安め。カバーチャージもなし。

スポーツバー
エリア▶チェルシー
地下鉄▶Ⓝ・Ⓡ/23rd St.
🏠6 W. 25th St.
☎1-212-832-4040
🕐17:00～翌4:00、土・日曜12:00～
㊡無

レキシントン・バーアンドブックス
Lexington Bar and Books

MAP p.35-K

ニューヨーク初のシガーバー
　壁は、本棚になっており自分の家にいるようなくつろいだ雰囲気。ウィスキーが約120種あり＄14～。カクテルの種類も豊富で＄17～。最高級では1杯＄135のものも。ニューヨーク初のシガーバーとして有名で、おしゃれして飲みたいバーだ。

クラブ・バー
エリア▶アッパーイーストサイド
地下鉄▶Ⓜ6/77th St.
🏠1020 Lexington Ave. at E. 73rd St.
☎1-212-717-3902
🕐17:00～翌4:00
㊡無

アッシュフォード＆シンプソンズ・シュガーバー
Ashford & Simpson's Sugar Bar

MAP p.34-I

有名ミュージシャンが顔をだす
　ブラックミュージック専門のお洒落なライブハウス。モータウンミュージックの大物アッシュフォード＆シンプソンが経営者。料理はアフリカン・アメリカンで、店内のインテリアもアフリカンでセンスがいい。20時または21時からライブがあり＄10～

クラブ・バー
エリア▶アッパーウエストサイド
地下鉄▶Ⓜ1・2・3/72nd St.
🏠254 W .72nd St.
☎1-212-579-0222
🕐17:00～23:00、木～土曜～翌1:00
㊡日・月曜

スモーク・ジャズ＆サパークラブ
Smoke Jazz & Supper Club

MAP p.98-C

ジャズミュージシャンが集まる
　アンティークのシャンデリアに照らされた落ち着いたインテリアのなかで、毎晩本格的ジャズが楽しめる。ミュージックチャージは＄10～40前後。月曜の深夜はジャムセッションで盛り上がるが、帰りの足は要注意。店でタクシーを呼んでもらうとよい。

クラブ・バー
エリア▶アッパーウエストサイド
地下鉄▶Ⓜ1/103rd St.
🏠2751 Broadway
☎1-212-864-6662
🕐17:00～翌3:00
㊡無

ディジークラブ
Dizzy's Club (Jazz at Lincoln Center)

MAP p.34-J

リンカーンセンターでジャズを
　タイムワーナービルの5階、大きなガラス張りの窓からは夜景を見下ろせるジャズクラブ。絶景をバックにスタンダードジャズを中心にしたプログラムを楽しめる。セットタイムは19時30分と21時30分。火～土曜23時30分のレイトナイトセッションもある。

ジャズクラブ
エリア▶アッパーウエストサイド
地下鉄▶Ⓐ・Ⓑ・Ⓒ・Ⓓ・1/59 th St.-Columbus Circle
🏠60th St. Broadway 5th Fl.　☎1-212-258-9595
🕐18:00～翌0:30、日・月曜～23:00、木・金曜～翌1:30、土曜～翌2:00　㊡無

ショウマンズ
Showman's

1942年創業の老舗

　名物のロングカウンターには毎夜地元の常連客がズラリと並ぶこぢんまりしたジャズクラブ。客層の良さはハーレムでも一番で、各界の大物スターが顔を出す。週末は一流ミュージシャン達のライブがあり1日3セット。2ドリンク、1セット$14がミニマム。

ジャズクラブ
エリア▶ハーレム
地下鉄▶Ⓜ A・B・C・D/125 th St.
⊕375 W. 125th St.
☎1-212-864-8941
⊕14:00～24:00、木曜～翌2:00、金・土曜～翌3:00
⊕日曜

MAP p.98-C

コットンクラブ
Cotton Club

ハーレムの代表的クラブ

　映画や小説に登場した、ハーレムルネッサンス時代の有名店。またジャズの新しいスタイル、ビーバップ発祥のクラブでもある。1978年に現在の場所で再オープンした。週末にブランチ＆ゴスペルショー$43.50がある。人気のフライデーナイトはカバーチャージ$20～。

ライブハウス
エリア▶ハーレム
地下鉄▶Ⓜ1/125th St.
⊕656 W. 125th St. bet. Broadway & Riverside
☎1-212-663-7980
⊕時間は日によって異なる。
要予約
⊕火～木曜

MAP p.98-C

トミー富田氏主宰のハーレムジャズツアー

　「ジャズクラブに行ってみたいけど、ちょっと不安」という人におすすめの、ハーレムで一番有名な日本人、トミー富田氏が案内してくれるハーレムジャズツアーがある。本特集で案内しているショウマンズをはじめ、ガイドブックには載っていない穴場のジャズクラブに行くこともあり、本場のジャズを楽しむにはうってつけのツアー。帰りが遅くなっても、マンハッタン内のホテルなら車で送ってくれるので安心（集合場所はニューヨーク・ヒルトンのグループチェックインカウンター）。
トミー富田のハーレムツアー
☎1-646-410-0786（日本語）
●https://www.tommytomita.com/

●ハーレムジャズ
NYナンバーワンのソウルフード店で料理を堪能した後、ジャズクラブへ。
催行：月、木～日曜
集合時間：19:30
料金：$129（ディナー付き）

●食事なしハーレムツアー
ハーレムにある人気のジャズクラブに専用車送迎で行く安心のツアー。入場料と2ドリンク付き。
催行：月、木～日曜
集合時間：20:30　料金：$98

トミー富田
東京浅草生まれの音楽プロデューサー。1987年よりハーレム在住。1994年にアジア人初となる「Dr.マーティン・ルーサー・キングJr.アワード」受賞。ハーレム商工会議所会員。

イリディウムのライブステージ

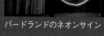

バードランドのネオンサイン

ショッピング

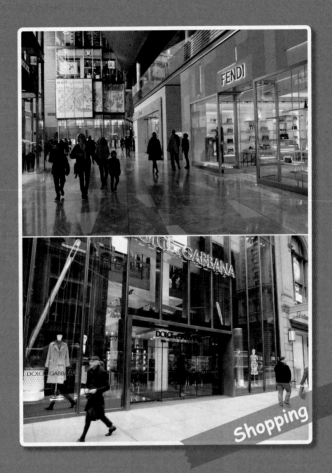

Shopping

ショッピングエリアの特徴を知る

　ショッピングは、ニューヨークの楽しみの3大ポイントのひとつ。有名ブランドから若手デザイナーのトレンド物、ユニークな雑貨やディズニーなどのキャラクターグッズまで、欲しいものが必ず手に入る。そこで、ジャンル別にショッピングエリアをアドバイス。限られた時間内で効率よく欲しいものをゲットしたい。

一流ブランド
ニューヨークで買うから価値がある

- ショッピングに丸1日かける時間の余裕なし　＋　予算がたっぷりある
- ショッピングだけに丸1日かける余裕あり　＋　予算内でいろいろ欲しい

一流&オリジナルデザイナーブランド
注目ブランドでお気に入りを見つけたい

- 散策がてらショッピングを楽しみたい
- 目当てのショップやブランドが決まっている

雑貨・インテリア
ニューヨークテイストをおみやげに持ちかえる

- 散策がてらショッピングを楽しむ
- 歩き回らずに効率よくショッピングしたい

ロゴ入りグッズ
ニューヨークの人気定番みやげ

- キャラクターものやロゴ入りグッズが欲しい
- ニューヨークのロゴ入りグッズが欲しい

NYロゴ以外のロゴグッズ
ファン急増中NYロゴの次はコレ！

- "ブルックリンが"買いたい
- プロスポーツ関連みやげが欲しい

左／人気のブルーミングデールズ　中／ソーホーのシャネル　右／ウッドベリーコモン

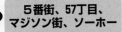
5番街、57丁目、マジソン街、ソーホー

グッチ、カルティエ、ブルガリ、フェンディなどの有名ブランドのブティックが立ち並ぶのが5番街。また57丁目通りにはルイ・ヴィトン、ティファニー、シャネルなどブランドが集中している。5番街に平行に通っているマジソン街にもブランドブティックが立ち並ぶ。→p.179　また、ソーホーにも高級ブランド店が続々とオープンしている。→p.191

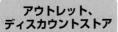
アウトレット、ディスカウントストア

人気のウッドベリーコモン・プレミアム・アウトレットへはツアーバスを利用すると早朝出発して帰りは夕方から夜。せっかく行くなら目いっぱい時間を費やしたい。→p.176　丸1日が無理な人はマンハッタン内にあるディスカウントストアで、予算内でいろいろゲットする。→p.178

ソーホー

プラダ、ルイ・ヴィトンなど一流ブランドのショップほか、ユニークなブティックやカフェもたくさんあるソーホーは1日中楽しめる奥の深さがあるので、ブラブラしながらショッピングするには最適なエリア。→p.191

ノリータ、イーストヴィレッジ、グリニッチヴィレッジ

ショップはずらりと並んでいるのでなく点在しているところも多い。若手デザイナーものなど豊富。中心部から離れると、治安のよくない場所もあるので注意が必要だ。→p.194

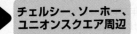
チェルシー、ソーホー、ユニオンスクエア周辺

モダンな生活用品からかなりマニアックなインテリアや雑貨まで、なんでもそろう。雑貨やインテリアだけでなく、ガーデニング用品やアンティーク、バス用品などの店もある。値段も安いものから高価なものまで幅広いのも魅力。→p.192

ミッドタウンのデパートへ。インテリアや家庭用品の階に直行

手軽な値段であれこれそろえることができる。デパートのオリジナルなら、それだけで価値あり！→p.173

5番街、タイムズスクエア周辺

タイムズスクエア周辺では自由の女神などNYグッズが人気。ギフトショップなどでアメリカらしいキャラクターグッズやみやげが各種そろう。→p.179

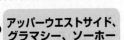
アッパーウエストサイド、グラマシー、ソーホー

スーパーマーケットのトレーダー・ジョーズやゼイバーズなどのエコバッグ＄1〜やマグカップや食品などのオリジナルアイテムは実用的なみやげとして人気だ。→p.187、193

ブルックリン

最近は、"ニューヨーク"よりも"ブルックリン"ロゴグッズやブルックリン発グッズに注目が集まっている。これらはやっぱりブルックリンで買いたい。→p.12

ミッドタウン

メジャーリーグのヤンキース、メッツのロゴグッズ、ユニフォームなどが買えるクラブハウスは何ヵ所かある。また、スニーカー好きなら5番街がおすすめだ。→p.179

ショッピング事情

NYならでは
アイテムBEST 3

1 ミュージアムグッズ

メトロポリタン美術館、近代美術館、グッゲンハイムにもあるミュージアムショップは、雑貨やみやげの宝庫。詳しくはp.107を参照。

2 3大人気ストアのオリジナル

老舗のゼイバーズ（p.187）、ナチュラル＆グルメのホールフーズ・マーケット（p.95）、カリフォルニア発のトレーダー・ジョーズ（p.193）には、エコバッグ、マグカップなどのオリジナルアイテムがいっぱい。実用的でリーズナブルなみやげになる。

左／ゼイバーズ 右／おすすめはコーヒー

3 日本未上陸アイテムを狙う

続々と日本上陸を果たしているニューヨークブランドだが、未上陸ブランドやニューヨークにしかないアイテムも少なくない。

高級老舗ホテル、プラザの地下にある「プラザ・フードホール」（→p.201）のオリジナルアイテムもおすすめ！

世界のトレンド発信地、ニューヨーク

ニューヨークでショッピングといえば、5番街なら老舗のティファニーやグッチなどの高級ブランドと、ソーホー、ノリータの若手デザイナーのブティックやセレクトショップが思いつく。また、ブランド品がお得な価格で買えるウッドベリーコモン・プレミアムアウトレットやセンチュリー21をはじめとするたくさんのディスカウントストアもある。流行の発信地であるニューヨークならではの、しゃれた洋服や小物を見つけたい。

営業時間は？

通常5番街のショップは10時頃にオープンし、閉店は18時前後。木・金曜は営業時間を延長する店も多い。また、日曜、祝日は高級ブランドのショップはほとんど休み、もしくは12時にオープンして、閉店は17時と、営業時間が短いことが多い。

ソーホー、ノリータなどでは営業時間が長いところが多く、夜遅くまでショッピングが楽しめる。

また、休みが無しとあっても、クリスマス、サンクスギビング、イースター、元旦は休む店が多い。

バーゲンセールはいつ？

祝祭日に合わせてバーゲンセールは行なわれるが、一番大きなバーゲン時期は11月下旬から年末年始。なかでもクリスマス以降は割引率が高くなり、年明け以降には大幅な割引となる。

$110以下の衣料品にセールスタックスはかからない

ニューヨークのセールスタックスは8.875％（ニューヨーク州税4％＋メトロポリタン通勤圏税0.375％＋ニューヨーク市税4.5％）。しかし、$110以下の衣料品・靴については、市税がかからないため、お得なショッピングができる。ちなみに、衣料品・靴の税金については、州税が免除になったり、市税が免除になったりと1、2年ごとに変更されてきているので、今後も変更になる可能性はある。

クレジットカードの支払い方

ニューヨークでは$10以下の支払いにもクレジットカードを使う。ファストフードやフリーマーケットなどでもたいていクレジットカードが使えるので、気楽に使うといい。また、ニューヨークではカードのサインが電子署名になっていることが多い。端末の画面の上にサインするのだが、日本語のサインは非常に書きにくく、おかしなサインになってしまうことが多いが、あまり気にせずさらっと書いた方がいい。サインをするだけのものやエンターをタップするものなど若干やり方は異なる。サイン前にしっかり金額の確認は忘れずに。

自分にぴったりの ♥ My デパート を見つけたい

デパートにだって個性があるのがニューヨーク！ブランドショッピングだけでなく、最新トレンドや各デパートのオリジナルグッズもゲットしたい。

ブルーミー・オリジナルのショーツ

迷子になりそうなほど広い

高級ブランドも部屋着も一緒に買える真の百貨店

BLOOMINGDALE'S 59TH STREET
ブルーミングデールズ・59thストリート

1872年に創業した由緒あるデパート。1ブロック全部を占める巨大な建物に、高級ブランドのブティックのほか、化粧品、食器、インテリア用品、家電、調理器具など、あらゆる商品をそろえていて人気。DKNYとラルフローレンのコーナーは、デパート内の売場面積としては世界最大の広さ。オリジナルのロゴ入り商品"ブルーミーズ"も人気。シルクやカシミアのニット、パジャマなどがあり、手ごろな値段で高品質。

MAP p.27-D
🏠1000 3rd Ave.　☎1-212-705-2000
🕐10:00～22:30、金～日曜11:00～19:00（時期により異なる）
🈑無
Ⓜ N・Q・R/Lexington Ave.-59th St.

市内初のアウトレット店
ブルーミングデールズ・アウトレット

場所はアッパーウエストサイド。ブルーミングデールズ商品の売れ残り品だけでなく、低価格帯で提供された商品も扱う。

MAP p.34-J
Bloomingdale's Outlet
🏠2085 Broadway　☎1-212-634-3190　🕐10:00～21:00、日曜11:00～20:00　Ⓜ1・2・3/72nd St.

全フロア若者向けの
ブルーミングデールズがソーホーに

老舗デパートとして知られるブルーミングデールズ。しかし、ソーホーにあるブルーミングデールズ・ソーホーは従来のデパートとは異なり、食品や家具などは販売せず、全館、若者向けの服飾品を扱うフロアとなっている。2階のカフェは休憩にいい。築100年以上の古い建物を改築した店舗で赤レンガの壁に、鉄筋の柱と、新旧ミックスされた建築にも注目したい。

MAP p.30-B
Bloomingdale's SoHo
🏠504 Broadway　☎1-212-729-5900
🕐10:00～21:00、日曜12:00～20:00
🈑無　Ⓜ N・R/Prince St.

今や5番街の顔とも呼べるNYでのショッピングの拠点

SAKS FIFTH AVENUE
サックス・フィフス・アベニュー

1924年創業の老舗デパート。5番街の名所的存在でもあり、客層は幅広く、いかにもの観光客から、シャネルのスーツに身を包んだ婦人までさまざま。大規模リノベーションによって売り場面積は以前の3倍の広さになった。1階はカラフルで明るい雰囲気のバッグ専門フロアになり、奥にはおみやげコーナーもある。LEDパネルを利用したエスカレーターもとても華やか。2階はコスメ、5階にはカフェFIKAがある。

クリスマスタイムのデコレーションとウィンドウディスプレイは、とても豪華で美しく、行列ができるほどの人気で12月のニューヨーク名物のひとつになっている。

格調の高さを感じさせる外観

派手な雰囲気になったエスカレーター周辺

MAP p.27-G
🏠611 5th Ave.
☎1-212-753-4000
🕐10:00～20:30、日曜12:00～19:00
🈑無　Ⓜ B・D・F・M/47-50th
Sts.-Rockefeller Center

知らない人はいない
アメリカを代表する国民的デパート

MACY'S HERALD SQUARE
メイシーズ

　全米各都市に点在するアメリカではおなじみのデパート。ここニューヨークにあるのは旗艦店だ。世界最大の売場面積を誇る広々としたフロアも、休日になれば人でごったがえす。各階とも、ブランド別に売場を仕切るのではなく、商品の種類別で分けられているという感じ。高級ブランドよりも、ポロジーンズ、ゲス、トミー・ヒルフィガーなどカジュアルなラインが充実しており、そんな気取りのない雰囲気が幅広い客層を集めているようだ。地下（セラー）にあるデリコーナーや大きな食料品売場も見応えあり。セールの時期は早朝からオープン。

MAP p.26-J　🏠151 W.34th St.
☎1-212-695-4400　🕐10:00〜21:30、日曜11:00〜20:30（時期により異なる）㊡無　🅲　Ⓜ B・D・F・M・N・Q・R/34th St.-Herald Sq.

セール品のコーナーは、要チェック

左／中2階にあるビジターセンターでインターナショナルセービングカードを発行して、お得な買物をしよう。発行にはパスポートが必要　右／サンクスギビングデー・パレードはニューヨークの風物詩。大歓声の中、キャラクターやヒーローものの大きなバルーンがやってくる

174

テキサス州ダラスを拠点にする
老舗高級デパートのニューヨーク旗艦店

NEIMAN MARCUS HUDSON YARDS NEW YORK
ニーマンマーカス・ハドソンヤード・ニューヨーク

　ニューヨーク初のフラッグショップが、2019年3月にオープンした複合施設ハドソンヤードHudson Yardsの高級ショッピングモール内に誕生した。ショッピングモールの5階から7階の3フロアを占有しており、1階東側にあるニーマンマーカス専用のロビーから、直行エレベーターでアクセスできる。大きな窓に面したエントランスからは、屋外の共有スペースにある巨大モニュメント、ベッセルが望める。

　ファッションショーやサイン会などが開催できる広場、ニーマンマーカス・ライブや、料理のテイスティングやカクテル作りが体験できるクック＆マーチャントコーナーも設けられている。デパート内にはビールやカクテル、軽食が味わえるバー・スタンレーBar Stanleyや優雅な雰囲気のレストラン、ゾディアックルームZodiac Room、クック＆マーチャントコーナー内にはカフェもある。

ショップス5階にあるエントランス

MAP p.28-A　🏠20
Hudson Yards（5〜7階）
☎なし　🕐10:00〜21:00
日曜11:00〜19:00
㊡無　Ⓜ7/34th
St.-Hudson Yards

専用エレベーターホールはここから入る

ベッセルが見渡せる大窓

ニューヨーク進出を果たしたシアトル発の高級デパート

NORDSTROM NYC FLAGSHIP

ノードストロームNYCフラッグシップ

　シアトルを本拠地とする高級デパート、ノードストロームのウーマンズ・フラッグショップがセントラルパークの南側、ブロードウェイ沿いにオープンした。ユニークなガラス張りの外観で、地下2階、地上5階の7つのフロアから成る。幅広いラインナップの期間限定商品とニューヨークでしか見ることができないブランドとスタイルが魅力で、女性のための究極のスニーカーであるノードストローム×ナイキもそのひとつだ。フード＆ドリンクプレイスが多いのも特長で、地下2階にはイタリアンやシーフードのレストランのほか、カフェやスイーツショップなどもある。　ブロードウェイをはさんだ向かい側には、2018年4月に誕生したノードストローム・メンズ・ストアがある。

上／ブロードウェイに面したガラス張りのエントランス
下／地下2階にあるドーナツショップ

MAP p.26-B
⬢225　　W.57th St.
☎1-212-295-2000　⊛10:00〜21:00、日曜11:00〜19:00
Nordstrom Men's Store
⬢235W.57th St.　☎1-212-843-5100
⊛10:00〜21:00、日曜11:00〜19:00

クリスタルのシャンデリアが輝き、高級感漂う豪華なデパート

BERGDORF GOODMAN

バーグドーフ・グッドマン

　かちっとした制服のドアマンが出迎えてくれる究極の高級デパートといえばここ。顧客には世界の王皇族や著名人が多く、エレガントな雰囲気だ。
　レディスが中心で、グッチなど人気の各ブランドのプレタポルテのラインが充実している。オリジナルの商品「バーグドーフグッドマン・コレクション」には、シャツなどの定番アイテムが多く、品質の良さに定評がある。向かいにメンズ店がある。

MAP p.27-C
⬢754 5th Ave.　☎1-212-753-7300
⊛10:00〜20:00、土曜〜19:00、日曜11:00〜18:00
⊛無　Ⓒ　ⓂN・Q・R/5th Ave.-59th St.

上／1901年に誕生した歴史あるバーグドーフ・グッドマン　下／ホリデーシーズンはディスプレイも煌びやか
©Julienne Schaer

ファッションを知り尽くした人のための特別な空間

BARNEYS NEW YORK

バーニーズ・ニューヨーク

　他のデパートとは商品構成も雰囲気も違う。商品は有名、無名を問わず、バーニーズ独自の目で選んだ、美しく高品質な良品だけを置くコンセプトのため、シャネルやエルメスの商品はないが、若手デザイナーの服はあるというわけだ。バーニーズ・コレクションというオリジナル商品も人気。化粧品、香水なども珍しいものが見つかる。2016年2月には、1923年の創業から1997年までオープンしていたチェルシー（地区）に、新旗艦店をオープンしている。

ディスプレイが個性的なのがバーニーズの特徴

新しいバーニーズ・ニューヨークは創業の地チェルシーに

Barneys New York Downtown
MAP p.28-F
⬢101 7th Ave.　☎1-646-264-6400　⊛10:00〜19:00、日曜11:00〜　⊛無　Ⓒ　Ⓜ1/18th St.

Barneys New York Madison Avenue
MAP p.35-K
⬢660 Madison Ave.　☎1-212-826-8900
⊛10:00〜20:00、土曜〜19:00、日曜11:00〜18:00
⊛無　Ⓒ　ⓂN・Q・R/5th Ave.-59th St.

バーニーズのポーチ

アウトレット

左／以前、行ったことがある人ならビックリするくらいアップグレードした
上／マーケットホール内はWi-Fiフリーなのでいろいろ便利

たくさん買ってね！

ウッドベリーコモン・プレミアム・アウトレット
Woodbury Common Premium Outlets　　　　MAP p.6-A

規模はもちろん、ブランドの充実度はNo.1

　ニューヨーク周辺でもっとも人気のあるアウトレットモールがここ。アメリカの有名ブランドを中心に、各店舗がオープンモールになってずらりと並んでおり、歩いてすべての店を回ることができる。

　とはいえ、拡張が進み店舗数250の巨大なモールなので、お目当てを絞りこみ時間配分に気を配って買物するのがポイントだ。

　マーケットホールには案内所、フードコートなどがあり、モールの見取り図をもらったり、集合場所にしたりと利用価値が大きい。

　どの店舗も街なかの正規店より25〜65%引きで売られている。シーズン落ちの商品が多いが、新作も意外に入っていることも。また、バーゲンシーズンや見切り処分などに当たれば、定価の70〜80%引きになるものもある。

　リーズナブルなショッピングがお目当てなら、交通費と時間を費やす価値は充分あるというわけだ。また、高価な買物ならば、税金もマンハッタンの8.875%と比べて8.125%と若干安い。

ツアーバスの利用が一般的なアクセス

　マンハッタンからウッドベリーコモンに行くには、車かツアーバスを利用する。ツアーはショートライン、グレイラインほか、日本語ツアーも各社から出ている。ショートライン、グレイラインのツアーは行き帰りのバスが選べて便利。

　買いすぎて大荷物になってしまった人は、ポートオーソリティ・バスターミナル到着後、狙われやすいので手荷物には充分気を配ろう。

㊖498 Red Apple Court, Central Valley
☎1-845-928-4000
㊟10:00〜21:00（日によって異なる）
㊡無

とても広いので歩き出す前に必見ショップの場所をチェック

グッチは必見店舗のひとつ

写真提供：サイモン・ショッピング・ディスティネーションズ

オフフィフスは掘り出し物の宝庫

アップグレードしたウッドベリーの気になるところをQ&A

Q：全体にどんなふうに変わりましたか？
A：一番大きなマーケットホールのデザインが一新され、各店舗も移動しています。

Q：新しくオープン、もしくはオープン予定のブランドは何？
A：新規オープンはHerno, N.Peal Cashmere, Dior Men, Lady M Cakes。近日オープンはSergio Rossi, Mackage, Etro, Reiss, St. John などです。

Q：新しくなったウッドベリーコモンのフードコートはどんなふうに変わりましたか？　日本食もありますか？
A：全体の場所が、メインのマーケットホール内に移動しました。

Pret A Manger,McDonald's, Godiva, Lady Mなど10店舗あります。日本食はUmi Teriyakiがあり、Kinton Ramen がオープン予定。買物の合間に食事も楽しんでほしいです。

Q：ファミリー向けのサービスはありますか？
A：乳幼児向けにベビーカートを用意しています。また、Calvin Klein の隣に、新しくプレイグラウンドをつくりました。

Q：シニア向けサービスはありますか？
A：シニア専用と言えませんが、車椅子の無料貸し出しを行なっています。

Q：訪問前に準備しておくとお得な情報は？
A：交通情報に関しては下記のサイトをご覧ください（英語のみ）。

屋外モールなので、天候をチェックして、調整しやすい服装だと安心です。特にニューヨークの冬は非常に寒いので注意が必要です。

また、VIP Shopper Club（英語）に登録すると、デジタルクーポンが手に入ります。
● https://www.premiumoutlets.com/vip

Q：バーゲンシーズンはいつですか。そして、バーゲンシーズン以外でも得する裏技はありますか？
A：バーゲンシーズン以外でも、複数店舗でセールを行なっています。

詳しくはこちらをご確認ください。
● https://www.premiumoutlets.com/outlet/woodbury-common

ショッピング

177

アウトレット

上／子ども連れに人気のプレイグラウンド
右／イートスポットも充実。ランチタイムも楽しみに

上／バス発着所もきれいに整備されて利用しやすくなった
左／新しいマーケットホールの気持ちのいい空間

Discount Store
ディスカウントストア

センチュリー21
Century 21

—サングラス
も安い

リンカーンスクエア店

MAP p.32-B、p.34-J

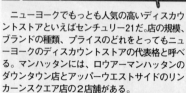

↑シューズフロア
広くて充実
←ダウンタウン店

©Willi Steacy

かわいいエコ
バッグはみや
げにもなる

　ニューヨークでもっとも人気の高いディスカウントストアといえばセンチュリー21だ。店の規模、ブランドの種類、プライスのどれをとってもニューヨークのディスカウントストアの代表格と呼べる。マンハッタンには、ロウアーマンハッタンのダウンタウン店とアッパーウエストサイドのリンカーンスクエア店の2店舗がある。

　ダウンタウン店は地上3階、地下1階の4フロアにおよぶ巨大店舗。ブランドの種類が多く、商品が豊富なところが魅力だ。プラダ、フェンディ、グッチ、D&G、ジャンニ・ヴェルサーチなど、人気のヨーロッパブランド衣料のコーナーは、ディスカウントストアと呼ぶには忍びないほどの充実度だ。ただ、試着室はいつも行列。レディスや子供服は2階、メンズは1階、キッチン用品などは地下1階とまさにデパート並みの品揃え。早朝からオープンしているので、観光の前、朝一番に行くのも手だ。

ダウンタウン店
⊕22 Cortlandt St.　☎1-212-227-9092
®7:45〜21:00、木・金曜21:30、土曜10:00〜21:00、日曜11:00〜20:00　Ⓜ︎E/World Trade Center
リンカーンスクエア店
⊕1972 Broadway　☎1-212-518-2121　®10:00〜21:00、日曜11:00〜20:00　㊒無　Ⓜ︎1/66th St.

マーシャルズ
Marshalls　MAP p.28-F

　マーシャルズはアメリカ各地に展開する人気のディスカウントストア。アメリカのカジュアルブランドが充実しており、靴やアクセサリー、バス用品や寝具、カバンなどもそろっている。次ページのTJマックスと同じビルの中にある。

6番街店
⊕620 6th Ave.
☎1-212-741-0621
®9:00〜21:30、金・土曜22:00、日曜10:00〜20:00
㊒無
Ⓜ︎F・M/23rd St.

ビルの地階にある

178

ノードストローム・ラック
Nordstrom Rack　MAP p.29-G

　全米最大の高級デパートチェーン「ノードストローム」のアウトレットだけあって、有名ブランドのコスメ、時計、アクセサリー、バッグ、靴、婦人服、紳士服、子供服など多種多様な品揃え。取り扱いブランドもBCBG、ラルフローレン、ジューシークチュール、マイケルコース、アン・クライン、その他、日本未発売の人気ドメスティックブランドから、ナイキ、プーマなどのスポーツウエア、コーチ、バーバリーなどの時計、コールハーン、ケイト　スペイド、ジューシークチュールのバッグなどが雑然と並んでいるので、しっかり掘り出し物をチェックしよう。

⊕60 E. 14th St.　☎1-212-220-2080
®10:00〜22:00、日曜11:00〜20:00　㊒無
Ⓜ︎L・N・Q・R・W・4・5・6/14th St.-Union Sq.

TJマックス
TJ Maxx　MAP p.28-F

　前ページのマーシャルズと同じ建物にあるが、売場面積はこちらのほうが大きい。エスカレーターを上ると、左右に入口があり、右側はメンズ、子供服、ホームコレクション、靴、左側はレディスの衣類、アクセサリーの売場になっている。ブランド品では、カルバン・クライン、ラルフローレン、トミー・ヒルフィガー、アン・クライン、リズ・クレイボーンなどのアメリカのブランドが中心。子供のおもちゃや、フォトフレーム、キャンドルなどのインテリア用品もあり、家族連れの客も多い。ランジェリーやアクセサリーも充実。

⊕020 6th Ave.　☎1-212-229-0875
®8:00〜21:00、日曜10:00〜20:00
㊒無　Ⓜ︎F・M/23rd St.

広いエスカレーターホール。店内もゆったりしたスペースでのんびり買物ができる

ミッドタウン
Midtown

ジミー・チュー
Jimmy Choo

MAP p.27-C

NYで話題の靴ブランド

どんな洋服にでも合わせられそうなシンプルなサンダルも、ひとひねり効いたデザインが素敵。また、カラフルなドット柄やラインストーンをあしらったものもあり見ているだけでも楽しい。バッグも取り扱っている。

靴
地下鉄▶ⓜE・M/5th Ave.-53rd St.
🏠645 5th Ave.
☎1-212-593-0800
🕐10:00～18:00、木曜19:00、日曜12:00～18:00
🈳無

ザラ
ZARA

MAP p.27-C

リーズナブルなおしゃれで人気

スペイン発ヨーロッパを中心に人気のファッションブランド。地下と1階はレディス、2階はメンズ。流行のファッションがお手頃価格で楽しめる。商品は入れ替わりが激しいので気に入った物は即買うことをおすすめ。

ブティック
地下鉄▶ⓜE・M/5th Ave.-53rd St.
🏠666 5th Ave. at 52nd St. ☎1-212-765-0477
🕐10:00～21:00、日曜11:00～20:00
🈳無

ブルガリ
Bvlgari

MAP p.27-C

まるで美術館のような店

有名女優などスノッブなニューヨーカーのご用達ブランド。エレガントでリッチなデザインが人気だ。とくに人気の時計やアクセサリーなどの高級貴金属の他にも、ステーショナリーなどがある。

宝飾品
地下鉄▶ⓜE・M/5th Ave.-53rd St.
🏠730 5th Ave.
☎1-212-315-9000
🕐10:00～19:00、日曜12:00～18:00
🈳無

アルマーニ・エクスチェンジ
Armani Exchange

MAP p.27-C

アルマーニのカジュアルライン

「アルマーニの服をストリートでカジュアルに普段も愛用して欲しい」 そんなコンセプトから誕生したセカンドブランド。メンズ、レディスがあり、Tシャツ、ジーンズ、バッグ、ベルトなど幅広いアイテムが人気。

ブティック
地下鉄▶ⓜE・M/5th Ave.-53rd St.
🏠645 5th Ave.
☎1-212-980-3037
🕐10:00～21:00、日曜～20:00
🈳無

ニンテンドーファンの聖地、ニンテンドーNYに行こう！

世界で唯一のニンテンドーの海外拠点がニンテンドーNY。ロックフェラーセンター内、48丁目と5番街の角。大リノベーションを終えて2016年2月19日にリオープンした。1階にはTシャツやキャップ、マグカップなどのオリジナルアイテムと子供向けの3DS試遊台、2階にはピカチュウコーナーや、ファン必見のニンテンドーの歴史に

まつわる品々が展示されている。店内では毎月イベントが開催されるのでチェックして行こう。

MAP p.27-G
🏠10 Rockefeller Center Plaza
☎1-646-459-0800 🕐9:00～20:00、金・土曜～21:00、日曜11:00～18:00 🈳無
ⓜB・D・F・M/47-50th Sts.-Rockefeller Center ●https://nintendonyc.com/

ティファニー
Tiffany & Co.

MAP p.27-C

映画にも登場した宝飾店の旗艦店

1837年創業のティファニーは世界的に有名な宝飾品、および銀製品のブランドだ。5番街の象徴ともいえるティファニーの旗艦店は、1906年から続く歴史ある建物で、オードリー・ヘップバーン主役の映画『ティファニーで朝食を』によって、観光名所にもなっている。カンパニーカラーは1837年から使われているティファニーブルーで、コマドリの卵の色から由来している。2017年にはブランド初のダイニングスペース、ブルーボックスカフェが4階にオープン。朝食、ランチ、アフタヌーンティーともにオンライン予約が必要だ。現在、5番街の本店は大規模な改装工事中。新店舗は2021年秋に新装開店予定。

宝飾品
地下鉄▶Ⓜ N・Q・R/5th Ave.-59th St.
⊕727 5th Ave.
☎1-212-755-8000
営10:00〜19:00、日曜12:00〜18:00
休無

上／改装中は隣接するビルに移り、営業は継続しているため、ショッピング自体はできる
左／オードリーも眺めていたウインドー

NBAストア
The NBA Store

MAP p.27-G

データもいっぱいバスケット王国

ウエアにアクセサリー、写真や収集グッズまでNBA、WNBA関連の品が何でもそろっている。店内には選手の手形などがあり、イベントが催されることもある。ファンは必見の店だ。

スポーツ用品
地下鉄▶Ⓜ B・D・F・M/47-50th Sts.-Rockefeller Center
⊕545 5th Ave. at 45th St.
☎1-212-457-3120
営10:00〜20:00、土曜〜21:00、日曜11:00〜19:00
休祝日

ユニクロ
Uniqlo

MAP p.27-C

ユニクロ史上最大のグローバル旗艦店

世界で7番目のグローバル旗艦店となるこの店舗は、最大の売場面積（1400坪）を誇る。3階まである広々とした店舗のコンセプトは「未来のユニクロ」。マンハッタンには他にもソーホー、34丁目にある。

ブティック
地下鉄▶Ⓜ E・M/5th Ave.-53rd St.
⊕666 5th Ave. at 53rd St. ☎1-877-486-4756
営10:00〜21:00、日曜〜20:00
休無

ホリスター
Hollister

MAP p.27-C

入口でモデルばりの店員がお出迎え

人気のアメカジブランド「アバクロンビー＆フィッチ」のヤングライン。目印は店頭の壁全面スクリーンに一日中流れている海の映像。店のコンセプト「南カリフォルニアのサーファースタイル」を象徴している。

ブティック
地下鉄▶Ⓜ E・M/5th Ave.-53rd St.
⊕668 5th Ave. at 53rd St.
☎1-646-924-2556
営9:30〜21:30
休無

マイケル・コース
Michael Kors

MAP p.27-G

5番街の一等地に進出

ニューヨークのデザイナー「マイケル・コース」による人急上昇中のクラシックなスポーツウエア。ここではレディース、メンズの服はもちろん、靴・バッグの品揃えも豊富。オバマ夫人が愛用していることでも有名。

ブティック
地下鉄▶Ⓜ B・D・F・M/47-50th Sts.-Rockefeller Center
⊕610 5th Ave. at 49th St. ☎1-212-582-2444
営10:00〜21:00、日曜11:00〜20:00 休無

はニューヨークブランド　　はアメリカブランド

グッチ
Gucci

世界のブランドのなかでも一番人気

　日本では売り切れ商品が続出するほどの人気ブランド。ウエア、革製品、小物などが幅広くそろう。ガラスとゴールドを多く取り入れた内装で3階建て。さりげなく商品が並べられ、ゆとりある空間が美しさを引立てる。

ブティック
地下鉄▶Ⓜ E・M/5th Ave.-53rd St.
🏠725 5th Ave.
☎1-212-826-2600
🕙10:00～19:00、日曜12:00～
休無

アバクロンビー&フィッチ
Abercrombie & Fitch

ディスプレイもカッコいいアバクロ

　運が良ければ広告に起用された有名モデルが店の入口で出迎えていることも。薄暗い店内には大音量で音楽がかかり、美形ぞろいのスタッフ達も半ば踊りながら接客。クラブに遊びにきたような感覚で楽しめるかも。

ブティック
地下鉄▶Ⓜ E・M/5th Ave.-53rd St.
🏠720 5th Ave. at 56th St.
☎1-212-381-0110
🕙9:30～21:30、日曜12:00～19:00
休無

バナナ・リパブリック
Banana Republic

シンプル&シックが特徴

　レディス、メンズともに白、黒、グレー、茶など無地のシンプルなウエアが多い。カジュアルにもオフィスでも着られそうな飽きのこないデザインがうれしい。ペティートサイズもあるので小柄な人も安心。

ブティック
地下鉄▶Ⓜ B・D・F・M/47-50th Sts.-Rockefeller Center
🏠626 5th Ave.
☎1-212-974-2350
🕙10:00～21:00、日曜~20:00
休無

サルヴァトーレ・フェラガモ
Salvatore Ferragamo

革製品に定評がある伊ブランド

　ヴァラやガンチーニの靴で日本人女性を一世風靡したフェラガモ。最近は少し人気が低迷気味だが、新しいデザインで人々を魅了。スカーフやアクセサリーもあり、新装開店し全米一の規模を誇っている。

ブティック
地下鉄▶Ⓜ E・M/5th Ave.-53rd St.
🏠655 5th Ave.
☎1-212-759-3822
🕙10:00～19:00、木曜~20:00、日曜12:00～18:00
休無

カルティエ
Cartier

1847年創業の高級宝飾店

　一歩足を踏み入れるとそこはまばゆいばかりの宝飾品がずらりと並ぶ夢の世界。高級宝飾はなかなか手が出ないが、3連リングや日本でも大人気のラブリング、ラブブレスレットがお手ごろ。

宝飾品
地下鉄▶Ⓜ E・M/5th Ave.-53rd St.
🏠653 5th Ave.
☎1-212-753-0111
🕙10:00～18:00、日曜12:00～17:00
休無

アルマーニ・ニューヨーク・フィフスアベニュー
Armani New York 5th Ave.

見るだけでも行ってみたい旗艦店

　アルマーニの傘下ブランドを一堂に集めたコンセプトストア。地下を含め4フロアで、幻想的な吹き抜けの螺旋階段を上がると、最上階にはアルマーニ／ドルチェや、5番街を見下ろすアルマーニ／リストランテもある。

ブティック
地下鉄▶Ⓜ E・M/5th Ave.-53rd St.
🏠717 5th Ave. at 56th St.
☎1-212-209-3500
🕙10:00～20:00、日曜12:00～18:00
休無

プーマ
Puma

北米初のフラッグショップ

ドイツのスポーツブランド、プーマの旗艦店。2フロアから成り、1階はキッズやレディスのフルライン商品、2階のカスタマイズスタジオではレーザープリントや刺しゅうなどでオリジナル商品が作れるほか、F1やサッカーなどのゲームが楽しめるコーナーもある。

スポーツ用品
地下鉄▶Ⓜ B/47-50th Sts.
🏠609 5h Ave.
☎1-917-594-5173
🕐10:00〜20:00
㊡無

MAP p.27-G

左／シューズだけでなくウエアもかわいいキッズコーナー
右／2階まで吹きぬけのエントランス

5番街と49丁目の南東のコーナーに位置する

コール・ハーン
Cole Haan

使いやすさをとことん追究

1920年にメーン州で生まれたアメリカの老舗ブランド。マホガニーの家具に並ぶ商品は見るからに上質で品がある。数ある革製品の中でも、とくに靴は履きやすいと定評があり、まとめ買いする人も多いという。

革製品
地下鉄▶Ⓜ B・D・F・M/47-50th Sts.-Rockefeller Center
🏠620 5th Ave.
☎1-212-765-9747
🕐10:00〜20:00、日曜11:00〜19:00
㊡無

MAP p.27-G

バーバリー
Burberry

フルラインでそろう世界の名品

1階にはアクセサリーやバッグ、ホーム用品、2階から4階まではレディース、5、6階がメンズとなっており、3階には子供服もある。フォーマルのようなのに、ハイセンスでおしゃれなブラックレーベルも要チェック。

ブティック
地下鉄▶Ⓜ N/57th St.
🏠9 E. 57th St. bet. Madison & 5th Aves.
☎1-212-407-7100
🕐10:00〜19:00、木・金曜〜20:00、日曜12:00〜18:00 ㊡無

MAP p.27-C

プラダ
Prada

プラダの旗艦店

1913年、ミラノで設立されたプラダは、ウエア、革製品、靴からフレグランスまで幅広いアイテムが揃う高級ブランド。マジソン街（841 Madison Ave.）、ソーホー（575 Broadway at Prince St.）にも店舗がある。

ブティック
地下鉄▶Ⓜ F/57th St.
🏠724 5th Ave.
☎1-212-664-0010
🕐10:00〜19:00、木曜〜20:00、日曜11:00〜18:00
㊡無

MAP p.27-C

ドルチェ＆ガッバーナ
Dolce & Gabbana

斬新な色使いとセクシーさが特長

1985年、イタリア人デザイナーのドメニコ・ドルチェとステファノ・ガッバーナによって創立された、イタリアを代表するファッションブランド。洋服、バッグ、靴、サングラスや香水など、幅広いアイテムをカバーしている。

ブティック
地下鉄▶Ⓜ E・M / 5th Ave.-53rd St.
🏠717 5th Ave.
☎1-212-897-9653
🕐10:00〜20:00、日曜12:00〜19:00
㊡無

MAP p.27-C

Ⓝはニューヨークブランド　🇺🇸はアメリカブランド

アディダス
Adidas(Brand Flagship New York)

MAP p.27-G

シューズ選びが楽しめる旗艦店

　1949年設立のドイツのスポーツブランド。ゲームやジュースバー、NYみやげのコーナーもある。アディダス・オリジナルスは4階。地階の競技エリアでは靴の試着も可能。創業者の銅像は人気の撮影ポイントだ。

スポーツ用品
地下鉄▶ⓂB・D・F・M/47-50th Sts. Rockefeller Center
🏠565 5th Ave.
☎1-212-883-5606
🕐10：00～21：00、日曜～20：00　㊡無

ディオール
Dior

MAP p.27C

これからの新たなる変貌に期待大

　現在のアーティスティック・ディレクターはラフ・シモンズが務めている。世界のエレガンスのコードを変えたディオールの格調高くエレガントなテイストは今も健在。セカンド・ラインのレディ・ディオールも扱っている。

ブティック
地下鉄▶ⓂN・Q・R/5th Ave.-59th St.
🏠21 E. 57th St.
☎1-212-931-2950
🕐10:00～19:30、土曜～19:00、日曜12:00～18:00
㊡無

シャネル
Chanel

MAP p.27-C

おしゃれな女性の永遠の憧れ

　日本人に大人気のシャネルは、3階建ての建物に、化粧品、アクセサリー、バッグ、ウエアのすべてが集合。いわばシャネルという名のデパートだ。3階にはココの部屋を再現したプライベート・サロンがある。

ブティック
地下鉄▶ⓂN・Q・R/5th Ave.-59th St.
🏠15 E. 57th St.
☎1-212-355-5050
🕐10:00～18:30、木曜～19:00、土曜～18:00、日曜12:00～17:00　㊡無

ナイキNYC
NikeNYC

MAP p.27-C

ミュージアムのようなナイキ旗艦店

　1968年設立の老舗ブランド、ナイキの旗艦店。地下1階を含む6フロアからなるメガストアで、好みに応じたカスタム化やプライベート・フィッティング、専門家にスタイリングの個別相談ができるコーナー（5階。要予約）など、オンラインではできないサービスを積極的に提供している。

スポーツ用品
地下鉄▶ⓂE・M/5th Ave.-53rd St.
🏠650 5th Ave.
☎1-212-376-9480
🕐10:00～20:00
㊡無

　1階は既製品をカラーや素材を組み合わせてカスタマイズできるパーツが並ぶナイキアリーナ、2階はレディースとキッズ、3階はメンズ、4階はスニーカー好き必見のナイキスニーカーラボになっている。オンラインで購入した商品は、地下1階のナイキスピードショップで受け取ることも可能だ。

上/5番街と52丁目の角に立つ大型店。下/オンラインでは体験できない楽しいショップだ

ジェネラルニュートリションセンターズ
General Nutrition Centers

MAP p.27-C

GNCの赤い3文字が目印

　あらゆるサプリメントが整然と並べられている。巨大なプロテインにジンジャーティーと、ユニークなものも多く、見るだけでもアメリカ人の生活習慣が垣間見えておもしろい。化粧品なども取り扱っている。

サプリメント
地下鉄▶ⓂF/57th St.
🏠28 W. 57th St.
☎1-917-386-1209
🕐8:00～21:00、土曜9:00～19:00、日曜10:00～19:00
㊡無

豆知識 ナイキストアはアッパータウン（1131 3rd Ave.）、ソーホー（529Broadway）、フラットアイアン（156 5th Ave.）にもある。

ミュウミュウ
Miu Miu

MAP p.27-C

ミュウミュウの旗艦店はココ

ミウッチャ・プラダが手掛けるミュウミュウ。ニューヨークに3店舗あるが旗艦店はここだ。3階建ての店舗は空間をゆったりとったおしゃれなデザインが特徴。かわいい女の子イメージのデザインがそろっている。

ブティック
地下鉄▶Ⓜ️F/57th St.
🏠11 E. 57th St.
☎1-212-249-9660
🕙10:00〜19:00、
木曜〜20:00、
日曜12:00〜18:00
㊡無

バカラ
Baccarat

MAP p.27-C

フランス生まれのクリスタルの最高峰

バカラのニューヨーク旗艦店。繊細なカットとフォルムが素晴らしいバカラのガラス製品は、宝石よりも美しいといわれる。グラスや皿などの食器他、ペーパーウエイトやペンダントヘッドなどの小物はギフトにぴったり。

ガラス製品
地下鉄▶Ⓜ️N・Q・R/5th
Ave.-59th St.
🏠635 Madison Ave.
☎1-212-826-4100
🕙10:00〜18:00、
土曜11:00〜
㊡日曜

コーチ
Coach

MAP p.27-C

アメリカの歴史に溶け込む

アメリカで長年愛されている革製品ブランド。とくに色とデザインが豊富なバッグがベストセラーだ。装飾のないシンプルなスタイルを基調とし、どんな服装にも合うというのが人気の秘密。

革製品
地下鉄▶Ⓜ️N・Q・R/5th
Ave.-59th St.
🏠685 5th Ave.
☎1-212-758-2450
🕙10:00〜20:00、
日曜11:00〜18:00
㊡無

ポール・スチュアート
Paul Stuart

MAP p.27-G

英国テイストのアメリカントラッド

ビジネスからカジュアルまでそろう高級紳士服の店として知られるが、婦人服も手掛けているのでそちらもチェックしてもらいたい。紳士服同様しっかりした作り、そして吟味された素材の服は上質で美しい。

ブティック
地下鉄▶Ⓜ️S・4・5・6・7/
42nd St-Grand Central
🏠Madison Ave. at 45th
St. ☎1-212-682-0320
🕙8:00〜19:00、木曜〜19:00、
土曜9:00〜18:00、日曜12:00
〜17:00 ㊡無

ブルックス・ブラザーズ
Brooks Brothers

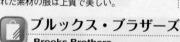

MAP p.27-G

アメリカントラッドの代名詞

1818年創立の伝統あるブランドで、ボタンダウンのオックスフォードシャツやポロシャツが定番ライン。とくにビジネスマンに愛用されているが、レディス、子供服なども作られている。

ブティック
地下鉄▶Ⓜ️S・4・5・6・7/
42nd St-Grand Central
🏠346 Madison Ave.
☎1-212-682-8800
🕙8:00〜20:00、土曜9:00
〜19:00、日曜11:00〜
19:00 ㊡無

モンブラン
Mont Blanc

MAP p.27-C

筆記具、時計で有名

モンブランでは、持っているだけでステータスとなる万年筆、ボールペンが人気だ。筆記具というよりアート感覚のデザインがいい。そのほか、ビジネスバッグなどのレザーグッズもエレガントで高品質。

文具雑貨
地下鉄▶Ⓜ️N・Q・R/5th
Ave.-59th St.
🏠600 Madison Ave.
☎1-212-223-8888
🕙10:00〜19:00、日曜
12:00〜18:00
㊡無

 はニューヨークブランド　　はアメリカブランド

184

マンハッタン・モール
Manhattan Mall

観光に忙しい人には便利

ストロベリー、エクスプレス、ヴィクトリアズ・シークレットなどのファッションなど約30店が入っているショッピングモール。ロウアーレベルはデパートのJCペニーだ。地下鉄の駅と直結していて便利だ。

ショッピングモール
地下鉄▶ⓂB・D・F・M・N・Q・R/34th St.-Herald Sq.
🏠100 W. 33rd St.
☎1-212-465-0500
🕐9:00〜21:30、日曜10:00〜20:30　㉺無

JCペニー
JC Penny

カジュアル中心のデパート

アメリカの大手デパートチェーンで、衣料品や生活用品などの品ぞろえが豊富。大衆的なラインナップで、いわゆる高級ブランドは少ないが、アメリカらしいカジュアル衣料などを探すのには最適だ。

デパート
地下鉄▶ⓂB・D・F・M・N・Q・R/34th St.-Herald Sq.
🏠100 W. 32nd St.
☎1-212-295-6120
🕐9:00〜21:30、日曜11:00〜21:00　㉺無

オールドネイビー
Old Navy Store

アメリカらしいカジュアルな服をゲット！

ユニクロ的存在のギャップ系列のショップ。Tシャツ、ジーンズなど飽きのこないデザインの物が豊富にそろい価格も安い！　3階建ての大型店舗でキッズ＆ベビーやセールコーナーも充実。サンダルや水着なども狙い目。

ブティック
地下鉄▶ⓂB・D・F・M・N・Q・R/34th St.-Herald Sq.
🏠150 W. 34th St.
☎1-212-594-0049　🕐8:00〜23:00、日曜9:00〜22:00　㉺無

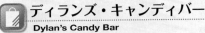

ディランズ・キャンディバー
Dylan's Candy Bar

甘いもの好きにはたまらない

アイスクリームからキャンディまで約5000種類ものカラフルな甘いものが並ぶ。量り売りのキャンディやグミ、チョコやアイスクリームは子供に人気。地下にはギフト用やキャラクターものがある。カフェも併設。

キャンディ
地下鉄▶Ⓜ4・5・6/59th St.
🏠1011 3rd Ave.
☎1-646-735-0078
🕐10:00〜22:00、金・土曜〜23:00、日曜〜21:00　㉺無

マリメッコ　NYC
Marimekko NYC

フィンランド発のテキスタイル・ブランド

1951年設立のフィンランドを代表するテキスタイル・ブランド、マリメッコの旗艦店。大きなケシの花が風に揺らいでいるような大胆なデザインのウニッコ柄が有名で、日本でも人気だ。高品質の衣類、バッグ、インテリア、アクセサリーなど、日々の暮らしを明るく彩るアイテムが、ゆったりとした真っ白な店内に並んでいる。

場所はフラットアイアン地区の5番街沿い。店名のマリメッコとは、女の子の名前である「マリ」と、フィンランド語で「ドレス」を意味する「メッコ」という2つの言葉からできている。

ブティック
地下鉄▶ⓂR・W / 23rd St.
🏠200 5th Ave.
☎1-212-843-9121
🕐10：00〜19：00、木〜土曜〜20：00、日曜11：00〜19：00　㉺無

マジソン街と5番街の間で、23〜26丁目にあるマジソンスクエアパークの北側一帯は、ノマドNoMad（North of Madison Square Park）と呼ばれるエリアになっている。

ザ・レゴストア
The LEGO Store Flatiron District

MAP p.28-B

大人もわくわくするハッピーな店

1932年創業のデンマーク生まれのブロック玩具ブランド。LEGOという名前は、デンマーク語で「よく遊ぶleg godt」の略語で、1958年に現在の形のブロックが発売された。広々とした店内には、歴史年表をモチーフにした大きなレゴアートが飾られ、壁一面にパーツが並ぶピックアブリックPick a Brickで、パーツ選びに夢中になる子供連れなどで賑わっている。ショーウィンドウに飾られたブリックにも注目してほしい。

おもちゃ
地下鉄▶Ⓜ MRW／23rd St.
⊕200 5th Ave. at 23rdSt.
☎1-212-255-3217
営10:00〜20:00、金・土曜9:00〜20:00、日曜10:00〜19:00
休無

子供だけでなく大人も楽しめるミュージアムのような店だ

とっておき情報

ザ・ショップス＆レストランズ・アット・ハドソンヤード

2019年3月15日にオープンしたハドソンヤード（→p.71）は、ウエストサイドの新しい地区として、今、ニューヨークで一番注目のエリアだ。16のビルと庭園、パブリックスペースで構成され、そのうちのひとつが、7階建ての巨大ショッピングセンター、ザ・ショップス＆レストランズ・アット・ハドソンヤードThe Shops & Restaurants at Hudson Yardsである。

高級ブランドからカジュアルまで、あらゆるカテゴリーの主要ブランドをカバーした100以上のショップとレストランやカフェなどが入っている。

1階はカルティエ、フェンディ、ダンヒル、ブルックス・ブラザーズなどの高級ブランドが中心。フロア・オブ・ディスカバリーと呼ばれる2階には、オンラインで生まれたプレミアム・メンズウエアのマックウェルドンや環境にやさしいベビー用品店のミルク＆ハニーベイビーなどがある。無印良品（MUJI）やユニクロも2階に。

3、4階には、アメリカのショッピングモールの定番ブランド、ルルレモンやザラなどが並ぶ。さらに、5階から7階まではニューヨークに初上陸した高級デパート、ニーマンマーカスNY旗艦店（→p.174）が占めている。

ハドソンヤードには、高架公園ハイラインからもアクセスすることができる。

正面エントランス。目の前にベッセルがある

上／明るくて広々としたモール内部　下／ニーマンマーカスの入口からベッセルが見える

ショッピングモール
MAP p.28-A
地下鉄　Ⓜ M7／34th St.-Hudson Yards
⊕Bet.10th＆12th Ave. W.30th & W.34th Sts.
☎1-212-255-3217
営月〜土曜10:00〜21:00 日曜11:00〜19:00　休無

 はニューヨークブランド　🗽はアメリカブランド

アッパーウエストサイド
Upper West Side

バーンズ＆ノーブル・ブックストア
Barnes & Noble Bookstore

MAP p.34-E

書籍以外のアイテムも素敵

　アメリカ全土に700店舗以上を運営しているアメリカで最大の書店チェーン。スターバックス・コーヒーを提供するカフェコーナー、値引き本コーナー、雑誌や新聞、プレゼント用の雑貨、音楽メディアなども扱っている。

書籍・雑貨
地下鉄▶Ⓜ1/79thSt.
🏠2289 Broadway
bet.82nd & Broadway
☎212-362-8835
🕘9:00～22:00
🚫無

アップルストア
Apple Store

MAP p.34-J

Apple製品がすべてそろい、使い放題

　天井が高く贅沢に空間を使った広い店内に、商品がずらりと並ぶ。どれも自由に使えるため、ネットチェックに立ち寄る人も多い。iPhone・iPadケースなどのアクセサリー類も豊富。マンハッタンに全5軒ある。

情報端末
地下鉄▶Ⓜ1/66th St.
🏠1981 Broadway at
67th St.
☎1-212-209-3400
🕘9:00～21:00
🚫無

フェアウェイマーケット
Fairway Market

MAP p.34-E

地元密着型スーパーの本店

　鮮度の高さが売りの野菜や果物が山積みに並ぶ店頭。店内奥のチーズ売り場には600種類以上のチーズが揃い、デリコーナーの料理は種類豊富でどれもおいしそう。コーヒーやマグカップなどオリジナルアイテムもある。

バッグ
地下鉄▶Ⓜ1/72nd St.
🏠2127 Broadway
☎1-212-595-1888
🕘6:00～翌1:00
🚫無

ゼイバーズ
Zabar's

MAP p.34-E

人気の老舗スーパーマーケット

　1934年にルイスとリリアン・ゼイバーズ夫妻が開業した老舗のスーパーマーケット。現在は3代目が経営を担う、家族経営の店だ。最初の店は、幅約6.7mの小さな店で、ルイス自身がコーヒーを焙煎し、高品質でおいしいスモークサーモンを探して自らスモークハウスを訪ね歩いた。60年代にはニューヨークにブルーチーズを紹介し、70年代にはサンドライトマトとニョッキを持ち込み、80年代はキャビアが売り場を盛り上げた。成功するファミリービジネスの秘訣はお互いを愛し、ビジネスを愛することだという。1階は食料品、2階はキッチン用品の売り場。マグカップやエコバッグは人気のおみやげだ。

スーパーマーケット
地下鉄▶Ⓜ1/79th St.
🏠2245　Broadway
☎1-212-787-2000
🕘8:00～19:30、土曜～
20:00、日曜9:00～18:00
🚫無

左／オリジナルのコーヒー売り場
右／種類豊富なチーズはどれもおすすめ

ショッピング

187

アッパーウエストサイド

アッパーイーストサイド
Upper East Side

トリー・バーチ
Tory Burch

MAP p.35-K

「手が届くラグジュアリー」で人気

　デザイナー兼CEOのトリー・バーチが04年にノリータに小さなブティックをオープン、瞬く間に世界から愛されるブランドに。幅広い年齢層に人気で、価格も比較的手ごろ。服やバッグ、アクセサリーなどがそろう。

ブティック
地下鉄▶Ⓜ6/68th St./Hunter College
🏠797 Madison Ave.
☎1-212-510-8371
🕐10:00〜19:00、木曜〜20:00、日曜11:00〜18:00
㊡無

アリス・アンド・オリビア
Alice and Olivia

MAP p.35-K

現代スタイルのなかに女性らしさを追求

　NY出身のファッションデザイナー、ステイシー・ベンデットが2002年に設立したブランド。現代的な働く女性向けライン"Career"、エアリーなカジュアルライン"Air"ほか、さまざまなライン、アイテムがそろう。

ブティック
地下鉄▶Ⓜ6/68th St./Hunter College
🏠755 Madison Ave.
☎1-646-545-2895
🕐10:00〜19:00、木曜〜20:00、日曜11:00〜18:00
㊡無

マックス・マーラ
Max Mara

MAP p.35-K

イタリア・プレタで大人の女に変身

　日本でも人気の高い、イタリアのブランド。明るい店内には洗練されたスーツやパーティドレスが並んでいる。グレーや黒の落ち着いた色のものが主流。靴やアクセサリーなどもそろうのでコーディネートも楽しめる。

ブティック
地下鉄▶Ⓜ6/68th St.-Hunter College
🏠813 Madison Ave.
☎1-212-879-6100
🕐10:00〜18:00、木曜〜19:00、日曜12:00〜17:00
㊡無

ジョルジオ・アルマーニ
Giorgio Armani

MAP p.35-K

イタリアブランドの代表格

　G・フランコ・フェレ、G・ベルサーチと並び伊ファッション界の大御所に挙げられるアルマーニの実績は周知のとおり。そのメインコレクションを集めたブティックがここ。品揃えも充実しているので見応えあり。

ブティック
地下鉄▶Ⓜ F/Lexington Ave.-63rd St.
🏠760 Madison Ave.
☎1-212-988-9191
🕐10:00〜18:00、日曜12:00〜17:00
㊡無

ジトマー
Zitomer

MAP p.35-G

生活雑貨がいろいろそろう

　高級ファーマシーとして創業して以来、地元アッパーイーストの人々はもちろん観光客に愛され続けている店。今や3階建ての店内にはコスメ、雑貨、子供服、おもちゃ、電化製品からペット用品まで自信の品揃えだ。

雑貨
地下鉄▶Ⓜ6/77th St.
🏠969 Madison Ave.
☎1-212-737-5560
🕐9:00〜19:00、土曜9:00〜19:00、日曜10:00〜18:00
㊡無

 はニューヨークブランド　　 はアメリカブランド

クリスチャン・ルブタン
Christian Louboutin

MAP p.35-G

靴好きなら見逃せない

　パリの靴のブランド。ギャラリースタイルの店内には、スタイリッシュな靴が個々の小さな壁棚に展示物のように並べられている。数々のスターが愛用しているだけあってそのセンスのよさは秀逸。

靴
地下鉄▶Ⓜ6/77th St.
㊂965 Madison Ave.
☎1-212-396-1884
⑱10:00～18:00、日曜
12:00～17:00
㊡無

スプリンクルス
Sprinkles

MAP p.35-K

高級カップケーキ、アイスの店

　ビバリーヒルズ発で高級カップケーキのルーツともいわれる店。ベルギーチョコ、純粋マダガスカルブルボンバニラ、新鮮なフルーツなどを使用しており、リッチな味わいが楽しめる。クッキー、アイスもおすすめ。

スイーツ
地下鉄▶ⓂN・Q・R/
Lexington Ave./59th St.
㊂780 Lexington Ave.
☎1-212-207-8375
⑱9:00～22:00、金・土曜
～23:00、日曜10:00～
20:00　㊡無

アクリス
Akris

MAP p.35-K

シンプルなのにゴージャス

　フェミニンで洗練されたシルエットが特徴のアクリスは、スイス生まれのラグジュアリーブランド。スイスですべて縫製され、シンプルなカットと贅沢な素材遣いが個性的だ。2フロアの広い店内でゆったり買物を。

ブティック
地下鉄▶Ⓜ6/68th St.-
Hunter College
㊂835 Madison Ave., nr.
69th St.
☎1-212-717-1170
⑱10:00～18:00、日曜
12:00～17:00　㊡無

ラルフローレン
Ralph Lauren

MAP p.35-K

トラッドファッションといえばここ

　アメリカのトラッドといえばラルフローレン。1、2階がメンズ、3階がレディス、4階が雑貨・寝具と、ひと通りのものが手に入る。間口は狭いが中は天井が高く、開放的。向かい側にはポロ・スポーツの店舗がある。

ブティック
地下鉄▶Ⓜ6/68th St.-
Hunter College
㊂867 Madison Ave.
☎1-212-606-2100
⑱10:00～19:00、木曜～
20:00、日曜11:00～18:00
㊡無

ヴァレンチノ
Valentino

MAP p.35-K

大人のおしゃれの上級編

　洗練された大人のイメージの服はニューヨークの女性そのものを映し出しているよう。店内にはイタリアの本店に劣らない充実した商品群が並び、落ち着いた雰囲気で満たされている。

ブティック
地下鉄▶Ⓜ6/68th St.-
Hunter College
㊂821 Madison Ave.
☎1-212-772-6969
⑱10:00～18:00、木曜～
19:00、日曜12:00～17:00
㊡無

BISデザイナーリセール
BIS Designer Resale

MAP p.35-G

ブランドのユーズドならここ

　セカンドハンドの店だがさすがにNYマジソン街。タグが付いたままの服や新品同様の靴などが、セレブやモデルたちから届けられるという。シャネル、エルメス、ルイ・ヴィトンが40～90%オフで買える。

ブティック
地下鉄▶Ⓜ4・5・6/86th St.
㊂1134 Madison Ave.,
nr. 84th St.（2F）
☎1-212-396-2760
⑱10:00～18:00、木曜～
19:00、日曜12:00～17:00
㊡無

インターミックス
Intermix

トレンドがわかるセレクトショップ

　旬のスタイルやデザイナーのアイテムを取りそろえているセレクトショップ。ここへ行けば、全身トレンドのスタイルでコーディネイトできるのでいろいろ回る時間がない人にもおすすめ。パーソナルスタイリストがクライアントと一対一で対応し、ライフスタイルのニーズにこたえるルックスをアドバイスしてくれる。水着などのリゾートウエアが1年中揃っているのも魅力だ。1993年に設立され、2012年にGAP Inc.に買収されたインターミックスは現在、北米に36店舗ある。マンハッタンでは、フラットアイアン・ディストリクトの5番街沿いやミートパッキングディストリクト、ソーホーにもショップがある。

ブティック
地下鉄▶Ⓜ6/77th St.
Ⓑ1003 Madison Ave. at 77th & 78th Sts.
☎1-212-249-7858
Ⓣ10:00～19:00、
日曜12:00～18:00
Ⓗ無

MAP p.35-G

エルメス
Hermès

MAP p.35-K

さりげなく持ちたい最高級品

　馬具メーカーとしてスタートしたフランスの高級ブランド。最高級の素材を使ったウエア、革製品、ステーショナリー、食器など伝統に裏打ちされた貴品ある商品がそろう。NYテイストが反映されたラインナップも見どころ。

ブティック
地下鉄▶Ⓜ F/Lexington Ave.-63rd St.
Ⓑ691 Madison Ave.
☎1-212-751-3181
Ⓣ10:00～18:00、木曜～19:00
Ⓗ日曜

ジョージ・ジェンセン
Georg Jensen

MAP p.35-K

シルバーの美しさを最大限に生かす

　王室ご用達のデンマークの高級銀製品。みずみずしささえ感じさせるフルーツをかたどったブローチや、繊細な細工を施し宝石をはめ込んだイヤリングがみごと。美しさのなかにもかわいらしさが見えるデザイン。

宝飾品
地下鉄▶Ⓜ F/Lexington Ave.-63rd St.
Ⓑ698 Madison Ave.
☎1-212-759-6457
Ⓣ10:00～18:00、日曜12:00～17:00
Ⓗ無

クリストフル
Christofle

MAP p.35-K

ダイニングを優雅に演出

　銀製品、陶器、ガラスの食器類を扱う。とくに銀製品の美しいデザインや品質の良さには定評があり、代々受け継がれるほどの逸品でコレクターも多い。日本への郵送の手配をしてくれるので安心。

銀製品
地下鉄▶Ⓜ F/Lexington Ave.-63rd St.
Ⓑ846 Madison Ave.
☎1-212-308-9890
Ⓣ10:00～18:00、日曜11:00～17:00
Ⓗ無

メゾン・デュ・ショコラ
La Maison du Chocolat

MAP p.35-G

繊細で革新的なチョコを

　1977年にパリでオープンしたチョコレート店のNY支店。原産地の異なるカカオと厳選された素材を組み合わせた繊細な味わいの手作りチョコレートが、宝石店のような雰囲気の店内にずらり並ぶ。

チョコレート
地下鉄▶Ⓜ6/77th St.
Ⓑ1018 Madison Ave.
☎1-212-744-7117
Ⓣ10:00～19:00、日曜11:00～18:00
Ⓗ無

 はニューヨークブランド　 はアメリカブランド

SOHOへ行けば 何でも手に入る

若者を中心に人気の、ニューヨークのショッピングエリア、ソーホー。ソーホーといえば若手アーティストのギャラリーや、新進デザイナーのショップといわれていたのは、ひと昔前。もちろんアーティスティックな店も健在だが、注目のプラダをはじめ、今や一流ブランドのショップが続々と登場し、5番街に匹敵するほどの、何でもそろう人気ブランドショッピングスポットだ。

カフェでのんびりと過ごす人たち。
こんな風景をソーホーではよく見かける

注目のセレクトショップやインテリア&雑貨もいっぱい！

　ソーホーで注目したいのがセレクトショップ。サバッグ、靴、ベルト、アクセサリーなどの小物、若手デザイナーもの、世界各地のブランドなどそのセレクトの広さは圧巻。「オリーブ・アンド・ベッティーズ」など人気ドラマのスタイリストの店やインテリア&雑貨ショップも多い。

カーナ・ザベット Kirna Zabête
MAP p.30-B
🏠477 Broome St.　☎1-212-941-9656　🕐11:00〜19:00、日曜12:00〜18:00　㊡無　Ⓜ N・R/Prince St.

オリーブ・アンド・ベッティーズ Olive and Bette's
MAP p.30-B

🏠158 Spring St.
☎1-646-613-8772
🕐11:00〜19:00、日曜11:00〜19:00
㊡無
Ⓜ C・E/Spring St.

NYとLAの注目デザイナーのキュートな服がいっぱい！

デリ
食のセレクトショップ
ディーン&デルーカ　Dean & Deluca
MAP p.30-B
🏠560 Broadway　☎1-212-226-6800
🕐7:00〜19:00、土・日曜8:00〜　㊡無　Ⓒ
Ⓜ 4・6/Spring St.

ソーホーの顔、プラダは見るだけでも価値大！

　ソーホーの中心的存在だった元グッゲンハイム美術館の別館をリニューアルしたプラダのメガストアはすっかりソーホーの顔に。美術館だった建物をそのまま使用し、ギャラリー的空間を贅沢に利用したショップは、近未来的インテリアの不思議な空間。初めて訪れた人には、一見プラダとはわからないほどだ。アイテムは主に地下に陳列されており、種類・サイズともに豊富な展開にプラダフリークもきっと満足できる。

プラダ Prada
MAP p.30-B
🏠575 Broadway
☎1-212-334-8888
🕐11:00〜19:00、木曜〜20:00、日曜12:00〜18:00　㊡無

ディスプレイもおしゃれ
Ⓜ N・R/Prince St.

ステラ・マッカートニー Stella McCartney
MAP p.30-B
🏠112 Greene St.
☎1-212-255-1556
🕐11:00〜19:00、日曜12:00〜18:00　㊡無
Ⓜ N・R/Prince St.

ミュウミュウ Miu Miu
MAP p.30-B
🏠100 Prince St.
☎1-212-334-5156　🕐10:00〜19:00、木曜〜20:00、日曜12:00〜　㊡無
Ⓜ N・R/Prince St.

ルイ・ヴィトン Louis Vuitton
MAP p.30-B
🏠116 Greene St.　☎1-212-274-9090　🕐11:00〜18:00、日曜11:00〜20:00　㊡無
Ⓜ N・R/Prince St.

コーチ Coach
MAP p.30-B
🏠445 W. Broadway
☎1-212-473-6925　🕐11:00〜20:00、日曜12:00〜18:00　㊡無
Ⓜ N・R/Prince St.

チェルシー/グラマシー
Chelsea/Gramercy

ロフト
Loft

キャリアからリラックスウエアまで

アメリカ全土にある人気レディースブランド「アンテイラー」のカジュアルライン。働く女性をターゲットにしたファッションが基本だが、プライスはリーズナブルだ。日本人にフィットする小さめサイズも充実。

ブティック
地下鉄▶ⓂN・R／23rd St.
🏠156 5th Ave.
☎1-212-675-7457
🕐10:00～21:00、金曜9:00～、日曜11:00～19:00
休無

MAP p.28-F

ジェフリー
Jeffrey

とにかくおしゃれな人がくる

ディオールやセリーヌ、プラダなどのブランドの服、靴、バッグをはじめ、化粧品や香水も数多く取り扱う。入ってすぐの大きなスクリーンではコレクションの様子が流され、中央には噴水があるなど斬新な店内にも注目。

ブティック
地下鉄▶ⓂA・C・E／14th St.
🏠449 W. 14th St.
☎1-212-206-1272
🕐10:00～20:00、木曜～21:00、土曜～19:00、日曜12:30～18:00 休無

MAP p.28-E

ペーパーソース
Paper Source

かわいい文具雑貨が勢ぞろい

ラッピングペーパーやスタンプ、テープやリボンなどを中心に扱うアート＆クラフトショップ。グリーティングカードやステーショナリー、かわいいキッチン雑貨などもそろっている。プレゼント探しにおすすめ。

文具雑貨
地下鉄▶ⓂA・C・E／14th St.
🏠75 5th.Ave.
☎1-627-1028
🕐10:00～21:00、土曜9:00～、日曜11:00～19:00
休無

MAP p.28-F

アブラカダブラ・スーパーストア
Abracadabra Superstore

楽しいコスチュームがいっぱい

コスチュームやウイッグなど、扮装グッズやマジックグッズ、おもちゃ、面白グッズなどがそろうニューヨークらしい楽しいショップ。ハロウィーン前は大賑わいだ。宴会やパーティーを考えている人はのぞいてみて。

雑貨
地下鉄▶ⓂF・M／23rd St.
🏠19 W. 21st St.
☎1-212-627-5194
🕐11:00～19:00、日曜12:00～17:00
休無

MAP p.28-F

ベッド・バス & ビヨンド
Bed Bath & Beyond

家を丸ごとコーディネートできる

家具、キッチン用品、インテリア用品などの日用品を一堂に集めた巨大な店。シンプルなデザインのものからカントリー調のかわいらしいものまで、驚くほど種類が豊富。しかもすべてディスカウント価格だ。

生活雑貨
地下鉄▶ⓂF・M／23rd St.
🏠620 6th Ave.
☎1-212-255-3550
🕐8:00～21:00
休無

MAP p.28-F

  はニューヨークブランド　🇺🇸ブランド はアメリカブランド

コンテイナーストア
The Container Store

MAP p.28-F

収納に関するグッズなら何でも

「入れる」「片付ける」といったキーワードに関するさまざまな用品を扱うショップ。みやげに適した雑貨的なデザイングッズやシャレたエコバッグ、旅行に適した小物入れなどもいろいろあり、値段も手ごろだ。

インテリア雑貨
地下鉄 ▶ Ⓜ F・M/23rd St.
🏠 629 6th Ave.
☎ 1-212-366-4200
🕙 9:00～21:00、日曜10:00～20:00
休 無

ABCカーペット＆ホーム
ABC Carpet & Home

MAP p.29-G

1日いても飽きないほどの充実度

6階建ての巨大なビルと2階建ての別館からなるインテリア用品のデパート。アンティーク調のものが多く、大量の商品がごったがえしているので掘り出しものも見つかるはず。1階にはカフェもある。

インテリア雑貨
地下鉄 ▶ Ⓜ L・N・Q・R・4・5・6/14th St.-Union Sq.
🏠 888 Broadway
☎ 1-212-473-3000
🕙 10:00～19:00、木曜～20:00、日曜12:00～18:00
休 無

●とっておき情報●

犬のおやつもいろいろある🐾

トレーダー・ジョーズでおみやげ探し

カリフォルニア発の人気スーパーマーケット、トレーダー・ジョーズTrader Joe'sのオリジナルアイテムはおみやげに最適。オリジナル商品は高品質なうえにリーズナブル。人気のエコバッグはもちろん、オーガニックの石鹸や歯磨き、シャンプーなどの日用品から、スナックまで品揃えが豊富だ。

パッケージ買いしたくなるスイーツ

●トレーダー・ジョーズ チェルシー
MAP p.28-F　🏠 675 6th Ave.
☎ 1-212- 255- 2106
🕙 8:00～22:00
休 無　Ⓜ F・M/23rd St.
●トレーダー・ジョーズ　ユニオンスクエア
MAP p.29-G　🏠 142 E. 14th St　☎ 1-212-529-4612
🕙 8:00～22:00　休 無　Ⓜ L・N・Q・R・4・5・6/14th St.-Union Sq.

おすすめのソープ

週末のフリーマーケットで宝物探し

マンハッタンでは、週末になるとあちこちでフリーマーケットが開かれる。会場は、駐車場や学校の校庭などで、ここでは家具やインテリアがメイン、あそこではレコードやアクセサリーの小物が多いといった具合にそれぞれ特長があり、規模も大小さまざまだ。

出店者は正式に市の営業許可を得て、販売を行なう業者で、必ずそのライセンスを掲示することが義務づけられている。店主の首からぶらさがっているプレートがそれだ。そして、カード先進国のアメリカらしく、クレジットカードが利用できる店が7割以上！　ただし、目利きでない限り高額な買物はしないのが得策。

食器から家具まで掘出物を探そう

●アネックス・チェルシーフリーマーケット
Chelsea Flea Market
🏠 29 W. 25th St.(Broadway and 6th Ave.)
MAP p.28-B　Ⓜ R・W/23rd St.
🕙 土・日曜6:30～19:00 入場料：6:30～7:00 $ 5、7:00～19:00 入場料：$ 1

1976年以来開催されているフリーマーケット。アンティーク、収集品、装飾芸術、アールデコとビンテージ、ジュエリーなどを販売する。アネックス・ヘルズキッチンフリーマーケットは2019年1月、アネックス・チェルシーフリーマーケットに統合された。現在閉鎖中だが、2020年4月に再開予定。

●グリーンフリーGreen Flea
🏠 100 W. 77th　🕙 日曜10:00～17:30 入場無料
MAP p.34-F　Ⓜ 1/79th St.

キッチュな小物やハンディクラフト作品などチープな小物からブランド品、高級アンティークまでそろう。

グリニッチヴィレッジ/イーストヴィレッジ／ノリータ
Greenwich Village/East Village/Nolita

パーディーガール
Purdy Girl

MAP p.28-J

持っている服と合わせやすいアイテム

　クラブやライブハウスが多いグリニッチヴィレッジにあるブティック。見落としてしまいそうな小さな店で中も狭いが、ブラウスやスカートなどが色ごとにディスプレイされ、かわいらしくまとめられている。

ブティック
地下鉄▶ⓂA・B・C・D・E・F・M/W. 4 St.-Washington Sq.
🏠220 Thompson St.
☎1-212-529-8385
🕐11:00〜20:00
🈳無

グリニッチ・レタープレス
Greenwich Letterpress

MAP p.28-J

オリジナルのカードがステキ！

　オリジナルのデザインがおしゃれなステーショナリーがそろう店。特にグリーティングカードはプレゼントにもいい。時間に余裕があれば、好きなデザインを選んで、名入り便箋や名刺などを作るのもおすすめだ。

文具雑貨
地下鉄▶Ⓜ1/Christopher St.
🏠39 Christopher St.
☎1-212-989-7464
🕐11:00〜19:00、月・土・日曜12:00〜18:00
🈳無

ル・ラボ
Le Labo

MAP p.31-C

メイド・トゥ・オーダーのフレグランス

　ここの売りはその新鮮さ。オーダーしたその場で調合して作ってくれる。香水の香りは10種類、キャンドルは7種類。ボトルに貼れるラベルには好きな名前と日付を入れてくれ、まさに世界にひとつだけの品となる。

香水
地下鉄▶ⓂF/Lower East Side-2nd Ave.
🏠233 Elizabeth St.
☎1-212-219-2230
🕐11:00〜19:00
🈳無

アイナ
Ina

MAP p.31-C

古着屋さんと呼ばないで

　小さな店にぎっしりビンテージクローズがつまった店。とはいってもこの店にあるのは、プラダ、ミュウミュウなど旬のブランドの美品ばかり。靴、カバンなども種類豊富。1点ものばかりだから早いもの勝ち！

古着
地下鉄▶Ⓜ6/Spring St.
🏠21 Prince St.
☎1-212-334-9048
🕐12:00〜20:00、日曜〜19:00
🈳無

リラック・チョコレート
Li-Lac Chocolates

MAP p.28-F

1923年創業のグルメチョコの店

　マンハッタンで最古の歴史を持つチョコレートショップ。オリジナルレシピを忠実に守り、昔ながらの製法、大理石のテーブルに銅釜を使うというこだわりで生産を続けている。トリュフボックスは$5〜、ギフトボックスは$18〜。ブリーカー通り店（162 BleekerSt.）やチェルシーマーケット、ハドソンヤードなど、ニューヨークには計6店舗ある。

チョコ
地下鉄▶Ⓜ1・2・3/14 St.
🏠75 Greewich Ave.
☎1-347-609-0942
🕐11:00〜20:00、金・土曜〜21:00、日曜〜19:00
🈳無

 🍎はニューヨークブランド　🗽はアメリカブランド

レストラン

©Will Steacy

Restaurant

レストラン事情

ニューヨークでは何がおいしい？

ニューヨークは人種のるつぼと呼ばれるだけあって、世界各国、各地の料理のレストランがそろっている。日本ではなかなか食べられない料理が手ごろな値段で食べられる店も多く、新しい味に挑戦してみるのも楽しい。また、あらゆる面において頂点に立つ都市であるだけに、名声と実績をもつ有名レストランが数多く集まっている。世界的に有名なシェフもその実力を確かめようと、この地で腕をふるい、イタリア、フランス、日本料理でも、本国に劣らないレベルの高い料理が味わえる。そうした高級店だけでなく、安くておいしいエスニック・レストラン、手軽でおいしいピザ、サンドイッチや各種おかずの並ぶデリ、さらに簡単な屋台などもあり、食の選択肢は驚くほど多いのもニューヨークの魅力だ。

どこに行けばおいしい料理が食べられる？

レストランが多いのはミッドタウン。とくに一流レストランやテーマレストランのほとんどがここにあり、ファストフード店もいたるところにある。近年、続々とオープンしている話題のレストランはチェルシーやユニオンスクエア周辺、トライベッカやミートパッキングディストリクト（→p.18）に進出している。

●アメリカ料理
アメリカ料理といっても種類はいろいろで、どこのエリアにもあるが、ミッドタウンの一流レストランでは、独創的で新しいスタイルの料理に出会える。あらゆるエリアにあるハンバーガーやピザもニューヨークらしい味。

●イタリア料理
ニューヨークにはイタリアンレストランが驚くほど多い。優雅な雰囲気を楽しむならミッドタウン。大雑把だけれど家庭的な味を求めるならリトルイタリー、グリニッチヴィレッジへ。

●日本料理
ニューヨークの日本料理はおいしいと評判。とくにミッドタウンには日本でも老舗としてよく知られる有名な店が点在している。料金は高めだが、一流シェフの味が楽しめる。

●中国料理
ミッドタウンにも有名な店は多いが、中国料理といえばやはりチャイナタウン。手ごろな値段で本格的な料理が味わえ、雰囲気も楽しめるのが何よりの魅力。

●エスニック料理
タイやベトナムなどのエスニック料理は人気が高く、店は点在しているが、チャイナタウンに比較的多い。また、インド料理ならイーストヴィレッジの6丁目にあるリトルインディア、韓国料理なら32丁目あたりのコリアンタウンへ。ブラジル、ペルー、メキシコなどの中南米料理も充実している。

NYで食べたい
お手軽フード5

1 ベーグル
本場のベーグルのズッシリ感やコシの強さは日本で食べるベーグルとは大違い。トーストしたベーグルにバターやクリームチーズで朝食に。みやげにもいい！
●おすすめベーグル店
エッサベーグル Ess-a-Bagel
831 3rd Ave.　6:00～21:00、
土・日曜～17:00

2 プレッツェル
屋台で買って歩きながら食べるアツアツのプレッツェル。粒塩の塩味とパン生地のほのかな甘さとマスタードの絶妙な味わい。ただし、冷めるとカチカチに。

3 ホットドッグ
ホットドッグにはたっぷりの酢漬けキャベツとマスタード。ランチタイムにはビルの外でホットドッグにかぶりつくビジネスマンも多い。

4 ニューヨークピザ
できればチェーン店ではないピザ店でチーズスライスを注文しよう。オレガノと粉チーズをたっぷりかけてコーラと一緒にランチタイム。

5 オイスター
グランドセントラルにある老舗レストランのオイスターバー＆レストラン（p.210）で北米各地のオイスターを賞味。駅というロケーションもニューヨークらしくておすすめ。

ベーグル。本場の味をぜひ楽しみたい

高級料理を安く味わう

　ディナーだと1人当たり$70以上のようなレストランでも、ランチメニューなら$40前後となれば、1、2回は話題のレストランの料理を味わうことができる。また、テイスティングメニューTasting MenuやプリフィックスPrix Fixeと呼ばれるおまかせコースも要チェック。前菜からデザート、店によってはワインも付いているわりにはお得になっている。こちらはランチだけでなくディナーメニューでもある。さらに、年に2回、夏と冬に開催されるレストランウィークRestaurant Weekでは、高級レストランの料理を2品ランチコース$26ほどで味わうこともできる。

予約をしておけば待たずにすむ

　有名な高級レストラン（本書で紹介するレストランでは予算が$55以上の店）などは、予約を入れたほうが待たされずにテーブルに着けるうえスマート。ディナーの予約は普通のレストランなら当日でも充分間に合うが、有名なレストランなら2〜3日前から予約をしておきたい。また、どんなレストランでも週末は込み合うので、遅くとも当日の午前中までに予約の電話を入れよう。

　レストランを予約する際には、電話で日時、人数を伝える。また、高級レストランの場合は、ドレスコード（ネクタイ着用などの服装の指定）があるかどうか確認しよう。

カフェメニューはうま安な強い味方

ブランチはカフェで

　たいていのカフェにはサンドイッチやラップ、卵料理やハンバーガーなどのメニューがある。ファストフードやチェーンカフェばかりでなく、時には街角でふと見つけた雰囲気のいいカフェで食事をとるのもいい。ひとり旅ならカウンター席もおすすめ。会計時にはチップを忘れずに。

フードコートでお気楽ヘルシー

　レストランでもカフェでも料理はやっぱり多すぎる。英語のやり取りも苦手だし、チップも面倒…。という人はフードコートへ。人気のスーパーマーケット、ホールフーズ・マーケット（→p.200）ならオーガニックやベジタリアンにも対応。新鮮サラダやインド料理、中国料理などが勢ぞろい。ただし、レジに並ぶ長蛇の列は覚悟しておこう。また、デリによっては総菜やサラダバーコーナーがある。

レストランウィークでグルメ三昧！

ニューヨークでは夏冬の年2回レストランウィークが開催される。有名レストランが破格の値段でディナーやランチを提供する人気のイベント。ランチ$26、ディナー$42。普段は行けないような高級レストランに行けるチャンスだ。詳細は●http://www.nycgo.com/restaurant-week/

レストランでの英会話

6月20日の19時に2名、予約をしたいのですが。
I would like to make a reservation for dinner for two people at 7 p.m. on June 20th.
予約をしている鈴木です。
I have a reservation for Suzuki.
まだ決まっていません。
We are not ready yet.
シーフードパスタをください。
I would like a seafood pasta, please.
あそこであの人が食べているものと同じものを食べたい。
I would like the same dish as those people over there.
会計をしてください。
Check, please.

プラザホテルの地下1階にあるプラザ・フードホール

レストラン到着から会計まで

受付係はホステスという

レストランに**入ったら**

　レストランの入口を入ってすぐのところに受付係のいるデスクがあるので、そこで人数を伝える。するとメニューを持ってテーブルに案内してくれる。ニューヨークのレストランはすべて禁煙席になっているので注意しよう。

アルコール、ノンアルコール、水でもOK

飲物をオーダーする

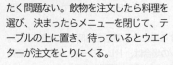

　テーブルに着いたら、まず飲物を決める（ウエイターがすぐにやってきて、最初に飲物の注文だけを取るため）。水のみというのでもまったく問題ない。飲物を注文したら料理を選び、決まったらメニューを閉じて、テーブルの上に置き、待っているとウエイターが注文をとりにくる。

オーダーはもちろんあとで追加もできる

メニューの解読法

　レストランのメニューは本来、アペタイザー（前菜）、メインディッシュ、デザートの3つに分かれているが、レストランによっては、スープ、サラダ、パスタ、シーフード、肉料理など、内容が細分化されて少々複雑になっていることもある。高級レストランではアペタイザーから1品、メインディッシュから1品を注文するのが好ましいが、決まりではないので、メインディッシュだけでも構わない。

198

メニューの英単語

アペタイザー Appetizers
メインディッシュ（アントレ）Entrees
デザート Desserts
飲物 Beverages
スープ Soups　サラダ Salads
パスタ Pastas　ピザ Pizzas
サンドイッチ Sandwiches
ライス Rice　麺 Noodles
ハンバーガー Burgers
牛肉 Beef　鳥肉 Chicken
豚肉 Pork　七面鳥 Turkey
ステーキ Steak
魚介類 Seafood
ロブスター Lobster
カキ Oyster　マグロ Tuna
鮭 Salmon　ホタテ Scallop
野菜 Vegetables
カレー Curry　網焼き Grill
炒め物 Stir-fry
揚げ物 Deep-fry ソテー Saute
バーベキュー Barbecue

クレジットカードでの支払い

　日本と異なるレストランでの支払い方で、とくに分かりにくいのが、クレジットカードでの支払いだ。手順は次のようになっている。

1 ウエイターが伝票を持ってきたら料金を確認し、伝票とカードをテーブルに置いておく。

2 ウエイターがカードと伝票を持っていきレジで登録させ、再びカードと伝票を持ってくる。

最後のサインを忘れずに

3 伝票の一番下にチップTipと書かれた空欄があり、そこに自分でチップ（合計金額の15％程度）の金額を書き、さらに料金との合計を記入。そしてサインの欄にサインする。

4 3枚ある伝票のうち、カスタマーズコピーCustomers Copy（控え）と書かれたものを自分で取り、そのほかの伝票はテーブルに残して店を出る。テーブルにチップを置く必要はない。

いただきます！

料理はアペタイザー、スープ、メインディッシュの順に運ばれてくる。食事が終わりウエイターが皿を片付けると、コーヒーやデザートの注文を聞かれる。いらない場合は、会計をしたい旨を伝え、伝票を持ってきてもらう。

パンと前菜が最初に運ばれてくる

リトルイタリーのレストラン

料理をオーダーする

ウエイターは飲物を持ってくると同時に、料理の注文を取る。もしそれまでにオーダーが決まらなかったら、「まだ決まっていませんWe are not ready yet.」と断れば、少しするとまた戻ってきてくれる。

お金は伝票のホルダーに挟む

ごちそうさま！

料金はテーブルで支払う。現金かクレジットカードを伝票と一緒にテーブルに置くと、ウエイターが取りにくる。チップを含め現金でちょうどならそのままテーブルを離れてもよい。つり銭がある場合、ウエイターがまた戻ってくるまで待ち、合計金額の約15％程度のチップをテーブルに置いて店を出る。

ナイトライフの楽しみ方

バーやパブの店内には普通、カウンター席とテーブル席の両方がある。高級店では入口に案内係がいて、テーブルに案内してくれ、注文を取りにきてくれる。そうでない場合は、自分でカウンターで注文し、飲物を受け取ったらその場で料金を支払う（料金＋1ドリンクにつき＄1程度のチップを添えて）。カウンターで飲んでもいいが、テーブルが空いていれば自分で飲物を運んで好きなところに座ってよい。

ニューヨークはレストランと同様、バーやパブでも禁煙になっている。ただし、シガーバーと呼ばれる葉巻タバコの愛好家が集まるバーもあり、そのような場所では喫煙が可能だ。

ホテルに帰るときは

夜、レストランからホテルに帰るときは、必ずタクシーを利用すること。受付係に頼めばタクシーを呼んでくれる。

飲みすぎないように気をつけて楽しもう

ニューヨークだと
こんなに素敵！

気軽におしゃれに食べたい！

フードコート

世界中の食が集まるニューヨーク。
レストランに行ったり、
家庭で料理をする時間がないときも、
ファストフードではなく、
美味しくヘルシーに手早く食したい、
そんなニューヨーカーの新しい食のスタイル
「イートイン（Stay）」を紹介しよう。

**おすすめ度No.1
ニューヨーカー
ご用達**

ホールフーズ・マーケット
Whole Foods Market

全米に300店舗ほど展開する自然食品スーパー。食材、化粧品、サプリメント…。これまで見たこともないくらいオーガニック商品がぎっしり。人気の惣菜コーナーは、温かい惣菜を集めたホットバー、サラダバー、スープバー、デザートバーほか、スシ、インドカレーなどのエスニック料理も豊富で見事な品揃え。自然食品ではNY市内最大の床面積をもつのがこのコロンバスサークル店だ。

エリア アッパーウエストサイド
MAP p.26-B
Ⓜ A・B・C・D・1/59th St.-
Columbus Circle
🏠10 Columbus Circle
☎1-212-823-9600
🕐7:00〜23:00
🈺無

広い店内はヘルシー志向のニューヨーカー
で1日中賑わう

ここが
So good!

▶キーワードはナチュラル、
オーガニック、エコフレンドリー
▶何でもそろう惣菜コーナー。セルフで
好きなだけとって会計したら、即テーブル席でも食べられる
▶ホールボディシリーズで身体もオーガ
ニック(John Masters Organicsが人気)
▶子供用、ペット用も全部自然派

ホットバーの人気は本格的なおいしさの各種カレー。ほかにも中国料理や温野菜、肉料理やパスタなどもある

とにかく広くてアイテムが豊富。デザートのスイーツも要チェックだ

ヘルシーなプレートができあがり！

さらにさらに情報
マンハッタンに6店舗あり！
ここもおすすめ

▶ユニオンスクエアならココ
🏠4 Union Square South
☎1-212-673-5388
▶チェルシーならココ
🏠250 7th Ave. (bet.24th & 25th Sts.)
☎1-212-924-5969

イータリーNYCフラットアイアン
Eataly NYC Flatiron

本格的な
おいしさ追求！

エリア グラマシー
MAP p.28-B
Ⓜ N・R／23rd St.
🏠 200 5th Ave. (bet. 23rd &
24th Sts.)
☎ 1-212-229-2560
🕘 9:00～23:00
🈳 無

セレブシェフ、マリオ・バタリとイタリア人実業家が2010年にオープンしたこだわりのイタリア食材マーケット。イタリア直輸入のパスタ、チーズ、ワイン、キッチンウエア他、スイーツ、カフェ、レストラン、バーなど、見てまわるだけで楽しい。カフェ、レストランも併設されている。

上／メインエントランスは23丁目側。グラマシーらしいおしゃれな外観が目を引く
左／マリオブランドのパスタソース$7.80

ここが
So good!

▶イタリアン食材の豊富さはピカイチ
▶イートインコーナーが店内に10カ所以上ある
▶チーズや生ハムと一緒にワインテイスティングもできる
▶ロゴ入りのオリジナルグッズはおみやげに最適

広い店内は本場のイタリアの雰囲気

バルドゥッチズ・グルメ・オン・ザ・ゴー
Balducci's Gourmet on the Go

あの高級グルメデリが復活！

1916年創業以来、グルメデリの先駆けとして、また伝統あるセレブ御用達の高級食材店として人気を博していた老舗が、2012年3月にマンハッタンに戻ってきた。入口にはスイーツ&カフェコーナー、伝統の自家製惣菜コーナーも健在。そしてバルドゥッチズといえばグルメサンドイッチ。Grab & Goコーナーもあるのでミュージカル観劇前に立ち寄りたい。

上／惣菜売場は見逃さないで
右／スイーツが勢揃い！

エリア ミッドタウン
MAP p.26-B
Ⓜ A・B・C・D・1／59th St.-
Columbus Circle
🏠 301 W. 56th St. at 8th Ave.
☎ 1-646-350-4194
🕘 6:00～19:30、土・日曜11:00
～17:00 🈳 無

ここが
So good!

▶老舗ならではの素材ひとつ一つへのこだわり
▶神戸ビーフサンドは感動的な美味しさ
▶朝食の定番、クレープとローストコーヒー
▶オリジナルコーヒーには往年のファンが多い

老舗高級ホテルに旬のNYが凝縮！

セレブシェフ、トッド・イングリッシュがプロデュースしたフードコートが老舗高級ホテル「プラザ」の地下にある。シーフードやイタリアンのカジュアルなレストランの隣には、ニューヨークの人気店が集結！ お目当ての店をたくさんリストアップしていても、アッパーイーストサイドやダウンタウンと点在していてなかなか旅行者には回りきれないものだが、ここならイートインコーナーも併設されているので、旬のニューヨークを一気に味わえる。

プラザ・フードホール The Plaza Food Hall
エリア ミッドタウン
MAP p.27-C
🏠 1 W. 59th St. （プラザホテル地下）
☎ 1-212-546-5499 🕘 8:00～21:00、日曜10:00～20:00
🈳 無 Ⓜ N・Q・R／5th Ave.-59th St.

おもな参加店名
＊ビリーズ・ベーカリー Billy's Bakery （カップケーキ）
＊タクミタコ Takumi Taco （メキシカン）
＊ピザ・ロリオ Pizza Rollio （ピザ）
＊ヴィーヴ・ラ・クレープ Vive La Crepe （クレープ）
＊レディM Lady M （ケーキ）
＊ルークス Luke's （ロブスター）
＊ナンバー7・サブ No.7 Sub （サンドイッチ）
＊サビ・スシ Sabi Sushi （寿司）
＊ラ・メゾン・デュ・ショコラ
　La Maison du Chocolat （チョコレート）

甘いひとときが毎日欲しい！
1日1回の スイーツタイムを楽しもう

ダイエットなんていう野暮な言葉は捨て去って
ニューヨークならではの話題のスイーツでパワーアップ。
ニューヨーカーがこよなく愛するドーナツ、
朝からゴージャスなパンケーキ、
アイスクリームなら歩きながらでもおいしい。
1日1食のスイーツで甘〜いひとときを。

店内にはイートイン・スペースもある

ドミニク・アンセル氏

これが
クロナッツだ！

クロナッツ一度は食べておきたい

見た目はドーナツだが、味わいはクロワッサンで、外はカリッ、サクッとしていて、中はしっとりモッチリ。中にクリームが入ったものなど、いくつか種類がある。ひとつ$6。

DKA（ドミニクのクイニーアマン）$5.50 もクロワッサン生地で個性的

かわいい外観の
小さな店

クロワッサン＋ドーナツのコラボ「クロナッツ」でブレイク
ドミニク・アンセル・ベーカリー
Dominique Ansel Bakery

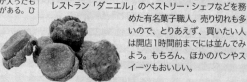

　ソーホーに2011年末にオープンした、ドミニク・アンセル氏がオーナーの小さなフレンチ・ベーカリー。彼が2013年5月に発表したデザート「クロナッツ」が大ブレイクして以来、今も変わらぬ人気を誇っている。アンセル氏はパリの「フォション」やNYのミシュラン3つ星レストラン「ダニエル」のペストリー・シェフなどを務めた有名菓子職人。売り切れも多いので、とりあえず、買いたい人は開店1時間前までには並んでみよう。もちろん、ほかのパンやスイーツもおいしい。

エリア：ソーホー　MAP p.30-B　Ⓜ C・E/Spring St.　🏠189 Spring St. (bet. Sullivan & Thompson Sts.)　☎1-212-219-2773　🕐8:00〜19:00、日曜9:00〜　休無　URL http://dominiqueansel.com

---

本日のおすすめも要チェック

NYドーナツといえばここ
ドーナツ・プラント
Doughnut Plant

　祖父のレシピを元に、ロウアーイーストサイドのビルの地下で始めたドーナツ専門店。日本進出も果たす人気ぶりだが、ぜひ本店を訪れて、ここだけのオリジナルドーナツを食べてみよう。

秘伝レシピのパン生地を応用した「ベーカリードーナツ」でしっとり。自然素材にこだわった卵不使用の手作りドーナツ

まさにドーナツパラダイスって感じの元気な店内

エリア：ロウアーイーストサイド
MAP p.31-C
Ⓜ J・M・Z/Essex St.
チェルシーホテル店(220W. 23 St. 7 & 8th Ave.) にはテーブル席もある
☎1-212-505-3700
🕐6:30〜20:00、金・土曜〜21:00
休無　URL https://doughnutplant.com

昔ながらの懐かしいドーナツ
ザ・ドーナツパブ
The Donut Pub

　1964年創業以来、オーソドックスなドーナツを提供している店。ふかふかパフパフの懐かしい味、古き良きアメリカの雰囲気も楽しめる。　一番人気はハニーディップ$2.50

ネオンがパブっぽい外観

エリア：チェルシー　MAP p.28-F　Ⓜ F・M・1・2・3/14th St.　🏠203 W. 14th St. (bet. 6th & 7th Sts.)　☎1-212-929-0126　🕐毎日24時間　休無　URL https://www.donutpub.com/

NY 観光名所になっても大人気のまま
マグノリア・ベーカリー
Magnolia Bakery

　狭い店内は全国からのファンで常に賑わい、行くだけでワクワクする。定番のカップケーキはセルフサービスで箱に詰めて精算するシステムだが、1 個だけレジに持って行っても OK。テーブル席はない。マンハッタン内に他 6 店舗あるが、最初はやはりブリーカー St. にある本店を訪れたい。隣のPerry St. にある SATC 主人公、キャリーの家の撮影現場まで立ち寄るのが定番。

昔ながらの手法で防腐剤も使用せず毎日手作り。バタークリームのアイシングはパステルカラーが多く可愛い

キャリーたちのあの店の外観！

エリア：ウエストヴィレッジ　MAP p.28-J　Ⓜ1/Christopher St.
🏠401 Bleecker St. (11th St.)　☎ 1-212-462-2572　🕐9:00～22:30、
金・土曜～翌23:30　休無　URL https://magnoliabakery.com

直径 3.5 センチのミニカップケーキ
ベイクド・バイ・メリッサ
Baked by Melissa

　美人のメリッサさんが08 年ソーホーの小さな窓口から始めた、ニューヨーク生まれのひと口サイズのケーキ。ユニオンスクエア、タイムズスクエア他、マンハッタンに 11 店舗ある。

25 個 で $32、100個で$116 など、買うほどお得。ボックスごとラップして冷やすと1 週間もつ

いろいろ食べてみてくださいね～

モダンな店構え

エリア：アッパーウエストサイド　MAP p.34-E
Ⓜ1/86 St.　🏠2325 Broadway (bet. 84th & 85th Sts.)
☎ 1-212-842-0220　🕐8:00～22:00、土曜9:00～
20:00、日曜9:00～22:00　休無
URL https://www.bakedbymelissa.com

ブルックリンに誕生したプレミアム・アイスクリーム
オッドフェローズ・アイスクリーム
Oddfellows Ice Cream Co.

これがピーナツバター＆ジャムトーストだ！

　ブルックリンのウィリアムズバーグで人気のアイスクリーム・ショップ。成長ホルモンや人工添加物を与えていない地元産の乳牛の生乳を使用。最高においしくて、安心なプレミアム・アイスクリームをホームメイドしている。シングル $ 5、ダブル $ 7 など。また、地元の人々への感謝を込めて、1スクープ毎に5¢をニューヨーク市のフードバンクに寄付している。

ビーツ、ピスタチオ、ハチミツ、ゴートチーズのアイス

アメリカ人がこよなく愛するピーナツバター＆ジャムを塗ったトースト味のアイスクリーム。オッドフェローズのアイスクリーム・フレーバーはとてもユニーク。

エリア：ブルックリン　MAP p.14、p.25-I　Ⓜ L/Bedford Ave.-7th
Ave.　🏠175 Kent Ave., Brooklyn　☎1-347-599-0556　🕐12:00
～22:00、金・土曜～23:00　休無　http://www.oddfellow
snyc.com/

バナナ・スプリット

夫婦と友人の3人のアットホームな小さな店。アイスクリームは8～10 種類、シャーベットは2～4種類ある

人気のパンケーキは見た目もゴージャス
ノーマズ
Norma's

チョコレート・デカダンス・フレンチトースト $29

　ル・パーカーメリディアン内にある朝食、ブランチ、ランチのレストラン。ホームメイドのデザートメニューで人気を呼んでいる。なかでも、パンケーキ、フレンチトーストのメニューが大好評。ノーマズベリーベリーパンケーキ $28 など。

エリア：ミッドタウン　MAP p.26-B
Ⓜ N・Q・R/57th St.-7th Ave.　🏠119 W.56th St.
☎1-212-245-5000　🕐6:30～11:15、金曜～14:45、土・日曜
7:30～14:45　休無　URL http://www.parkernewyork.com/
eat/normas/

左／高級ホテル内なので、カジュアルでも落ち着ける
右／ベリー・ベリー・ブリオッシュ・フレンチトースト $29

一度は行ってみたい ニューヨークのグルメ・レストラン

ニューヨークに来たのだから。一晩ぐらいは贅沢に過ごしたい。大切な記念日だから。
そんな「特別のニューヨークの食の思い出」づくりに間違いなし!のレストランを紹介。

✤マレア *Marea*

新鮮な生の魚介類が絶品、イタリアン・シーフードの店

✤予算✤	
昼	$60
夜	$130

イタリアンでも、シーフードに特化したレストラン。イタリア各地のシーフード料理が味わえる。おすすめは、日本の刺身のような「クルド・アル・タリオ Crudo Al Taglio」。塩とオリーブオイルでいただく新鮮な魚介類は絶品だ。種類豊富なカキもおすすめ。手作りのパスタ、比較的リーズナブルなワインとともに楽しもう。デザートまでついたプリフィックス $99 も人気だ。昼ならビジネスランチ $47 などリーズナブルに楽しめる。また、レストランの看板の落ち着いたブルーは海をイメージ。内装はブラウン系の落ち着いた雰囲気だが、すべてイタリアから素材を輸入し、イタリアのデザイナーが手掛けた。

左／シェフのマイケル・ホワイト　右／内装はすべてイタリア産、イタリアの職人の手によるもの

History

8年のイタリア滞在の経験をもち、これまでも「アルト Alto」「コンヴィヴィーオ Convivio」などコンセプトのあるイタリアンの店を人気店にしてきたニューヨークのイタリア料理有名シェフ、マイケル・ホワイトが "シーフード専門のイタリアン" をコンセプトとしてオープンした店。

プロディット・ディ・ベーシェ

ロブスターを使った料理は多彩

これが「ツルト・アル・タリオ」だ

エリア：ミッドタウン　**MAP** p.26-B　Ⓜ1・2・3・A・B・C・D/59th St.-Columbus Circle　⑪240 Central Park S.　☎1-212-582-5100　⏰11:45～23:00、金曜～23:30、土曜11:30～23:30、日曜11:30～22:30　㊡無　URL https://www.mareastaurant.com

★ ル・ベルナルダン
Le Bernardin

シンプルなインテリアがスタイリッシュ

シーフードフレンチの王者

　ミシュラン3つ星、ザガット・サーベイ1位を獲得したシーフードフレンチの代表格。共同経営者でエグゼクティブ・シェフを務めるエリック・リペールは、テレビのレギュラー番組も持つ有名なスターシェフ。エリックならではの最高の食材選びに始まり、伝統的なフランス料理のテクニックとグローバルなインスピレーションによって仕上げられた料理は、どれも美しく格別の美味しさだ。3コースプリフィックスのランチ$93、4コースのプリフィックスディナー$165。

エレガントな雰囲気とモダンでシャープな新しさが調和したダイニング

アペタイザーのサーモン
マグロの身をたたいて薄くし、バゲットトーストに載せ、オリーブオイルをかけ、チャイブを散らしてある

History
1972年にマギーとギルバートの兄弟がパリでオープンしたシーフードレストラン「ル・バーナディン」が前身で、1976年にはミシュラン1つ星を獲得している。1986年にマンハッタンに進出。3カ月後にはニューヨークタイムズの最高評価4つ星を獲得。しかし、1994年にギルバートが急逝。シェフのエリック・リペールが跡を継ぎ現在に至る。

ツナと季節の野菜

エリア：ミッドタウン　MAP p.26-B　Ⓜ1/50th St.　🏠155 W. 51st St.　☎1-212-554-1515　🕐12:00〜14:30、17:15〜22:30、金曜〜23:00、土曜17:15〜23:00　休日曜　URLhttps://www.le-bernardin.com

★ イレブン・マディソン・パーク
Eleven Madison Park

ミシュラン3つ星ほか
数々の賞を受賞した最上級レストラン

特別な時間が約束される心地よい空間のダイニング

　料理もサービスも最上級と名高いこの店のメニューはコース料理だけ。それだけにどんな料理が出てくるのかドキドキするが、ニューヨーカーも「一度は行きたい！」あこがれのレストランは期待を裏切らない。ダイニングルームテイスティングメニュー$335。しかし超人気店だけに予約は難しく、72時間をきったキャンセルはチャージされるので、注意。

名シェフの多いニューヨークの中でも特に信頼度の高いシェフ、ダニエル・ハム

ウニを使ったオードブル

オイスターにキャビアが散らされたオードブル

フォアグラ、イノシシ、ラディッシュなどの素材の一品

History
MoMA内の「ザ・モダン」や「シェイク・シャック」など、ニューヨークの有名レストラン経営者ダニー・メイヤーが経営する店の中で最上級のレストランだったが、その人気と地位を作り出したシェフ、ダニエル・ハムとジェネラル・マネージャーのウィル・ギダラが店を譲り受けて現在に至る。2人は料理本も出している。

エリア：グラマシー　MAP p.29-C　ⓂN・R/23rd St.　🏠11 Madison Ave.　☎1-212-889-0905　🕐12:00〜13:00、17:30〜22:30、月〜水曜17:30〜22:00、木曜17:30〜22:30　休無　URLhttps://www.elevenmadisonpark.com

クオリティ・イタリアン・ステーキハウス
Quality Italian Steakhouse

ハンドメイドのグラスランプ
吊るされていておしゃれ

✦予算✦	
昼	$40
夜	$70

ボリュームたっぷりの
アメリカらしい食事ができる

　イタリアン・アメリカ料理の店なので、ハウスメイドのパスタ、シーフードなども充実しているが、はやり肉料理を1品頼みたい。ボリュームがあるので多人数で行ってシェアするといい。イタリアの伝統的なミート・ギルドにインスピレーションを得たという、パイプがむき出しになった高い天井などの内装が特徴。エグゼクティブ・シェフのスコット・タシネリは、系列の「クオリティ・ミート」で頭角を現した新進のシェフだ。

ヴィール・チョップ・ミラネーゼ

QI ベイクド・クラムズ

ドルチェ類もバラエティ豊か

エリア：ミッドタウン　**MAP** p.27-C　Ⓜ F/57th St.　㊐ 57 W. 57th St.　☎ 1-212-390-1111　⏰ 11:30～15:00、17:00～22:30、木・金曜～23:30、土曜11:00～15:00、17:00～23:30、日曜11:00～15:00、17:00～22:00　㊡無　URL https://www.qualityitalian.com/

ビーエルティー・ステーキ
BLT Steak

✦予算✦	
昼	$60
夜	$80

見た目の美しさも追求した
ステーキ

　美味しさだけでなく、見た目の上品さも追求した各種ステーキは、フランス料理が原点のシェフ、ローランならでは。肉はアンガス牛のUSDA プライムビーフを使用。NY ストリップ 16oz $54、フィレミニヨン 10oz $52 など。テーブルブレッドのホップオーバー、週替わりの黒板メニューも人気。

ゆったりした空間が広がるダイニングルームの中心

デザートもいろいろ種類豊富

見た目の美しさを追求したステーキが女性に好評

左／名物アペタイザーの巨大なオニオンリング　右／香り立つラムチョップ

♪History
　リネディ家のプライベート・シェフだったこともあるセレブシェフ、ローラン・トゥーロンデルの店で2004年にオープン。BLT とは、ビストロ・ローラン・トゥーロンデルの頭文字。全米ほか東京にも店舗を展開しているが、ここが旗艦店。ニューヨークには BLT プライム、BLT バーガーなど別ブランド店も複数持つ。

エリア：ミッドタウン　**MAP** p.27-C　Ⓜ 4・5・6/59th St.　㊐ 106 E. 57th St.　☎ 1-212-752-7470　⏰ 11:45～14:30、17:30～23:00、金・土曜17:30～23:30、日曜17:30～22:00　㊡無　URL https://bltrestaurants.com/blt-steak/new-york/

エスカ

Esca

有名シェフの手による南伊料理の店

アメリカ版「料理の鉄人」の有名シェフのマリオ・バタリが手掛ける南イタリアンレストラン。シーフードが美味しいと評判だ。日本人の口にも合うイカスミのパスタ$26やウニのパスタ$26が人気。ちょっと高級だが、特別な日、思い出を作りたい時にはぴったり。

イタリア
予算▶$50〜
地下鉄▶ⒶA・C・E/42nd St.-Port Authority Bus Terminal
🏠402 W. 43rd St.
☎1-212- 564-7272
🕐12:00〜14:30、17:00〜23:30、月曜〜22:30、日曜16:30〜22:30 🈳無
http://www.thelibraryhotel.com/

シェイク・シャック

Shake Shack

NYならではの最高のハンバーガー

ニューヨークのベストバーガーとも呼ばれるここのバーガーは、上質なサーロインとこだわった素材を使用している。定番のシェイクバーガー$5.69やチキンの胸肉がサクサクのチックンシャック$6.89も人気。濃厚なバニラシェイクは試す価値あり。

アメリカ
予算▶$10〜
地下鉄▶ⒶA・C・E/42nd St.-Port Authority Bus Terminal
🏠691 8th Ave.
☎1-646-435-0135
🕐10:30〜24:00
https://www.shakeshack.com/

ハードロックカフェ

Hard Rock Cafe

合い言葉はオール・イズ・ワン

世界に名立たるあのハードロックカフェ。1階がショップ、地階がレストランの店内は、まるでロック博物館。いたるところに有名ミュージシャンの愛用品やゴールドディスクが200点以上も飾られている。サンドイッチやバーガー類は$15程度。

テーマレストラン
予算▶$25〜
地下鉄▶ⓃN・Q・R・S・1・2・3・7/Times Sq.-42nd St.
🏠1501 Broadway
☎1-212-343-3355
🕐8:00〜翌0:30、金・土曜〜翌1:30
🈳無
http://www.hardrock.com/

ピッパリ

Pippali

ちょっとリッチな本格インド料理

本格的なインド料理の店だが、ブラウンを基調にしたエレガントで心地よい店内がイメージを変える。魚介や鶏肉などのカレー料理のほか、ベジタリアン向けも充実。多少高級だが、お得なランチスペシャルならターリー（プレート料理）各種$9.95〜15.95ほか。

インド
予算▶$25〜
地下鉄▶Ⓜ6/28th St.
🏠129 E. 27th St.
☎1-212-689-1999
🕐11:30〜15:00、17:00〜22:00、金・土曜〜23:00
🈳無
https://www.pippalinyc.com/

プラネットハリウッド

Planet Hollywood

アメリカが誇るシネマワールド

アーノルド・シュワルツェネッガーなどハリウッド映画界の有名スターたちが出資。実際に映画で使われた小道具や衣装が展示されている。料理はアメリカ、メキシコ、イタリアンなど。映画のタイトル名のカクテルもユニーク。クラシックチーズバーガー$18.99など。

テーマレストラン
予算▶$25〜
地下鉄▶ⓃN・Q・R/49th St.
🏠1540 Broadway
☎1-212-333-7827
🕐11:00〜24:00、金・土曜〜翌1:00
🈳無
https://www.planethollywoodintl.com/restaurants/new-york/

サージュ・ビストロ
Saju Bistro

MAP p.26-F

朝・昼・夜とバリエーションの楽しめる

　カジュアルなビストロだが、本格的なプロバンス料理が味わえる。シアター・ディストリクトにあるので、ミュージカルを見に行く前後の利用にもぴったり。パスタ$17〜。ブランチのプリフィックス$27は、ワインも付いていて人気だ。$5〜の朝食メニューもある。

フランス
予算▶$40〜
地下鉄▶ⓂN・Q・R・S・1・2・3・7/Times Sq.-42nd St.
🏠120 W. 44th St.　☎1-212-997-7258　🕐7:00〜11:00、11:30〜15:30、土・日曜11:00〜15:00、月〜木曜16:00〜23:30、金・土曜16:00〜24:00、日曜16:00〜23:00　🈚無
http://www.sajubistronyc.com/

ブライアントパーク・グリル
Bryant Park Grill

MAP p.27-K

都会のオアシス的レストラン

　公園と一体化したようなナチュラルな空間。店内にはバーカウンター、ダイニングの他にテラス席もあり、木漏れ日が降り注ぐ中での食事が楽しめる。グリルメニューのほか、サンドイッチなどのカフェメニューもある。土・日曜にはブランチメニューもあり。

コンチネンタル
予算▶$50〜
地下鉄▶ⓂB・D・F・M/42nd St.-Bryant Park
🏠25 W. 40th St.
☎1-212-840-6500
🕐11:30〜15:30、17:00〜23:00
🈚無
http://www.arkrestaurants.com/bryant_park.html

白梅
Hakubai

MAP p.27-K

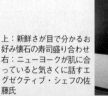

日系ホテルで本格日本食を

　ニューヨークで唯一の日系ホテル、ザ・キタノにある日本食レストラン。ここがニューヨークであることを忘れるほど、本格的な一流の日本料理を、上品で落ち着きのある雰囲気の中で味わえる。ランチには伝統的な日本料理、ディナーには繊細な味覚と洗練された盛りつけで名高い懐石料理$120〜が楽しめる。味はもちろんのこと、ひとつひとつの器の美しさも魅力だ。

　ディナーのおまかせ懐石$210は、その日の食材を贅沢に使うため、前日までの予約が必要となる。エグゼクティブ・シェフの佐藤幸弘氏は、1995年のホテルリニューアル時からザ・キタノの日本料理を支える重鎮。日本料理がアメリカに浸透しているとはいえ、日本人とは味覚や好みの違いがあるので、お客様の基本的な嗜好を考慮してメニューを組み立てているという。

　お昼の懐石$85はリーズナブルでおすすめ。ほかランチメニューには、白梅弁当$60、黒豚ロースかつ定食$30なども。ディナーのしゃぶしゃぶコース$170では、日本から輸入している宮崎和牛を使用するなど、日本人ビジネスマンらにも好評。ほか、寿司盛り合わせや刺身定食、にぎりや巻物、稲庭うどん、そばなども。日本酒、焼酎の種類も豊富だ。全49席、テーブル席、座敷3室、カウンター席がある。

日本料理
予算▶$35〜
地下鉄▶ⓂS・4・5・6・7/42nd St. Grand Central
🏠66 Park Ave.
☎1-212-885-7111
🕐火〜金曜11:45〜14:30、火曜〜日曜18:00〜21:45
🈚月曜（月曜は貸切のみ）

上：新鮮さが目で分かるお好み懐石の寿司盛り合わせ
右：ニューヨークが肌に合っていると気さくに話すエグゼクティブ・シェフの佐藤氏

上品な中にも、ホッとできる雰囲気の店内

アクアヴィット
Aquavit

北欧の食文化の今をニューヨーク流に再現

スウェーデンミートボール、キャビアやロブスター、サーモンを使った料理が評判の高級レストラン。伝統的な北欧料理にもどこかに新しさを加えている。バースペースはカジュアルながらエレガント。ダイニングルームはキッチンが見える仕様になっている。

スカンジナビア
予算▶ $50〜
地下鉄▶ Ⓜ E・M/5th Ave.-53rd St.
🏠65 E. 55th St.
☎1-212-307-7311
🕐11:45〜14:30、17:30〜22:00、金・土曜〜22:45
㊡日曜
http://www.aquavit.org/

寿司安
Sushi Ann

おいしい寿司が食べたいなら

職人の腕、料理の質の高さは言うまでもなく一流だ。ネタも新鮮！ 寿司はもちろんのこと、メニューにないものまで、顧客の要望に合わせて用意してくれる。ランチタイムの寿司ランチがおすすめ。寿司以外の日本食メニューもある。

日本
予算▶ $60〜
地下鉄▶ Ⓜ 6/51st St.
🏠38 E. 51st St.
☎1-212-755-1780
🕐12:00〜14:45、18:00〜22:00、土曜17:30〜21:30
㊡土曜の昼、日曜
https://www.sushiann.net/

サーディーズ
Sardi's

スターの似顔絵ギャラリーのようなレストラン

シアター街で1978年開業の老舗レストラン。壁一面に飾られたスター達の似顔絵の数々は、そのままブロードウェイの歴史をも物語っている。お気に入りのスターの似顔絵を探し出してみては？ スタッフは皆フレンドリー。料理はアメリカン・イタリアン。

アメリカ
予算▶ $30〜
地下鉄▶ Ⓜ A・C・E/42nd St.-Port Authority Bus Terminal
🏠234 W. 44th St.
☎1-212-221-8440
🕐11:30〜23:30、日曜12:00〜19:00 ㊡月曜
http://www.sardis.com/

ヴィアブラジル
Via Brasil Restaurant

陽気な国のリズムと刺激的な味が楽しめる

クラシックなインテリアで落ち着いた雰囲気。ビーフストロガノフ$27、フェットチーネ・ヴィア・ブラジル$18などブラジルの国民料理がいろいろ味わえる。ダイヤモンドロウから1ブロックのところにあり、金・土曜はライブミュージックが楽しめる。

ブラジル
予算▶ $30〜
地下鉄▶ Ⓜ B・D・F・M/47-50th Sts.-Rockefeller Center
🏠34 W. 46th St.
☎1-212-997-1158
🕐12:00〜21:30、金・土曜22:00
㊡無 http://www.viabrasilrestaurant.com/

ディービー・ビストロ・モダーン
db Bistro Moderne

カジュアルな雰囲気でフレンチアメリカンを

NYのスターシェフ、ダニエル・ブリューがオーナーシェフのモダン・フレンチアメリカンのレストラン。若い世代を意識したインテリア。グローバルなテイストが加わった本格的なフランス料理が手ごろな値段で味わえる。ランチならプリフィックス2コース$39から。

フランス
予算▶ $50〜
地下鉄▶ Ⓜ B・D・F・M/42nd St.-Bryant Park
🏠55 W. 44th St. ☎1-212-391-2400 🕐7:00〜10:00、11:15〜14:30、土・日曜8:00〜11:00、17:00〜23:00、日・月曜17:00〜22:00、金・土曜17:00〜23:30 ㊡無
https://www.dbbistro.com/nyc/

レストラン日本
Restaurant Nippon

MAP p.27-D

老舗の高級日本食レストラン

1963年創業の老舗。テーブル、個室、寿司バーがある店内は純日本風。手打ちそばが有名で自社そば畑を持つ。生わさびは日本から取り寄せている。小泉元総理大臣や元ヤンキースの松井秀喜、テニスの錦織圭も常連客だ。ヘルシーと人気のソバ・サラダは前菜$12。

日本
予算▶ $ 50〜
地下鉄▶Ⓜ6/51st St.
⑪155 E. 52nd St.
☎1-212-688-5941
⊕12:00〜14:30、17:30〜22:00、土曜17:30〜22:30
㊡日曜
https://www.restaurant
nippon.com/

初花
Hatsuhana

MAP p.27-G

NYの日本食ブームの先駆けとなった店

NYに数多い日本料理店のなかでも老舗で、とくに寿司がうまいと評判。NYならではの新鮮な魚介類がネタとなっており、レストランガイドのザガットでも評価が高い。ランチなら寿司の盛り合わせが＄22〜、サーモンの照り焼きランチが＄20など。

日本
予算▶ $ 40〜
地下鉄▶ⒷⒹ・Ⓕ・Ⓜ/47-50th Sts.-Rockefeller Center
⑪17 E. 48th St.
☎1-212-355-3345
⊕11:45〜14:30、17:30〜21:30、土曜17:00〜22:00
㊡土曜の昼、日曜
https://www.hatsuhana.com/

ブルーフィン
Blue Fin

MAP p.26-F

生ガキやすしもおいしい

デザインホテルとして名高い、Wニューヨーク・タイムズスクエアにあるシーフードのレストラン。メイン料理はポーションが少なめ。すし"ロウバー"も人気で、生ガキやエビ、カニなど豪快に食べたい。雰囲気もカジュアルで気軽に行ける。

アメリカ
予算▶ $ 30〜
地下鉄▶Ⓝ・Ⓠ・Ⓡ/49th St.
⑪1567 Broadway
☎1-212-918-1400
⊕7:00〜23:30、金・土曜24:00、日・月曜〜23:00
㊡無
http://www.bluefinnyc.com/

サンピエトロ
San Pietro Restaurant

MAP p.27-C

イタリア料理の神髄を伝えるために存在する

アメリカ的な料理を出すイタリアン・レストランが多いなか、混じり気のない伝統的なイタリア料理、しかも南部イタリアの味のみを紹介するという確固たるこだわりを持つ。パスタが人気。5番街とマジソン街の間。ロマンチックなディナーにおすすめ。

イタリア
予算▶ $ 50〜
地下鉄▶Ⓔ・Ⓜ/5th Ave.-53rd St.
⑪18 E. 54th St.
☎1-212-753-9015
⊕12:00〜14:30、17:00〜22:30
㊡日曜
https://www.sanpietro
ristorantenyc.com

オイスターバー＆レストラン
Oyster Bar & Restaurant

MAP p.27-G

グランドセントラル駅を通ったらぜひ立ち寄りたい

アメリカ、カナダ各地のカキ（オイスター）がなんと20種類以上もあるというのにはびっくり。1個$2.75〜。さらにシーフードとよく合うワインが200種類以上。カキのほかにも魚料理やロブスター料理なども用意している。マンハッタンクラムチャウダー$8.25も有名。

シーフード
予算▶ $ 39〜
地下鉄▶ⓂⓈ・4・5・6・7/42nd St.-Grand Central
⑪Lower Level, Grand Central Terminal
☎1-212-490-6650
⊕11:30〜21:30
㊡日曜
https://oysterbarny.com/

ジュニアズ
Junior's

MAP p.26-F

NYスタイルチーズケーキの老舗

　ブルックリンに本店があるチーズケーキが名物の老舗レストラン。シアター街のど真ん中に位置するここは深夜まで開いているので、ミュージカルを見た後でもゆっくり食事やお茶が楽しめる。料理はボリューム満点。デザートのチーズケーキは$7.95。

アメリカ
予算▶ $ 20～
地下鉄▶ⓜN・Q・R・S・1・2・3・7/Times Sq.-42nd St.
🏠1515 Broadway, 45th St. Shubert Alley
☎1-212-302-2000
🕐6:30～24:00、金・土曜～翌1:00 休無
https://www.juniorscheesecake.com/

マイケルズ・ニューヨーク
Michael's New York

MAP p.27-C

NYで活躍するアーティストがプロデュース

　オーナーは芸術家のマイケル・マッカーティー。彼の作品が店内の壁を飾り、アートギャラリーのような雰囲気だ。メニューを読んだだけでは想像がつかないほど独創性のあふれるカリフォルニア・スタイルの料理が楽しい。朝食もおすすめ。

カリフォルニア
予算▶ $ 50～
地下鉄▶ⓜF/57th St.
🏠24 W. 55th St.
☎1-212-767-0555
🕐7:30～9:30、12:00～14:30、17:30～21:30
休日曜、土曜の朝と昼
http://www.michaelsnewyork.com/

ハンバット
Han Bat Restaurant

MAP p.27-K

アットホームな韓国料理店

　ミッドタウンのコリアンタウンにある韓国家庭料理が味わえる店。ビビンククスやパジョン、スンドゥブチゲが人気メニュー。キムチやポテトサラダなどの前菜が数種類付いてくる。ランチや軽めの夕食におすすめ。店内は清潔な大衆食堂のような雰囲気だ。

韓国
予算▶ $ 15～
地下鉄▶ⓜB・D・F・M・N・Q・R/34th St.-Herald Sq.
🏠53 W. 35th St.
☎1-212-629-5588
🕐24時間
休無
https://www.nychanbat.com/

チェルシー/グラマシー
Chelsea/Gramercy

ナンパン・キッチン
Num Pang Kitchen

MAP p.28-B

ザガットのサンドイッチ部門で最高点

　レモングラス、コリアンダーなど、ハーブもたっぷりの東南アジア風パンがニューヨーカーにも人気のユニークなサンドイッチ店。1番人気の「プルド・デュロック・ポーク」は、ポーク、ニンジンのピクルス、キュウリ、コリアンダーとチリ入りマヨネーズ。

アジアン
予算▶ $ 15～
地下鉄▶ⓜN・R/23rd St.
🏠1129 Broadway (bet 26th & 25th Sts.)
☎1-212-647-8889
🕐11:00～21:00、日曜12:00～ 休無
https://www.numpangnyc.com/

オールドホームステッド・ステーキハウス
Old Homestead Steakhouse

MAP p.28-E

三世代の顧客が訪れるNY最古のレストラン

　創業1868年のステーキ専門店。アンティークのステンドグラスの窓やシャンデリア、使い込まれた皮張りのイスがその歴史を物語っている。創業当時から変わらぬ味のサーロインステーキ14ozをぜひトライしてみて。話題のエリア、ミートマーケットにある。

アメリカ
予算▶ $ 48～
地下鉄▶ⓜA・C・E/14th St.
🏠56 9th Ave.
☎1-212-242-9040
🕐12:00～22:45、金曜23:45、土曜13:00～23:45、日曜13:00～21:45
休無
http://www.theoldhomesteadsteakhouse.com/

ロルフズ
Rolf's

MAP p.29-G

ソーセージと一緒に7種類のドイツ産ビールを
　グラマシーの中心にある伝統的なドイツ、アルザス料理のレストラン。4種類のソーセージにポテトとザワークラウトが付いたソーセージプラターは＄48.95。もちろんドイツビールをいただきたい。サイドメニューのポテトパンケーキ＄19.95もおいしい。

ドイツ
予算▶＄40〜
地下鉄▶Ⓜ6/23rd St.
🏠281 3rd Ave.
☎1-212-477-4750
🕐12:00〜22:00
🈞冬期月曜
http://rolfsnyc.com/www.
rolfsnyc.com/Welcome.
html

カーサモノ
Casa Mono

MAP p.29-G

手頃な値段で本格スペイン料理を
　スペイン出身のエグゼクティブシェフ、アンディ・ナッサーのタパス・レストラン。テーブル席10席とカウンターというかなりこぢんまりした店で、1品＄18〜25程度とリーズナブルな料金も嬉しい。すぐ隣に同じ系列のワインバー、ジャモンがある。

スペイン
予算▶＄25〜
地下鉄▶ⓂL・N・Q・R・4・5・6/14th St.-Union Sq.
🏠52 Irving Place at 17th St.
☎1-212-253-2773
🕐12:00〜24:00、日〜火曜〜23:00
🈞無
https://www.casamono
nyc.com

ジャポニカ
Japonica

MAP p.29-G

ユニークな手巻き寿司にトライしてみたい
　1978年開業の老舗。メニューは寿司がメインで種類がとても豊富。すきやきや天ぷらなどもある。ガラス張りのテラス風のスペースがあり明るい雰囲気だ。いつも込みあうが、予約は受け付けない。ランチは16時まで。NY在住の日本人にも人気。

日本
予算▶＄35〜
地下鉄▶ⓂL・N・Q・R・4・5・6/14th St.-Union Sq.
🏠90 University Pl.
☎1-212-243-7752
🕐12:00〜22:30、金・土曜〜23:00、日曜〜22:00
🈞無
http://www.japonicanyc.
com

コーナービストロ
Corner Bistro

MAP p.28-F

本格アメリカンバーガーならここ
　ファストフードは苦手という人も、ここのハンバーガーやポテトは試してみる価値あり。カリカリのベーコン、とろけたチーズ、トマトやレタスなどがはさまったシンプルなハンバーガー＄9.75が絶妙においしい。人気のビストロバーガーは＄12.75。

アメリカ
予算▶＄15〜
地下鉄▶ⓂA・C・E/14th St.
🏠331 W. 4th St.
☎1-212-242-9502
🕐11:30〜翌4:00、日曜12:00〜
🈞無
http://www.corner
bistrony.com

クーパーズ・クラフト＆キッチン
Cooper's Craft & Kitchen

MAP p.28-E

まずビール、合わせて食事を
　20種類以上の生ビール（＄7〜9程度）と食事の楽しめる店クーパーズ。定番のハウスバーガー＆フライズ＄16、フライドチキンサンドイッチ＄16が人気だ。ビールのおつまみにはフィッシュタコス＄12もおすすめ。ビールのハッピーアワーは月〜金曜の19時まで。

アメリカ
予算▶＄25〜
地下鉄▶ⓂA・C・E/14th St.
🏠169 8th Ave.
☎1-646-661-7711
🕐11:00〜翌2:00、木〜土曜〜翌3:00
🈞無
http://coopersnyc.com/

グリニッチヴィレッジ

ルパ
Lupa

カジュアルなローマのトラットリア風

　地元の新鮮な食材を使ったローマの街角にあるような店。ランチなら単品パスタ$15〜と手軽に味わえるが、ディナーのローマン・パスタ・テイスティングメニュー$59、ちょっと奮発してシェフズ・ローマン・テイスティングメニュー$69がおすすめ。ワインも多彩。

イタリア
予算▶ $ 60〜
地下鉄▶ⓂA・C・E/
Spring St.
🏠170 Thompson St.
☎1- 212- 982-5089
🕐12:00〜23:00、金・土曜〜24:00
㊡無
https://luparestaurant.com/

ジョンズ・オブ・ブリーカーストリート
John's of Bleeker Street

こんがり焼いたサクサクの薄い生地がたまらない

　石のオーブンで焼くピザは全部で54種類。レギュラーサイズで$14〜23。古い映画に出てきそうな、懐かしさを感じさせる雰囲気が、下町らしいヴィレッジの町並みに溶け込んでいる。ミッドタウン、アッパーイースト、アッパーウエストにも店がある。

イタリア
予算▶ $ 16〜
地下鉄▶ⓂA・B・C・D・E・F・M/W. 4th St.-Washington Sq.
🏠278 Bleecker St.
☎1-212-243-1680
🕐11:30〜23:30、金・土曜〜24:00
㊡無　Ⓒ不可　http://johnsbrickovenpizza.com

パスティセリア・ロッコ
Pasticceria Rocco

チーズケーキはここで決まり！

　大人気のチーズケーキはキャラメルやイチゴなど種類も豊富。奥まで続く大きなショーケースにはジャムをはさんだカラフルなトッピングのクッキー、ケーキにエクレア、チョコレートが果てしなく並ぶ。テイクアウトもできるのでお客が絶えない。

カフェ
予算▶ $ 10〜
地下鉄▶ⓂA・B・C・D・E・F・M/W.4th St.-Washington Sq.
🏠243 Bleecker St.
☎1-212-242-6031
🕐7:30〜24:00、金曜〜翌1:00、土曜〜翌1:30
㊡無
http://pasticceriarocco.com

バスストップ・カフェ
Bus Stop Cafe

アメリカ式の朝食・ランチを味わおう！

　創業は1995年。以来ずっと家族で経営しているこぢんまりとしたかわいい店。出てくる料理はボリューム満点。たっぷりのチーズで蓋をした熱々のオニオンスープや分厚いハンバーガー$9〜、サンドイッチ$12.95〜をはじめ、サラダなどもあり選択の幅が広い。卵料理やオムレツなどの朝食メニューも終日提供している。また、曜日によってメニューの異なるディナースペシャルも試してみたい。

アメリカ
予算▶ $ 15〜
地下鉄▶ⓂA・C・E/14th St.
🏠597 Hudson St.
☎1-212-206-1100
🕐7:00〜23:30
http://busstopcafenyc.com

イーストヴィレッジ/ノリータ

ルークス
Luke's

ピンクのロブスターロゴが目印の人気店

ロブスターミートはテールではなく、クロウと呼ばれる爪の部分を企業秘密のスパイスで軽く味付けしてあるので、素材そのものの歯ごたえ、味わいをヘルシーに楽しめ癖になるおいしさ。ロブスターロールは$17、サイドとドリンク付きのロブスターコンボは$20。

アメリカ
予算▶$20〜
地下鉄▶Ⓜ6/Astor Pl.
⊕93 E. 7th St.
☎1-212-387-8487
⊗11:00〜22:00、金・土曜〜23:00
https://www.lukeslobster.com

MAP p.29-L

ヴェニエロズ
Veniero's

甘いケーキやクッキーとエスプレッソでひと息

1894年創業のシックなインテリアのカフェ。入ってすぐのショーケースにはかわいらしいイタリアの菓子がずらり。甘いデザート好きにはまさに天国！ テイクアウトもできる。イタリアンチーズケーキやティラミスなどのケーキは1ピース$3.50〜5。

イタリア
予算▶$5〜
地下鉄▶Ⓜ6/Astor Pl.
⊕342 E. 11th St.
☎1-212-674-7070
⊗8:00〜24:00、金・土曜〜翌1:00
㊡無
http://venierospastry.com

MAP p.29-H

アクミ
Acme Bar & Grill

真っ赤な壁の建物が目印

バーベキューのリブやミートローフなど、ボリュームのある典型的アメリカ料理が評判。壁ぎわにずらりと並べたタバスコや酒の小瓶がインテリアになっていて、楽しくカジュアルな雰囲気。ブロードウェイとラファイエット通りの間。

アメリカ
予算▶$30〜
地下鉄▶Ⓜ6/Bleecker St.
⊕9 Great Jones St.
☎1-212-203-2121
⊗18:00〜23:00、木〜土曜〜24:00
㊡日・月曜
https://www.acmenyc.com

MAP p.29-K

スマック
S'MAC

マカロニ＆チーズの専門店

アメリカの代表的家庭料理マカロニ＆チーズの専門店。メインの10種類のほか、3種類のスペシャル、またはチーズやトッピングなど自分好みにカスタマイズもできる。サイズも4種類。チーズカラーの黄色とオレンジでポップなインテリア。デリバリーも可。

アメリカ
予算▶$15〜
地下鉄▶Ⓜ6/Astor Pl.
⊕197 1st Ave.
☎1-212-358-7912
⊗11:00〜23:00、金・土曜〜24:00
㊡無
http://www.eatsmac.com

MAP p.29-H

カフェハバナ
CAFE HABANA

セレブも好むB級グルメ

行列のできる人気の店「カフェハバナ」隣にあるテイクアウト専門店。といってもテーブル席もあり、レストランより安く手軽に食べられる。チリ・パウダー＆チーズの特製トッピング焼きとうもろこしにライムを絞って食べるグリルド・コーンが大人気だ。

キューバ
予算▶$5〜
地下鉄▶ⓂN・R/Prince St.
⊕17 Prince St. at Elizabeth St.
☎1-212-625-2002
⊗9:00〜24:00
㊡無
http://www.cafehabana.com/new-york

MAP p.31-C

カッピングルームカフェ
The Cupping Room Café

MAP p.30-B

並んでも食べたいブランチのある店

　土・日曜のブランチメニューのオムレツ$13やパンケーキ$16がとても人気があり、店内はいつもいっぱいで、朝から店の外に行列ができるほど。賑やかで落ち着かないという感がないでもないが、場所柄おしゃれな人が集まり、NYらしい雰囲気も楽しみたい。

コンチネンタル
予算▶ $20〜
地下鉄▶ⓂA・C・E/Canal St.
⊞359 W. Broadway
☎1-212-925-2898
⊛8:00〜22:00、金・土曜〜翌0:30
㊡無
https://www.cuppingroomcafe.com

オデオン
The Odeon

MAP p.30F

地元の人が朝食や夜のお酒を楽しみに来る

　トライベッカにあるステーキやバーベキュー、ハンバーガーなどのスタンダードなアメリカ料理を出すクラシックなレストラン。家庭的で飾らないところが人気の理由だ。バーカウンターもあり、夜は顔見知りの人が集まって楽しげに語らっている。

コンチネンタル
予算▶ $40〜
地下鉄▶Ⓜ1/Franklin St.
⊞145 W. Broadway
☎1-212-233-0507
⊛8:00〜23:00、月曜〜22:00、土曜10:00〜、日曜10:00〜22:00
㊡無
http://www.theodeonrestaurant.com

ブルーリボン・ブラッセリー
Blue Ribbon Brasserie

MAP p.30-B

夜遅くまでやっている穴場レストラン

　新鮮な魚介類が並ぶ、シーフードに定評のあるソーホーのこぢんまりしたレストラン。オイスター（半ダース）$21、ニューオリンズシュリンプ$18など値段も手ごろ。翌4時までという深夜派にはうれしい営業時間と確かな味に、仕事を終えたシェフ達にも人気。

シーフード
予算▶ $35〜
地下鉄▶ⓂC・E/Spring St.
⊞97 Sullivan St.
☎1-212-274-0404
⊛16:00〜翌4:00
㊡無
https://www.blueribbonrestaurants.com

ロンバルディーズ
Lombardi's

MAP p.31-C

1905年創業のニューヨークピザの老舗

　ソーホーとリトルイタリーの中間にある小さな店だが、いつも大混雑。ボリュームのあるカリカリピザが美味。モッツァレラチーズとトマトソース、バジルがのったスタンダードなオリジナル・マルゲリータS $21.50が人気。地元の人は、テイクアウトが多い。

イタリア
予算▶ $20〜
地下鉄▶Ⓜ6/Spring St.
⊞32 Spring St.
☎1-212-941-7994
⊛11:30〜23:00、金・土曜〜24:00
㊡無
Ⓒ不可
https://www.firstpizza.com

アリドロ
Alidoro

MAP p.30-B

リピーターで賑わうソーホーの穴場

　毎日40種類のフレッシュなサンドイッチを提供している、リピーターでいつも満員のイタリアン・サンドイッチ専門店。ランチとブランチのみで$9.25〜12。昼時にはかなりの行列ができるが、並ぶ価値のある文句なし、おいしいサンドイッチにありつける。

イタリア
予算▶ $10〜
地下鉄▶ⓂC・E/Spring St.
⊞105 Sullivan St.
☎1-212-334-5179
⊛11:30〜16:30
㊡日曜　Ⓒ不可
http://www.alidoronyc.com

ジョーズシャンハイ
Joe's Shanghai

MAP p.31-G

最高の小籠包を味わいたいなら

ザガットやニューヨークタイムズなどにも取り上げられている小籠包で評判の店。小籠包はカニ$9.95と豚肉$7.95の2種類。それぞれ8個ずつ出てくる。レンゲの上にのせて、熱々の肉汁ごと食べるのが通。2019年12月に新店舗に移転した。

中国
予算▶ $20〜
地下鉄▶ⓂJ・N・Q・R・Z・6/Canal St.
🏠46 Bowery
☎1-212-233-8888
🕐11:00〜23:00
㊡無
Ⓒ不可
http://www.joeshanghai
restaurants.com

イルコルティーレ
Il Cortile

MAP p.31-G

リトルイタリーの人気高級レストラン

1975年創業以来、ファミリーで受け継がれてきた高級店。内装はとってもイタリアン。伝統的ななかに、ニューウェーブのテイストを加えた味が評判を呼んでいる。サラダ$12、前菜$12.50〜、パスタ$18〜、メインは$34〜など。

イタリアン
予算▶ $35〜
地下鉄▶ⓂJ・N・Q・R/Canal St.
🏠125 Mulberry St.
☎1-212-226-6060
🕐12:00〜22:00、土曜〜23:00
㊡無
https://www.ilcortile.com/

ダ・ジェンナロ
Da Gennaro

MAP p.31-C

午前から深夜まで気軽に立ち寄れる

料金がリーズナブルながら本格的イタリアンを楽しめる店として人気。オープンテーブルもいつも賑わっている。パスタ$16〜、ピザ$18〜のほか、肉料理・魚料理と多彩なメニューが魅力。昼はランチスペシャルのオムレツ$15のほかパスタやパニーニを。

イタリアン
予算▶ $20〜
地下鉄▶ⓂJ・N・Q・R/Canal St.
🏠129 Mulberry St.
☎1-212-431-3934
🕐10:00〜24:00、金・土曜〜翌1:00
㊡無
https://www.dagennarorestaurant.com/

ニョンヤ
Nyonya

MAP p.31-C

在米日本人にも大人気の店

リーズナブルかつ旨いと評判の、行列のできるマレーシア料理。店内は広く、回転も速いのでそれほど待つこともない。カレーのディップ付きインディアンパンケーキ（甘くない、カリッと揚げたパンケーキ）は定番。スパイスとハーブの絶妙なブレンドがポイント。

マレーシア
予算▶ $10〜
地下鉄▶ⓂJ・N・Q・R・Z・6/Canal St.
🏠199 Grand St.
☎1-212-334-3669
🕐11:00〜23:30、金・土曜〜24:00
㊡無 Ⓒ不可
http://www.ilovenyonya.com

タイソン
Thái Son

MAP p.31-G

ヘルシーなベトナム料理で軽いランチを

飾り気のない食堂といった感じの店内。あっさりしたビーフスープがおいしいフォー各種$3.95〜や、生春巻き2本$3.75などがおすすめ。コンデンスミルク入りのベトナムコーヒー$2.25。スペシャルメニューのチキンカレー$6にはロールパンが付く。

ベトナム
予算▶ $10〜
地下鉄▶ⓂJ・N・Q・R・Z・6/Canal St.
🏠89 Baxter St.
☎1-212-732-2822
🕐10:30〜22:30
http://thaisonnyc.com/

ローブ・ボートハウス・セントラルパーク

The Loeb Boathouse Central Park

セントラルパークのロマンチックポイント

　『セックス・アンド・シティ』のロケにも使われたセントラルパーク内の隠れ家的なレストラン。セントラルパークのレイクThe Lakeのほとりにあり、白鳥やアヒルを眺めながら、おいしい食事が味わえるロマンチックポイントとして人気だ。

MAP p.34-J

コンチネンタル
予算▶ $ 50〜
地下鉄▶Ⓜ6/68th St.-Hunter College
🏠E.72nd St. & Park Dr. N.
☎1-212-517-2233　🕐12:00〜15:45、土・日曜9:30〜、4〜11月17:30〜21:00、土・日曜18:00〜
🈳無　http://www.thecentralparkboathouse.com

ル・パン・コティディアン

Le Pain Quotidien

ヘルシーで温かみのある田舎パンがおいしい

　ベルギー生まれの自然食志向のレストラン。木目調のインテリアに囲まれた店内は、天井が高く落ち着いた雰囲気。テーブルには数種の自家製バター、ジャム、蜂蜜などがあり食べ放題。人気はオーガニックブレッド付きのスープ・オブ・ザ・デイは$5.99〜8.99。

MAP p.35-G

コンチネンタル
予算▶ $ 12〜
地下鉄▶Ⓜ4・5・6/86th St.
🏠1131 Madison Ave.
☎1-212-327-4900
🕐7:00〜19:00、土・日曜8:00〜
🈳無
http://www.lepainquotidien.com

バーガー・ヘブン

Burger Heaven

ニューヨーク伝統のハンバーガー

　70年の伝統を誇るニューヨーカーが大好きなハンバーガーの店。おすすめは、「バーガー・ヘブン・バーガー」$24。なんといっても超ボリューミーでジューシーなビーフの味が最高。普通のバーガー$13やサンドイッチ$11〜、スープ$6〜もおいしい。

MAP p.35-K

アメリカ
予算▶ $ 15〜
地下鉄▶ⓂF/Lexington Ave./63rd St.
🏠804 Lexington Ave.
☎1-212- 838-3580
🕐7:30〜21:15、日曜8:30〜19:45
🈳無
https://www.burgerheaven.com

ジャクソンホール

Jackson Hole

分厚くジューシーなハンバーガーが人々を魅了

　これぞアメリカ！　という感じのビッグな7オンス（約200g）のパテを挟んだホームメイドのハンバーガーが有名。約20種類あり、フライドポテト付きで$12.25〜。サンドイッチも充実。曜日ごとに変わるウイークリースペシャル$14.25もおすすめ。

MAP p.35-K

アメリカ
予算▶ $ 16〜
地下鉄▶ⓂF/Lexington Ave.-63rd St.
🏠232 E. 64th St.
☎1-212-371-7187
🕐10:30〜24:00
🈳無
http://jacksonholeburgers.com

とっておき情報　コンビニ感覚で利用できるデュアンリード

デリコーナーは進化している

　ニューヨークに250店以上あるドラッグストア、デュアンリードDuane Readeが、近年のモデルチェンジでほとんどの店に「Grab and Go（テイクアウト）」のサラダやサンドイッチを入口付近に陳列、忙しいニューヨーカーにウケている。スムージーステーションを導入している店もあり、客が自分でサーブする。ウォール街の旗艦店（40 Wall St.）はとくに品ぞろえがよく、高級デリといった雰囲気。一度行ってみたい。

フムスプレイス

Hummus Place

フレンドリーで小ギレイな店

　ユダヤ移民が多いニューヨークにはコーシャ料理が多いなか、人気の店。世界最古のナチュラルフードといわれるフムス（ひよこ豆のペースト）をはじめ、ファラフェル（ひよこ豆の揚げ物）、シャクシュカ（トマトのシチュー風）など、ベジタリアンにも好評。

ユダヤ
予算▶ $ 15〜
地下鉄▶ Ⓜ1・2・3/72nd St.
⊕305 Amsterdam Ave.
☎1-212-799-3335
⊕11:00〜22:00、土曜10:30〜22:30、日曜10:30〜
㊡無
http://www.hummusplace.com/

MAP p.34-F

グッドイナフ・トゥイート

Good Enough to Eat

ワッフルとパンケーキがおいしい

　カントリー調のインテリアに囲まれた店内はゆったりと落ち着いた雰囲気。朝8時の開店前からボリューム満点のワッフルやパンケーキの朝食を求めて列ができる。フルーツ付きのベーコンワッフル$14。ストロベリーを練りこんだオリジナルバターも美味。

アメリカ
予算▶ $ 20〜
地下鉄▶ ⓂB・D/86th St.
⊕520 Columbus Ave. at 85th St.
☎1-212-496-0163
⊕8:00〜22:30、金曜〜23:00、土・日曜9:00〜23:00
㊡無 http://www.goodenoughtoeat.com

MAP p.34-F

カフェ・ルクセンブルグ

Cafe Luxembourg

おいしいものなら何でも取り入れるビストロ

　フレンチとアメリカンをミックスしたビストロ。アッパーウエストサイドの住人が気軽に訪れる店だ。ディナーなら前菜とメインがチョイスできる2コースのプリフィックス$48がおすすめだが、17時〜18時30分と22時〜限定。時間を見て行きたい。

コンチネンタル
予算▶ $ 40〜
地下鉄▶ Ⓜ1・2・3/72nd St.
⊕200 W. 70th St.
☎1-212-873-7411
⊕8:00〜23:00、月・火曜〜22:00、土曜9:00〜
㊡無
http://cafeluxembourg.com

MAP p.34-I

ジャン・ジョルジュ

Jean Georges

『ザガット』大絶賛のフレンチ

　NYを代表するフランス料理のシェフ、ジャン・ジョルジュのフラッグシップレストラン。『ザガット』でも大絶賛されている店で1人平均予算$100以上と高級。入口左手にはカジュアルダイニング・スペースのヌガティーンがある。

フランス
予算▶ $ 120〜
地下鉄▶ ⓂA・B・C・D・1/59th St.-Columbus Circle
⊕1 Central Park W.
☎1-212-299-3900
⊕7:00〜10:30、12:00〜15:30、17:30〜22:30
㊡無 https://www.jean-georges.com

MAP p.34-J

ローザメキシカーノ
Rosa Mexicano

見た目も味も最高のメキシカン

　マンハッタン内に3店舗を構える有名高級メキシカンレストラン。オーダーすると、目の前で作ってくれるフレッシュなワカモレ$16.50は一番人気。タコス$19〜、エンチラーダ$22〜も評判だ。ユニオンスクエア店（9 E. 18th St.）も雰囲気がいい。

メキシコ
予算▶ $ 30〜
地下鉄▶ ⓂA・B・C・D・1/59th St.-Columbus Circle
⊕61 Columbus Ave.
☎1-212-977-7700
⊕11:30〜22:30、木〜土曜〜23:30 ㊡無
https://www.rosamexicano.com

MAP p.34-J

アリスズ・ティーカップ
Alice's Tea Cup

不思議の国のアリスがコンセプト

　落ち着いた店内では、紅茶を片手に本や雑誌を広げ、みんな思い思いの時間を過ごしている。アフタヌーンティーセット$36はいろいろ楽しめてお茶はおかわり自由。カップとソーサーがすべて異なっているのがユニーク。カップケーキなども販売している。

カフェ
予算▶ $ 20〜
地下鉄▶ Ⓝ1・2・3/72nd St.
⊕102 W.73rd St.
☎1-212-799-3006
⊗8:00〜20:00
㊡無
https://www.
alicesteacup.com

サラベス
Sarabeth's

おとなが集まるカフェレストラン

　明るくすっきりとした店内はおしゃべりに花をさかせる人たちでいっぱい。創作的な美しい料理が並ぶディナーに加え、土・日曜のブランチも人気だ。デザートも豊富で、お茶に立ち寄る人も多い。コース料理のプリフィックス$32はおすすめ。ランチなら$26。

アメリカ
予算▶ $ 40〜
地下鉄▶ Ⓜ1/79th St.
⊕423 Amsterdam Ave.
☎1-212-496-6280
⊗8:00〜22:30、日曜〜22:00
㊡無
https://sarabeth
srestaurants.com/

レストラン

219

●とっておき情報●

ニューヨーカーに人気！こだわりのカフェでブレイクタイムを

　ニューヨークでは依然カフェブーム。お洒落で個性的なカフェがいっぱいだ。買物休憩でチェーン店に飛び込むのでは、せっかくのコーヒーブレイクも味気ない。あえてカフェを楽しむために、じっくり訪れたいニューヨーカーに人気のNYオリジナル店を紹介しよう。

カフェ・グランピー

　味にとことんこだわる、アメリカのフォーチューン誌でも紹介されたコーヒー専門店。バキュームプレスという、抽出方式で豆の味を最大限引き出す「クローバーコーヒーマシン」をニューヨークでいち早く設置。気さくなバリスタ達からコーヒーのうんちくを聞き出すのも楽しい。

Cafe Grumpy
⊕224 W. 20th St.　☎1-212-255-5511
⊗7:00〜20:00、土曜7:30〜、日曜7:30〜19:30
㊡無　Ⓜ1/18th St.　MAP p.28-F

店名のグランピーは「しかめ面」という意味で、可愛いロゴになっている。NYに6店舗あり

ジョー・コーヒー

「ジョー大学」なる一般向けコーヒー講座を各店で開講している

　おいしいコーヒーが飲めるカフェを造ろうと、オーナーが上質のロースター、豆を捜し求めた末、行列のできるカフェに。数々のメディアでNYのNo.1に選ばれている。

Joe Coffee
⊕1045 Lexington Ave.　☎1-212-988-2500
⊗7:00〜20:00　㊡無
Ⓜ6/77th St.　MAP p.35-G

アロマ・エスプレッソ・バー

　カウンターとテーブル席で80席ほどあるので、ソーホーでゆったりくつろげる最適のブレイクスポット。濃厚な味わいと香り、かすかな甘みを出している厳選されたアフリカ、アラビア産の豆を使用した一杯は格別。

Aroma Espresso Bar
⊕100 Church St.
☎1-212-533-1094
⊗7:00〜21:00、土・日曜8:00〜20:00　㊡無
ⒶB・D・F・M/Broadway-Lafayette St.
MAP p.32-B

イスラエル発No.1コーヒーの海外進出1号店

やっぱり食べたくなる
日本料理

世界中の味が楽しめるニューヨークだが、何日も滞在していると、胃も心も休ませたくなり、日本の味が恋しくなるもの。そんなときには迷わず日本料理店に行こう。他国の料理同様、ニューヨークではホンモノの日本の味が堪能でき、またアメリカ向きにアレンジされた料理にトライすることもできる。

左／とんかつほかいろいろな日本の味が手軽に味わえる「かつ濱」の店内　右／「たかはち」はトライベッカのほかイーストヴィレッジにもある

▶ **秀ちゃんラーメン Hide-Chan Ramen**
MAP p.27-D
エリア：ミッドタウン
🏠248E.52nd St. ☎1-212-813-1800 ⏰11:30〜15:00、16:30〜23:00、木曜〜翌1:00、金曜〜翌3:00、土曜12:00〜23:00、日曜12:00〜22:00 🚫無 Ⓜ E・M／Lexington Ave./53rd St.

▶ **伊勢 Ise**
MAP p.29-K
エリア：イーストヴィレッジ
🏠63 Cooper Sq. ☎1-212-228-4152
⏰12:00〜14:30、17:30〜22:00、木・金曜〜23:00、土曜18:00〜23:00、日曜18:00〜21:30 🚫月曜　予算$20〜 Ⓜ6/Astor Pl.

▶ **かつ濱 Katsuhama**
MAP p.27-G
エリア：ミッドタウンイースト
🏠11 E. 47th St. bet. Madison & 5th Aves.
☎1-212-758-5909 ⏰11:30〜23:30、日曜11:30〜22:30 🚫無　予算$18〜
Ⓜ B・D・F M／47-50th Sts.-Rockefeller Center

▶ **牛角 Gyu-Kaku Japanese BBQ**
MAP p.29-K
エリア：イーストヴィレッジ
🏠34 Cooper Sq. ☎1-212-475-2989
⏰11:30〜23:00、金・土曜〜24:00、日曜〜22:00 無　予算$25〜 Ⓜ6/Astor Pl.

▶ **百百川 Momokawa**
MAP p.35-H
エリア：アッパーイーストサイド
🏠1466 1st Ave. ☎1-212-256-0403
⏰12:00〜22:45
🚫無　予算$20〜 Ⓜ6/77th St.

▶ **たかはち・トライベッカ Takahachi Tribecca**
MAP p.30-F
エリア：トライベッカ
🏠145 Duane St. ☎1-212-571-1830
⏰12:00〜14:30、17:30〜22:30、金・土曜〜23:00 🚫土・日曜の昼　予算$30〜 Ⓜ1・2・3/Chambers St.

▶ **ともえすし Tomoesushi**
MAP p.28-J
エリア：グリニッチヴィレッジ
🏠172 Thompson St. ☎1-212-777-9346 ⏰13:00〜15:00、17:00〜23:00、日曜17:00〜22:00 🚫日・月曜の昼　予算$30〜 Ⓜ6/Bleecker St.

▶ **えん En**
MAP p.28-J
エリア：グリニッチヴィレッジ
🏠435 Hudson St. ☎1-212-647-9196 ⏰12:00〜14:30、17:30〜22:30、金曜〜23:00、土曜11:00〜14:30、17:30〜23:30、日曜11:00〜14:30、17:30〜22:30 🚫無　予算$45〜 Ⓜ1/Houston St.

▶ **牛若丸 Ushiwakamaru**
MAP p.28-A
エリア：チェルシー
🏠362 W. 23rd St. ☎1-917-639-3940
⏰18:00〜22:00、金・土曜〜22:30、日曜17:00〜21:00 🚫無　予算$60〜 Ⓜ1・C・E/23rd St./W. 4th St.-Washington Sq.

▶ **おめん・あぜん Omen Azen**
MAP 30-B
エリア：ソーホー
🏠113 Thompson St. ☎1-212-925-8923
⏰17:30〜22:45 🚫無　予算$40〜 Ⓜ C・E/Spring St.

▶ **どんぐり Donguri**
MAP p.35-H
エリア：アッパーイーストサイド
🏠309 E. 83rd St. ☎1-212-737-5656 ⏰17:30〜21:30 🚫月曜　予算$40〜 Ⓜ4・5・6/86th St.

> 日本料理店に行くとつい忘れがちになるが、チップはきちんと払うのを忘れないようにしよう！

ニューヨークで流行りの日本ラーメン！

数年前から日本のラーメンがニューヨークで人気だ。なかでもおすすめは「一風堂 NY」。日本の博多発ラーメンで全国区の人気店「一風堂」のニューヨーク店。「ラーメンは日本のソウルフードだ」と地下に製麺工場があり、しっかり間違いない味のラーメンを堪能できる。いつも込んでいて、30分待ちは当たり前、というところ。白丸博多クラシック$16、赤丸モダン$16、替え玉＄2など。ランチだと少しリーズナブルな料金だ。

一風堂NY IPPUDO NY
MAP p.29-K
🏠65 4th Ave. ☎1-212-388-0088
⏰11:00〜15:30、17:00〜23:30 🚫無
Ⓜ6/Astor Pl. https://ippudony.com

インテリアも素敵

上／日本同様、活気あふれる店内
左／赤丸モダンはNYでも定番

220

ホテル

Hotel

ホテル事情

イーストヴィレッジの隠れ家的宿。ザ・スタンダード・イーストヴィレッジ

ホテルの税金（タックス）

ホテルの税金は、14.75％＋１室１泊につき$3.50かかる。通常のセールスタックス（8.875％）と比べるとほぼ倍の税金がかかることになる。ホテルの室料が$400だとすると、支払いは$462.50となる。

ベッドが１台のシングル

クレジットカードのデポジット

ツアーでも個人でも、ホテルではチェックインの際に必ずクレジットカードでのデポジットが必要だ。精算はチェックアウト時に行なわれるのだが、万一の不払い、未精算を防ぐためのものだ。

222

自分の**ホテル**は**どこ**にある？

以前は、ニューヨークでおもなホテルといえばミッドタウンにあるものというイメージが強かった。今でも大半はそうだが、最近はその範囲が広がり、点在する傾向も見られるので、確認が必要だ。ツアーでも、ダウンタウンやチャイナタウンといったエリアのホテルになることもある。

またミッドタウンといえばどこも近くて、夜ブロードウェイにも徒歩で安心、などと思いがちだが、ミッドタウンでもイーストサイドであれば、けっこう距離がある。

マンハッタンはそれほど広くないうえ地下鉄やバスで動きやすいが、自分のホテルの位置をよく把握して、動きに無駄や無理のない観光のルートや、ホテルに途中で戻れるかどうかなどを考えて行動しよう。

ブルックリンなど、マンハッタン以外のエリアにもホテルやB&Bはある。マンハッタンへは、地下鉄でアクセスできるうえ、宿泊料金は多少安くなる。しかし、ホテル周辺の環境や最寄りの地下鉄駅までの距離や治安など、行ってみないと分からないことも多い。たとえば、マンハッタンでブロードウェイを見て、夜遅くに地下鉄に乗って帰るのは不安だ。「話題のエリアで暮らすように泊まりたい」といったリピーターにはすすめられるが、はじめてニューヨークを訪れる人や旅慣れない人は、マンハッタン内のホテルに宿泊した方が便利で安心だ。

ホテル内、周辺事情を知ろう

チェックインしたら、自分の目で、またはホテルのスタッフに確認して周辺の様子、近くにデリなどがあるかどうか、地下鉄の駅はどこか、などを確認しよう。特に、夜遅くにホテルに戻る際などに、迷ったりして危険な目に遭わないとも限らない。大通りを通る最寄り駅へのルートは早めにチェックしておきたい。

チェックインの際に、知っておきたいこと

●禁煙 or 喫煙

あらかじめ、どちらか指定していた場合も、していなかった場合も、チェックイン時にどちらが希望か確認される。あらかじめ希望して予約していない場合、ツアーの場合などは必ずしも希望の部屋が取れないこともあるので、事前にリクエストしておく必要がある。また、全室禁煙のホテルも多い。

●ダブル or ツイン

ホテルで一般的にふたり用の部屋といえばダブル（ダブルベッド１台）とツイン（ベッドが２台）があるが、アメリカでは総じてダブルの部屋が多い。通常ツアーならツインがリクエストされているはずだが、チェックイン時にどちらがいいかを尋ねられたり、間違ってダブルの部屋が用意されることもある。

ホテル利用術

ホテル到着から部屋に入るまで

ホテルに着いたら、まずは荷物を預ける

　ホテルの入口に到着し、荷物を車から下ろすと、高級ホテルならドアマンがスーツケースなどの大きな荷物を預かってくれる。これでチェックインの際は身軽だ。ただし貴重品は預けず、必ず自分の手に。大型ホテルでは、預けた荷物にタグを付け、その半券をくれる。これらの荷物はチェックイン後、ベルボーイが部屋に運んできてくれる。中級、エコノミーホテルでは自分で運ぶか、ベルボーイを呼んで運んでもらう。

ザ・スタンダード・イーストヴィレッジのフロントデスク

部屋に入ったら非常口を確認

室内にいるときは上下の鍵はしっかりかけておく

フロントでチェックイン

　予約をしてあれば、その旨と自分の氏名をフロントデスクの係員に伝える。通常ホテルでは、チェックインの際にデポジットとして必ずクレジットカードの提示を求められる。また、チェックアウトの日付を確認のため聞かれ、書類に氏名、住所、電話番号などの記入を求められる場合もある。部屋の番号と場所を教えてもらい、鍵を受け取ったら部屋へ。

書類は英語で記入する

エレベーターホール

預けた荷物はどうする？

　荷物の半券を係員に渡すと、預けた荷物を部屋に運ぶようベルボーイに連絡してくれる。荷物はまもなく運ばれてくるので、部屋で待機する。ベルボーイには荷物ひとつにつき＄１程度のチップを。

チェックインの英会話

予約をしている鈴木です。
チェックインをお願いします。
I have a reservation for
Suzuki. Can I check in?
禁煙室をお願いします。
No smoking, please.
何時に部屋に入れますか？
What time can I go in the
room?
933号室はどこにありますか？
Where is the room 933？
エレベーターはどこですか？
Where is an elevator?
朝食はどこで食べられますか？
Where do I have a breakfast?
室内プールはいつ使えますか？
What time can I use the
indoor pool?
タクシーを呼んでください。
Will you call a taxi?

レストランの予約やチケットの手配はコンシェルジュに

　レストランの予約や現地のオプショナルツアーの申し込み、劇場のチケットの手配などは、コンシェルジュと呼ばれるスタッフに頼める。ホテルによるが、通常フロントデスクの端にコンシェルジュのカウンターがある。中級以下のホテルではコンシェルジュがいないが、その場合はフロントデスクのスタッフかベルボーイに相談するとよい。なお、手配を頼んだら＄１〜５程度のチップを。また、大型ホテルでは専門のチケットオフィスがあるところが多い。

ホテル利用術

/// ホテルのサービスや設備は積極的に利用しよう

ホテル内での英会話

モーニングコールをお願いします。7時に起こしてください。
Can I have a wake-up call at 7 a.m.?
クリーニングを頼みたい。
I would like to use your laundly service.
933号室の鈴木ですが、コーヒーとスープとトーストを持ってきてください。
This is Ms.Suzuki speaking in room 933. Please bring me coffee, soup and toast.
ファクシミリを送りたい。
I would like to send a fax to this number.
部屋に鍵を置き忘れました。
I left my key in my room.
テレビがつきません。
The TV dosen't work.

224

客室には何がある？

貴重品は必ずセーフティボックスに入れよう

タブとシャワー一体型のバスルーム

一般的にホテルの客室には、ベッド、クローゼット、電話、フラットテレビ、ミニバー（小さな冷蔵庫）、セーフティボックスなどが備えられている。

バスルームには、大・中・小の3種類の大きさのタオルと、石けん、シャンプー、コンディショナー、ローションなどのアメニティグッズが置かれている。アメニティグッズは自由に使えて、持ち帰りもできるが、タオルを持ち帰ることはできない。

テレビは無料のチャンネルと有料のチャンネルとがあり、有料チャンネルを見ると自動的に記録され、チェックアウトの際に請求される。

ミニバーにはソフトドリンク、酒類、菓子などが入っており、利用した分をベッドメイクの際にメイドがチェックし、それもチェックアウト時に請求される。ただし、コーヒー／ティーメーカーやポットと一緒に置いてあるコーヒーや紅茶は無料。

冷蔵庫やミニバーのものは有料

シンプルで使いやすいバスルーム

壁に取り付けられたアメニティ

ボディローションなどのアメニティ

上／バスローブがあると便利。欲しい人は購入することも可能
下／スリッパが用意されているホテルもある

ルームサービスを頼む

ルームサービス、モーニングコール、クリーニングなどは電話で依頼する。電話機にそれぞれのセクションにつながるボタンがあり、モーニングコールなら起こしてほしい時間を伝える。最近はボタン操作による自動サービスになっていることが多い。食事は部屋に備えられているメニューを見て希望のものを注文する。時間の指定も可能だ。クリーニングはクローゼットの中にある専用のビニール袋に洗濯物を入れ、注文書に氏名、部屋番号、洋服の種類などを記入し、電話して取りにきてもらう。食事を運んできてもらった場合は注文した料金の15％、クリーニングを取りにきてもらった場合は＄1程度のチップを支払う。

ザ・スタンダード・イーストヴィレッジの客室。大きな窓からの眺めが最高

館内のいろいろな**設備**と**サービス**

　ホテル内にあるプール、フィットネスクラブはたいてい宿泊客なら無料で利用できる。パソコン、ファックス、コピー機などを備えたビジネスセンターがあるホテルも多い。ファックスやコピーを利用した場合は別途料金を支払う。たいていのホテルには、レストランやバー、みやげものなどを売るギフトショップが入っている。ホテル内の店なら夜遅くても安心して利用できて便利だ。ミッドタウンにある高級ホテルには、現地の旅行会社のカウンターが集まったツアーデスクがあったり、スイートルームに宿泊の場合には、空港までのリムジンでの送迎サービスや特設ラウンジが利用できるなど、いたれり尽くせり。コインランドリーは高級ホテルにはないが、中級以下のホテルやアパートメントホテルには、長期滞在者が多いため、館内に完備されている場合もある。

右／朝食はホテル内のカフェが便利
左／フラットテレビは客室の標準設備のひとつ

インターネットと**Wi-Fi（無線LAN）**

　ほぼすべてのホテルではインターネットの設備があるが、有線によるLAN（高速インターネット接続）と無線LANのいずれか、あるいは両方あるところさまざま。「LAN設備あり」としているホテルは無線か有線か、あいまいだ。料金も有料のところ、無料のところさまざまだが、ロビーなど公共の場所のみ無料、というところもある。

チェックアウトは簡単

　フロントデスクでチェックアウトをしたいと伝えると、部屋番号を聞かれる。部屋のミニバーや有料テレビの利用は、コンピュータに自動的に記録されていて、その料金を明記した請求書が出される。チェックインの際に提示したクレジットカードに請求されるが、この時点で現金で支払うことも可能だ。なお、チェックアウトの際、荷物をロビーまで運んでほしければ、内線電話でベルボーイに連絡して取りにきてもらう。チェックアウトをしたあと、観光をしてから空港へ向かう場合などは、ベルボーイに言えば荷物を預かってもらえる。

チェックアウトの英会話

荷物を取りにきてください。
Please take down my baggage.
チェックアウトをしたい。
I would like to check out, please.
ミニバーは使っていません。
I didn't use the mini-bar.
現金で支払いたい。
I would like to pay in cash.
トラベラーズチェックは使えますか？
Do you accept(take) traveller's check?
12時の出発まで荷物を預かってほしいのですが。
Please keep my baggage until my departure at 12 p.m.
J.F.K.空港までタクシーでどのくらい時間がかかりますか？
How long dose it take to the J.F.K. airport by taxi?

● 取材・撮影協力：ザ・スタンダード・イーストヴィレッジ

ミッドタウンウエスト

エース
Ace Hotel New York

MAP p.28-B

古い建造物や古道具に新しい命を吹き込む「カルチュラルエンジニア」集団が、オープンさせた12階建てのブティックホテル。客室の家具類は地元で活躍するデザイナーによるオリジナル。どこか懐かしさを秘めた雰囲気が居心地がよい。

デザイン
⊕20 W. 29th St.
☎1-212-679-2222
🖷1-212-679-1947
272室 $$$$
Ⓜ N・R/28th St.
●https://www.acehotel.com/

ブライアントパーク
The Bryant Park Hotel

MAP p.27-K

ニューヨーク公立図書館とブライアントパークの向かい側に立つラグジュアリーホテル。フローリングの床を採用した、真っ白な壁が気持ちいい客室はシンプルで心地よい。ゆったりとしたベッドにはエジプト綿のリネンと羽根布団を使用している。

デザイン
⊕40 W. 40th St.
☎1-212-869-0100/1-877-640-9300
128室 $$$$
Ⓜ B・D・F・M・7/42nd St.-Bryant Park
●https://bryantparkhotel.com/

ミューズ
The Muse New York

MAP p.26-F

タイムズスクエアへ歩いてすぐの好立地に立つブティックホテル。ロビーでは毎朝コーヒー、紅茶が無料で振るまわれ、夜にはワインレセプションが開かれる。ベッドは羽毛布団に羽毛マットで心地いい。またバスアメニティはエトロを採用している。

デザイン
⊕130 W. 46th St.
☎1-212-485-2400/1-877-692-6873 🖷1-212-485-2789 200室 $$$$ Ⓜ B・D・F・M/47-50th St.-Rockefeller Center
●https://www.themusehotel.com/

ディストリクト
Distrikt Hotel New York City

MAP p.26-J

建築デザイン集団オットによって建築&デザインされたホテル。セントラルパークをテーマにした巨大なオブジェが飾られた明るくおしゃれなロビー、客室は白と黒を基調にしたスタイリッシュでモダンなインテリアで統一されている。

デザイン
⊕342 W. 40th St.
☎1-212-706-6100/1-888-444-5610 155室 $$$ Ⓜ A・C・E/42nd St.-Port Authority Bus Terminal ●https://www.distrikthoteltimessquare.com

ナイト・タイムズスクエア
Night Hotel Times Square

MAP p.26-F

デザイン
⊕157 W. 47th St.
☎1-212-768-3700/1-866-950-7829 210室 $$$ Ⓜ N・Q・R/49th St.
●https://www.nighthotels.com/

ヨーテル
YOTEL New York

MAP p.26-E

中級
⊕570 10th Avenue ☎1-877-909-6835
🖷1-646-449-7705 669室 $$$ Ⓜ A・C・E／42nd St.-Port Authority Bus Terminal ●https://yotel.com/

ドリーム
Dream New York

MAP p.26-B

デザイン
⊕210 W. 55th St.
☎1-212-247-2000/1-866-437-3266 🖷1-646-756-2088 216室 $$$ Ⓜ N・Q・R/57th St.-7th Ave. ●https://www.dreamhotels.com

ザ・クイン
The Quin

MAP p.26-B

中級
⊕101 W.57th St.at 6th Ave.
☎1-212-245-7846 208室 $$$$
Ⓜ F/57th St.
●http://www.thequinhotel.com/

ニューヨーク・ヒルトン
New York Hilton Midtown

MAP p.26-B

NY最大の規模を誇るホテルでミッドタウンウエストの中心に位置する。グラミー賞などのイベントが開かれるNY最大のボールルームを持つ。ホテル内に高級デパート並みのブティック、劇場チケットや航空券が手配できるカウンターがある。

高級
⊕1036 6th Ave,
☎1-212-586-7000
Ⓕ1-212-315-1374
1980室 $$$$
Ⓜ B・D・E/7th
Ave.
●https://www3.
hilton.com

akaタイムズスクエア
aka Times Square

MAP p.26-F

タイムズスクエアから1ブロックという賑やかなロケーションにあり、全室に電子レンジが設けられている。キッチンとリビングルームがあるアパートタイプの部屋なら4人まで宿泊可能。歴史を感じさせる外観も素敵だ。

高級
⊕123W.44th St.
☎1-212-764-5700
105室 $$$$
Ⓜ B・D・F・M /
42St.-Bryant Pk.
●https://stayaka.
com/

ペニンシュラ
The Peninsula New York

MAP p.27-C

5番街に面した絶好の場所にある、香港ペニンシュラグループのアメリカ第1号ホテル。1905年に建てられたボザール様式の建物を利用している。ロビーから階段は、大理石で造られていて、歴史の重厚さのなかにも爽やかな明るさがある。

超高級
⊕00 5th Ave.
☎1-212-956-2888
/1-800-262-9467
Ⓕ1-212-903-3949
241室 $$$$
ⒶE・M/5th Ave.
-53rd St.
●https://www.
peninsula.com

ロウ NYC
Row NYC

MAP p.26-F

タイムズスクエアまで1ブロック、劇場街の真ん中に立つ28階建てのブティックホテル。1928年建造の建物だが、2014年の全館改装によりロビーから客室までスタイリッシュに生まれ変わった。インテリアはシンプルで使い勝手がいい。 **WIFI WIFI WIFI**

中級
⊕700 8th Ave.
☎1-212-869-3600
1300室 $$$
ⒶA・C・E/42nd
St.-Port Autho
rity Bus Terminal
●https://www.
rownyc.com/

サリスバリー
Salisbury Hotel

MAP p.26-B

中級
⊕123 W. 57th St. ☎1-212-246-1300/1-
888-692-5757 Ⓕ1-212-977-7752 204室
$$$ ⒶN・Q・R/57th St.-7th Ave. ●
https://www.nycsalisbury.com

ステイブリッジ・スイート・タイムズスクエア
Staybridge Suites Times Square -New York City

MAP p.26-J

中級
⊕340 W. 40th St. ☎1-212-757-9000
Ⓕ1-212-757-9001 310室 $$$ ⒶA・C・
E/42nd St.-Port Authority Bus Terminal
●https://www.staybridge.com

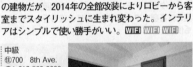

ワシントン・ジェファーソン
Washington Jefferson Hotel

MAP p.26-B

中級
⊕318 W. 51st St. ☎1-212-246-7550
Ⓕ1-212-246-7622 135室 $$$$
ⒶA・C・E/50th St. ●https://www.
wjhotel.com

ウォルコット
The Hotel Wolcott New York

MAP p.28-B

中級
⊕4 W. 31st St. ☎1-212-268-2900
Ⓕ1-212-563-0096 263室 $$
ⒶN・R/28th St.
●https://www.wolcott.com

※$マークは2名1室利用の2019年12月中旬の平日料金の目安です。時期や予約条件によって料金は違うので事前に確認が必要です。$：～$150/$$：$150～250/$$$：$250～350/$$$$：$350～

ナイト
Night Hotel

MAP p.26-F

外観の大きな「n」の文字が印象的なブティックホテル。「夜」がテーマになっており、コンセプトカラーは黒と白。一歩足を踏み入れるとロビーから白と黒の世界が広がる。シンプルなつくり。

デザイン

132 W. 45th St.
1-212-835-9600/
1-800-336-4110
72室 $$$
N・Q・R・S・1・2・3・7/Times Sq.-42nd St.
https://nighthotels.com

マリオット・マーキース
New York Marriott Marquis

MAP p.26-F

マーキース劇場が付属している大型ホテル。8階にあるロビーから36階まで吹き抜けた天井は開放的。とくに回転式のバーラウンジは、夜景がとても美しく雰囲気がある。タイムズスクエアがすぐ前で、ミュージカル好きには最適。

高級
1535 Broadway
1-212-398-1900 1-212-704-8930 1966室 $$$$
N・Q・R・S・1・2・3・7/42nd St.-Times Sq.
https://www.marriott.

シェラトンニューヨーク・タイムズスクエア
Sheraton New York Times Square Hotel

MAP p.26-B

日本人観光客に利用されることが多い大型ホテルで、ブロードウェイや5番街へも歩いてすぐ。客室はシックなインテリアで洗練された雰囲気。ロビー奥には各種ツアーデスクがあり、待ち合わせなどにも便利だ。

高級
811 7th Ave.
1-212-581-1000/
1-888-627-7067
1-212-262-4410
1781室 $$$$
B・D・E/7th Ave.
https://www.marriott.com

ノボテル・ニューヨーク・タイムズスクエア
Hotel Novotel New York Times Square

MAP p.26-B

中級
226 W. 52nd St.
1-212-315-0100 1-212-765-5365
480室 $345〜 1・2/50th St.
https://www.novotelnewyork.com

ウェスティン・ニューヨーク・アット・タイムズスクエア
The Westin New York at Times Square

MAP p.26-F

中級
270 W. 43rd St.
1-212-201-2700 1-212-201-2701 873室 $$$
A・C・E/42nd St.-Port Authority Bus Terminal
https://www.marriott.com

ルネッサンス・ニューヨーク・タイムズスクエア
Renaissance New York Times Square Hotel

MAP p.26-F

高級
2 Times Square 1-212-765-7676
1-212-765-1962 310室 $$$$
N・Q・R/49th St.
https://www.marriott.com

ロイヤルトン
Royalton Hotel

MAP p.27-G

デザイン
44 W. 44th St. 1-212-869-4400/1-800-606-6090 168室 $$$$ B・D・F・M・7/42nd St.-Bryant Park
https://www.royaltonhotel.com

クラウンプラザ・タイムズスクエア
Crowne Plaza Times Square Manhattan

MAP p.26-F

高級
1605 Broadway 1-212-977-4000
1-212-333-7393 770室 $$$ N・Q・R/49th St. https://www.cpmanhattantimessquare.com

ソフィテル
Sofitel New York

MAP p.27-G

高級
45 W. 44th St. 1-212-354-8844
1-212-782-3099 398室 $$$$
S・4・5・6・7/42nd St.-Grand Central
https://www.sofitel.com

ペンシルヴェニア
Hotel Pennsylvania

MAP p.26-J

マジソンスクエアガーデンの向かい側にそびえるように立つ大型ホテル。シンプルで清潔な部屋から眺める夜景が素晴らしい。ペンシルヴェニア駅も近く、観光に動きやすい。ホテル内に24時間営業のレストランもある。

中級
㊟401 7th Ave. ☎1-212-736-5000/1-800-223-8585 Ⓕ1-212-502-8712 1700室 $$ Ⓜ1・2・3/34th St.-Penn Station ●https://www.hotelpenn.com

リッツカールトン・ニューヨーク・セントラルパーク
Ritz Carlton New York, Central Park

MAP p.27-C

セントラルパークの南に位置し、観光には絶好の立地にある超高級ホテルで、優雅なステイが約束される。各部屋の家具や調度品にもこだわりがある。ブロードバンド環境も整っており、ビジネスエグゼクティブにも好評のホテルだ。

超高級
㊟50 Central Park S. ☎1-212-308-9100/1-800-542-8680 Ⓕ1-212-207-8831 259室 $$$$ ⓂN・Q・R/5th Ave.-59th St. ●https://www.ritzcarlton.com

カシェット・ブティック NYC
Cachet Boutique NYC

MAP p.26-E

スタイリッシュでカジュアルながら人気のホテル。もともとはゲイのためのホテルというコンセプトで作られたホテルだが、もちろん普通のカップルもファミリーも、ひとりでも快適にステイできる。レストランKCHN、クラブXLも人気だ。

中級
㊟510 W. 42nd St. ☎1-212-947-2999 Ⓕ1-212-947-2988 97室 $$$ ⓂA・C・E／42nd St.-Port Authority Bus Terminal ●https://www.cachethotels.com

マンスフィールド
The Mansfield New York

MAP p.27-G

デザイン
㊟12 W. 44th St.
☎1-212-277-8700/1-800-255-5167 Ⓕ1-212-764-4477 126室 $$$ ⓂB・D・F・M・7/5th Ave.-Bryant Park ●https://www.mansfieldhotel.com

ミケランジェロ
The Michelangelo

MAP p.26-B

高級
㊟152 W. 51st St. ☎1-212-765-1900/1-800-237-0990 Ⓕ1-212-541-6604 179室 $$$$ ⓂN・Q・R/49th St. ●https://www.michelangelohotel.com

インターコンチネンタル・ニューヨーク・タイムズスクエア
InterContinental New York Times Square

MAP p.26-E

高級
㊟300 W.44th St.
☎1-212-803-4500/1-877-331-5888 Ⓕ1-212-803-4501 636室 $$$$ ⓂA・C・E/42nd St.-Port Authority Bus Terminal ●https://www.interconny.com

カサブランカ
Casablanca Hotel

MAP p.26-F

中級
㊟147 W. 43rd St.
☎1-212-869-1212 Ⓕ1-212-391-7585 48室 $$$ ⓂN・Q・R・S・1・2・3・7/Times Sq.-42nd St. ●https://www.casablancahotel.com

パーカーニューヨーク
Parker Meridien New York

MAP p.26-B

高級
㊟119 W. 56th St. ☎1-212-245-5000 Ⓕ1-212-708-7471 729室 $$$$ ⓂN・Q・R/57 th St.-7th Ave. ●https://www.parkernewyork.com

アメリタニア
Ameritania at Times Square New York

MAP p.26-B

中級
㊟230 W. 54th St. ☎1-212-247-5000 219室 $$$ ⓂB・D・E/7th Ave. ●https://www.ameritanianyc.com

※$マークは２名１室利用の2019年12月中旬の平日料金の目安です。時期や予約条件によって料金は違うので事前に確認が必要です。$：～$150／$$：$150～250／$$$：$250～350／$$$$：$350～

ディラン
Dylan Hotel

MAP p.27-G

かつてはイギリスの詩人ディラン・トマスの住まいだった、1903年建造の古い建物がスタイリッシュなホテルに大変身。アメジストや水晶などの宝石をイメージさせるモダンなインテリアはディランのオリジナル。

デザイン
🏛52 E. 41st St.
☎1-212-338-0500
🅵1-646-227-1206
107室 $$$
Ⓜ S・4・5・6・7/42nd St.-Grand Central
● https://www.dylanhotelnyc.com/

ウィンダム・ミッドタウン45
Wyndham Midtown 45

MAP p.27-H

ミッドタウンの快適空間として高い評価をもつデザインホテル。客室の半分以上に本格的なキッチンが付いているので長期滞在も可能。各ベッドルームとリビング、バスルームにフラットTVを設置。フィットネスセンターも充実。

デザイン
🏛205 E. 45 th St.
☎1-212-867-5100/1-800-428-1932 🅵1-212-867-7878 203室 $$$$
Ⓜ S・4・5・6・7/42nd St.-Grand Central ● https://wyndham.com

ライブラリー
The Library Hotel

MAP p.27-K

その名の通り、本に囲まれた素敵な空間を持つホテル。ロビーや客室にも本棚が据えられているなど凝っている。リーディングルーム、ポエトリーガーデン、屋上のテラスなど、パブリックスペースも充実。コンチネンタルの朝食付き。

デザイン
🏛299 Madison Ave. ☎1-212-983-4500/1-877-793-7323 🅵1-212-499-9099 60室 $$$
Ⓜ S・4・5・6・7/42nd St-Grand Central
● https://www.libraryhotel.com

グランドハイアット
Grand Hyatt New York

MAP p.27-G

最大の特徴は、マンハッタンのシンボルのひとつグランドセントラル駅に直結していること。吹き抜けのロビーの中心には噴水があり、待ち合わせにもよく利用されている。客室はシンプルで機能的。マンハッタンを飛び歩く人におすすめだ。

高級
🏛109 E. 42nd St.
☎1-212-883-1234
🅵1-646-213-6659
1306室 $$$$
Ⓒ Ⓜ S・4・5・6・7/42nd St.-Grand Central
● https://www.hyatt.com

フォーシーズンズ
Four Seasons Hotel New York

MAP p.27-C

NYの高級ホテルの代名詞ともなっているホテル。部屋の広さ、高い天井、一流の調度品、カンディンスキーなどのキュビズムアートをアクセントにした内装。特にロビーの建築美は圧巻。

超高級
🏛57 E. 57th St.
☎1-212-758-5700
🅵1-800-819-5053
368室 $$$$
Ⓜ F・N・R・4・5・6/59th St.
● https://www.fourseasons.com

ルネッサンス・ニューヨーク・ホテル・フィフティセブン
Renaissance New York Hotel 57

MAP p.27-C

高級ブティックの並ぶ5番街のすぐそば、57丁目という最高のロケーションに建つホテル。スタイリッシュにまとめられた客室はコンパクトだが、天井が高く狭さを感じさせない。テラスもあるので摩天楼を楽しむこともできる。

デザイン
🏛130 E.57th St.
☎1-212-753-8841
🅵1-212-838-4767
202室 $$$
Ⓜ F・N・Q・R・4・5・6/59th St.
● https://www.marriott.com

フィフティNYC
Fifty NYC

MAP p.27-H

ロックフェラーセンター近くにあるスイートタイプのホテル。日曜の夜にはラウンジでフットボールか映画を、無料のドリンクとスナックで観賞できる。また、自分の好みの枕を選べるサービスもあり好評。

中級
🏠155 E. 50th St.
☎1-212-751-5710
🅵1-212-753-1468
251室　$$$
Ⓜ4・6/51st St.
●https://www.affinia.com

ゴッサム
The Gotham Hotel

MAP p.27-G

5番街とマジソン街の間に位置するブティックホテル。市街が一望できる広々したテラスがおしゃれで心地いい。かつてゴッサムブックマートがあった跡地に立ち、本のコレクションなどでその片鱗を感じさせる。

デザイン
🏠16 E. 46th St.　☎
1-212-490-8500　🅵1-
212-490-8501　66室
$$$$　Ⓜ4・5・6・
7/42nd St.-Grand
Central
●https://www.
thegothamhotelny.
com/

ザ・キタノ
The Kitano New York

MAP p.27-K

パーク街に面して立つニューヨークで唯一の18階建ての日系ラグジュアリーホテル。美しいカスタムメイドの家具調度品が置かれた客室はシックな色合いで落ち着ける。フロントやコンシェルジュなど、日本語対応で安心。

キングスーペリアルーム

高級
🏠66 Park Ave.
☎1-212-885-7000/1-
800-548-2666
🅵1-212-885-7100
149室　$$$
Ⓜ S・4・5・6・7/42nd
St.-Grand Central
●https://www.kitano.
com

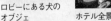

ロビーにある犬のオブジェ　ホテル全景

アヴァロン
Avalon Hotel

MAP p.27-K

ヨーロピアンスタイルのシックで華やかなブティックホテル。エンパイアステートビルやマジソンスクエアガーデンに近く便利。クイーンサイズのベッド、薄型テレビ、IPodステーション、冷蔵庫などが備わっている。

デザイン
🏠16 E. 32nd St.
☎1-212-299-7000
🅵1-212-299-7001
100室　$$$
Ⓜ6/33rd St.
●https://avalon
hotelnyc.com/

マリオット・イーストサイド
New York Marriott East Side

MAP p.27-H

ビジネス、観光にと便利な立地が魅力。エントランスから内部まできらびやかな雰囲気につつまれており、優雅なステイが実現する。アイロンやバスローブなど、各部屋の設備も整っている。

中級
🏠525 Lexington Ave.
☎1-212-755-4000
🅵1-212-715-4296
655室　$$$
Ⓜ4・6/51st St.
●https://www.marriott.com

※$マークは2名1室利用の2019年12月中旬の平日料金の目安です。時期や予約条件によって料金は違うので事前に確認が必要です。$：〜$150／$$：$150〜250／$$$：$250〜350／$$$$：$350〜

マンダリンオリエンタル・ニューヨーク
Mandarin Oriental New York

MAP p.26-B

タイムワーナーセンターの上層階という最高のロケーションで、5番街やブロードウェイは徒歩圏内に位置する最高級ホテル。客室は、床から天井までの大きな窓があり、ニューヨークの風景が眼下に大きく広がる。インテリアは上品な豪華さ。

超高級
⊛80 Columbus Circle at 60th St.
☎1-212-805-8800 📠1-212-805-8888 244室
$$$$ Ⓜ A・B・C・D・1・2/59th St. Columbus Circle ●
https://www.mandarinoriental.com/new-york/

アートハウスホテル・ニューヨーク
Arthouse Hotel New York

MAP p.34-E

セントラルパークやアメリカ自然史博物館が徒歩圏内にあるラグジュアリーホテル。心地よい眠りを約束してくれる特注ベッドやハーマンミラー社製のワークチェアが心地いい。バルコニー付きの客室もある。

高級
⊛2178 Broadway at W. 77th St.
☎1-212-362-1100/1-800-509-7598 📠1-212-787-9521 285室 $$$ Ⓜ1/79th St. ●https://www.arthousehotelnyc.com

トランプインターナショナル・ホテル&タワー
Trump International Hotel & Tower

MAP p.34-J

セントラルパーク沿いにそびえ立つ52階建てのゴージャスなホテル。各部屋には床から天井までの大きな窓があり、セントラルパークや摩天楼が一望できる。

超高級
⊛1 Central Park W. ☎1-212-299-1000 📠1-212-299-1150 167室 $$$$ Ⓜ A・B・C・D・1・2/59th St.-Columbus Circle ●https://www.trumphotels.com

6 コロンバス
6 Columbus

MAP p.26-B

ロウアーイーストサイドにあるシックスティLES（→p.235）と同系列のデザインホテル。客室は青や赤を基調に60年代を意識したインテリアでまとめられており、バスアメニティは老舗薬局の商品を採用している。

デザイン
⊛6 Columbus Circle
☎1-877-626-5862 88室 $$$$ Ⓜ A・B・C・D・1・2/59th St.-Columbus Circle ●https://www.6columbushotel.com

ベルクレア
Hotel Belleclaire

MAP p.34-E

建物外観はクラシック。客室内はウッドフローリングで温かみがあり、古い建物の情緒を残しながらインテリアはモダン。ウェルカムドリンクや、無料靴磨きサービスなどもうれしい。

デザイン
⊛250 W. 77th St.
☎1-212-362-7700 📠1-212-362-1004 240室 $$$ Ⓜ1/79th St. ●https://www.hotelbelleclaire.com

エクセルシオール
The Excelsior Hotel

MAP p.34-F

アメリカ自然史博物館に面して建つ3つ星ホテル。中心部の喧騒から外れた静かなロケーションが人気。上層階の客室からはアメリカ自然史博物館やセントラルパークが見渡せる。クラシックなホテルだが、客室は美しく清潔で居心地がよい。

中級
⊛45 W. 81st St.
☎1-212-362-9200 198室 $$$ Ⓜ A・B・C/81st St.-Museum of Natural History ●https://www.excelsiorhotelny.com

232

アッパーイーストサイド

ベントレー
Bentley Hotel New York

MAP p.35-L

ミッドタウンの東端に立つデザインホテル。ディープなベージュと黒と白を基調にしたおしゃれな客室には、イタリア製リネンと羽根布団を使用。21階にはルーフトップ・レストラン＆バーがある。

デザイン
500 E. 62nd St.
☎1-212-644-6000
F1-212-207-4800
197室 $$$
Ⓜ F/Lexington Ave.-63rd St.
●https://www.bentley
hotelnyc.com

ザ・マルマラ・マンハッタン
The Marmara Manhattan

MAP p.35-C

アッパーイーストの歴史的に豊かな住宅街にある32階建てのホテル。設備の整ったキッチンを含む広くてエレガントな客室には、3種類のデラックス・スイートとスタジオがあり、カスタム設計されている。全ての客室にある大きな窓からはマンハッタンの素晴らしい景色が望める。ミュージアムマイルにも近く、洗練された環境で快適なステイが楽しめる。コスパ抜群なので長期滞在にもおすすめ。

デザイン
🏠301 E.94th St.
☎1-212-427-3100
109室 $$
M N・Q／96th St.
●https://manhattan.marma
ranyc.com/

プラザ・アテネ
Hotel Plaza Athénée New York

MAP p.35-K

一歩ロビーに足を踏み入れた所から高級感が漂い、品のある調度品でまとめられたヨーロピアンテイストのブティックホテル。セントラルパーク近くの静かな場所にあり、美術館などへもすぐ。

超高級
🏠37 E. 64th St.
☎1-212-606-4600/1-800-447-8800 F1-212-772-0958 141室
$$$$
Ⓜ F/Lexington Ave.-63rd St.
●https://www.plaza-athenee.com

ガーデンズNYC
Gardens NYC

MAP p.35-K

閑静な住宅街に立つ全室キチネット付きのホテルで長期滞在者に人気だ。滞在中利用できるエクスペリエンスキット（お散歩グッズやヨガセットなど）を無料で用意してくれるサービスがあるのも個性的で好評だ。

アパートメント
🏠215 E. 64th St.
☎1-212-355-1230
F1-212-758-7858
127室 $$$
Ⓜ F/Lexington Ave.-63rd St.
●https://www.affinia.com

チェルシー／グラマシー

ガンズヴォート
Gansevoort Meat Packing NYC

MAP p.28-E

ミートパッキングディストリクト（MPD）に立つクールなデザインホテル。屋上に温水プール、360度の眺めが楽しめるルーフトップラウンジ、フィットネスやエステが充実したスパも人気がある。

デザイン
🏠18 9th Ave. at 13th St.
☎1-212-206-6700
F1-212-255-5858
209室 $$$$
Ⓜ A・C・E・L/14th St.-8th Ave.
●https://www.gansevoort
hotelgroup.com

Wニューヨーク・ユニオンスクエア
W New York Union Square

MAP p.29-G

高級
🏠201 Park Ave.S. ☎1-212-253-9119
F1-212-253-9229 286室 $$$$ Ⓜ L・N・Q・R・4・5・6/14th St-Union Sq. ●https://www.marriott.com

ザ・ジェムホテル・チェルシー
The Gem Hotel Chelsea

MAP p.28-E

中級
🏠300 W 22nd St.
☎1-212-675-1911 81室 $$
Ⓜ C・E/23rd St.
●https://www.thegemhotel.com/

※$マークは2名1室利用の2019年12月中旬の平日料金の目安です。時期や予約条件によって料金は違うので事前に確認が必要です。$：～$150／$$：$150～250／$$$：$250～350／$$$$：$350～

イーストヴィレッジの隠れ家的ホテルにステイ

アンダーグラウンドな雰囲気が魅力のイーストヴィレッジを拠点にして楽しむ一味違ったニューヨーク。大都会の喧騒から離れて、ゆっくりユニークなホテルライフを満喫しよう。

モダンな高層タワーと古い建物がひとつになったユニークなデザインホテル
ザ・スタンダード・イーストヴィレッジ
The Standard East Village

ピンクのキスクッションはシンボル

アスタープレイスから徒歩約4分、クーパートライアングル広場のすぐ近くに立つ4つ星ホテル。曲線を描くガラス張りのタワービルとレンガ造りの古い低層ビルが一緒になったユニークな建物だ。メインエントランスはレンガ造りの建物の1階にあり、曲がりくねった通路を進むとエレベーターホールに出る。

客室があるのは21階建てのタワーの3階から20階で、21階はペントハウスになっている。客室のタイプはスタンダードクイーン、スタンダードキング、デラックスキング、コーナーキング、ダブルスタンダード、ダウンタウンスタジオ、ジュニアスタジオの7種類。スタンダードクイーンには、快適なクイーンサイズのベッド、ガラス張りのシャワー付きバスルーム、ワークデスクがあり、ベッドからは大きな窓に広がる景色が眺められる。コーナーキングには2つの側面に大きな窓があり、たくさんの自然光と広大な景色を楽しめる。すべての客室には快適なベッド、羽枕、バスローブ、XLの特大バスタオル、カスタムオーガニック・バスアメニティが用意されている。

左／メインエントランスは古いビルにある　右／中央の高いビルがホテルのタワー

素敵なスタッフが出迎えてくれるフロント。オリジナルグッズも販売している

ストリートレベルには静かで落ち着いた中庭があり、季節のイベントや飾りが施された親密な憩いの場になっている。ホテル内にはカフェとバー、レストランがある。

通りに面したカフェスタンダードは朝から夜遅くまで賑わう近所のソーシャルパブだ。店内には小さなマッシュルームファームがあり、マッシュルームは料理にも使われている。館内にあるノーバーNO BARはカクテルや生ビール、ワインと軽食を提供するスタイリッシュなバーだ。ナルシッサはニューアメリカンレストランで暖かい季節には中庭で食事を楽しむこともできる。ランチメニューには、コンブ茶入りのカクテルやケールとホウレンソウが入った青汁などもある。ホテルの周辺にはカフェや日本酒バー、ラーメン店、ロシア＆トルコサウナ、ビアホールなど、イーストヴィレッジならではのスポットが多い。新しいものと古いもの、奇妙なものとシックなものが共存するイーストヴィレッジの隠れ家的な場所が、ザ・スタンダード・イーストヴィレッジだ。

MAP p.29-K

デザイン
🏠25 Cooper Sq.　145室
☎1-212-475-5700
$ $ $ $　Ⓜ4・6／Aster Pl.
●https://www.standardhotels.com

カフェスタンダード
Café Standard
🕐7:00〜翌3:00　金・土曜は翌4:00、日曜は翌2:00　🈲無

ノーバーNO BAR
🕐17:00〜翌2:00　月・日曜、木・金曜の17:00〜19:00はハッピーアワー

ナルシッサNarcissa
🕐月〜金曜17:30〜22:00、土・日曜10:00〜　🈲無

左上／マッシュルームを栽培しているカフェスタンダード　左下／晩秋の中庭には感謝祭の飾り　右／バスタブから外の景色が楽しめる部屋もある

ソーホー／ロウアーイーストサイド Soho/Lower East Side

🔑 ホテル・オン・リビングトン
Hotel on Rivington
MAP p.31-C

　21階建てのデザインホテル。客室の総ガラスの窓からダウンタウンをきれいに見渡せる。客室も広く、快適だ。ベッドはテンピュールの快適なマットを使用。バスルームは流行のガラス張りになっている。

デザイン
🏠107 Rivington
St. ☎1-212-475-
2600
110室 $$$
Ⓜ F・J・M・Z/
Delancey St.-
Essex St.
●https://hotel
onrivington.com

🔑 シックスティLES
Sixty LES
MAP p.31-C

　ここ数年でかつてのイメージを払拭、おしゃれなスポットとして定着してきたロウアーイーストサイドに誕生した、これまたおしゃれなデザインホテル。トンプソン系列らしい特有の感覚のデザインは、突飛過ぎず、個性的。

デザイン
🏠190 Allen St.
☎1-212 460-8888
141室 $$$
Ⓜ F/Lower East
Side/2nd Ave.
●https://www.
sixtyhotels.com

🔑 ソーホーグランド
Soho Grand Hotel
MAP p.30-B

デザイン
🏠310 W. Broadway　☎1-212-965-3000
Ⓕ1-212-965-3200　353室　$$$$
Ⓜ A・C・E/Canal St.　●https://www.
sohogrand.com

🔑 ザ・マーサー
The Mercer
MAP p.30-B

デザイン
🏠147 Mercer St.　☎1-212-966-6060/1-
888-918-6060　Ⓕ1-212-965-3838　75室
$$$$　Ⓜ N・R/Prince St.　●https://
www.mercerhotel.com

🔑 ロキシーホテル・トライベッカ
Roxy Hotel Tribeca
MAP p.30-F

デザイン
🏠2 Ave. of the Americas
☎1-212-519-9600　201室　$$$$
Ⓜ 1・2/Franklin St.
●https://www.roxyhotelnyc.com/

🔑 バワリー
The Bowery
MAP p.31-C

デザイン
🏠335 Bowery bet. 2nd & 3rd Sts.　☎1-
212-505-9100　Ⓕ1-212-505-9700　135室
$$$$　Ⓜ 4・6/Bleecker St.
●https://www.theboweryhotel.com

ロウアーマンハッタン Lower Manhattan

🔑 マリオット・ダウンタウン
New York Marriott Downtown
MAP p.32-D

　ワールドファイナンシャルセンターの南側、ウォール街の入口に位置する近代的なホテル。場所柄、ビジネスマンの利用が多く、ビジネスセンターほかビジネスマン向けのサービスが充実している。

中級
🏠85 West St.　☎1-212-385-
4900　Ⓕ1-212-227-8136
497室　$$$
Ⓜ R・1/Rector St.
●https://www.marriott.com

🔑 ワグナー・アット・バッテリーパーク
The Wagner at the Battery Park
MAP p.32-G

超高級
🏠2 West St.　☎1-212-344-0800
Ⓕ1-212-344-3801　298室　$$$$
Ⓜ 4・5/Bowling Green
●https://www.thewagnerhotel.com/

🔑 ミレニアムヒルトン
Millennium Hilton
MAP p.32-B

高級
🏠55 Church St.　☎1-212-693-2001
Ⓕ1-212-571-2316　569室　$$$　Ⓜ R/
Cortlandt St.　●https://www3.hilton.
com/en/hotels/new-york/

※$マークは2名1室利用の2019年12月中旬の平日料金の目安です。時期や予約条件によって料金は違うので事前に確認が必要です。$：～$150／$$：$150～250／$$$：$250～350／$$$$：$350～

暮らす気分を楽しんで
リーズナブルに泊まれる
ゲストハウス&
アパートメントホテル

Guest House & Apartment House

ニューヨークはホテル代が非常に高い。もちろん、その分いい雰囲気で優雅な気分に浸れたり、さまざまな施設が揃っていていろいろなサービスが受けられたりするが、リピーターや少しでも安く泊まりたい人には、ゲストハウスやアパートメントホテルがおすすめだ。

1. 料金が安いのが一番
もっとも安く上げたいならドミトリースタイルを探そう。部屋の広さや雰囲気は一般的には中級以上のホテルと比べてかなり低い。

2. 暮らす気分が味わえる
普通のアパートのワンフロアやタウンハウスでの営業が多く、ニューヨークに住む感覚で滞在が楽しめる。

3. キッチンがある
共同キッチンが備わっていて利用できるところもある。朝食、軽食などに使うと経済的。冷蔵庫があればデザートやドリンクなどの保存にも便利だ。

4. 設備やサービスには期待しない
チェックインの時間が限られていたり、スタッフが常駐していない、リネンの交換や清掃サービスがない、タオルや石けんやシャンプーなどの備品が揃っていないところが多い。

5. 早めの予約が必須
部屋数が限られており、空いていればいいが、前日や当日などでは予約できないことが多いので、できるだけ早めに予約すること。

6. スタッフは非常駐
ほとんどの場合、スタッフは常駐していない。そのため、チェックインの時間が限られていたり、待たされることもある。

7. 料金は均一でない
ゲストハウスの場合は、部屋を使う人数によって料金が異なる場合がある。

外から見ただけではゲストハウスとわからない

狭い部屋が多い

おすすめゲストハウス

Tommy's House
トミーズハウス

ハーレム在住30年、ハーレムツアーで有名な日本人、トミー富田のゲストハウス。スタッフも日本人で、楽しくて安心だ。

ハーレムのイメージが変わる素敵なレジデンス

MAP p.98-C
㊐2372 Adam Clayton powell Jr. Blvd #1.（事務所）
☎1-646-410-0786　$80（1名1室利用）
Ⓒ不可　Ⓜ2・3・B・C/135th St.
●http://harlemtour.fc2web.com/

The Village House
ビレッジハウス

チェルシー、ユニオンスクエア、イーストヴィレッジの3カ所でアパートメントホテルを展開している。

共同バス・トイレの部屋もある

MAP p.28-A
㊐228 E. 45th St. Suite 1800（事務所）
☎1-917-392-1115
$88〜（チェルシー29で2名1室利用）
●http://www.thevillagehouse.com/

トラベルインフォメーション
［日本編］

Travel Information

やることチェックリスト

□持ち物チェックリスト（→p.252）で荷物をチェック
□荷物をスーツケースに詰める
□パスポートのコピーをとる
□パスポート紛失時のための証明写真（2枚）用意
□銀行で日本円をUS＄（ドル）に両替
□宿泊ホテル、ツアー会社の連絡先を家族に知らせる
□海外旅行傷害保険証の控えを家族に渡す

□持病がある人は薬を医師にもらいに行く
□空港への電車、リムジンバスの時刻表を確認
□新聞、郵便物を留め置きにする連絡
□冷蔵庫のナマ物を空にする
□テレビ番組をチェック。録画予約や家族にお願いする
□植物やペットの世話を家族や友人に頼む

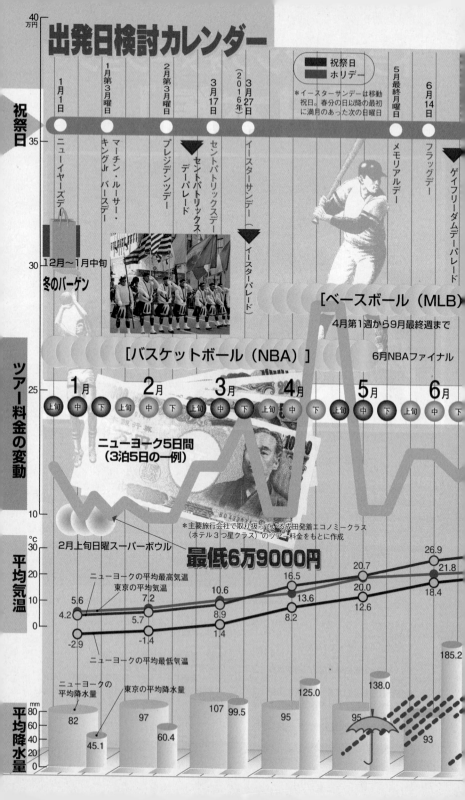

出発日検討カレンダー

凡例: 祝祭日 / ホリデー

*イースターサンデーは移動祝日。春分の日以降の最初に満月のあった次の日曜日

祝祭日

| 1月1日 | 1月第3月曜日 | 2月第3月曜日 | 3月17日 | (2016年)3月27日 | 5月最終月曜日 | 6月14日 |

- ニューイヤーズデー
- マーチン・ルーサー・キングJr.バースデー
- プレジデンツデー
- セントパトリックスデー／セントパトリックスデーパレード
- イースターサンデー／イースターパレード
- メモリアルデー
- フラッグデー
- ゲイフリーダムデーパレード

12月～1月中旬
冬のバーゲン

[ベースボール（MLB）]
4月第1週から9月最終週まで

[バスケットボール（NBA）]
6月NBAファイナル

ツアー料金の変動

| 1月 | | | 2月 | | | 3月 | | | 4月 | | | 5月 | | | 6月 | | |
|上旬|中|下|上旬|中|下|上旬|中|下|上旬|中|下|上旬|中|下|上旬|中|下|

ニューヨーク5日間（3泊5日の一例）

*主要旅行会社で取り扱っている成田発着エコノミークラス（ホテル3つ星クラス）のツアー料金をもとに作成

2月上旬日曜スーパーボウル

最低6万9000円

平均気温

°C

	1月	2月	3月	4月	5月	6月
ニューヨークの平均最高気温	5.6	7.2	10.6	16.5	20.7	26.9
東京の平均気温	4.2	5.7	8.9	13.6	20.0	21.8
						18.4
ニューヨークの平均最低気温	-2.9	-1.4	1.4	8.2	12.6	

平均降水量

mm

|ニューヨークの平均降水量| 82 | 97 | 107 | 95 | 95 | 185.2 |
|東京の平均降水量| 45.1 | 60.4 | 99.5 | 125.0 | 138.0 | 93 |

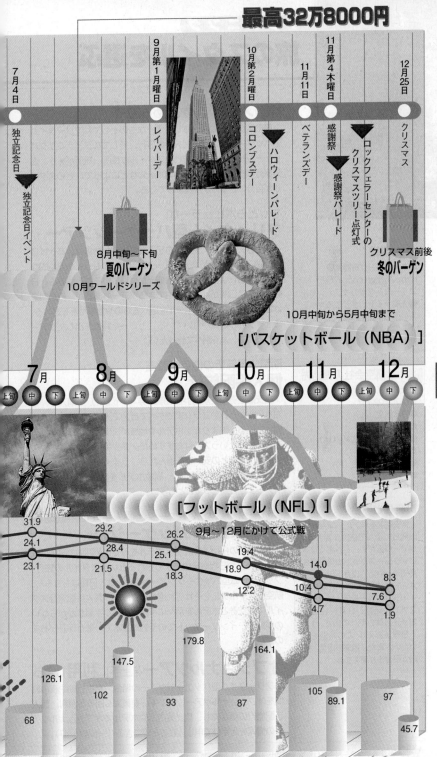

最高32万8000円

7月4日
独立記念日
独立記念日イベント

9月第1月曜日
レイバーデー

8月中旬～下旬
夏のバーゲン
10月ワールドシリーズ

10月第2月曜日
コロンブスデー
ハロウィーンパレード

11月11日
ベテランズデー

11月第4木曜日
感謝祭
感謝祭パレード
ロックフェラーセンターの
クリスマスツリー点灯式

12月25日
クリスマス
クリスマス前後
冬のバーゲン

10月中旬から5月中旬まで
[バスケットボール（NBA）]

7月			8月			9月			10月			11月			12月		
上旬	中	下	上旬	中	下	上旬	中	下	上旬	中	下	上旬	中	下	上旬	中	下

[フットボール（NFL）]
9月～12月にかけて公式戦

31.9
24.1
23.1
29.2
28.4
21.5
26.2
25.1
18.3
19.4
18.9
12.2
14.0
10.4
4.7
8.3
7.6
1.9

68
126.1
102
147.5
93
179.8
87
164.1
105
89.1
97
45.7

エンパイアステートビル

旅のスタイルを選ぶ

旅のスタイルを決めるカギ

　旅のスタイルには、ポピュラーなものとしてはフリータイム型パッケージツアー、個人手配旅行、そしてのダイナミックパッケージがある。それぞれのスタイルに長所、短所があり、海外旅行の経験度や料金、宿泊ホテルなどによって、どのスタイルが自分に合うのかが決まってくる。

もっともポピュラーな
フリータイム型パッケージツアー

　航空券、ホテル、空港～ホテル間の送迎が含まれ、あとは自由行動、というのがニューヨークのツアーのもっとも典型的なもの。場合によっては、半日観光が付いていることもある。日数は5～7日間が基本。延泊できるツアーもあるが、その料金は意外に高い。最近は、ホテルを選べるものや食事付きを選べる、ミュージカル鑑賞が付いている、といった特徴を出したツアーもあるので、よく調べて比べたい。

期間、予算その他自由自在
個人手配旅行

　格安航空券や正規割引運賃航空券（→p.241）を購入し、宿泊ホテルから行動プランまですべて自分で決める。海外旅行に慣れている、泊まりたいホテルや地域が決まっている、長期滞在したい、という人にはおすすめだ。多少手間はかかるが、ゲストハウスなどの安い宿を選んだり、うまく安い航空券を見つければお得な旅ができるが、高級ホテルを希望する人などは、ツアーよりも高くつくことも多い。

フリータイム型パッケージと個人手配の中間的な
ダイナミックパッケージとは

　旅行会社のHPから航空券とホテルを一定の範囲内で自由に選び、出発日や日程も自由に決められるというスタイルの旅行。フリータイム型パッケージツアーとの違いは、日程はもちろん、航空会社やホテルをそれぞれ選べることで、個人手配旅行スタイルで航空券とホテルを別々に手配するより手間がかからないのが魅力。インターネットでの予約が基本で、催行保証があるのが魅力。

オプショナルツアーを上手に利用しよう

　フリータイム型パッケージツアーの場合、自由行動や夜の時間をオプショナルツアーにあてて、要領よく回ると便利。個人手配旅行の場合でも、観光案内所やホテルでオプショナルツアーの情報を入手して申し込むことができる（→p.44～47）。

240

Web情報
●ニューヨーク市観光局
http://nycgo.com（英語）
ニューヨーク市のオフィシャル観光局サイト。見どころやホテルの情報が簡単に調べられ、ホテルの予約へもリンクしており便利だ。

おもな航空会社の連絡先
●全日空（NH）
☎0570-029-767
●日本航空（JL）
☎0570-025-031
●ユナイテッド航空（UA）
☎03-6732-5011
●アメリカン航空（AA）
☎03-3298-7677

出発日と料金
　格安航空券やツアーの料金は、出発日によって値段が変わる。ツアー料金がもっとも高くなるピークシーズンは、出発日が8月初旬～中旬、12月下旬。いちばん安くなるオフシーズンは4・5月のゴールデンウィークを外した時期、11月～12月中旬や正月休み明けの頃だ。うまく日程が合えば、この時期を狙いたい。また、週末の出発、帰国は平日より高くなる。

APPLE
豆知　航空券やツアー料金には別途、燃油サーチャージ（燃油特別付加運賃）がかかることがある。航空会社や時期により異なるが、往復で3万5000円～6万4000円が目安だ。

格安航空券とマイレージ

旅行費用を安くする決め手となる「格安航空券」とは

　個人での旅行の人気が年々高まるなか、「格安航空券」という言葉が旅行者の間で定着し、多くの人が実際に利用している。

　格安航空券とは、航空会社がツアー用に安い料金を設定して作られたチケットがバラ売りされているもの。旅行者は、あまり難しく考えず、単に「変更や払い戻しができない航空券」だと考えるといい。料金は、たいていの場合、他の航空券よりかなり安い。

航空券にはほかにもいろいろ種類がある

　よく利用されるのは格安航空券だが、航空券には普通運賃航空券、正規割引運賃航空券（IATAペックス航空券、ゾーンペックス航空券）、そして特別運賃航空券（いわゆる格安航空券）がある。

　普通運賃はすべての運賃のベースとなる基本的な料金で、まったく割引されていないノーマル航空券。各航空会社が独自に制限を付けて料金を安くしたものが正規割引運賃航空券だ。予約できる日にちや旅行の期間、途中降機、キャンセルや変更の条件などにより同じ会社でもさまざまな種類があり、それぞれ席に限りがある。

タイムズスクエア

正規割引航空券（ゾーンペックス航空券）

　各航空会社が独自に料金や条件を設定した割引運賃。かつては、それぞれの会社が日本航空の「ダイナミックセイバー」のように名称を付けていたが、最近は特に名称をうたわず、予約サイトに入ると、そこに適宜予約可能な料金、条件が表示され、比較して選択できるようになっている。

　料金だけ見ると格安航空券よりは高いが予約の変更ができたり、マイルが多く付くなど数々のメリットがある。また、オフシーズンは格安航空券のほうが圧倒的に安いのだが、ハイシーズンになると、正規割引航空券と料金はさほど変わらなくなる。ハイシーズンは予約が殺到するため、少々高くても正規割引航空券のほうが手に入れやすい。予約の期限や変更の可否など諸条件をよく確認して予約をしよう。

マイレージはチェックインの際に加算される

トップ・オブ・ザ・ロック展望台から見るマンハッタン

マイレージプログラム

　ほとんどすべての航空会社がマイレージプログラムを持っている。飛行機に乗ったマイル（距離）がポイントとして貯まり、ポイントに応じて無料航空券などに交換できるというもの。

eチケットって？

　eチケットとは、航空券が発券されない電子チケットのことで、ほぼすべての航空会社がこれを採用、紙の航空券はないと思っていい。eチケットは、スマホやパソコンでオンラインチェックインしたり、空港でセルフチェックインも簡単にできる。そのため空港での手続きが簡略化できるなど、メリットが多い。

安全で快適な宿泊施設を選ぶには

日本からの予約方法

個人でホテルを手配する場合、インターネットの各ホテル予約サイトを利用するのが最も便利。希望の日にちやホテルなどを選択すれば、客室状況や料金がわかり予約できる。

英語サイトで予約する

方法はページによって若干異なるが、Reservationというバナーがあるので、チェックインとチェックアウトの希望日を記入すると空室状況や料金が表示されるので、希望に合うものを選択、住所、氏名、メールアドレスなど必要事項を記入する。ホテルによってはトップページの画面にArrival、Departure、CHECK AVAILABILITYと表示されているので、ここに日程を指定して予約手続きをする。クレジットカードが予約の保障となるので、必ず用意して、番号、有効期限などを記載する。その際、予約の変更やキャンセルについての注意事項が必ず書かれているので、よく確認し、必要ならプリントしておこう。また、通常、予約が完了すると、予約番号や予約確認書がメールで送られてくるので、必ずそれを保存、プリントし、持参する。

高級ホテルでもあるこんな事故

高級ホテルは警備が厳しく基本的に安全だが、人の多いロビーでは観光客狙いの置き引きやスリが結構多い。

宿泊施設にはいろいろな種類がある

ホテルのランクや種類はさまざま。ブティックホテルと呼ばれる部屋数が少ないがおしゃれなホテル（本書ではデザインホテルと呼ぶ）や、長期滞在者に便利なアパートメントホテルなどもあり、旅のスタイルや好みで選べる。また、ゲストハウスやユースホステルなどもあるが、安全面を考慮して自分のプランに合った宿泊施設を選びたい。

ホテル選びの3大基本

ホテル選びの際にポイントとなるのは、治安、ロケーション、予算の3つ。近年安全になったとはいえ、まだまだニューヨークでは安全性、治安のよさはホテル選びの最重要ポイント。料金にはその分の安全性も加味されていると考えていい。

ロケーションについては、観光やショッピングを楽しむための便利さ、安全性などから考えると、一般的に良いロケーションというのはミッドタウンとなる。多くの高級ホテルや中級ホテルはミッドタウンに集中しているが、9番街より西は要注意エリアになる。予算にはそれぞれ条件があるので、そのなかで治安とロケーションのバランスを考えれば、適したホテルが絞られてくる。

ホテルの部屋の種類

ホテルの部屋は一般的にシングルルーム、ダブルルーム、スイートタイプがある。ダブルルームとは、ツインベッド（ベッド2つ。ツインルームとも呼ぶ）、もしくはダブルベッド（ベッドひとつ）のある2人用の部屋のこと。シングルベッドが置かれたひとり用の部屋はほとんどないため、ひとりで宿泊する場合は、ダブルルームに宿泊することになる。

料金はひとりあたりではなく、1部屋あたりのルームチャージ制。ホテルによっては、部屋をひとりで利用する場合の料金は2人で利用する場合の料金と異なることもある。通常はエキストラベッドを入れるなどして1室3人まで宿泊できるが、料金は加算される。

安いホテルは極力避ける

宿泊料金＄150以下の安いホテルもあるが、治安が悪い場所にあったり、セキュリティが非常に甘かったりするので、おすすめできない。客室に限らず、密室状態になるエレベーター、ロビー、ホテル周辺などで犯罪に遭う可能性もあるからだ。レイプや恐喝、命にかかわるような危険さえある。

ここがポイント！ あこがれの一流ホテル指定のツアーは人気。でも寝るだけのところにお金をかけず、ショッピングや食事など別なところに重点を置くという手も考えたい。

高級ホテル

料金

$400〜1500

高級ホテルはミッドタウンに集中している。超高級ホテルでは、最低でも1室$800以上のところもある。ホテル指定のパッケージツアーで使われることも多く、単独で予約するより安くあがる。

メリット
- ▶ ミッドタウンにあるので観光に便利
- ▶ 治安のよい場所にある
- ▶ セキュリティがしっかりしていて安全
- ▶ 各種設備、サービスが整っている
- ▶ 部屋がきれい

デメリット
- ▶ 料金が高い

中級ホテル

料金

$250〜500

中級ホテルもミッドタウンに多い。設備やサービスは高級ホテルに劣るが、快適ステイはできる。ただし当たり外れも多い。場所は観光に便利。治安の面も安心できる。

メリット
- ▶ 料金が比較的安い

デメリット
- ▶ 部屋が狭い
- ▶ 設備が充分には整っていない
- ▶ インテリアや備品が古い

デザインホテル

料金

$250〜600

料金は高級ホテル並みのところから中級程度のところまでさまざま。設備内容は中級ホテルと同じだが、ロビーや客室のインテリアや備品がおしゃれで独特な雰囲気。

メリット
- ▶ 独特な雰囲気が魅力
- ▶ ステイ自体を楽しめる

デメリット
- ▶ 部屋数が少ない
- ▶ 部屋の広さのわりに料金が高い
- ▶ 部屋が凝っているぶん、使いにくい

アパートメントホテル ゲストハウス

料金

$100〜350

長期滞在者向けにキッチンが付いたホテルのほか、マンションやアパートの数室をホテルの部屋として提供している場合も多い。キッチンには電子レンジや大きな冷蔵庫があったり、建物内にコインランドリーやゴミ捨て場があり、長期滞在者には便利。

メリット
- ▶ 暮らす気分が味わえる
- ▶ グループや家族など大人数で利用できる
- ▶ 自炊をすれば食費が節約できる
- ▶ 料金が比較的安い

デメリット
- ▶ 最低宿泊日数が決められている
- ▶ 部屋のゴミ出し、洗濯は自分でやる
- ▶ タオルや洗面用具の不足は自分で買う
- ▶ 貴重品は自分で管理する

各種サイトをうまく利用しよう

ほとんどのホテルでインターネット予約が可能だ。ニューヨークのホテルを探すならこんなサイトがある。

エクスペディア　https://www.expedia.co.jp
JHC　https://www2.jhc.jp
アップルワールド　https://appleworld.com
アゴダ　https://www.agoda.com/
ホテルトラベルドットコム　http://www.hoteltravel.com/jp/
あっとニューヨーク　https://www.at-newyork.com/hotel/
H.I.S. 海外ホテル予約　https://hotels.his-j.com/

ホテルのシーズナリティ

混雑度と料金は大体比例しており、秋のコンベンションで込みあう9月上旬のレイバーデー翌日からクリスマス直前がピークシーズンになる。次いで高いのは、4〜6月の春のコンベンションシーズン。一番安いオフシーズンは1月。夏期も意外に料金が安い。ピークシーズンとオフシーズンでは、料金差は約1.5倍にもなる。また、シーズンにかかわらず、週末は平日の10〜30％ほど安くなることが多い。

旅に出かけると決めたらまずはパスポートを取得

赤いパスポートが10年用、紺が5年用

新規申請に必要なもの

1．一般旅券発給申請書1通
用紙は各都道府県旅券課にある。その場でもらってすぐ記入することもできる。

2．戸籍謄（抄）本1通
6カ月以内に発行されたもの。本籍地の市区町村の役所で発行を受ける。

3．顔写真1枚
無背景、無帽、正面向き、上半身で6カ月以内に撮影したもの。縦4.5cm×横3.5cm。白黒、カラーいずれでも可。スナップ写真は不可。（顔の位置等規制が多いので、詳細は旅券課の資料参照）

4．本人確認書類
① 以前に取得した旅券（失効後6カ月以内のもの）、運転免許証、運転経歴証明書、船員手帳、宅地建物取引主任者証、官公庁職員身分証明書、写真付きのマイナンバーカードなど、旅券法施行規則によって認められた公の機関の顔写真付き身分証明書のうちひとつ。
② ①のものがない場合は、健康保険証、年金手帳、印鑑登録証明書とその印鑑などの中からいずれか2つ。または、上記のいずれかひとつと、社員証、学生証など公的機関発行の写真付きの身分証明証・資格証明書の中からいずれかひとつの組合せ。

5．旅券を以前に取得した人はその旅券
●現住所に住民票を移していない申請者は、住民票1通（6カ月以内の発行で本籍の記載されたもの）が必要になることがある。

外務省 パスポート A to Z
https://www.mofa.go.jp/mofaj/toko/passport/

パスポート（旅券） Passport

パスポートとは、日本国が発行する国際的な身分証明書のこと。これがなければ日本から出ることもできない。年齢に関係なくひとりに1冊必要だ。海外旅行中も“命の次に大切なもの”として、常に身に付けておこう。パスポートには、5年用と10年用の2種類がある。ただし、20歳未満は5年用しか申請できない。現在のパスポートは、見た目にはそれ以前のものと大差ないが、ICチップと通信用アンテナを格納したカードが組み込まれている。発行にかかる手数料は5年用が11,000円（12歳未満6,000円）、10年用が16,000円で、有効期間内なら何回でも、どこの国へでも行くことができる。取得のための申請は、住民登録をしている都道府県庁の旅券課で行なうのが基本。旅行会社に申請手続きを依頼することもできる（手数料が4,000～7,000円程度必要）が、受領の際は必ず本人が出頭しなければならない。なお、パスポートの残存有効期間は、アメリカに入国する日から90日必要。

パスポート申請の方法（新規申請）

右記1～4の書類をそろえて、住民登録している都道府県の旅券課で申請する。申請終了時に受領日が書かれた受理票（受領証）が渡されるので大切に保管すること。取得にかかる日数は、休日を除いて8～10日間というのが目安だが、自治体によっては2週間ほどかかる地域もあるので、余裕を持って申請したい。

受け取りは、受領日以降に申請時に受け取った受理票と手数料を持って、旅券課へ本人が出頭する（受領は申請から6カ月以内）。発行手数料は、受領時に印紙と証紙（東京都は現金）で支払う。印紙、証紙は旅券課そばで販売されており、簡単に入手でき手間はかからない。

その他の申請

●切り替え申請●残存有効期間が1年未満になった場合に可能な更新手続き。新規申請時に必要な書類と有効旅券を持ち、旅券課へ。氏名・本籍など記載事項に変更がない場合、戸籍謄（抄）本は省ける。手続きは新規申請と同じ。申請から受領まで約8日間。
●記載事項変更●婚姻などで、氏名や本籍が変わった場合は、記載事項変更用の申請書1通（旅券課にある）、戸籍謄（抄）本1通、現住所を確認できる書類、旅券を持ち、旅券課へ。手数料は6,000円。申請日に受領可能。
●増補申請●有効な旅券を持っているが、各国のビザや出入国スタンプで余白がなくなってしまい、ページを増やしたい場合は、一般旅券査証欄増補申請書1通（旅券課にある）、現住所が確認できるもの、増補を受ける旅券をそろえ、旅券課へ。手数料は2,500円。なお、増補できるのは1回限り。

244

アメリカへのビザなし入国は 電子渡航認証システム(ESTA)の申請が必要

電子渡航認証システム(ESTA)とは

米国に90日以内の短期の観光または商用で訪れる場合、ビザなしで渡航することができるビザ免除プログラム(VWP)。これを利用して米国に行く場合は、渡航前に渡航認証を取得する必要がある。これが電子渡航認証システムESTA(エスタ)だ。

ESTAを取得するには、インターネットで「ESTAオンライン申請サイト(https://esta.cbp.dhs.gov/esta/)」にアクセス。指示に従って申請に必要な項目を入力して申請する。パスポート番号や発行日等が必要なため、パスポートは事前に手元に用意すること。また、申請には手数料$14がかかり、申請時にクレジットカードかデビッドカードでの精算となる。内訳は処理費用$4と認証費用$10で、もしESTA認証が拒否された場合は、申請書の処理費用のみが課金される。

一度取得したESTAは、取り消されない限り渡航認証は、認証日から2年間、またはパスポートの有効期限が切れるまでのいずれか先に到来する日まで有効なので、以前に取得して有効期限がある人は、その都度再取得の必要はない。申請の内容に変更・訂正がある場合は、いつでもオンライン上で修正できる。また、その期限は入国日に有効であれば、帰国日が期限切れとなっても問題はない。ただし、有効期限内でも、パスポートの期限切れなどでパスポートが新しくなった場合は、新たに申請が必要となる。

どうやって申請するのか

すべてウェブサイトでの申請となる。ESTAサイトには日本語版があるが、すべての回答は英語で入力となるので注意が必要だ。画面表示の手順に従って記入を進めていけばよい。クレジットカードでの料金の支払いもこの手順の中で手続きする。また、インターネット環境がない、パソコンが使えないなど自分で申請できない人は、旅行会社などに手続きを代行してもらうことになるが、別途5000〜7000円程度の手数料が必要になる。

ビザ免除プログラムの改定と渡航制限について

2016年1月21日に開始したビザ免除プログラムの改定及びテロリスト渡航防止法の施行により、日本国籍であっても、2011年3月01日以降にイラン、イラク、スーダン、シリア、リビア、ソマリア、イエメンへの渡航または滞在歴がある人は、米国入国の際、ビザ免除プログラム(ESTA)では入国できず、ビザの取得が必要になる。

なお、上記への渡航歴がある人でも一部条件を満たす場合は、対象外となる場合があるので、詳細は、米国大使館のウェブサイトで確認しよう。

ESTA申請の流れ

ステップ1 申請書の入力
初めての申請は申請画面左側の「申請」をクリック。説明等は日本語があるが、回答はすべて英語で入力しなければならない。

ステップ2 申請書の送信
1で入力したすべての入力項目を確認後、確認のために再度パスポート番号を入力。次に画像認証上の文字を入力し、「申請」ボタンを押す。

ステップ3 申請番号の記録
申請番号が発行されるので、このページを印刷するか控えておくこと。申請番号は情報を更新する際に必要となる。その後、「次へ」をクリック。

ステップ4 ESTA費用の支払い
"Pay(支払い)"ボタンをクリックしてCBPオンライン支払いフォームに進む。支払いはマスターカード、ビザ、アメリカンエキスプレス、ディスカバー(JCB)のクレジットカード、またはデビットカードのみ使用可能。

ステップ5 審査結果の表示
回答はほぼ即座に表示される。回答には3種類あり、通常は「渡航認証許可」が表示され、これでESTAが承認されたので、ビザ免除プログラムでの渡米が可能だ。申請番号と有効期限が表示されているので、このページを印刷して保存しておくこと。その他、審査中の「渡航認証保留」が表示された場合は、再度ESTAサイトにアクセスし、申請状況を確認すること。回答は申請後72時間以内に確認できる。「渡航認証拒否」と表示された場合は、ESTAは承認されなかったので、大使館・領事館でビザの申請が必要となる。

ESTAオンライン申請サイト
https://esta.cbp.dhs.gov/esta/

ビザ／国外運転免許証／国際学生証

パスポートの紛失・盗難等による新規発給申請方法

●日本での申請
（新規申請に必要な書類に関してはp.244を参照）
盗難、紛失等により有効な旅券を失った場合は、一般旅券発給申請書1通（旅券課にある）、紛失一般旅券等届出書1通、警察署発行の盗難届・紛失届受理証明書または消防署発行の罹災証明書1通、それに新規申請時の必要書類2〜4（→p.244）をそろえ、旅券課へ。ただし写真は2枚。手続きは基本的に新規申請と同じ。手数料は5年用11,000円、10年用16,000円。
●現地での申請
必要な書類を持ち、日本大使館・領事館へ出頭し、申請する。現実的には「帰国のための渡航書」を発行してもらうことになる。
（詳細はp.270参照）

246

問い合わせ先
アメリカ合衆国大使館
東京都港区赤坂1-10-5
☎03-3224-5000（代表）

ビザ申請サイト
https://www.ustraveldocs.com/

●ビザに関する問い合わせ先
コールセンター ☎050-5533-2737 米国内からは☎1-703-520-2233（英語または日本語）Skype、インターネットでのチャットも可能。
受付時間 月〜金曜日の日本時間9〜18時（日米の休日は除く）
Eメール support-japan@ustraveldocs.com

●ビザやESTAに関する詳細情報は下記で確認できる。
https://jp.usembassy.gov/ja/

ビザ（査証）Visa

　ビザとは、訪問先国の在外公館によって発行される入国滞在許可証。現在、日本はアメリカとビザ相互免除協定（ビザウェーバー）を結んでおり、90日以内の滞在で観光か商用目的ならば、ビザは必要ない。ただし日本国籍でなかったり、機械読取り式でない旅券で電子パスポートでデジタル写真でない場合にはビザが必要となる。さらに、ビザ免除プログラムの改定及びテロリスト渡航防止法の施行により、ビザ免除プログラムでの渡航制限がある。（p.245を参照）

　91日以上の長期滞在を希望する場合は、大使館または領事館でビザの申請を行う。必要書類は、パスポート、ビザ申請書、写真のほか、申請料金の支払い証明書など。また、留学の場合は90日以内でもビザが必要。この観光用のビザはB-2と呼ばれるもので、各人の渡米目的に応じた適正期間の滞在が許可される。旅行者はそのために滞在理由や目的を説明する必要がある。いずれにせよ、91日以上の滞在は手続き・必要書類が複雑になるので詳細は大使（領事）館へ問い合わせを。日本国内でビザを申請する場合、指紋の読み取りと顔画像の撮影を行っている。

国外運転免許証 International Driving Permit

　アメリカで、レンタカーを借りるなど車を運転する場合は、国外運転免許証が必要だ。日本の運転免許を持っている人なら誰でも取得できる。

　取得するためには、運転免許証、パスポート等渡航を証明する書類、顔写真1枚（縦5cm×横4cm）、印鑑（東京都は不要）、申請書（運転免許試験場、免許センターにある）、手数料2,350円をそろえ、各都道府県の運転免許本部、免許センターに申請すれば、その日のうちに交付される。有効期間は発給日から1年間。

国際学生証 International Student Identity Card

　国際的に統一された学生身分証明証で、取得できるのは大学・短大・大学院生（各種専門・専修学生を含む）までのすべての学生。カードの提示により博物館・美術館の入場割引などが受けられる。しかしアメリカでは、学生割引が通用する場所が少ないため、あまり役に立たないのが現状のようだ。

　取得には学生証（氏名、生年月日、発行年月日、有効期限の記載が必要）、または3ヵ月以内に発行の在学証明書1通、6カ月以内に撮影した写真1枚（縦3.3cm×横2.8cm、裏に氏名を記入）、申請書（各申請先にある）に手数料1,800円が必要。有効期間は所属する学校の種類により異なる。詳細については https://www.univcoop.or.jp/uct/ で確認を。

パスポートが用意できたら
海外旅行傷害保険に加入する

海外旅行傷害保険 Overseas Travel Accident Insurance

海外という日頃とは水も環境も違う場所に行くと、思わぬ病気にかかったり、予期せぬ事故に見舞われたり、ということも少なくない。"万一"の時のために、保険には必ず入っておこう。

海外旅行傷害保険は、海外旅行中の不慮の事故、病気、盗難などに備える掛け捨ての任意保険だ。アメリカの医療費は非常に高く、もし病気やケガで医療機関のお世話になったら高額の医療費を請求される。救急車を呼んだだけでも数100ドルかかってしまう。また、盗難や所持品の破損事故は非常に多く、そんな場合のためにも、保険に入っておけば安心できる。

保険の加入は、ツアーに申し込んだ場合、旅行会社が保険申し込みの手続きもしてくれる場合が多い。その場合でも手数料を取られることはなく、どの保険会社に申し込んでも保険料にほとんど差はないので、ツアー申し込みと同時に旅行会社を通じて加入してしまうほうが面倒がない。また、直接保険会社や代理店で申し込むほか、空港にある保険会社のカウンターで出発当日に申し込むこともできる。インターネットでの申し込みもでき、その場合料金が割安になるところが多い。

自分に必要な内容を選んで

保険の内容には、傷害死亡、後遺障害、傷害治療費用、疾病死亡、疾病治療費用、賠償責任、携行品、救援者費用などがあり、自分の希望によりこれらを組み合わせることができる。保険会社によっては傷害死亡、後遺障害、傷害治療費用の中から必ず契約をする必要がある場合もあるので確認を。

いちいち自分で選ぶのが面倒なら、あらかじめ上記保険をすべて含んだセット保険も用意されているので、それを利用するとよい。しかし、保険金額が高めに設定されている、必要ないと思う保険が含まれている、など不満に感じる場合は多少手間でも組合せを自分で指定したほうが合理的かつ納得がいく。

もし車を運転するなら保険は必須

また、アメリカで大手レンタカー会社（ハーツ、エイビス、ナショナル、ダラーなど）から車を借りようという人は、「自動車運転者損害賠償責任危険担保特約」に加入しよう。保険料は保険会社、契約の内容、旅行日数などにより異なる。保険会社、旅行会社、または出発日当日の空港の保険会社カウンターでも申し込めるが、万一空港に行く途中に事故にあった場合にも保険が有効となるので、あらかじめ加入しておこう。

万一事故に遭った場合は、保険金請求に必要な証明書など、手続きの決まりがあるので、契約時に渡される証書と小冊子に記載された約款は必ず一読しておくこと。

海外旅行傷害保険の主な内容

傷害死亡：事故によるケガが原因で、事故の日から180日以内に死亡した場合

傷害後遺障害：事故によるケガが原因で、事故の日から180日以内に身体に障害が出た場合

傷害治療費用：事故による傷害で医師の治療を受けた場合

疾病死亡：旅行中、病気により死亡した場合、またはかかった病気が原因で、旅行終了から30日以内に死亡した場合

疾病治療費用：旅行中病気にかかり、旅行終了から72時間以内に医師の治療を受けた場合

賠償責任：旅行中、誤って人にケガをさせたり、他人の物を壊したりして損害を与え、法律上の賠償責任を問われた場合

携行品：カメラなどの携行品が、旅行中に盗難、破損などの偶然の事故に遭い損害を受けた場合

救援者費用：旅行中の遭難、事故によるケガにより旅行終了から30日以内に死亡した場合、もしくはその事故が原因で3日以上継続して入院した場合、捜索救助費用、救援者の現地までの往復航空運賃などが支払われる

おもな保険会社の問い合わせ先

AIG損保
☎03-5611-0874
https://www-429.aig.co.jp
損保ジャパン日本興亜
☎0120-666-756
https://www.sjnk.co.jp/
三井住友海上
☎0120-632-277
https://www.ms-ins.com/
チャブ損害保険
☎03-6364-7117
https://www.chubb.com/
ジェイアイ傷害火災
☎0120-877-030
https://www.jihoken.co.jp/

アメリカの通貨はUSドル（$）。持っていくお金は現金がいい？

宿泊費用

1室あたりの料金目安
（ルームチャージ。税別）

高級ホテル	$400〜1500
中級ホテル	$250〜500
デザインホテル	$250〜500
アパートメントホテル、ゲストハウス	$150〜350

食事などの費用

ドリンクを別に考えた場合の夕食料金目安（ランチは、夕食の2/3程度を目安に）

高級レストラン	$60〜
中級レストラン	$30〜55
カフェ、ファミリーレストラン	$10〜30
ファストフード	$5〜10
ミネラルウォーター	$1〜
タバコ	$14〜
ビール	$2〜

外貨はどこで買えるのか

外国為替を取り扱っている銀行や郵便局、外貨両替所で購入するのが便利で一般的。日本で買えるのは紙幣のみ。レートは為替相場により毎日変わり、それぞれの会社によって若干レートが異なる。

銀行でどうやってドルを買うのか

銀行に置かれている外貨購入の所定の用紙に、必要事項を記入し円を出せば、その場でドルに両替できる。ただし、地方の銀行などではドル紙幣が常備されていなかったり、希望の券種がなかったりすることがまれにある。もし事前に両替ができなかった場合は、空港内の銀行出張所の両替所を利用するとよい。

持っていく旅行費用の金額を計算する

旅行に必要な費用は、そのプランや指向によってさまざまで、あまりに幅が広いため、指針を示すことは難しい。アメリカを旅行する場合、宿泊、食事に関する一般的な目安は欄外の通り。それ以外の観光費用、移動費用などは、自分の行く場所、やることなどをよく考えて予算を立てよう。

ニューヨーク3泊5日の場合の1人あたり基本費用

中級ホテル（1部屋あたり1泊$300、2人で同室に宿泊）に滞在し、朝食はカフェ、昼はファストフード、夜は高級レストランで食事をした場合

ホテル代	1泊$ 150×3	= $	450
朝食代	1食$ 15×3	= $	45
昼食代	1食$ 25×3	= $	75
夕食代	1食$ 70×3	= $	210
		合計= $	780

＋

ショッピング代＋おみやげ代＋観光費用＋交通費＝？

お金はどうやって持って行くか

アメリカの通貨はUSドル（$）で$1≒110円（2020年1月現在）。日本円は、免税店などごく一部の店以外ではまったく通用しないので、出発前に日本円をドルに両替しておく必要がある。現地でも両替は可能だが、レート（率）が悪いので、日本であらかじめ両替しておく方がよい。

ドル紙幣と硬貨

アメリカの通貨はドルdollarで、$というマークでも表記される。その補助単位としてセントcentがあり、¢と表記する。紙幣は、$1、2、5、10、20、50、100の7種類あるが、すべて同じ大きさ、色なので、数字をよく見て確認すること。そのうちよく使われるのは$1、5、10、20。硬貨（コイン）は$1、50¢、25¢、10¢、5¢、1¢の6種類（→p.9参照）。25¢のコインは「クォーター」、10¢は「ダイム」、5¢は「ニッケル」、1¢は「ペニー」とも呼ばれる。10¢は5¢より小さいため、間違いやすいので注意したい。$1硬貨と50¢硬貨はあまり流通していない。

ドル紙幣は新旧デザインがある

旅の必需品 クレジットカードはアメリカ旅行の必需品

クレジットカードは不可欠

海外旅行に行くお金の準備として、クレジットカードが不可欠になっている。カード社会が成熟しているアメリカでは、現金はせいぜい数10ドルくらいしか持たず、買物、飲食等はクレジットカードで済ませるのが一般的となっている。日本でも、ほとんどのカード会社が国際的に通用するカードを発行している。クレジットカードはよほど小さな店や屋台などでない限り使え、ホテルのチェックインの際には信用証明として必要となる。

クレジットカード利用の利点は

両替の手間がいらない。精算は、後日日本円で通常の国内の使用と同様に行なえる（換算日、レートはカード会社によって異なる）。再両替などのムダもない。高額な買物でも、現金を持ち歩く必要がないので、安心・安全。釣銭が貯まるのを気にする必要や、小銭の勘定を誤ったりする心配もなく、会計がスムーズ。チップもカードで支払えるので、小銭を気にする必要もなく、便利だ。

現地で急にドル現金が必要になった時も

もし、緊急に現金が必要になったら、カードでキャッシングができる。少額の日本円を両替するのはテマだし、レートも悪いので、キャッシングがおすすめだ。

クレジットカードのほかに、日本の自分の銀行口座から、通常日本で使っているキャッシュカードで海外のATMを利用して現地通貨を引き出すことができる国際キャッシュカードというものもある。特に長期滞在者は持っていてもいいカードだ。

トラベルマネーカードとは

クレジットカードと違い、銀行口座から即時に引き落とされるのがデビットカード。VISAデビットで知られるが、現在は多くの銀行がVISAデビットやJCBデビットと提携したデビットカードを発行している。銀行口座の残高範囲内であれば、クレジットカードとして利用できるほか、国際キャッシュカードとしてPLUSまたはCirrusマークのATMから現金を引き出すこともできる便利なカードだ。

また、あらかじめ預金しておいた範囲内で、クレジットカードや国際キャッシュカードと同様に使えるトラベルプリペイドカードもある。

$100紙幣は使いにくい

クレジットカードを使わない人などは、高額の買物や食事のために$50、$100の紙幣を使うかもしれないが、店によっては少額の買物などでは$100紙幣だと受け取ってくれないこともあるので要注意。両替の額が多いと、高額紙幣ばかりくれることもあるので、両替の際には小額紙幣を混ぜてもらうように頼むとよい。

クレジットカード問い合わせ先

- ●VISAカード
  https://www.visa.co.jp/
- ●マスターカード
  https://www.mastercard.co.jp
- ●アメリカン・エクスプレス
  https://www.americanexpress.com/japan/
- ●ダイナースクラブカード
  https://www.diners.co.jp/
- ●JCB
  https://www.jcb.co.jp/

レストランではクレジットカードの便利さがよくわかる

会社により異なるが、VISAデビットカードは利用した日に即時引き落とされるが、その後、ATMの決済日の為替に合わせて再決算される。差額は後日引き落とし、もしくは払い戻しされる。

行きはあまり詰め込みすぎないこと。
スーツケース半分が目安

旅の必需品 パッキングはコンパクトに、が基本

荷物を上手にパッキングするには

旅行には動きやすい服、靴を用意するのがもっとも大切。衣類は、シワや汚れが目立たないもの、着回しがきくものを選ぶといい。みやげのことなどを考えるとやはり行きの荷物は少ないほどよいだろう。旅行の達人の間では、「荷物は少なくして下着やくつ下などはホテルでまめに洗濯をする」という意見もよく聞かれる。しかし短期旅行者の場合は、かえってこれが手間、時間の無駄にもなる。とくに日中はもちろん、夜の予定も多い場合は、数をそろえて行った方がいい。

どんな旅行バッグがいいのか

あれもこれも荷物をつめて旅の友となる旅行かばん。もっともポピュラーなのがスーツケースだ。小型から大型まで数種類サイズがあり、オーソドックスな堅いスーツケース（ハードケース）のほか、最近はキャンバス地のソフトケースも人気。荷物の少ない人は、機内持ち込み可能なサイズのコンパクトなキャリーオンバッグも便利だ。

持って行った方がいいもの

●服・靴

ある程度の高級店で食事をする予定のある人は、男性ならジャケットは必須。非常に高級な店、格式のあるレストランに行く場合はネクタイも必要となる。高級店での男女共通のタブーは、短パン、ジーパン、スニーカー。

●歯ブラシセット、化粧品・生理用品

アメリカのホテルには歯ブラシセットは置かれていない。化粧品や生理用品もすべて現地でも買えるが、必要と思った時にすぐ近くに店があるとは限らないし、時間がない旅行中に、余計な時間と神経を使いたくない。少々かさばっても日本から持っていこう。ただし、1カ月以上の長期の旅の場合は、現地で適宜調達するのもいいだろう。

●常備薬

旅先では疲れなどから病気にもなりやすい。使い慣れた風邪薬、胃腸薬、持病のある人はその薬を持っていくこと。現地でも、一般的な風邪薬、胃腸薬などは誰でも買えるが、成分や使用方法の違いなどがあるので、英語に精通していないと購入、服用するのは難しい。

●帽子、サングラス

夏期はぜひ用意したい。夏の日差しはかなりきつく、旅行中は予想以上に長時間外にいることも多いので、保護のために必要。紫外線が強いので、普段かけない人でもサングラスを持って行った方がよいだろう。

サブバッグ

折りたたみ式の補助用バッグを持っていくと役立つ。おみやげは思いのほかかさばり、スーツケースに入りきらなくなることがある。ブランドの紙袋などをいくつも持ち歩くのは紛失、盗難の危険もある。ひとつサブバッグがあると安心できる。

液体物の機内持ち込みに注意

日本発国際線では、機内への水をはじめ液体物の持ち込みに規制がある。機内への持ち込みが可能なのは100mℓ以下の容器のみで、それを1ℓ以内のジッパー付の無色透明のビニール袋に入れる。袋は縦横の合計が40cm以内が目安で1人1袋となっている。セキュリティチェックを通る際は、液体入りの袋を検査トレーに単独で乗せて検査をする。練り歯磨き、化粧水、クリームなども該当する。ただし、医療品やベビーミルクなどは検査員に申告して別途持ち込みができる。

受託手荷物は施錠しない

米国運輸保安局（TSA）がテロ対策として、米国の各空港を出発、乗り継ぎ乗客に対し受託手荷物を施錠しないよう求めている。紛失の可能性もあるので、現金や貴重品は受託手荷物に入れないように案内している。ただし、TSAの認可・承諾を受けたTSAロック搭載のスーツケースであれば施錠できる。

ここが ポイント!

いざとなれば、ほとんどのものが現地でも手に入るので、必要最低限のものだけをパッキング。帰りのおみやげ分のスペースも考えよう。

●スリッパ

　アメリカのホテルには通常スリッパが用意されていない。スリッパの代わりにビーチサンダルでもよい。バスルームやプールサイドでも利用できて便利。

●パジャマ

　ホテルには、歯ブラシ同様、パジャマの類も一切ないので、持っていくこと。外も歩けるTシャツ、短パンまたはジャージなどで代用するとラク。

持っていかなくていいもの

●タオル、石けん

　ホテルはバスタオル、ハンドタオル、石けんは必ず用意されている。シャンプーはまれにないこともある。ゲストハウスはタオルなど備品がないところもあるので要確認を。

●目覚まし時計

　中・高級ホテルでは、部屋に目覚まし時計が備え付けられていることが多い。万一なくても、モーニングコールを頼めばよい。

●ドライヤー

　高級ホテルでは、部屋に備え付けられているか、もしくは貸してくれる。中級以下のホテルにはないことが多いので、持っていく場合は、海外旅行用のものが便利。普段使っているものを持っていく場合は、変圧器も合わせて必要になる。

変圧機能付きのドライヤーが便利

どんなホテルでもタオルは必ずある

海外でも使える携帯電話

　海外でも携帯電話を使う人が増えてきた。旅行中のみ借りるなら、事前手配のほか、空港で当日借りることもできる。また、最近は日本国内で使用している携帯電話がそのまま使えるものもある。

ライターの機内持ち込みは1人1個

　米国航空会社便と米国発着便は、喫煙用ライターの機内持ち込みはひとり1個可能となった。預ける荷物に入れるのは不可。詳しくは各航空会社に問い合わせを。

季節別ニューヨークでの服装対策

春・秋	夏	冬
春と秋は日本とほぼ同じくらい。ただし、春・秋といってもニューヨークでは3月、10月頃でもかなり冷え込むことがある。厚手のコートは必要ないが、重ね着できるような服装を。また、小さくたためて軽い、しかも意外に温かいウィンドブレーカーが便利。雨の日も多いので、雨具としても活躍する。	夏はとても蒸し暑い。Tシャツやノースリーブがよいだろう。日差しが強いので、外での観光が多いなら、帽子とサングラスは不可欠。ただし、レストランやデパート内、劇場などは冷房がかなり強力に効いているので、薄手のはおるものやスカーフなどを持っていくとよい。	冬は寒さがとても厳しい。気温はマイナス10℃以下にまでなることもしばしば。厚手のコート、手袋、マフラーは絶対に必要だ。帽子、耳あても重宝する。雪のことも考えて、靴は滑りにくいブーツなどがよいだろう。夏とは逆に、建物内は暖房が強いので、脱ぎやすい上着や重ね着がよい。

＊ニューヨークの天気の最新情報はhttps://tenki.jp/world/7/92/72503/を参照。

持ち物チェックリスト

	品　　　物	チェック欄	コ　メ　ン　ト
絶対に必要なもの	パスポート		何はなくともこれだけは
	現金（USドル）		とりあえずの現金は必要
	現金（円）		帰宅までの円をお忘れなく
	クレジットカード		アメリカでは必需品
	eチケット控		出発案内書の場合も
	海外旅行傷害保険		緊急の際の説明書も一緒に
	服		着替えを適宜
	下着		まめに洗濯すれば2、3組でOK
	洗面用具		旅行用の小さなものが便利
	ガイドブック		『わがまま歩き』は忘れずに
	防寒着		冬のニューヨークなら絶対必要
持っていくと便利なもの	ジャケット		高級店に行く時のために1枚は
	パジャマ		Tシャツなどでもよい
	帽子・サングラス		夏の旅行には忘れずに
	革靴、ヒール靴		高級レストランに行く時のために
	水着		高級ホテルならプールがある
	スリッパ		超高級ホテル以外はない
	手帳		各種番号や緊急連絡先はメモをとって
	パスポート用写真		万が一パスポートを紛失したときのために
	筆記用具		最低限持って行きたい
	常備薬		常備の胃薬、風邪薬、軟膏など
	カメラ		ケイタイ、スマホより高画質
	記録メディア		多少めに用意したい
	電池、デジカメ用充電器		現地で探すのは結構たいへん
	雨具		ニューヨークは雨の日も多い
	携帯電話		アメリカで使用可能かチェックを
	ポリ袋、ジッパー付きビニール袋		濡れた物を入れたり、荷物整理に便利
	ソーイングセット		ボタン付けなど簡単な修理に
	日本茶・梅干し		手放せない！　という人は
	サブバッグ		帰るまでに荷物は絶対に増える?!
	キャンピングナイフ		ホテルの部屋でちょっと飲食、という時に
	使い捨てカイロ		冬期の旅にはとてもありがたい
	レンタルWi-Fi		スマホやタブレットがどこでも使える

アメリカの電圧とコンセント

　日本の電圧が100Vなのに対し、アメリカの電圧は120V。コンセントの形状は同じなので、日本の電気製品でもパソコンやコンタクトレンズの煮沸器など、電圧の低いものならそのまま使える。しかし、ドライヤーなど電圧の大きい電気製品の場合は変圧器が必要となる。もしくは海外旅行用のもの、海外、日本兼用の変圧機能付きの製品を持参した方がよい。

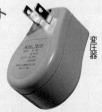

変圧器

東京国際空港（羽田空港）

空港に行く

東京国際空港ターミナル
インフォメーション
☎03-6428-0888
ウェブサイト …https://www.
haneda-airport.jp/inter/

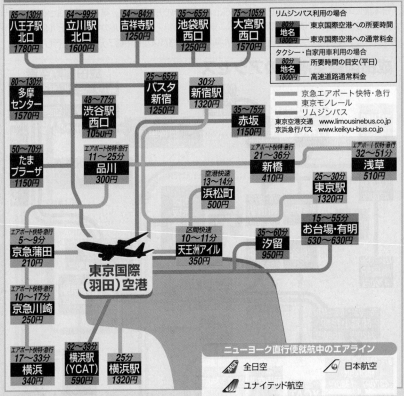

85〜130分 八王子駅 北口 1780円

64〜99分 立川駅 北口 1600円

54〜84分 吉祥寺駅 1250円

35〜65分 池袋駅 西口 1250円

75〜105分 大宮駅 西口 1570円

リムジンバス利用の場合
- **80分 地名** 東京国際空港への所要時間
- **1800円** 東京国際空港への通常料金

タクシー・自家用車利用の場合
- **80分 地名** 所要時間の目安（平日）
- **1800円** 高速道路通常料金

80〜130分 多摩 センター 1570円

48〜77分 渋谷駅 西口 1050円

25〜65分 バスタ 新宿 1250円

30分 新宿駅 1320円

■ 京急エアポート快特・急行
■ 東京モノレール
■ リムジンバス

東京空港交通 www.limousinebus.co.jp
京浜急行バス www.keikyu-bus.co.jp

35〜75分 赤坂 1150円

50〜70分 たま プラーザ 1150円

エアポート快特・急行 11〜25分 品川 300円

エアポート快特・急行 21〜36分 新橋 410円

エアポート快特・急行 32〜51分 浅草 510円

空港快速 13〜14分 浜松町 500円

25〜30分 東京駅 1320円

エアポート快特・急行 5〜9分 京急蒲田 210円

区間快速 10〜11分 天王洲アイル 350円

35〜60分 汐留 950円

15〜55分 お台場・有明 530〜630円

エアポート快特・急行 10〜17分 京急川崎 250円

東京国際（羽田）空港

エアポート快特・急行 17〜33分 横浜 340円

32〜39分 横浜駅（YCAT） 590円

25分 横浜駅 1320円

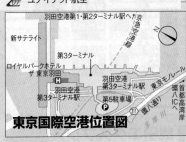

ニューヨーク直行便就航中のエアライン
- ✈ 全日空
- ✈ 日本航空
- ✈ ユナイテッド航空

羽田空港へのアクセス

●電車

　京浜急行と東京モノレールを利用。京浜急行の場合は品川からエアポート快特・急行で11〜25分、300円。横浜駅から17〜33分、340円。新橋から都営浅草線直通のエアポート快特・急行で21〜36分、410円。

　モノレールの場合、山手線浜松町駅から13〜21分、500円。日中は3〜5分間隔で運行。

京急ご案内センター …………☎03-5789-8686
東京モノレールお客さまセンター……☎03-3374-4303

●空港バス

　都内各方面、神奈川・埼玉県など各地からリムジンバスが運行している。新宿・渋谷・横浜などでは深夜・早朝便を割増料金で運行。

リムジンバス予約・案内センター…☎03-3665-7220
京浜急行バス京浜島営業所…☎03-3790-2631

東京国際空港位置図

羽田空港第1・第2ターミナル駅へ
新サテライト
ロイヤルパークホテル
ザ 東京羽田
羽田空港
第3ターミナル
羽田空港
第3ターミナル駅
第3ターミナル駅
第5駐車場
京急空港線
東京モノレール
首都高湾岸
環八ICへ
環八通り
多摩川

クルマ

　首都高速湾岸線湾岸環八出口から国際線ターミナルまで約5分。国際線ターミナルの南側に国際線駐車場（24時間2140円。以後24時間ごとに2140円、72時間超えた場合は1日の上限1530円）がある。ハイシーズンは満車の場合が多いので予約がベター。予約料1400円。

国際線駐車場 ………………☎03-6428-0121

空港に行く 成田国際空港

成田国際空港インフォメーション
☎0476-34-8000
ウェブサイト…https://www.narita-airport.jp/

日本最大の国際空港で、東京都心から60kmの千葉県成田市にある。第1〜3の3つのターミナルからなり、鉄道もバスも下車駅が異なる。東京寄りが第2ターミナルの空港第2ビル駅、終点が第1ターミナルの成田空港駅。両ターミナル間は無料連絡バスが日中約7分おきに運行している。

成田国際空港へのアクセス

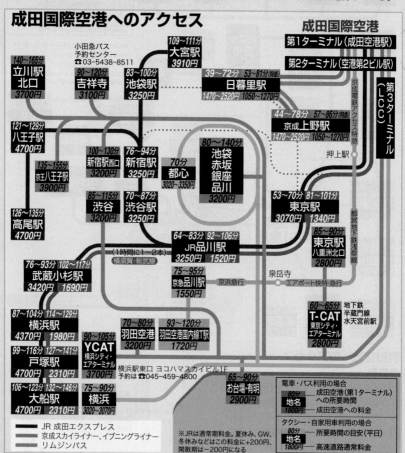

成田国際空港
第1ターミナル（成田空港駅）
第2ターミナル（空港第2ビル駅）
第3ターミナル（LCC）

京成電鉄アクセス特急

小田急バス
予約センター
☎03-5438-8511

		109〜111分 大宮駅 3910円		
140〜165分 立川駅 北口 3700円	90〜120分 吉祥寺 3100円	83〜100分 池袋駅 3250円	39〜72分 53〜81分(特急) 日暮里駅 1470〜2520円 1050〜1270円	
121〜129分 八王子駅 4700円			44〜78分 57〜86分(特急) 京成上野駅 1470〜2520円 1050〜1270円	押上駅
135〜155分 京王八王子駅 3900円	100〜130分 新宿駅西口 3200円	76〜94分 新宿駅 3250円	80〜140分 池袋 赤坂 銀座 品川 3200円	
126〜135分 高尾駅 4700円	85〜115分 渋谷 3200円	70〜87分 渋谷駅 3250円	70分 都心 3020〜3350円	53〜70分 81〜101分(特急) 東京駅 3070円 1340円

京成電鉄アクセス特急

都営地下鉄浅草線

（1時間に1〜2本）
横須賀・総武線

| 76〜93分 102〜117分 武蔵小杉駅 3420円 1690円 | 64〜83分 92〜106分 JR品川駅 3250円 1520円 | 85〜90分 東京駅 八重洲北口 2800円 |
| | 75〜95分 京急品川駅 1550円 京浜急行 | 泉岳寺 エアポート快特・急行 |

87〜104分 114〜129分 横浜駅 4370円 1980円	70〜80分 羽田空港 3200円	93〜120分 羽田空港国内線T駅 1720円	60〜65分 T-CAT 東京シティ・エアターミナル 2800円 地下鉄 半蔵門線 水天宮前駅
99〜116分 127〜141分 戸塚駅 4700円 2310円	90〜105分 YCAT 横浜シティ・エアターミナル 3700円		
106〜123分 132〜146分 大船駅 4700円 2310円	横浜駅東口 ヨコハマスカイビル1F 予約は☎045-459-4800	75〜90分 横浜 3020〜3070円	65〜90分 お台場・有明 2900円

※JRは通常期料金。夏休み、GW、冬休みなどはこの料金＋200円、閑散期は−200円になる。

――― JR 成田エクスプレス
――― 京成スカイライナー、イブニングライナー
――― リムジンバス

電車・バス利用の場合
| 80分 地名 | 成田空港（第1ターミナル）への所要時間 |
| 1800円 地名 | 成田空港への料金 |

タクシー・自家用車利用の場合
| 80分 地名 | 所要時間の目安（平日） |
| 1800円 地名 | 高速道路通常料金 |

成田エクスプレス
時間に正確、大きな荷物も安心！
　東京、神奈川、埼玉の主要駅と成田空港を結ぶJRの特急で、荷物を置くスペースも完備。1日27本。八王子や大宮からは少なく1日2本のみ。夏期には横須賀、鎌倉からの臨時便も運行。「立席特急券」はないが、かわりに乗車日と乗車区間のみ指定の「座席未指定特急券」を導入。料金は指定特急券と同額。

横須賀線・総武線でも
　特急にくらべ時間はかかるが、JRの普通列車でも成田空港に行ける。横須賀線・総武線直通運転の快速エアポート成田は、日中ほぼ1時間に1〜2本の運行。特急券は不要で、乗車券のみで利用できる。ただし車両は普通の通勤型なので、大きな荷物があると不便。
JR東日本お問い合わせセンター……………
☎050-2016-1600

！ 鉄道ダイヤの乱れや道路渋滞で遅れて飛行機に乗れなかったとしても、航空券の弁償はしてもらえない。ツアーの場合は旅行会社、個人旅行の場合も利用航空会社の緊急連絡先は控えておき、すぐに連絡をして善後策を相談。

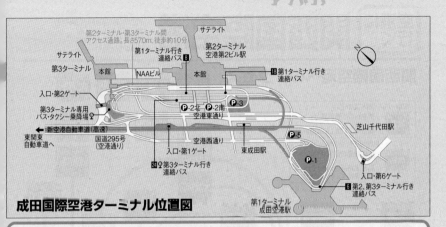

成田国際空港ターミナル位置図

（地図中の文字）
サテライト
第2ターミナル・第3ターミナル間
アクセス通路。長さ570m。徒歩約10分
第1ターミナル行き
連絡バス ⑧
第2ターミナル
空港第2ビル駅
サテライト
第3ターミナル
本館
NAAビル
本館
⑱第1ターミナル行き
連絡バス
入口・第2ゲート
第3ターミナル専用
バス・タクシー乗降場
P-2北　P-2南
P-3
空港東通り
芝山千代田駅
←新空港自動車道（高速）
東関東
自動車道へ
国道295号
（空港通り）
空港西通り
P-5
入口・第1ゲート
東成田駅
P-1
⑳第3ターミナル行き
連絡バス
入口・第6ゲート
⑤第2、第3ターミナル行き
連絡バス
第1ターミナル
成田空港駅

第1ターミナルのエアライン
ロイヤルブルネイ航空

南ウィング

ANA（全日空）　　**ユナイテッド航空**

IBEX	エチオピア航空	ターキッシュエアラインズ
アシアナ航空	エバー航空	タイ国際航空
ヴァージン・オーストラリア	オーストリア航空	中国国際航空
ウズベキスタン航空	山東航空	ニュージーランド航空
エア・カナダ	シンガポール航空	Peach
エアージャパン	深圳航空	MIATモンゴル航空
エアソウル	スイス インターナショナル	南アフリカ航空
エアアサン	エアラインズ	ルフトハンザドイツ航空
エジプト航空	スカンジナビア航空	LOTポーランド航空

北ウィング

アエロフロート	エールフランス	大韓航空
アエロメヒコ	オーロラ航空	タイ ライオンエアー
廈門航空	ガルーダ・インドネシア	タイ国際航空
アリタリア-イタリア航空	KLM	デルタ航空
エアカラン	四川航空	ベトナム航空
エティハド航空	ジンエアー	香港航空

第2ターミナルのエアライン

JAL（日本航空）

アメリカン航空	スリランカ航空	ファイアーフライ
イースター	セブパシフィック航空	フィジー・エアウェイズ
イベリア航空	タイ・エアアジアX	フィリピン航空
エア・インディア	タイガーエア台湾	フィンランド航空
エア タヒチ ヌイ	チャイナエアライン	ブリティッシュエア
S7航空	（中華航空）	ベトジェットエア
エミレーツ航空	中国東方航空	香港エクスプレス
海南航空	ティーウェイ航空	マカオ航空
カタール航空	ニューギニア航空	マレーシア航空
カンタス航空	ノックスクート	マンダリン航空
キャセイ パシフィック	ハワイアン航空	ラタム航空（TAM）
スカット航空	バンコク・エアウェイズ	ラタム航空（LAN）
スクート	パキスタン航空	

第3ターミナルのエアライン

ジェットスター航空	Spring Japan	バニラエア
ジェットスター・ジャパン	チェジュ航空	

スカイライナー
世界標準のアクセスタイムを実現

　成田スカイアクセス線経由のスカイライナーは、日暮里と成田空港駅（第1ターミナル）間を最速39分で結ぶ。料金は2520円。18時以降は京成本線経由のイブニングライナーが1440円と安くて便利。特急料金不要のアクセス特急は青砥から所要約45～50分、1120円。上野からだと京成本線経由の特急が1時間2～3本運行、1030円。
京成電鉄上野案内所 ………… ☎03-3831-0131
京急線、都営地下鉄からでも
　京浜急行、都営浅草線からも直通のエアポート快速特急とエアポート急行などが成田スカイアクセス線及び京成本線経由で毎日23本運行。20分近く時間短縮となり便利。
京急ご案内センター ………… ☎03-5789-8686

リムジンバス
乗り換えなしでラクチン

　JRや京成電鉄の駅に出るのが面倒なら、自宅近くからリムジンバスや高速バスが出ていないか要チェック。都心や都下の主要ポイントを運行する東京空港交通（リムジンバス）のほかに、京王バス、小田急バス、神奈川中央バス、京成バスなどが関東や静岡などの主要都市から数多く運行している。
リムジンバス予約・案内センター … ☎03-3665-7220
　…… https://www.limousinebus.co.jp/
京王高速バス予約センター（聖蹟桜ヶ丘、多摩センター、調布など） …… ☎03-5376-2222
小田急バス予約センター（たまプラーザ、新百合ヶ丘など） …………… ☎03-5438-8511
神奈中高速バス予約センター（茅ヶ崎、藤沢、相模大野、町田など） ……… ☎0463-21-1212

 東京駅八重洲口や銀座から成田空港まで900円～2000円（深夜早朝便）で格安の連絡バスが運行。詳細は京成バス「東京シャトル」www.keiseibus.co.jp、平和・あすか交通・JRバス「THEアクセス成田」www.accessnarita.jpへ。

空港に行く 関西国際空港

関西国際空港総合案内所
☎072-455-2500
ウェブサイト…https://www.kansai-airport.or.jp/

関西国際空港へのアクセス

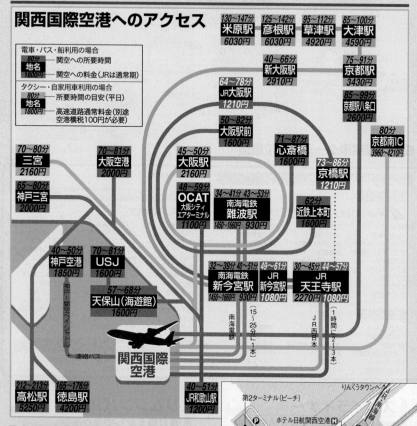

電車・バス・船利用の場合
地名 80分 ── 関空への所要時間
1800円 ── 関空への料金（JRは通常期）

タクシー・自家用車利用の場合
地名 80分 ── 所要時間の目安（平日）
1800円 ── 高速道路通常料金（別途空港橋税100円が必要）

| 130〜147分 米原駅 6030円 | 125〜142分 彦根駅 6030円 | 95〜112分 草津駅 4920円 | 85〜100分 大津駅 4590円 |

40〜66分 新大阪駅 2910円
75〜91分 京都駅 3430円
64〜78分 JR大阪駅 1210円
85〜99分 京都駅八条口 2600円
50〜82分 大阪駅前 1600円
71〜87分 心斎橋 1600円
80分 京都南IC 3960〜4210円
73〜86分 京橋駅 1210円

70〜80分 三宮 2160円
70〜81分 大阪空港 2000円
45〜50分 大阪駅 2160円
62分 近鉄上本町 1600円
65〜80分 神戸三宮 2000円
48〜59分 OCAT 大阪シティエアターミナル 1100円
34〜41分 43〜53分 南海電鉄難波駅 1450〜1660円 930円

40〜50分 神戸空港 1850円
70〜81分 USJ 1600円
57〜68分 天保山（海遊館）1600円
32〜39分 40〜51分 南海電鉄新今宮駅 1450〜1660円 930円
49〜61分 JR新今宮駅 1080円
30〜45分 44〜57分 JR天王寺駅 2270円 1080円
〜15〜25分に1本〜
〜1時間に2〜3本〜
南海電鉄
JR西日本

関西国際空港

212〜213分 高松駅 5250円
165〜176分 徳島駅 4200円
40〜51分 JR和歌山駅 1200円

関西国際空港ターミナル位置図

第2ターミナル（ピーチ）
ホテル日航関西空港H
エアロプラザ
第2ターミナル行き連絡バス乗場
JR・南海関西空港駅
関西国際空港 第1ターミナル（ピーチ以外）
りんくうタウンへ
N

JR特急はるか

　京都、大阪と関空を結ぶJRの特急。一部、米原、草津始発の列車もあるが、ほとんどは京都駅が始発。日中ほぼ30分に1本の間隔で運行。急いでいなければ京橋または天王寺始発の関空快速もおすすめ。所要時間は特急より＋15分くらいだが、普通料金で利用できる。
JR西日本お客様センター……☎0570-00-2486

南海電鉄ラピートα・β

　難波から新今宮、天下茶屋、泉佐野、りんくうタウン停車で関空に行くのがラピートα、平日早朝4本運行。ラピートβは堺、岸和田にも停車し、合わせて32本運行。
南海テレホンセンター………☎06-6643-1005

空港バス

　関西から一部四国まで路線が充実しており、上図以外にも、JR・阪神尼崎駅、京阪守口市駅、JR・近鉄奈良駅発などがある。2週間有効の往復乗車券が割引率がよくておすすめ。予約が必要な便もあるので、要問い合わせ。
関西空港交通………………☎072-461-1374
www.kate.co.jp/

！京都・神戸・芦屋エリアから関空まで乗合タクシーが走っている。料金は京都から1人4300〜4600円、神戸・芦屋2500〜4000円など予約は、MKスカイゲイトシャトル（京都☎075-778-5489／神戸・芦屋☎078-302-0489）、ヤサカ関空シャトル（京都☎075-803-4800）へ

空港に行く 中部国際空港（セントレア）

セントレアテレホンセンター
☎0569-38-1195
ウェブサイト…https://www.centrair.jp/

中部国際空港へのアクセス

電車・バス利用の場合
80分 ── 中部国際空港への所要時間
地名
1800円 ── 中部国際空港への料金

タクシー・自家用車利用の場合
80分 ── 所要時間の目安（平日）
地名
1800円 ── 高速道路通常料金

━━ 名鉄快速特急（ミュースカイ）利用
━━ 空港バス

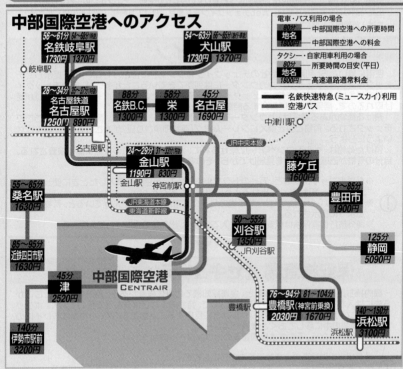

名鉄岐阜駅 56〜61分 64〜68分（普通）
1730円 1370円

犬山駅 54〜63分 66〜85分（新羽島）
1730円 1370円

岐阜駅

名古屋駅 28〜34分 35〜37分（普通）
1250円 890円

名鉄B.C. 88分 1300円

栄 58分 1300円

名古屋 45分 1690円

名古屋駅

中津川駅

JR中央本線

金山駅 24〜29分 31〜33分（普通）
1190円 830円

金山駅

神宮前駅

藤ケ丘 55分 1600円

桑名駅 55〜85分 1630円

JR東海道本線
東海道新幹線

豊田市 83〜85分 1900円

近鉄四日市駅 85〜95分 1630円

刈谷駅 50〜55分 1350円
JR刈谷駅

静岡 125分 5090円

中部国際空港 CENTRAIR

津 45分 2520円

豊橋駅

豊橋駅（神宮前乗換）76〜94分 81〜104分
2030円 1670円

浜松駅 140〜150分 3100円

浜松駅

伊勢市駅前 140分 3200円

鉄道

名古屋、岐阜、犬山などと中部国際空港間は名鉄を利用。快速特急（ミュースカイ）を使えば名古屋からだと最速で28分で空港に。料金は特急料金360円込みの1250円。

名鉄お客さまセンター…………☎052-582-5151
http://top.meitetsu.co.jp/

空港バス

名古屋市内や近郊、愛知県各所、四日市、桑名、浜松、掛川ICなどから高速バスが運行している。乗り換えしなくてすむのが便利だ。

名鉄お客さまセンター…………☎052-582-5151
三重交通四日市営業所………☎059-323-0808
　　　　　　桑名営業所………☎059-422-0595
知多乗合お客様センター……☎0569-21-5234
遠州鉄道空港バス係…………☎053-451-1595

三重県の津から、津エアポートラインの高速艇が1日15便（冬期は8便）就航。所要45分、2520円。伊勢市内から三重交通特急バスとの連絡便が1日2便運航。3200円。

津エアポートライン…☎059-213-4111（津）

空港に行く 福岡空港

福岡空港国際線案内…………☎092-621-0303
https://www.fukuoka-airport.jp/

空港に行く 仙台国際空港

仙台空港インフォメーション☎022-382-0080
https://www.sendai-airport.co.jp/

空港に行く 新千歳空港

新千歳空港案内所…………☎0123-23-0111
http://www.new-chitose-airport.jp/ja/

出国手続きの流れ

空港には飛行機の出発時刻の2時間前には到着していることが原則。チェクインの手続きは通常、出発時刻の3時間前から開始。Webチェックインをすませ、預け入れ荷物（受託手荷物）がなければ1時間前でも間に合う。

チェックイン

空港に着いたら、利用航空会社のチェックインカウンターに行き、パスポートを提示してチェクインする。チェックインカウンターには列ができていることが多いが、自動チェックイン機を使えば、並ばずにすむ。チェックインが無事にすむと、搭乗券（ボーディングパス）が受け取れるので、搭乗ゲートに集合する時刻をチェックしておく。

預ける荷物がある場合は、カウンターで荷物を預ける手続きが必要。荷物の重量は、ここでチェックされる。荷物と引き換えにクレームタグ（荷物の預かり証）が渡されるので、なくさないようにしよう。

預けた荷物は、ベルトコンベアーに載せられて、カウンター後方のX線装置で検査される。自分の荷物が通過したことを見届けてから、その場を離れよう。

(!) ※ダブルブッキングなど、万一のトラブルに備えて、航空券を購入したときに使ったクレジットカードは、すぐに出せるように用意しておくとよい。
※荷物にモバイルバッテリーや予備のリチウム電池、不審物が入っていると、荷物を開けるように指示される。
※海外旅行傷害保険は保安検査場に入る前なら、出発前の空港でも加入できる。

▼

保安検査場（セキュリティーチェック）

機内持ち込み手荷物のX線検査と、金属探知機での身体検査がある。見送りの人は、ここから先には入れない。液体物は持ち込めないので、持参の水などは前もって捨てておく。ポケットのコインや腕時計、ベルトのバックルなどに反応することもあるので、小物類はトレイにのせるか、荷物の中に移しておくと検査がスムーズ。

検査を通過したら、そのまま出国審査のカウンターへ向かう。

(!) ※パソコンは検査のときは手荷物から出しておく。
※上着や帽子は脱ぐこと求められる。ブーツも脱ぐように指示されることがある。
※保安検査場が混雑している場合には、早めに通過しておこう。

▼

出国審査

出国審査場では、日本人の出国手続きをスムーズに進めるために、顔認証ゲートが導入されている。顔認証ゲートでは、自分でパスポートの写真ページを読み取り画面に起き、カメラが組み込まれたミラーの前に正面を向いて立つだけ。顔認証ゲートでは、パスポートのICチップに記録が残されるので、認証スタンプを受けることなく手続きが完了する。記念にスタンプが欲しい場合には、職員のいるゲートに行くと、押してもらえる。

▼

搭乗ゲート

出国審査を終えたあとは、搭乗券に指定された時刻まで、しばしの自由時間。すでに免税エリアに入っているので、ここでの買い物は免税となる。成田空港など広い空港では搭乗ゲートまで時間がかかる場合があるので、余裕を持って行動しよう。搭乗ゲートでも、搭乗券とパスポートの提示を求められる。

(!) ※飛行機の整備の都合などで、搭乗ゲートが変更になることもあるので、早めに搭乗ゲートを確認しておくとよい。
※搭乗時刻に遅れると飛行機の離陸を遅らせることになり、多大な迷惑をかけるので、絶対に遅れることのないようにしよう。

空港利用の裏ワザ

スーツケースは宅配便で

　スーツケースなど重い荷物を空港まで運ぶのは大変。宅配便利用なら、そんな苦労もしなくてすむし、帰りも空港から自宅に荷物を送ることができる。距離、重さによって異なるが、スーツケース（140サイズ20Kg以内）で、JAL ABCが2590円 〜、ANAとGPAが2162円〜。2〜8日前までに予約して、自宅等で集荷してもらう。

●主要空港宅配便連絡先

JAL ABC（成田・羽田・関空・中部）
☎0120-919-120　☎03-3545-1131（携帯から）
www.jalabc.com/airport/（ネット予約可）

ANA空港宅配サービス（問い合わせ先はヤマト運輸）☎043-331-1111（成田空港）☎03-4335-2211（羽田空港）☎06-6733-4196（関西空港）　www.ana.co.jp

GPA（成田のみ）
☎0120-728-029　☎0476-32-4755（携帯から）
www.gpa-net.co.jp（ネット予約なし）

Webチェックインで時間を有効活用

　自宅のパソコンやスマートホンを利用してチェックインが手軽にできるサービスがWebチェックイン。eチケットがあれば誰でも可能。出発の72時間前からでき、座席指定も可能。パソコンで搭乗券を印刷するかモバイル搭乗券をスマートホンで受け取れば完了。その代表例がANAの「オンラインチェックイン」や日本航空の「QuiC」など。当日預ける手荷物がなければそのまま保安検査場へ。ある場合は手荷物専用カウンターで預けてから。空港には搭乗60分前までに着けばいいので楽だ。詳細は各航空会社のHPで。

手ぶらサービスを利用して、らくらく海外へ

　日本航空と全日空は、成田・羽田・関空・中部（中部は日本航空のみ）発の国際線（グアムやハワイを含む米国路線、米国経由便、共同運航便を除く）の利用者に対して、自宅で宅配便に預けたスーツケースを渡航先の空港で受けとれる手荷物チェックイン代行サービスを行なっている。前述のWebチェックインと併用すれば、空港での手続きがなく楽。料金は、日本航空がプラス210円、全日空がプラス324円。

　申し込みは日本航空がhttps://www.jalabc.com/checkin/または☎0120-981-250、919-120。全日空はhttps://www.ana.co.jp/int/ground/baggage.html。

出国審査をサッサと通過

　2017年から出国審査に顔認証システムが導入された。これは顔認証ゲートでパスポートをかざすだけで、瞬時にパスポートのICチップ内の顔の画像を読み取り、本人確認をやってしまうという優れもの。GWや夏休みなどは保安検査や出国審査に長蛇の列。このシステムを使えば大幅に時短が可能だ。いっさいの事前登録も必要なく、ICチップを埋め込んであるパスポートならすぐに利用できる。ちなみに2006年以降に取得したパスポートはすべてこれに該当する、なおパスポートにスタンプ（証印）が欲しいという人は、通過後、ゲート周辺に待機する職員に申請すれば、押してもらえる。

成田空港までマイカーで行くなら

　成田空港までのアクセスに車を使う場合、問題になるのが駐車場。空港周辺の民間駐車場をネット予約すれば、空港までの送迎付きで4日間3000円、7日間で5000円くらい。高速代を加味しても、複数なら成田エクスプレス利用よりは安くなるが、時間がかかる。

　成田空港の駐車場を利用すると利便性は高まるが、民間より料金は高くなる。第1ターミナルならP1かP5駐車場、第2・第3ターミナル利用ならP2かP3駐車場が近くて便利。このうち予約ができるのはP2とP5のみ。料金はP1、P2駐車場の場合、5日駐車で1万300円。それ以降は1日につき520円加算となる。GWや夏休みは混むので、予約は早めに。

成田空港駐車場ガイド（民間）
www.narita-park.jp/

成田国際空港駐車場案内
https://www.narita-airport.jp/jp/access/parking

空港に行く

出国手続きの流れ／空港利用の裏ワザ

日本帰国の手続き

ホテルを出発する時は

ホテルのチェックアウトは意外に時間がかかる。朝早く出発する場合は、前の日の晩に済ませておくと安心。大型ホテルではたいてい、キャッシャーでの手続きを省略するクイックチェックアウトという方法もある。

標示に従って行けばOK

帰国便のリコンファーム

日米間に直行便を就航している航空会社では、帰国便のリコンファームは不要になっている。ツアー参加の場合も不要だ。

買う物は
注意して選ぼう

アメリカでの買物の際には、日本へ持ち込めないものを頭に入れて買うようにしよう。最初に日本を出発するとき、空港にパンフレットが置いてあるので、もらっておくとよい。生花などは検疫済みスタンプのあるものを選べば安心だ。

チェックイン

チェックインは出発時間の3〜4時間前から各航空会社のチェックインカウンターで受け付ける。搭乗手続きの締め切りは90分〜60分前。遅れないようホテルを早めに出たい。車の場合は渋滞などを考慮に入れること。

チェックインカウンターでパスポートを見せると、航空会社の係員が便名、行き先を確認。この時点で出国手続きは終了。荷物を預け、ボーディングパスとクレームタグを受け取ったら、あとは搭乗口に向かうだけだ。

搭乗口に向かう途中、手荷物と体のX線検査とボディチェックを受ける。搭乗開始時間までは、免税店やギフトショップで最後の買物ができる。免税店に入る際には、入口でボーディングパスの提示を求められる。商品は買った時点では受け取れず、搭乗口で飛行機に乗る直前に受け取る。買物に夢中になって時間に遅れないように、30分前には搭乗口にいるようにしよう。

上／出発ゲートと時間を確認しよう
右／出発ゲートへの通路。ショップやレストラン、免税店などがある

日本入国

いよいよ旅も終わり、日本への入国だ。「日本人」と書かれた入国審査カウンターに並び、パスポートを提示。帰国のスタンプが押されれば、無事日本に帰ってきたことになる。あとは乗ってきた便名の表示のあるターンテーブルで預けた荷物を待つ。カートを用意しておくといい。荷物が最後まで出てこなかったら、クレームタグを係員に見せて、その旨を告げ、指示をあおぐ。

税関

買物したものが免税範囲なら緑の表示のカウンターに、免税範囲を越えている場合は赤い表示のカウンターに並ぶ。別送品がある場合は、「携帯品・別送品申告書」を2通作成して係官に提示する（申告書は、申告の有無に関わらず誰もが記入・提示する）。

なお、次のようなものはワシントン条約などにより日本への持ち込みは禁止されている。絶滅の危機にある蛇革、ワニ革、象牙など（輸出証明書があればOK）、絶滅の危機にある動物の成分が入った漢方薬、偽造ブランド品。薬、化粧品は24個以内。また、動植物は検疫が必要。

トラベルインフォメーション
［ニューヨーク編］

Travel Information

アメリカ入国の手続き

入国の英会話

旅行の目的は何ですか？→観光です／商用です

What is the purpose of your trip?→Sightseeing. Business trip.

申告するものはありますか？

Do you have anything to declare?

スーツケースが見当りません。

I can't find my baggage.

入国審査はAPC Kioskで

観光目的のESTAを利用しての入国の場合は、ほとんどの空港でマシンによるAPC入国手続きが可能になっている。その場合、税関申告書も不要となる。

アメリカ入国の手順

入国審査 ● Immigration

空港内のサインにしたがって入国審査場へ。アメリカ国籍がない人は、「ノットシチズンNot Citizen」と書かれた列に並ぶ。順番がきたら、ひとりずつブースへ。

機内で渡された税関申告書に必要事項を英語で記入し、パスポートと一緒に提出する。審査官は英語で入国目的、滞在日数、宿泊先などを聞いてくる。両手の指の指紋のスキャンと顔写真撮影のあと入国スタンプが押され、パスポートが返される。これで入国審査は終了。なお、近年は自動システムAPC Kioskでも手続きも増えているが、係官のブースも通過する必要がある。

荷物のピックアップ ● Baggage Claim

入国審査がすんだら次は預けておいた荷物のピックアップ。「バゲージクレームBaggage Claim」のサインに従って、自分が乗ってきた便名のターンテーブルの前で待つ。もし、最後まで待っても荷物が出てこなかったら、クレームタグを航空会社の係員に見せて、その旨を伝えること。滞在先を言っておけば、探してくれ、見つかれば数日中に荷物が届けられる。

税関 ● Customs

ピックアップした荷物を持って、記入した税関申告書を提出。通常の観光で、申告するものがなければ緑色のランプのカウンターに行くよう指示があり、そのまま通り抜けられる。申告するものがあると赤のランプのカウンターで、荷物検査を受ける。

税関申告書

APCなら税関申告書は不要に

新システムのAPCの場合は税関申告書が不要。機内で客室乗務員がカードを配るか配らないかでわかる。また、フォームの様式はしばしばマイナーチェンジがあるが、記載事項に大差はない。説明に従って記入していけば簡単だ。

1. 姓（上段）名（下段） 2. 誕生日（日・月・年） 3. 同行家族の人数 4. ニューヨークでの住所（ホテル名） 5. パスポート発行国 6. パスポート番号 7. 居住国 8. 米国入国前に立ち寄った国 9. 便名 10. 旅行目的はビジネスですか？ 11. これらの物を持っていますか？ 12. 農場などの近くに滞在していましたか？ 13. 1万ドル以上のUSドルや外貨を持っていますか？ 14. 商用製品を持っていますか？ 15. 米国内に持ち込む商品の総額　最下段にはサインと日付を忘れずに。

空港からマンハッタンへの行き方

ニューヨークへの玄関口である空港は3つある

　ニューヨークにはジョン・F・ケネディ国際空港John F. Kennedy International Airport、ニューアーク・リバティ国際空港 Newark Liberty International Airport、ラガーディア空港La Guardia Airportの3つの空港がある。そのうち、日本からの直行便のほとんどが発着するのがジョン・F・ケネディ（JFK）国際空港だ。ニューアーク・リバティ国際空港はユナイテッド航空の直行便が発着している。また、国内線で他の都市からニューヨーク入りする場合は、3空港のいずれの可能性もあるので確認しておきたい。

ジョン・F・ケネディ国際空港
John F. Kennedy International Airport（JFK）

　マンハッタンの南東約25.6km、クイーンズ地区ジャマイカ湾に面しており、ニューヨークはもちろん、アメリカ東海岸各地への玄関口となっている。第35代大統領ジョン・F・ケネディの名前が付けられ、通称JFKと呼ばれている。

　日本からニューヨークへの国際線のほとんどがここに到着しており、他の2つの空港に比べて規模、利用者数ともに膨大。JFKからニューアーク・リバティ国際空港、ラガーディア空港へはシャトルバス（ニューヨーク・エアポートサービス）が運行している。片道＄14、所要約1時間。

空港からマンハッタンへの交通
NYCエアポーター
NYC Airporter　☎1-718-777-5111
●http://www.NYCAirporter.com

　各航空会社の空港ターミナルの乗場から大型バスが運行しており、グランドセントラル駅、ポートオーソリティ・バスターミナル、ペンシルヴェニア駅（通称ペン駅）に停まる。所要時間は60〜100分、片道＄17、往復で買うと＄29。運行は6〜23時で20〜30分毎。チケットは空港ターミナル内にある交通案内所のカウンターで購入するか、車内で直接ドライバーから購入する。

スーツケースなどの荷物はバスの下に

空港内で困ったらここへ

●エアポート・インフォメーション
☎1-718-244-4444

空港内の観光案内所
Information Counter
　地下鉄やバスの路線図、無料の情報誌、パンフレットなどがもらえる。

交通案内所
Grand Transportation Information
　空港からマンハッタンへの交通機関の運行時間や料金、所要時間などを詳しく教えてくれる。ニューヨーク・エアポートサービスやスーパーシャトルなどのチケットが購入できる。

市内へのシャトルバス予約などはここでできる

アメリカ入国の手続き／空港からマンハッタンへの行き方

ここがポイント! 空港内の施設やマンハッタンへの交通機関の乗場などは、絵つきの標識でわかりやすく示されている。むやみに歩き回らず標識に沿って行けば簡単。到着ロビーの出口付近には交通案内カウンターがある。

その他のシャトルバンサービス

●エアリンク Airlink New York
☎1-877-599-8200/1-212-812-9000
https://www.goairlinkshuttle.com/
料金は地域など条件で異なるが、スーパーシャトルとほぼ同様。

リムジン

2人以上4人以内ならゆったり乗れるリムジンがタクシーより快適。料金は会社、車種により異なるが空港から$44〜、空港へ$52〜。（通行料、チップ等別途）
●カーメルカー＆リムジンサービス Carmel Car & Limousine Service
☎1-866-666-6666
https://www.carmellimo.com

264

スーパーシャトル

Super Shuttle ☎1-212-258-3826/1-800-258-3826
●https://www.supershuttle.com

空港からマンハッタンのホテル、家、オフィスなどへドア・ツー・ドアで運行している混戦の小型のバン。ブルーの車体に黄色の文字が目印。マンハッタン中心部にあるホテルなら所要時間は45分〜1時間30分。運行は24時間で10〜30分毎。予約は空港ターミナル内にある交通案内所のカウンター、もしくは電話などでできる。ミッドタウンのホテルまで片道$20程度。個人宅へはジップコード（郵便番号のこと。住所の一番後につく5桁の数字）で料金を設定しており、$23〜28程度。走行中はシートベルトを着用。$2〜3程度のチップを支払うといい。

上／どこからでもすぐに目につくカラー
左／支払いは、荷物を受けとる際にする

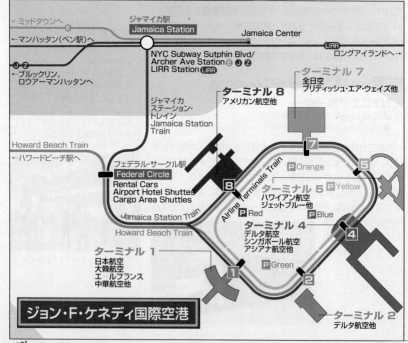

←ミッドタウンへ
←マンハッタン（ペン駅）へ
ジャマイカ駅 Jamaica Station
Jamaica Center
←ブルックリン、ロウアーマンハッタンへ
NYC Subway Sutphin Blvd/
Archer Ave Station LIRR Station
LIRR ロングアイランドへ→
ジャマイカステーション・トレイン Jamaica Station Train
ターミナル 7 全日空 ブリティッシュ・エア・ウェイズ他
Howard Beach Train
←ハワードビーチ駅へ
フェデラル・サークル駅 Federal Circle
Rental Cars Airport Hotel Shuttes Cargo Area Shuttles
ターミナル 8 アメリカン航空他
Airline Terminals Train
P Orange
P Yellow
ターミナル 5 ハワイアン航空 ジェットブルー他
P Red
P Blue
Jamaica Station Train
Howard Beach Train
ターミナル 4 デルタ航空 シンガポール航空 アシアナ航空他
P Green
ターミナル 1 日本航空 大韓航空 エールフランス 中華航空他
ターミナル 2 デルタ航空他
ジョン・F・ケネディ国際空港

 ニューヨーク・エアポートサービスやスーパーシャトルのジャンバーを来た配車係に滞在先ホテルと人数を告げると、無線で手配してくれる。ちなみに彼らにはチップは不要。

ジョン・F・ケネディ国際空港

所定の乗場から乗れば安心

ここがポイント！ 3〜4人のグループでJFKからマンハッタンへ行くならタクシーが便利。タクシーの支払いは現金が一般的で、チップ込みで＄70程度払う。

タクシー
Taxi

　必ずタクシー乗場から係員の指示にしたがって乗車する。乗車の際にタクシーの利用法、料金体系、クレーム対処について書かれた用紙をくれる。JFKからマンハッタンまでは一律＄52。平日16〜20時は＄4.5追加となる。メーターは使用せず、夜間にかかる夜間割り増し料金も加算されない。ただし、トンネルや橋の通行料は別途必要（ミッドタウントンネルの場合は＄8）。チップも別だ。3〜4人で同じ場所に行くならバスやスーパーシャトルよりもタクシーのほうがお得だ。ただし、マンハッタン内の複数の目的地で降車する場合は最初の場所までは＄52だが、次からはメーター制となる。空港からマンハッタン以外の場所へはメーター料金となる。また、逆にマンハッタンから空港への料金は一律ではなくメーター料金がかかる（約＄45〜60）。支払いは降車時に、料金の15％程度のチップを加算してドライバーに渡す。このとき、レシートをもらっておくと、クレームや忘れ物をしたときに便利だ。

白タクには絶対に乗らない

　不慣れな旅行者を、積極的な客引きと嘘の安い料金でだまして乗せ、降車時に不当な料金を請求する悪質な白タクが空港周辺には多い。タクシー料金の一律化や厳しい取締りなどにより、以前よりかなり数が少なくなっているが、皆無というわけではないので注意が必要だ。

　事故を未然に防ぐため、タクシーを利用する場合は、必ずタクシー乗場から乗車すること。バンを使って悪質な白タク営業をしている車もあるので、タクシーのみならず、バスやスーパーシャトルも決められた乗場から乗車すること。

エアトレイン
AirTrain ☎1-877-535-2478
●http://www.panynj.gov/airtrain

　エアトレインという列車が、空港のターミナル間と、空港から地下鉄のジャマイカ駅、ハワードビーチ駅までを結んでいて24時間運行。ターミナルとフェデラル・サークル駅間は無料、ジャマイカ駅、ハワードビーチ駅までは＄5。マンハッタンへ行くにはジャマイカ駅かハワードビーチ駅で地下鉄E・J・ZまたはLIRR（ロングアイランド鉄道）に乗りかえる。所要約1時間。

その他のエリアへの料金目安

空港のターミナル間	＄4〜14
ラガーディア空港	＄34〜39
ニューアーク・リバティ国際空港	＄97〜102（＋サーチャージ＄17.50）
ブロンクス	＄48〜68
ブルックリン	＄42〜64
クイーンズ	＄24〜33
スタテン島	＄67〜79

格安でマンハッタンに行くなら地下鉄

　空港からシャトルバスでハワードビーチJFK国際空港駅まで行き、地下鉄Aに乗る。料金は＄2.75、所要時間は約1時間。平日の早朝のみ急行列車が運行。

ここが ポイント! ニューアーク・リバティ国際空港のターミナルCは、ユナイテッド航空専用のターミナルになっている。出入国設備も整っていて、日本からのユナイテッド航空直行便はここを利用する。

●エアポート・
インフォメーション
☎1-973-961-6000
▶スーパーシャトル
Super Shuttle
☎1-212-258-3826／1-800-258-3826
●https://www.supershuttle.com
　マンハッタンのホテルや個人宅どこでも行ける混載のバン。チケットはターミナル内の交通案内所のカウンターで予約、購入する。運行は24時間、所要時間は30分〜1時間、ミッドタウンのホテルへは片道＄23〜。それ以外は目的地の住所により大体＄20〜。

エアトレイン

　ニューアーク・リバティ国際空港の各ターミナルを結ぶエアトレインでEWR空港駅に行き、そこからNJトランジットに乗り換えてペンシルヴェニア駅まで行くことができる。所要時間約30分、料金は＄12.50。ただし、ペンシルヴェニア駅からホテルまではタクシー代が別途必要となる。

ニューアーク・リバティ国際空港
Newark Liberty International Airport（EWR）

　マンハッタンの西約24km、ニュージャージー州に位置するニューヨーク第2の国際空港。日本からはユナイテッド航空の直行便が発着しているのみだが、ほかの都市からの乗り継ぎ便でニューヨークに行く場合はここを利用することがある。空港内の3つのターミナルと長期間利用者の駐車場、レンタカーエリアを無料のエアトレインが結び、3〜15分毎に運行している。

空港からマンハッタンへの交通
ニューアーク・エアポートエキスプレス
Newark Airport Express ☎1-877-863-9275

　空港の各ターミナルの乗場から、ポートオーソリティ・バスターミナル、ブライアントパークを経由し、グランドセントラル駅に行くバス。4〜翌1時までの20〜30分毎に運行、所要時間は40分〜1時間。片道＄17、往復＄30。

タクシー
Taxi

　タクシー乗場はターミナルの到着階を出たところにある。係員に行き先を告げると料金と行き先を書き込んだ紙を渡されるので、その紙をタクシーの運転手に見せてから乗る。ミッドタウンまでは料金が＄50〜70だが、途中で通過するホランドトンネルとリンカーントンネルの通行料が別途必要。マンハッタンのミッドタウンまで20〜45分。また、大きな荷物は1つにつき＄1を要求される。降車の際にはさらに料金の約15〜20%程度のチップを加算して支払う。

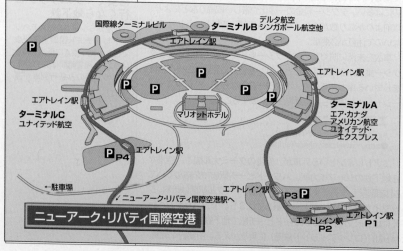

ここがポイント！ ラガーディア空港はニューヨーク市クイーンズ区にある、マンハッタンに一番近い空港。日本からの乗り継ぎ便で、デルタ航空などが発着する。マンハッタンまでタクシーで約30〜40分。

ラガーディア空港
La Guardia Airport（LGA）

マンハッタンの北東約12.8kmにある、おもに国内線が発着している空港。日本からの乗り継ぎ便の場合、経由地で入国手続きをすることになる。

ターミナルはA〜Dの4つのビルに分かれており、各ターミナル間は無料のシャトルバスで結ばれている。

空港からマンハッタンへの交通

NYCエクスプレスバス
NYC Express Bus ☎1-718-777-5111

空港の各ターミナルの乗場から、グランドセントラル駅、ポートオーソリティ・バスターミナル、ペンシルヴェニア駅に停まる。各ホテルへはグランドセントラル駅からシャトルバスに乗り換えて行く。運行は11〜19時まで、所要時間は45〜80分、片道＄16、往復＄30。

タクシー
Taxi

タクシー乗場はセントラルターミナルの到着階を出たところにある。乗車の際、係員から"タクシーインフォメーションTaxi Information"をもらっておくと、クレームや遺失物の問い合わせのときに便利だ。料金はメーター制で、ミッドタウンまで＄25〜37、アッパーマンハッタンまで＄29〜37、ロウアーマンハッタンまで＄32〜37、ブルックリンまで＄28〜64が目安。空港のターミナル間は＄5〜9。平日の16時から20時まではピーク時サーチャージ＄1がかかる。また、20時から翌6時までは夜間追加料金50¢が加算される。降車の際、基本料金の15〜20％のチップとともに支払う。

●エアポート・インフォメーション
☎1-718-533-3400

格安でマンハッタンに行くなら

各ターミナルにあるバス停からM60番のバスに乗車。クイーンズの地下鉄Astoria Blvd.駅でN・W線に乗り換えてマンハッタンへ行くことができる。空港のセントラルターミナルからはバスQ33番も運行しており、クイーンズの地下鉄74 St.-Broadway Jackson Hts. Roosevelt Ave.駅からE・F・G・R・V・7線でマンハッタンに行くことも可能。いずれも料金は＄2.75。

▶スーパーシャトル
Super Shuttle
☎1-212-258-3826／1-800-258-3826
●https://www.supershuttle.com/

空港からマンハッタン内どこへでも行ける混載のバン。運行は24時間、所要時間は30分〜1時間。ミッドタウンのホテルなら片道＄15。チケットは、ターミナル内の交通案内センターで入手する。

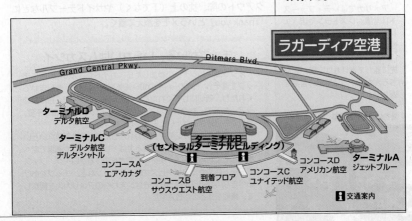

ラガーディア空港

Ditmars Blvd.
Grand Central Pkwy.

ターミナルD
デルタ航空

ターミナルC
デルタ航空
デルタ・シャトル

コンコースA
エア・カナダ

ターミナルB
（セントラルターミナルビルディング）

コンコースB
サウスウエスト航空

到着フロア

コンコースC
ユナイテッド航空

コンコースD
アメリカン航空

ターミナルA
ジェットブルー

交通案内

習慣とマナー

知っておきたいアメリカの習慣とマナー

「郷に入れば郷に従え」という言葉のとおり、アメリカ独特の習慣やマナーを知って、常識ある行動をとりたい。日本人が忘れがちなのが「ありがとう Thank you」と「すみません Excuse me」の言葉。アメリカ人の間ではこの2つの言葉が頻繁に出ている。とくにすれ違いざまに、人の体が触れた場合は必ず「エクスキューズミー」の一言を。

チップ

日本にはない習慣の一番手といえばチップ。「サービスを受けたら感謝の気持ちとしてあげるお金」だが、常識的にあげる必要のある人と、そうでない場合がだいたい決まっている。日本人にはなじみがないので、つい忘れがち。とくに日本料理のレストランでは、日本にいる気分になってしまうせいか、チップを忘れてしまう人が多いので気をつけよう。

チップが必要な人と場合

▶ホテル

ポーター…荷物を部屋まで運んでくれた人。部屋の簡単な説明などが終わったときに荷物ひとつにつき＄1〜1.50。ドアからフロントまで運んだだけの人（ドアマン）には払わなくてもよい。同室者がいる場合はどちらかがまとめて渡す。

ルームサービス…飲食料金の約15%以上。伝票にサインをする際、チップの欄に金額を書き込めば、その場で渡す必要はない。無料の氷、お湯などをもらった場合はその場で＄1〜3くらい渡す。

ルームメイド…基本的には必要ないが、とくに部屋を散らかした場合などは1日に付き＄1〜2チップを置くとよい。チェックアウトの際、枕の上（下でなく）やサイドテーブルなどに「Thank you」というメモを添えて置く。

ドアを開けたら 次の人を待って

店などに入るとき、後ろから人が来ていたら、ドアを開けた手を離してしまわないで、次の人がドアに着くまで待っていてあげる。アメリカ人は必ずこうしているので、日本人も見習おう。また、逆にドアを開けて待っていてくれた人には、「サンキュー」のひとことを忘れずに。

レディファースト

アメリカではレディファーストは常識。レストランや店、エレベーターの入口では男性は女性に道をゆずる。ドアを開けて、「プリーズ Please」と言って先に通してあげれば完璧だ。もちろん女性からは感謝の言葉を返して。

チップがいる、いらないはムズカシイ

オプショナルツアーに参加したら、ガイドやバスの運転手にチップを渡そう（ツアー料金の10〜15%程度が目安）。楽しませてくれたり、親切にしてくれたことへの感謝の気持ちだ。日本語のツアーなどで、料金にチップの代金が含まれている場合は不要。それでも自分があげたいと思えばあげればよい。

どこでもチップが必要かと思われがちだが、実は必要ないというシチュエーションもある。たとえば、レストランや劇場で席へ案内してくれる案内人、美術館で荷物を預けるクローク、ファストフード店やセルフサービス式のレストランなど。チップをあげるべきなのかどうか迷ったときは、まわりのアメリカ人を観察して、真似をするのが最善策だ。

お世話になったポーターへは快くチップを

最初はチップの習慣に戸惑うもの

一番面倒なチップの習慣にはひたすら慣れるしかない。ただし、小銭を使うのは失礼だということだけは覚えておこう。また、ニューヨークは喫煙が非常に厳しい。「一本くらいなら」と気軽にタバコを吸うと意外なほど大きなトラブルになる。

▶レストラン

ウエイター、ウエイトレスへは飲食料金（税は別、ということ）の15％以上。高級なところでは20％以上。ニューヨーク、特にマンハッタンではチップの金額が他の都市よりも多いのが一般的。カードで支払う場合は、自分でチップの料金と合計金額を書き入れるようになっているので、現金は一切必要ない。現金で支払う場合、ウエイターは料金分しか受け取らないので、チップ分の現金をあとでテーブルに残しておく。この際適当な紙幣がなければ両替を頼むと快く応じてくれる。

また、カフェでコーヒー1杯、というような少額の場合でも、最低＄1は置くのがマナー。バーでお酒を飲む場合、料金はお酒を受け取ると同時に支払うケースが多いが、この時、料金に1ドリンクに付き＄1〜2程度のチップを足した金額を渡す。

▶タクシー

料金の15〜20％程度。料金が＄5以下の場合でも最低＄1のチップを。荷物や人数が多い場合は、多めに払う。

端数は切り上げて渡そう

喫煙

喫煙は21歳から許されているが、喫煙マナーは日本よりもかなり厳しい。違反すると罰せられることもあるので注意。基本的には公共の建物の屋内はすべて禁煙。空港内、バス停、地下鉄構内、ホテルのロビーなどでは喫煙所以外の場所では禁煙。ロビーの喫煙所には、灰皿がないところもあるが、その場合はフロントでもらう。ホテルの客室は禁煙の部屋が多くなっているので、チェックインの際にフロントに希望を伝える。また、レストラン、バー、クラブなども全席禁煙なので喫煙者は要注意。

飲酒

飲酒は21歳より可能。ビール以外の酒類は、ライセンスを持っている酒店で買える（日曜は休業となる）。ビールはスーパーマーケット、グロサリーなど、比較的どこでも手に入りやすい。しかし、ニューヨークでは、路上での飲酒は禁止されている。

テーブルマナー

口に食物が入っているときはしゃべらない、音を立てながら食べない、食事中にゲップをしないなどの基本的なテーブルマナーは万国共通。ウエイターやウエイトレスへのチップもひとつの大切なマナーだ。また、ウエイターやウエイトレスを呼ぶときの言葉は「エクスキューズミー」が正しい。「ヘイヘイ！」とか「ウエイトレス！」と叫ぶのは失礼にあたるので注意。

チップが不要なレストラン

レストランによっては、料金にサービス料が含まれているところがたまにある（日本料理のレストランなどに多い）。伝票を確認し、サービス料の欄にすでに数字が入っていたり、「Service included」などと書いてあれば、ウエイターへのチップは不要だ。

こんな場合もチップは支払う？

日本人観光客が多いレストランでは、ウエイターが15％のチップを支払うよう、わざわざ要求してくる店がたまにある。あまりにも多くの日本人観光客がチップを忘れるためだが、要求されても、サービスがよくなかったと思えば、言われたとおりに支払う必要はない。

飲食店でチップ制度を廃止する動き

近代美術館のレストラン「モダン」やホイットニー美術館内のレストラン「アンタイトルド」などを展開するユニオンスクエア・ホスピタリティ・グループは、系列店でチップを廃止すると発表した。2016年よりチップを廃止し、メニューを値上げした。接客担当と調理場担当の収入格差の是正、従業員のプロ意識の向上、提供するサービスの向上を目的としている。まだごく一部だが、ニューヨークだけでなく、全米でチップ廃止の動きがある。

ドアマンにはチップは不要

旅の安全と健康

出発前に情報を確認

●外務省領事サービスセンター
（海外安全相談班）
☎03-3580-3311
　（内線2902、2903）
　9:00～12:30、13:30～17:00、
　㊡土・日曜・祝日
●外務省海外安全ホームページ
https://www.anzen.mofa.go.jp

緊急事態の際の連絡先

警察・消防署・救急車　911
在ニューヨーク日本国総領事館
299 Park Ave. 18th Fl.
☎1-212-371-8222　（https://
www.ny.us.emb-japan.go.jp）
9:30～17:30
㊡土・日曜・祝日

観光客の多いところではスリに注意

観光客が遭いやすい窃盗犯罪ケース

●道を尋ねるふりなどをして話しかけ、気をそらせたその隙に仲間が財布などを取る。
●わざと小銭などを落として「落としましたよ」と言って拾わせ、その隙にバッグなどを狙う。
●わざとぶつかってきて持っていたビンを落として割り、「弁償しろ、金を払え」と要求してくる。
●わざとケチャップやアイスクリームを衣服に付け、「ごめんなさい」と拭き取るふりをしながら、ポケットなどを狙う。

アメリカ滞在中は気を引き締めて歩こう

　アメリカは日本と比べて、治安が悪いというのは事実だ。日本にいるときと同じ気分で歩いていれば、トラブルに遭いやすくなるのはいうまでもない。しかし、人気の少ない通りを歩かない、夜のひとり歩きは避ける、貴重品は肌身離さず持つ、高級ブランドの衣服や宝飾品は身に着けないなど、ちょっとした心がけで、自分の身をアクシデントから守ることができる。

　また、慣れない土地での旅行では意外に体力を使う。無理な行動はせず、疲れたら時間を惜しまず少し休むなど、自分の健康は自分で管理して、快適で楽しい旅を続けられるよう心がけたい。万が一トラブルに遭った場合でも、慌てたりせず的確な行動を取れるよう、対処法を頭の片隅に入れておこう。

パスポート（旅券）をなくしたら

　パスポートを再発行するには、通常の新規発行に必要な一般旅券発給申請書（10年用又は5年用）1通、6ヵ月以内に発行された戸籍謄本又は抄本（原本）1通に加え、①紛失一般旅券等届出書（ダウンロード申請書又は、大使館・総領事館に備え付けのもの）1通、②警察署の発行した紛失届出を立証する書類又は消防署等の発行した罹災証明書等、③6ヵ月以内に撮影された顔写真（縦45mm×横35mm）1枚、④その他参考となる書類（必要に応じ、本人確認、国籍確認ができるもの）が必要。発給には1週間程度かかるので、帰国日が迫っている人は、「帰国のための渡航書」を依頼すると、1、2日で発給される。その場合は、旅券発給申請書でなく、渡航書発給申請書で申請する。

クレジットカードをなくしたら

　真っ先にクレジットカード会社のサービスデスクに連絡し、無効の手続きをしてもらう。その際、カード番号と有効期限を聞かれるので控えておこう。

現金をなくしたら

　現金をなくした場合は100%手元には戻らないと考えたほうがいい。万が一の盗難や紛失に備えて、所持している現金はすべて一緒に持ち歩かず、一部をホテルのセーフティボックスに入れておくなどの対策を。クレジットカードを持っていれば、

現金がなくてもほとんど問題なく過ごせるだろう。現地でキャッシングのできるクレジットカードならなお安心だ。

トラベラーズチェック(T/C)をなくしたら

2014年に新規発行が中止されたT/Cだが、有効期限はないので、使用や換金は従来通り可能だ。もともと「安全な旅のお金」といわれ、現金と違って、紛失や盗難の際に再発行できるので、金額や番号を控えておこう。

病気になったりケガをしたら

緊急を要する場合ならすぐに救急車を呼ぶ。ホテルでなら医師に来てもらうようフロントに頼むことも可能だ。アメリカの病院は、救急病院以外は予約制なので、急に行っても診察してもらえない。また、治療費はとても高いので(救急車も有料)、あらかじめ海外旅行傷害保険に加入しておくことをおすすめする。帰国後、保険会社に治療費を請求するために診断書が必要となるので、治療を受けたらもらっておく。薬は医師の処方箋がないと買えないものも少なくないので、必ず日本から常備薬を持っていこう。

外務省の海外安全アプリ

スマホで使え、GPS機能を活用して今いる場所の安全情報を入手できるアプリ。App StoreやGoogle playで無料でダウンロードできる。

こうすればトラブルを避けられる

●ブランド品は身に着けない。お金をたくさん持っていることをアピールしているようなもの。
●荷物はできるだけひとつにまとめる。バッグがいくつもあると注意力が散漫になりがち。
●人通りの少ない道には入らない。うっかりそのような場所に迷いこんでしまった場合にはすぐに引き返す。また、夜道のひとり歩きは禁物。
●背筋をのばし颯爽と歩く。ボーっとしていたり、あまりに警戒しすぎて挙動不審になってしまうのも問題だ。
●パスポートと帰りの航空券だけは絶対に体から離さない。
●荷物を放置しない。足元に置いていても、一瞬の隙に盗まれることもある。荷物は足の間に挟んだり、イスに座っているときはイスの背にかけたりせず、ひざの上に置く。
●怪しげな人とは目を合わせない。もしつけられていると感じたら、早足で人通りの多い道に出たり、店に入るとよい。

各クレジットカード会社の現地連絡先

VISAカード
☎1-800-635-0108
マスターカード
☎1-636-722-7111
アメリカン・エキスプレス
☎1-800-766-0106
ダイナースクラブ
☎011-81-3-3570-1200
　(日本へコレクトコール)
JCBカード
☎1-800-606-8871
※クレジットカードは上記のグループであっても各発行会社ごとにそれぞれ緊急連絡先があるので、事前に確認しておこう。

トラブルに遭った時の英会話

カバンを取られました。
My bag has been stolen.
あの人を捕まえてください。
Please arrest that man.
パスポートの紛失証明書をください。
Please give me a report of a loss of the passport.
救急車を呼んでください。
Please call an ambulance.
医者にかかりたい。
I would like to see a doctor.
日本語ができる人はいませんか?
Is there anybody here who can speak Japanese?
助けて!
Help me!

セントラルパーク内にはいつも警官がいる

旅でよく利用する
両替所、電話、郵便局について

ATM（現金自動預払機）で現金引き出し比較

クレジットカード、VISAデビットカード、トラベルマネーカード（→p.249）は、いずれも同じ方法でATMでUSドルの現金を簡単に引き出すことができる。日本の口座やカード引き落としで精算されるレートはカード会社や引き出した日にちによってさまざまだ。

最も手間がなく便利なのは、クレジットカードでのキャッシング。

VISAデビットカードは、銀行に口座を開設する必要があり、発行までに3週間程度時間がかかり、年会費と引き出し手数料が必要。

トラベルマネーカードは、事前に不確定の金額を両替しなければならず、さらに後日残金の精算時に書面で手続きし、500円に加えて振り込み手数料がかかるなど、最も煩雑な手続きで、分が悪い。

トールフリーって何？

アメリカにはトールフリー（日本でいうフリーダイヤル 0120番）という電話番号が多い。航空会社、ホテルの予約電話などはたいていこれで、電話番号の市外局番のところが800、888、877、866、855となっていれば、無料で電話がかけられる。コインを入れる必要もない。

両替

旅の必需品の入手方法の項で述べたとおり、ドルへの両替は日本で済ませておくのがいい。現地で両替の必要があれば、空港の両替所、銀行、ホテルなどでできる。

●どこで両替するのがトクか

一般的には、レート（率）がいいのは両替所、悪いのはホテルといわれるが、それぞれのなかでも率や手数料は異なる。

またアメリカの場合は、ホテルや観光地のそばに両替所がないことも多く、銀行では限られたところでしか外貨の両替ができないので、レートがよいところを探して両替する、といったことは現実的でない。時間があまりない、少額の両替をしたい、といった場合は、手近な場所で両替するのがよいだろう。銀行の営業時間は銀行によって異なるが短いところで月〜金曜の9〜15時。両替所の営業は店によって異なる。ホテルはたいてい24時間両替できる。

電話・FAX

電話はホテルの部屋から、もしくは公衆電話でかける。ホテルの部屋からかけると料金が割高になる。節約したい人は、極力公衆電話を利用するようにしよう。たいていのホテルにはロビーに公衆電話がある。

ファックスはほとんどのホテルにあり、受信は無料のことが多い。送信する場合は、フロントに頼むか、大きなホテルではビジネスセンターがあり、そこに備えられているファックスを利用する。ただし送信はいずれの場合も有料（1枚＄5など）。

●公衆電話

公衆電話は、市内通話なら50¢、それ以外の長距離通話ならオペレーターが指定する金額を、5、10、25¢のいずれかのコインを投入してかける。3分程度で長距離だと＄2〜6程度、国際電話だと＄10〜20とけっこう料金がかかるので、大量のコインが必要となる。しかしホテルなどにはクレジットカードで支払える電話もある。また、クレジットカードで日本の電話会社を経由してダイヤル直通にすればコインは不要。公衆電話の使い方は、基本的に国際、国内長距離、市内とも同じ。ニューヨーク市では市内、国内長距離共にまず1をダイヤルし、次に市外局番（212など）、そして電話番号の順にダイヤルする。

故障中の公衆電話も多いので、受話器を上げたときブーッという音を確認しよう

国際電話のかけ方

　国際電話をかける方法はいろいろある。ふだん使っているスマホやケイタイを持っていってもいいし、クレジットカードやプリペイドカードのKDDIスーパーワールドカードがあれば手軽に利用でき、料金も安い。また長時間話したいならフォーンカード（コーリングカード）がお得で格安だ。

ニューヨークから日本へ国際電話をかける

ダイヤル直通電話

011 +	**81** +	**3** +	**12345678**…Ⓐ
国際電話 識別番号	日本の 国番号	0を取った 市外局番	相手の電話番号

●公衆電話から現金でかける

　5¢、10¢、25¢コインしか使えないので大量のコインが必要となる。

> 1をダイヤル ➡ Ⓐをダイヤル ➡ オペレーターに指定された料金を投入する

●ホテルの客室からかける

　金額はホテルにより異なるが、手数料を取られるので公衆電話より割高だ。トールフリーを利用していても手数料を請求されることが多い。

> 外線番号（一般に9か8）をダイヤル
> ➡ ツーという外線につながる音を確認 ➡ Ⓐをダイヤル

スマホ、携帯電話でかける

　一番気軽に使えるのが自分のいつもの携帯電話。国際ローミングができれば、最初に国際電話の「＋」を表示（数字の0を長押しすると表示される）。その後日本の国番号81をダイヤル、続いて市外局番から普通に番号を押せばいい。ただし、料金は国内のかけ放題などとは別の料金になり、かなり割高。国内感覚で気軽に使うと、何万円、という料金になってしまうので、注意が必要だ。

　また、スマートフォン利用者で、Wi-Fi環境があれば、通信アプリを使って国内同様に無料、または格安でかけることができる。この場合は、「＋」や国番号81は不要だ。

クレジットカードでダイヤル直通にする

●日本の電話会社を経由してかける

　オペレーターを通さずに、日本語ガイダンスでかけられる。6秒刻みで料金が加算されるので、比較的短い通話に適している。料金はクレジットカードから引き落とされるため便利。円建てで換算されるので明確だ。手順は同じだが、電話会社によ

カードなども使える公衆電話

KDDIのアクセス番号

●KDDIスーパージャパンダイレクト ☎1-877-533-0081／1-800-433-0081

Wi-Fiと通話アプリで日本にいる時と同じ要領で電話

　スマホを持っていてWi-Fiでつながっている人、という条件の下だが、日本で、普段スマホのLINE、カカオトークなどの無料で通話できるアプリを利用していれば、ニューヨークからでも日本にいる時と同様に無料で使える。これらのアプリ同士でつながっている相手以外との連絡やもう少し品質の高い通話を希望なら、電話番号があればどこにでもかけられる050plus、SMARTalk、LINE電話などのIP電話アプリを使うと、やはり日本にいる時と同じ、割安な料金で通話が可能。いずれも"国際電話"ではないので、国番号なども不要で簡単だ。

必要不可欠な通信手段が電話。便利だが、国際電話だと気になるのは料金。KDDIスーパージャパンダイレクトなら、日本発行のクレジットカードを利用すれば、6秒刻みで料金が加算されてお得。

アルファベットの電話番号

　店やレストランの電話番号で数字の替わりにアルファベットが入っているものがある。これはアルファベットがそれぞれの数字に対応しており、ごろ合わせで電話番号が覚えられるという仕組み。

ABC＝2　DEF＝3　GHI＝4
JKL＝5　MNO＝6　PRS＝7
TUV＝8、WXY＝9

日本からニューヨークへ電話をかける

　日本からニューヨークに電話をする場合、KDDI（☎001）、NTTコミュニケーションズ（☎0033）などから電話会社を選択してダイヤル（マイラインやマイラインプラスに登録している場合は不要）。次に国際電話識別番号010をダイヤル。携帯電話からなら、0を長押しして「＋」にする。その後、アメリカの国番号（1）＋市外局番＋相手の電話番号をダイヤルする。

KDDIスーパーワールドカード

　プリペイドカードで、カードの種類は500〜7000円まで5種類。国際電話だけでなく、国内電話でも利用できる。空港やインターネットで購入できる。
アクセス番号→日本語のガイダンス→カード番号→利用残高のガイダンス→相手の電話番号を市外局番からダイヤルする。

ってアクセス番号が異なる（右記参照）。

アクセス番号（会社により異なる）　➡　日本語のガイダンスが流れる　➡　クレジットカード番号をダイヤル

➡　クレジットカードの暗証番号をダイヤル　➡　相手の電話番号を市外局番からダイヤル

●クレジットカードが使用できる公衆電話からかける

カード式の公衆電話ならコインが必要ないので便利。

カードを電話機のバー読み取り部分にスライドさせる

➡　「ダイヤルをどうぞ　Dial the number」のアナウンスを聞く

➡　1をダイヤル　➡　Ⓐをダイヤル

日本語のオペレーターを通す

　日本語のオペレーターを通してかけられるので安心だが料金は割高。支払いはカードからの引き落としか、コレクトコール（相手の承認が必要）になる。相手の電話番号につないでくれる番号通話と、直接本人につないでくれる指名通話がある。

KDDI ジャパンダイレクト

☎1-877-533-0051 / 1-800-543-0051（番号通話、指名通話共）
※KDDIスーパーワールドカードのアクセス番号も同じ

郵便

●はがき・手紙

　旅先からのたよりを日本の家族や友達に送りたい。はがきが＄1.20、封書も約28gまでは＄1.20。宛名は日本語でいいがJAPANとAir Mailの明記を忘れずに。郵便局、ホテルのフロントや売店、ドラッグストアなどで切手を入手して、ポストに投函する。ホテルで郵便投函箱が見つからなければ、切手を貼ってフロントに預ければOKだ。日本にはおおむね5〜7日で届く。

●郵便小包・国際宅配便

　買い物などで増えてしまった荷物などを送りたい時、郵便局で小包で送るのがもっとも経済的だ。1週間〜10日で届くが高い航空便と、1〜2カ月かかるが格安の船便がある。また料金は非常に高いが、EMSと呼ばれる速達郵便もあり、2〜3日で届く。パッケージは郵便局、文具店、オフィス用品店などで手に入る。

　その他、フェデックス、DHLといった国際宅配便もあり、2〜3日の特急で届くが、料金はもっとも高い。これらは、ホテルのフロントに頼むと、業者が集荷に来てくれるので、荷物を持ってうろうろする必要がなく便利だ。

　米国ヤマト運輸（☎1-877-582-7246）だと料金は2kgで＄45、5kgで＄70、10kgで＄95など（燃油特別付加運賃は別途加算）。

274

インターネットとWi-Fi

　情報収集をしたり、メールを確認したりと、インターネットは旅行者にも強い味方。現地の情報やエンターテインメントのスケジュールなどのチェックもでき便利だ。

　マンハッタンでは、公共の場所ではタイムズスクエア、ブライアントパーク、セントラルパーク、ユニオンスクエア、バッテリーパーク、サウスストリートシーポート、リンカーンセンターパーク、ハイライン、ニューヨーク市立図書館などがフリーWi-Fiが使える。

　また、スターバックス、マクドナルドなどのファスト・フードやカフェでもフリーWi-Fiアクセススポットが増えている。お店の場合は、入口などの「Free Wi-Fi」サインを要チェックだ。

ホテルのWi-Fi事情

　最近ホテルでは、LAN＝Wi-Fiが基本。料金の無料・有料もさまざまで、ロビーなど公共の場所に限って無料、というところもある。また近年は、ファシリティフィー、リゾートフィーなどと称した料金が室料とは別に加算されるホテルが多く、その場合はたいていそのフィーにWi-Fi利用料金が含まれる。

なるほどUnCHiKuコラム
ニューヨークの歴史

丘の多い島、マンハッタン

　ヨーロッパ人がやってくる前、マンハッタンにはイロクォイ族とアルゴンキン族が住んでいた。マンハッタンと名付けたのはアルゴンキン族で、マンハッタンには「丘の多い島」という意味がある。

　初めてマンハッタンに上陸したヨーロッパ人は、イタリアの商人であり探検家のジョヴァンニ・ダ・ヴェラツァノGiovann da Verrazanoだ。1524年のことである。現在、ブルックリンとスタテン島を結ぶアメリカ最長のつり橋、ヴェラツァノナロウ橋Verrazano-Narrows Bridgeは彼にちなんで名付けられた。

植民地、ニューアムステルダムの誕生

　1625年にはヨーロッパの植民地となりニューアムステルダムと名付けられた。翌年、オランダ西インド会社のピーター・ミヌイトが＄24相当の品物と交換にマンハッタン島をアルゴンキン族から買い取る。その後、デンマーク人がブロンクスに入植、ユダヤ人の植民地が誕生するなど、マンハッタンはヨーロッパ人の植民地として成長していった。

　その頃、ヨーロッパでは貿易政策をめぐってオランダとイギリスが抗争を続けていた。そして1664年、イギリスは何の抵抗も受けずにニューアムステルダムを奪い取り、国王チャールズ二世の弟ヨーク公にちなんでニューヨークと名付けた。

アメリカ合衆国ニューヨークへ

　1667年、オランダ・イギリス戦争の終結後、イギリスの支配権が確立。公用語はオランダ語から英語となる。1673年には再び、オランダがニューヨークを奪い取り、ニューオレンジと改名するが、1674年、ウエストミンスター条約により、恒久的にイギリス領となる。1775年からアメリカ植民地の独立戦争が始まる。1776年7月4日、13州による独立宣言。1783年にはパリ条約で独立戦争が終結。イギリスはアメリカ13州による独立を承認し、1784年にはニューヨーク市が州都となり、翌年にはアメリカ合衆国の首都となる。

　1789年にはジョージ・ワシントンが初代大統領に選ばれた。1790年、首都はフィラデルフィアに移され、1797年、オールバニーがニューヨーク州の州都になる。

世界最大の都市誕生

　1861年には南北戦争が勃発。ニューヨーク州は北軍につく。4年後、南北戦争は終結。同じ年にリンカーン大統領が暗殺された。

　1883年にはブルックリン橋が開通、1886年には自由の女神の除幕式。

　1898年、マンハッタン、ブルックリン、ブロンクス、クイーンズ、スタテン島からなる世界最大の都市、ニューヨーク市が誕生した。州のニックネームはエンパイアステート、州花はバラ、州鳥はブルーバードだ。

INDEX

276

泊まる

旅行ガイドブックのノウハウで、旅のプランを作成！

ブルーガイド トラベルコンシェルジュ

旅行書の編集部から、あなたの旅にアドバイス！

ちょっと近場へ、日本の各地へ、はるばる世界へ。
トラベルコンシェルジュおすすめのプランで、
気ままに、自由に、安心な旅へ—。

ココが嬉しい！　サービスいろいろ

◎旅行情報を扱うプロが旅をサポート！
◎総合出版社が多彩なテーマの旅に対応！
◎旅に役立つ「この一冊」をセレクト！

　徒歩と電車で日本を旅する「てくてく歩き」、詳細な地図でエリアを歩ける「おさんぽマップ」、海外自由旅行のツール「わがまま歩き」など、旅行ガイドブック各シリーズを手掛けるブルーガイド編集部。そのコンテンツやノウハウを活用した旅の相談窓口が、ブルーガイド トラベルコンシェルジュです。

　約400名のブルーガイド トラベルコンシェルジュが、旅行者の希望に合わせた旅のプランを提案。その土地に詳しく、多彩なジャンルに精通したコンシェルジュならではの、実用的かつ深い情報を提供します。旅行ガイドブックと一緒に、ぜひご活用ください。

■**ブルーガイド トラベルコンシェルジュへの相談方法**

1. 下のお問い合わせ先から、メールでご相談下さい。
2. ご相談内容に合ったコンシェルジュが親切・丁寧にお返事します。
3. コンシェルジュと一緒に自分だけの旅行プランを作っていきます。お申し込み後に旅行を手配いたします。

■**ブルーガイド トラベルコンシェルジュとは？**

　それぞれが得意分野を持つ旅の専門家で、お客様の旅のニーズに柔軟に対応して専用プランを作成、一歩深い旅をご用意いたします。

ブルーガイド トラベルコンシェルジュ
のお問い合わせ先

Mail: blueguide@webtravel.jp
https://www.webtravel.jp/blueguide/

Staff

Producers	岡奈々子 Nanako OKA	
	野﨑友子 Tomoko NOZAKI	
Writers & Photographers	高山町子 Machiko TAKAYAMA	
	嵯峨翔子 Shoko SAGA	
Photographers	金田邦男 Kunio KANEDA	
	三谷麻里子 Mariko MITANI	
	アイエムエム IMM	
Editorial Production	エラ ERA	
Body Design Production	K・デザインオフィス	
	K. Design Office	
Designers	オムデザイン OMU	
	道信勝彦 Katsuhiko MICHINOBU	
	岡本倫幸 Tomoyuki OKAMOTO	
Cover Designer	鳥居満智栄 Machie TORII	
Map Production	㈱千秋社 Sensyu-sya	
	小島三奈　Mina KOJIMA	
Map Design	㈱チューブグラフィックス TUBE	
	木村博之 Hiroyuki KIMURA	
Desktop Publishing	㈱千秋社 Sensyu-sya	
	竹入寛章 Hiroaki TAKEIRI	

Editorial Cooperation

トミー富田 Tommy TOMITA
松尾公子 Kimiko MATSUO
サイモン・ショッピング・ディスティネーションズ
㈲ワイ・ワン・ワイ Y-ONE-Y
㈱千秋社 Sensyu-sya
田川文子 Ayako TAGAWA
㈲ハイフォン Hyfong Inc.
高砂雄吾 Yugo TAKASAGO

Special Thanks to

NYC & Company ニューヨーク市観光局
©Metropolitan Museum of Art
©Museum of Modern Art
©Solomon R.Guggenheim Museum
AMNH/D. Finnin
©Whitney Museum of American Art
©The Cloisters
©The Frick Collection
J. Maher©WCS
Josephine PELCZAR
Konomi HAYASHI

わがまま歩き…⑫「ニューヨーク」 ブルーガイド

2020年4月13日　第13版第1刷発行

編　集………ブルーガイド編集部
発行者………岩野裕一
ＤＴＰ………㈱千秋社
印刷・製本… 大日本印刷㈱

発行所……株式会社実業之日本社 www.j-n.co.jp
　　　〒107-0062　東京都港区南青山5-4-30　CoSTUME NATIONAL Aoyama Complex 2F
　　　電話【編集・広告】☎03-6809-0452　【販売】☎03-6809-0495